中国林业统计年鉴 2011

CHINA FORESTRY STATISTICAL YEARBOOK

国家林业局◎编

中国林业出版社
CHINA FORESTRY PUBLISHING HOUSE

图书在版编目(CIP)数据

中国林业统计年鉴. 2011 / 国家林业局编. —北京：中国林业出版社，2012. 9
ISBN 978-7-5038-6751-4

Ⅰ. ①中… Ⅱ. ①国… Ⅲ. ①林业经济－统计资料－中国－2011－年鉴
Ⅳ. ①F326.2－66

中国版本图书馆 CIP 数据核字(2012)第 221592 号

中国林业统计年鉴（2011）

作者：国家林业局
地址：北京市东城区和平里东街 18 号
电话：010－84238422　83221210
E-mail：tongjichu@ forestry. gov. cn
出版：中国林业出版社(100009　北京市西城区德内大街刘海胡同 7 号)
发行：新华书店北京发行所
印刷：北京科信印刷有限公司
版次：2012 年 9 月第 1 版
印次：2012 年 9 月第 1 次
开本：880mm × 1230mm　1/16
印张：30. 25
字数：1100 千字
定价：198. 00 元

中国

林业统计年鉴2011

主　　编	张建龙		
副 主 编	封加平	孙　建	
编　　委	封加平	孙　建	王祝雄
	丁立新	王海忠	杨　超
	潘世学	孟宪林	刘国强
编写人员	刘建杰	于百川	姜喜麟
	王福祥	吴友苗	邱　林
	许　晶	张志刚	张　旗
	赵　晨		
英文翻译	钱玉如		

CHINA

FORESTRY STATISTICAL YEARBOOK 2011

目录

CONTENTS

一、森林和湿地资源

Forest and Wetland Resources

二、生态建设

Ecological Development

三、产业发展

Forest Industrial Development

四、从业人员和劳动报酬

Employment and Wages

五、林业投资

Investment in Forestry

六、林业教育

Forestry Education

附录一：国有林区135个木材采运企业和20个重点营林局主要统计指标

Annex I Main Statistical Indicators for 135 Timber Harvesting Enterprises and 20 Key Silviculture Bureaus in the State-owned Forest Areas

附录二：林业工作站和乡村林场基本情况

Annex II Forestry Working Stations and Rural Forest Farms

附录三：森林主要灾害情况

Annex III Major Forest Disasters

附录四：全国分县造林情况

Annex IV National Afforestation by County

附录五：全国历年主要统计指标完成情况

Annex V National Main Statistical Indicators in Calendar Years

附录六：2002～2011年主要林产品进出口情况

Annex VI Import and Export of Major Forest Products between 2002 and 2011

附录七：野生动植物进出口情况

Annex VII Import and Export of Wild Fauna and Flora

附录八：世界主要国家林业情况

Annex VIII Forestry in Major Countries in the World

1

森林和湿地资源

FOREST AND WETLAND RESOURCES

全国森林资源情况

单位:万公顷、万立方米

地区	森林覆盖率		林地面积	森林面积①	人工林面积	活立木总蓄积量	森林蓄积量	人工林蓄积量	乔木林单位面积蓄积量(立方米/公顷)
	森林覆盖率(%)	排序							
全国合计	**20.36**	**—**	**30590.41**	**19545.22**	**6168.84**	**1491268.19**	**1372080.36**	**196052.28**	**85.88**
北京	31.72	15	101.46	52.05	35.65	1291.29	1038.58	571.62	29.20
天津	8.24	29	14.22	9.32	8.88	277.01	198.89	186.83	36.43
河北	22.29	19	705.37	418.33	212.27	10183.91	8374.08	4238.60	29.06
山西	14.12	23	754.58	221.11	102.74	8846.96	7643.67	1838.95	44.33
内蒙古	20.00	21	4394.93	2366.40	303.91	136073.62	117720.51	7573.95	70.02
辽宁	35.13	12	666.28	511.98	283.03	21174.91	20226.85	7299.34	55.98
吉林	38.93	10	848.73	736.57	148.94	88244.21	84412.29	9594.90	116.15
黑龙江	42.39	9	2184.16	1926.97	235.68	165191.60	152104.96	13519.66	79.53
上海	9.41	28	7.46	5.97	5.97	275.20	100.95	100.95	29.69
江苏	10.48	25	128.64	107.51	104.15	5022.59	3501.75	3407.83	47.04
浙江	57.41	3	667.97	584.42	267.44	19382.93	17223.14	6008.28	43.76
安徽	26.06	18	439.40	360.07	209.87	16258.35	13755.41	7023.22	50.79
福建	63.10	1	914.81	766.65	359.18	53226.01	48436.28	19601.55	85.57
江西	58.32	2	1054.92	973.63	291.87	45045.51	39529.64	10734.82	51.46
山东	16.72	22	342.12	254.46	244.38	8627.99	6338.53	6202.10	40.60
河南	20.16	20	502.02	336.59	217.39	18051.16	12936.12	7480.12	45.65
湖北	31.14	17	822.01	578.82	167.01	23121.55	20942.49	4207.79	41.24
湖南	44.76	8	1234.21	948.17	464.04	38177.20	34906.67	16018.33	48.05
广东	49.44	6	1073.07	873.98	503.18	32160.74	30183.37	11520.43	44.47
广西	52.71	4	1496.45	1252.50	515.52	51056.78	46875.18	17127.98	58.11
海南	51.98	5	208.73	176.26	125.29	7940.93	7274.23	1230.39	86.42
重庆	34.85	13	400.18	286.92	76.20	13803.63	11331.85	2508.21	62.25
四川	34.31	14	2311.66	1659.52	415.65	168753.49	159572.37	13361.09	136.94
贵州	31.61	16	841.23	556.92	199.86	27911.53	24007.96	8718.38	60.31
云南	47.50	7	2476.11	1817.73	326.77	171216.68	155380.09	7259.87	105.51
西藏	11.91	24	1746.63	1462.65	3.36	227271.36	224550.91	110.74	266.96
陕西	37.26	11	1205.80	767.56	183.27	36144.16	33820.54	2031.13	59.65
甘肃	10.42	26	955.44	468.78	80.77	21708.26	19363.83	2022.38	90.73
青海	4.57	30	634.00	329.56	4.44	4413.80	3915.64	294.18	110.30
宁夏	9.84	27	179.03	51.10	10.38	625.93	492.14	186.12	44.38
新疆	4.02	31	1066.57	661.65	61.75	33914.50	30100.54	4072.54	177.86
台湾②	58.79	—	210.24	210.24	—	35874.40	35820.90	—	—
香港③	17.10	—	1.92	1.92	—	—	—	—	—
澳门④	21.70	—	0.06	0.06	—	—	—	—	—

①全国森林面积含国家特别规定的灌木林新增面积。各省森林面积含国家特别规定的灌木林全部面积。

②台湾省数据来源于《第三次台湾森林资源及土地利用调查(1993 年)》。

③香港特别行政区的森林面积来源于香港环境资源顾问有限公司 2003 年在香港特区政府持续发展组的委托下编写的《陆上栖息地保护价值评级及地图制》,土地面积来源于《香港 2003 年统计年鉴》。

④澳门数据来源于《澳门 2006 年统计年鉴》的数据,森林面积为总绿化面积,该森林覆盖率指绿化面积占土地面积的比例。全国经济林面积、天然林面积蓄积、人工林面积蓄积、乔木林单位面积蓄积量不含香港、澳门、台湾数据。

全国湿地资源情况

单位:公顷

指　　标	总　　计
湿地面积总计	**38485525**
一、近海及海岸湿地	**5941696**
浅海水域	3280091
潮下水生层	1936
珊瑚礁	64608
岩石性海岸	97187
潮间沙石海岸	146265
潮间淤泥海岸	958961
潮间盐水沼泽	90340
红树林	22025
海岸性咸水湖	87456
海岸性淡水湖	6516
河口水域	660452
三角洲湿地	525861
二、河流湿地	**8206982**
永久性河流	6823208
季节性河流	312044
泛洪平原湿地	1071730
三、湖泊湿地	**8351586**
永久性淡水湖	4115456
季节性淡水湖	466710
永久性咸水湖	3693160
季节性咸水湖	76260
四、沼泽和沼泽化草甸湿地	**13700289**
藓类沼泽	139787
草本沼泽	6478209
沼泽化草甸	5754374
灌丛沼泽	188126
森林沼泽	137593
内陆盐沼	987582
地热湿地	14617
淡水泉和绿洲	—
五、库塘	**2284972**

注：本表不包括台湾省、香港和澳门特别行政区。

各地区湿地

地　区	总　计	近海及						
		小计	浅海水域	潮下水生层	珊瑚礁	岩石性海岸	潮间沙石海岸	潮间淤泥海岸
全国合计	**38485525**	**5941696**	**3280091**	**1936**	**64608**	**97187**	**146265**	**958961**
北　京	34359	—	—	—	—	—	—	—
天　津	171780	58090	21070	—	—	—	—	37020
河　北	1081939	278792	115930	—	—	224	12202	104364
山　西	499900	—	—	—	—	—	—	—
内蒙古	4245048	—	—	—	—	—	—	—
辽　宁	1219615	738097	464200	—	—	5820	15780	222404
吉　林	1203356	5825	—	—	—	—	—	—
黑龙江	4314835	—	—	—	—	—	—	—
上　海	319714	305421	—	—	—	2502	—	13495
江　苏	1674670	843527	823526	—	—	—	—	20001
浙　江	802172	574275	286453	—	—	6009	628	145009
安　徽	653870	—	—	—	—	—	—	—
福　建	442997	370599	260219	—	3570	10917	15580	65432
江　西	998797	—	—	—	—	—	—	—
山　东	1784099	1210932	632716	—	—	66942	17483	210959
河　南	624129	—	—	—	—	—	—	—
湖　北	927329	—	—	—	—	—	—	—
湖　南	1226909	—	—	—	—	—	—	—
广　东	1398074	1017813	422191	1706	41222	270	45849	70027
广　西	656107	348362	172000	—	300	—	24370	69200
海　南	311469	189963	81786	230	19516	4503	14373	1050
重　庆	43206	—	—	—	—	—	—	—
四　川	961680	—	—	—	—	—	—	—
贵　州	79410	—	—	—	—	—	—	—
云　南	235304	—	—	—	—	—	—	—
西　藏	5232000	—	—	—	—	—	—	—
陕　西	292895	—	—	—	—	—	—	—
甘　肃	1258096	—	—	—	—	—	—	—
青　海	4125967	—	—	—	—	—	—	—
宁　夏	255643	—	—	—	—	—	—	—
新　疆	1410156	—	—	—	—	—	—	—

资源情况(一)

单位：公顷

海岸湿地						河流湿地			
潮间盐水沼泽	红树林	海岸性咸水湖	海岸性淡水湖	河口水域	三角洲湿地	小计	永久性河流	季节性河流	泛洪平原湿地
90340	**22025**	**87456**	**6516**	**660452**	**525861**	**8206982**	**6823208**	**312044**	**1071730**
—	—	—	—	—	—	4984	4984	—	—
—	—	—	—	—	—	55120	55120	—	—
20328	—	—	1202	6552	17990	319313	69614	49517	200182
—	—	—	—	—	—	454142	444152	6690	3300
—	—	—	—	—	—	607459	220463	1876	385120
680	—	—	—	15703	13510	252171	252171	—	—
—	—	—	—	—	5825	581393	514801	13842	52750
—	—	—	—	—	—	460684	337362	—	123322
—	—	—	—	289425	—	7191	7191	—	—
—	—	—	—	—	—	203337	188147	15190	—
21024	21	—	5159	78631	31341	118496	89594	—	28902
—	—	—	—	—	—	239508	233849	5659	—
—	615	—	—	14266	—	31064	31064	—	—
—	—	—	—	—	—	314883	314883	—	—
—	—	48515	—	5317	229000	301088	92320	208768	—
—	—	—	—	—	—	472721	462726	—	9995
—	—	—	—	—	—	377446	355674	—	21772
—	—	—	—	—	—	683130	683130	—	—
19500	9084	12501	—	245392	150071	231653	204283	—	27370
—	8375	118	—	—	74000	219134	219134	—	—
28808	3930	26322	155	5166	4124	38270	34067	—	4203
—	—	—	—	—	—	31624	31624	—	—
—	—	—	—	—	—	563868	563868	—	—
—	—	—	—	—	—	57960	57960	—	—
—	—	—	—	—	—	119781	119781	—	—
—	—	—	—	—	—	231115	231115	—	—
—	—	—	—	—	—	252056	113577	110	138369
—	—	—	—	—	—	565600	565600	—	—
—	—	—	—	—	—	107528	107372	156	—
—	—	—	—	—	—	104076	39700	10236	54140
—	—	—	—	—	—	200188	177883	—	22305

各地区湿地

地　区	湖泊湿地					
	小计	永久性淡水湖	季节性淡水湖	永久性咸水湖	季节性咸水湖	小计
全国合计	**8351586**	**4115456**	**466710**	**3693160**	**76260**	**13700289**
北　京	—	—	—	—	—	—
天　津	12330	12330	—	—	—	8180
河　北	307248	12897	282043	12308	—	136944
山　西	8063	2943	320	4800	—	—
内蒙古	495190	323346	29720	100524	41600	3098149
辽　宁	6250	6250	—	—	—	110237
吉　林	74486	19361	—	55125	—	354672
黑龙江	401860	289983	—	111877	—	3320274
上　海	6803	6803	—	—	—	—
江　苏	604193	604193	—	—	—	—
浙　江	3020	3020	—	—	—	114
安　徽	350465	341201	9264	—	—	—
福　建	19542	19542	—	—	—	—
江　西	443208	443208	—	—	—	114823
山　东	165476	164376	1100	—	—	3941
河　南	2587	2587	—	—	—	6914
湖　北	294676	294676	—	—	—	58350
湖　南	359266	359266	—	—	—	5061
广　东	1547	1547	—	—	—	1024
广　西	—	—	—	—	—	—
海　南	17312	17312	—	—	—	11025
重　庆	278	278	—	—	—	—
四　川	13376	12946	430	—	—	342298
贵　州	2297	2297	—	—	—	5690
云　南	96538	91245	5293	—	—	3950
西　藏	2538637	596200	—	1913667	28770	2461700
陕　西	7300	5895	—	1405	—	17829
甘　肃	44346	34406	300	9640	—	521500
青　海	1232039	254520	—	977519	—	2748100
宁　夏	148327	4247	138240	680	5160	—
新　疆	694927	188582	—	505615	730	369513

资源情况(二)

单位：公顷

沼泽和沼泽化草甸湿地								库塘
藓类沼泽	草本沼泽	沼泽化草甸	灌丛沼泽	森林沼泽	内陆盐沼	地热湿地	淡水泉和绿洲	
139787	**6478209**	**5754374**	**188126**	**137593**	**987582**	**14617**	—	**2284972**
—	—	—	—	—	—	—	—	29375
—	8180	—	—	—	—	—	—	38060
—	62072	15702	—	—	59171	—	—	39641
—	—	—	—	—	—	—	—	37695
2160	2309073	—	53410	92430	641076	—	—	44250
—	110237	—	—	—	—	—	—	112860
100	336905	—	600	2387	14680	—	—	186980
131500	1801943	1219500	132000	35331	—	—	—	132017
—	—	—	—	—	—	—	—	299
—	—	—	—	—	—	—	—	23613
—	114	—	—	—	—	—	—	106267
—	—	—	—	—	—	—	—	63897
—	—	—	—	—	—	—	—	21793
337	114486	—	—	—	—	—	—	125883
—	3941	—	—	—	—	—	—	102662
—	6914	—	—	—	—	—	—	141907
—	52350	—	—	6000	—	—	—	196857
—	5061	—	—	—	—	—	—	179452
—	1024	—	—	—	—	—	—	146037
—	—	—	—	—	—	—	—	88611
—	10561	347	—	—	—	117	—	54899
—	—	—	—	—	—	—	—	11304
—	342298	—	—	—	—	—	—	42138
5690	—	—	—	—	—	—	—	13463
—	3125	825	—	—	—	—	—	15036
—	540400	1681400	—	—	225400	14500	—	548
—	13959	—	—	—	3870	—	—	15710
—	409500	88500	—	—	23500	—	—	126650
—	—	2748100	—	—	—	—	—	38300
—	—	—	—	—	—	—	—	3240
—	346067	—	2116	1445	19885	—	—	145529

2

生态建设

ECOLOGICAL DEVELOPMENT

全国营林生产主要指标 2011 年与 2010 年比较

指 标 名 称	单位	2011 年	2010 年	2011 年比 2010 年增减（%）
一、荒山荒(沙)地造林面积	**公顷**	**5996613**	**5909919**	**1.47%**
(一)按造林方式分				
1. 人工造林	公顷	4065693	3872762	4.98%
其中:竹林面积	公顷	74580	69978	6.58%
2. 飞播造林	公顷	196931	195948	0.50%
3. 无林地和疏林地新封	公顷	1733989	1841209	-5.82%
(二)按经济成分分				
1. 公有经济造林	公顷	2947928	3266278	-9.75%
①国有经济造林	公顷	1467113	1746703	-16.01%
②集体经济造林	公顷	1480815	1519575	-2.55%
2. 非公有经济造林	公顷	3048685	2643641	15.32%
(三)按林种用途分				
1. 用材林	公顷	1019320	809937	25.85%
2. 经济林	公顷	1218281	1110896	9.67%
3. 防护林	公顷	3688827	3943432	-6.46%
4. 薪炭林	公顷	36805	18887	94.87%
5. 特种用途林	公顷	33380	26767	24.71%
(四)按树种类型分				
其中:速生树种	公顷	926657	740974	25.06%
乡土树种	公顷	3790122	3404268	11.33%
珍贵树种	公顷	52081	101522	-48.70%
(五)按结构类型分				
1. 纯林	公顷	3523366	3196667	10.22%
2. 混交林	公顷	1996667	2163194	-7.70%
3. 其他类型	公顷	476580	550058	-13.36%
二、有林地造林面积	**公顷**	**416352**	**388021**	**7.30%**
1. 林冠下造林	公顷	119864	76355	56.98%
2. 飞播营林	公顷	—	—	—
3. 有林地和灌木林地新封	公顷	296488	311666	-4.87%
三、更新造林	**公顷**	**326641**	**306708**	**6.50%**
四、四旁(零星)植树	**万株**	**245776**	**246930**	**-0.47%**
五、年末实有封山(沙)育林面积	**公顷**	**23481113**	**23938134**	**-1.91%**
六、森林抚育				
1. 低产低效林改造面积	公顷	788810	665598	18.51%
2. 幼林抚育作业面积	公顷次	12800526	13011459	-1.62%
3. 幼林抚育实际面积	公顷	7349667	7769016	-5.40%
4. 成林抚育面积	公顷	11322527	10486104	7.98%
其中:中、幼龄林抚育面积	公顷	7334450	6661746	10.10%
5. 抚育改造出材量	立方米	7400849	8764648	-15.56%
其中:中、幼龄林抚育出材量	立方米	5362034	5502556	-2.55%
七、林木种苗				
1. 林木种子采集量	吨	56690	50866	11.45%
其中:良种种子采集量	吨	18254	18361	-0.58%
2. 当年苗木产量	万株	5305505	4141786	28.10%
其中:良种苗木产量	万株	1680349	1461647	14.96%
3. 育苗面积	公顷	769168	660410	16.47%
其中:本年新增育苗面积	公顷	219512	196854	11.51%
4. 年末实有母树林面积	公顷	296022	318142	-6.95%
5. 年末实有种子园面积	公顷	48845	69002	-29.21%
6. 年末实有采穗圃面积	公顷	14609	15032	-2.81%
7. 年末实有采种基地面积	公顷	272837	—	—

各地区按造林方式分造林面积2011年与2010年比较

单位:公顷

地　区	造林面积			人工造林			飞播造林			无林地和疏林地新封		
	2011年	2010年	增减(%)	2011年	2010年	增减(%)	2011年	2010年	增减(%)	2011年	2010年	增减(%)
全国合计	**5996613**	**5909919**	**1.47**	**4065693**	**3872762**	**4.98**	**196931**	**195948**	**0.50**	**1733989**	**1841209**	**-5.82**
北　京	20796	13887	49.75	6510	7765	-16.16	—	—	—	14286	6122	133.36
天　津	7401	11315	-34.59	7401	11315	-34.59	—	—	—	—	—	—
河　北	286423	283878	0.90	175906	138365	27.13	40665	76601	-46.91	69852	68912	1.36
山　西	299713	282371	6.14	215390	156785	37.38	2668	2668	—	81655	122918	-33.57
内蒙古	731837	655180	11.70	335136	229930	45.76	113598	76679	48.15	283103	348571	-18.78
内蒙古集团	1725	90	1816.67	1725	90	1816.67	—	—	—	—	—	—
辽　宁	246767	190669	29.42	140167	102903	36.21	—	—	—	106600	87766	21.46
吉　林	36424	82584	-55.89	34090	39329	-13.32	—	—	—	2334	43255	-94.60
吉林集团	4	—	—	4	—	—	—	—	—	—	—	—
黑龙江	123763	233777	-47.06	71921	166411	-56.78	—	—	—	51842	67366	-23.04
龙江集团	—	—	—	—	—	—	—	—	—	—	—	—
上　海	710	1349	-47.37	710	1349	-47.37	—	—	—	—	—	—
江　苏	57294	86256	-33.58	57294	73234	-21.77	—	—	—	—	13022	—
浙　江	40473	15214	166.02	36536	12999	181.07	—	—	—	3937	2215	77.74
安　徽	45629	48711	-6.33	23373	28465	-17.89	—	—	—	22256	20246	9.93
福　建	212724	29875	612.05	212724	29125	630.38	—	—	—	—	750	—
江　西	164521	200778	-18.06	141693	170875	-17.08	—	—	—	22828	29903	-23.66
山　东	219028	205131	6.77	217329	198998	9.21	—	—	—	1699	6133	-72.30
河　南	237740	231700	2.61	193500	178850	8.19	—	—	—	44240	52850	-16.29
湖　北	194654	192213	1.27	145911	119075	22.54	—	—	—	48743	73138	-33.35
湖　南	402435	213448	88.54	235823	178146	32.38	—	—	—	166612	35302	371.96
广　东	125476	95144	31.88	121640	91952	32.29	—	—	—	3836	3192	20.18
广　西	147810	143254	3.18	132213	125341	5.48	—	—	—	15597	17913	-12.93
海　南	10914	14166	-22.96	10914	14166	-22.96	—	—	—	—	—	—
重　庆	244644	255235	-4.15	139288	173188	-19.57	—	—	—	105356	82047	28.41
四　川	251926	382225	-34.09	131636	206421	-36.23	—	—	—	120290	175804	-31.58
贵　州	202409	206603	-2.03	98724	72714	35.77	—	—	—	103685	133889	-22.56
云　南	619961	661500	-6.28	551252	596879	-7.64	—	—	—	68709	64621	6.33
西　藏	46705	62299	-25.03	34306	42010	-18.34	—	—	—	12399	20289	-38.89
陕　西	325752	364312	-10.58	200151	199534	0.31	40000	40000	—	85601	124778	-31.40
甘　肃	189807	232761	-18.45	106043	148567	-28.62	—	—	—	83764	84194	-0.51
青　海	177492	117804	50.67	49731	33720	47.48	—	—	—	127761	84084	51.94
宁　夏	90478	94932	-4.69	59810	71001	-15.76	—	—	—	30668	23931	28.15
新　疆	216907	251601	-13.79	160571	203603	-21.14	—	—	—	56336	47998	17.37
新疆兵团	30710	51972	-40.91	20309	46639	-56.45	—	—	—	10401	5333	95.03
大兴安岭	—	3080	—	—	3080	—	—	—	—	—	—	—

注:全国合计造林面积中包括军事管理区18000公顷人工造林。

各地区全部营林

地区	荒山荒(沙)地								
	合计	按造林方式分				按经济成分分			
		人工造林		飞播造林	无林地和疏林地新封	公有经济造林			非公有经济造林
		小计	其中：竹林面积			小计	国有经济造林	集体经济造林	
全国合计	**5996613**	**4065693**	**74580**	**196931**	**1733989**	**2947928**	**1467113**	**1480815**	**3048685**
北京	20796	6510	—	—	14286	20389	1797	18592	407
天津	7401	7401	—	—	—	1480	—	1480	5921
河北	286423	175906	—	40665	69852	125969	30575	95394	160454
山西	299713	215390	—	2668	81655	246785	80910	165875	52928
内蒙古	731837	335136	—	113598	283103	411994	180428	231566	319843
内蒙古集团	1725	1725	—	—	—	1725	1725	—	—
辽宁	246767	140167	—	—	106600	40078	13001	27077	206689
吉林	36424	34090	—	—	2334	15781	8784	6997	20643
吉林集团	4	4	—	—	—	4	4	—	—
黑龙江	123763	71921	—	—	51842	87929	77994	9935	35834
龙江集团	—	—	—	—	—	—	—	—	—
上海	710	710	—	—	—	608	397	211	102
江苏	57294	57294	2	—	—	27734	6346	21388	29560
浙江	40473	36536	771	—	3937	27502	3891	23611	12971
安徽	45629	23373	1887	—	22256	12528	4504	8024	33101
福建	212724	212724	857	—	—	50150	7704	42446	162574
江西	164521	141693	494	—	22828	38699	21670	17029	125822
山东	219028	217329	—	—	1699	102415	14030	88385	116613
河南	237740	193500	—	—	44240	46234	17473	28761	191506
湖北	194654	145911	2914	—	48743	45957	22302	23655	148697
湖南	402435	235823	817	—	166612	48606	14803	33803	353829
广东	125476	121640	402	—	3836	66927	45225	21702	58549
广西	147810	132213	10080	—	15597	18587	12826	5761	129223
海南	10914	10914	—	—	—	1853	1359	494	9061
重庆	244644	139288	5050	—	105356	144642	64485	80157	100002
四川	251926	131636	15599	—	120290	129216	111523	17693	122710
贵州	202409	98724	—	—	103685	168578	116135	52443	33831
云南	619961	551252	35707	—	68709	219492	46667	172825	400469
西藏	46705	34306	—	—	12399	46705	46705	—	—
陕西	325752	200151	—	40000	85601	258155	136035	122120	67597
甘肃	189807	106043	—	—	83764	168292	132263	36029	21515
青海	177492	49731	—	—	127761	176386	116142	60244	1106
宁夏	90478	59810	—	—	30668	85123	51955	33168	5355
新疆	216907	160571	—	—	56336	95134	61184	33950	121773
新疆兵团	30710	20309	—	—	10401	24889	24869	20	5821
大兴安岭	—	—	—	—	—	—	—	—	—

注:全国合计造林面积中包括军事管理区 18000 公顷人工营造的防护林。

生产情况(一)

单位:公顷

造林面积										
按林种用途分					按树种类型分			按结构类型分		
用材林	经济林	防护林	薪炭林	特种用途林	其中:速生树种	其中:乡土树种	其中:珍贵树种	纯林	混交林	其他类型
1019320	**1218281**	**3688827**	**36805**	**33380**	**926657**	**3790122**	**52081**	**3523366**	**1996667**	**476580**
11	390	19698	—	697	114	14958	52	417	18463	1916
1973	1037	4391	—	—	4150	3251	—	4860	2541	—
24789	21437	240164	—	33	48310	182153	760	170826	104399	11198
300	81295	212168	5950	—	10532	288150	364	154994	142259	2460
17738	14030	699445	—	624	16889	547856	8988	307337	367260	57240
1520	—	91	—	114	—	—	—	1725	—	—
11947	16673	218032	62	53	22906	188071	232	130816	110079	5872
1819	3082	31480	—	43	5872	17008	1842	23666	9470	3288
4	—	—	—	—	—	4	—	4	—	—
17005	1899	102108	260	2491	34832	80644	1109	91520	26840	5403
—	—	—	—	—	—	—	—	—	—	—
—	105	605	—	—	—	276	—	176	534	—
7601	7683	41082	—	928	7057	21055	699	29254	27775	265
2665	8158	28734	—	916	4273	23886	3798	11283	26792	2398
10329	14924	19997	334	45	12624	29463	1675	27388	15844	2397
144061	20590	46154	286	1633	65046	113453	1217	144201	67385	1138
71029	33418	56942	1617	1515	59356	82227	4271	96246	61129	7146
34598	51154	130896	—	2380	56801	130354	482	178740	40208	80
56717	28704	150747	666	906	80873	91005	304	166103	65238	6399
66712	38733	85697	34	3478	73859	92554	5924	124794	40964	28896
115459	48334	235527	1106	2009	63253	265915	3881	264034	127532	10869
51541	13115	60478	200	142	34477	56996	1398	54621	67860	2995
113198	12201	22165	—	246	85746	32821	1080	135468	4936	7406
458	1133	8715	—	608	—	741	747	10268	638	8
53047	22834	164516	3655	592	48816	122855	2109	75067	128756	40821
84882	50926	109431	667	6020	48059	145047	6285	138659	80075	33192
30013	67872	101038	2365	1121	37581	168865	250	131519	53279	17611
67076	433746	109746	9293	100	51438	415016	1234	496912	71227	51822
27847	2115	8789	7954	—	25881	20824	—	27875	18739	91
4051	84570	237131	—	—	266	219157	3333	172912	119211	33629
—	15718	167756	—	6333	3179	155738	—	82926	86959	19922
—	—	177492	—	—	—	91618	—	53760	36948	86784
1630	21472	67376	—	—	1700	65786	—	16254	56470	17754
824	100933	112327	2356	467	22767	122379	47	182470	16857	17580
1	8277	22385	—	47	67	21227	47	20106	4246	6358
—	—	—	—	—	—	—	—	—	—	—

各地区全部营林

地区	有林地造林面积				更新造林	四旁(零星)植树(万株)	年末实有封山(沙)育林面积			
	合计	林冠下造林	飞播营林	有林地和灌木林地新封				低产低效林改造面积	幼林抚育作业面积(公顷次)	幼林抚育实际面积
全国合计	**416352**	**119864**	—	**296488**	**326641**	**245776**	**23481113**	**788810**	**12800526**	**7349667**
北　京	12447	67	—	12380	1014	257	133372	6413	20992	11911
天　津	—	—	—	—	—	477	26014	—	56214	28907
河　北	—	—	—	—	4019	10357	943059	998	537226	364331
山　西	2812	—	—	2812	—	10803	868733	1334	132180	112564
内蒙古	667	—	—	667	14347	4498	3331150	9744	599038	260037
内蒙古集团	—	—	—	—	2614	27	—	—	23612	19322
辽　宁	10201	10201	—	—	8983	9777	1213833	5057	175452	140002
吉　林	94958	56936	—	38022	8118	1490	402917	6562	671390	402125
吉林集团	20564	20564	—	—	839	10	46633	46	144432	87535
黑龙江	35067	11866	—	23201	11589	1826	757367	5933	679806	395279
龙江集团	11149	11149	—	—	11589	195	407444	533	120662	85297
上　海	—	—	—	—	—	92	—	—	20550	6058
江　苏	50	—	—	50	1514	9476	22781	417	197671	143661
浙　江	18238	591	—	17647	13033	2858	811446	27422	58211	50091
安　徽	152	152	—	—	—	18869	466401	14242	474826	271948
福　建	37762	12245	—	25517	72418	2861	617169	21815	617169	507446
江　西	17223	5029	—	12194	26746	14820	919261	66195	464312	309391
山　东	6964	47	—	6917	8266	20609	236097	14746	1112728	456662
河　南	—	—	—	—	299	23793	314611	9647	586725	382262
湖　北	17690	8	—	17682	3373	12317	953850	33432	341810	265922
湖　南	—	—	—	—	—	10107	871141	126487	631115	308590
广　东	42680	7767	—	34913	70707	7587	185436	28997	230259	203788
广　西	17033	65	—	16968	66568	5409	2010661	12461	625922	425588
海　南	—	—	—	—	5073	1362	331376	31	7058	9693
重　庆	1186	—	—	1186	—	10922	372116	16718	116200	102434
四　川	8214	3767	—	4447	5720	27648	1190727	91703	223236	141752
贵　州	4287	—	—	4287	—	4236	625302	32433	111357	108944
云　南	72597	10758	—	61839	2768	9323	1670675	153309	42770	38370
西　藏	—	—	—	—	520	260	12399	—	—	—
陕　西	333	—	—	333	—	11441	834057	59569	463570	393154
甘　肃	4358	—	—	4358	—	7423	817462	1766	151843	114098
青　海	—	—	—	—	—	1330	887499	133	29233	29233
宁　夏	—	—	—	—	—	1451	254179	2778	596853	298916
新　疆	11433	365	—	11068	1566	2096	1400022	36401	2824810	1066510
新疆兵团	—	—	—	—	119	152	330347	151	252620	91981
大兴安岭	—	—	—	—	—	—	—	2067	—	—

生产情况(二)

单位:公顷

森林抚育				林木种苗			
成林抚育面积		抚育改造出材量(立方米)		林木种子采集量(吨)		当年苗木产量(万株)	
合计	其中:中、幼龄林抚育面积	合计	其中:中、幼龄林抚育出材量	合计	其中:良种种子采集量	合计	其中:良种苗木产量
11322527	**7334450**	**7400849**	**5362034**	**56690**	**18254**	**5305505**	**1680349**
83158	80605	8838	4862	89	30	11516	3873
58505	34701	18623	7704	—	—	1728	893
391409	277358	127783	104718	2649	352	335673	142623
86239	82971	17072	17072	2864	1576	230611	66690
1105776	692473	373340	275947	2108	614	231034	49946
335164	335164	35699	35699	1	—	7035	2520
74049	62120	386771	264000	1900	691	789390	135322
313862	267538	1600929	1360344	6973	1177	154903	67014
36257	35026	240275	228923	283	68	10728	7633
668399	627856	869528	479937	5865	1663	151373	73176
495647	493314	100163	48393	1473	632	38190	14802
41621	10358	—	—	—	—	3235	—
441481	263670	165503	126331	1315	444	790343	252252
223425	131641	163342	85556	50	48	457698	161294
579261	344618	626835	354989	879	560	120685	26598
116523	68232	199255	189209	14	11	61174	26207
247866	190175	146894	130306	129	23	143071	34749
1062132	843713	207313	145988	4472	2646	253077	120432
711730	357226	273401	243958	1050	329	164220	106742
384311	220573	344510	221954	3972	1816	114264	60699
353449	327500	88899	48365	396	161	116369	65647
149147	99273	20542	16371	34	6	75297	22764
590382	231745	300483	89889	91	27	84872	29260
42515	38534	—	—	37	14	7243	1267
67443	60417	27539	27539	525	239	81989	9686
163399	154043	62102	43455	9200	1161	156777	35794
107687	70703	373332	302157	811	36	107734	12137
127342	126335	280534	129700	2559	1400	104053	34731
13333	13333	—	—	1	1	3355	387
269192	201792	92892	85900	3693	919	259230	57034
196007	129507	28255	9826	632	165	164162	42055
7573	6240	1786	1774	135	16	51122	6450
363000	195976	—	—	3428	1895	35761	9969
1988326	829239	1335	970	817	233	43176	24291
319481	85210	425	60	31	16	3982	2629
293985	293985	593213	593213	2	1	367	367

各地区全部营林生产情况(三)

地 区	林木种苗					
	育苗面积		年末实有母树林面积	年末实有种子园面积	年末实有采穗圃面积	年末实有采种基地面积
	合计	其中:本年新增育苗面积				
全国合计	**769168**	**219512**	**296022**	**48845**	**14609**	**272837**
北 京	12015	1015	7	368	9	297
天 津	8280	2351	—	—	—	—
河 北	43933	17661	495	796	46	11023
山 西	53842	24515	9638	1098	30	8314
内蒙古	19040	8257	29270	2090	276	30146
内蒙古集团	90	22	14001	170	233	12300
辽 宁	19481	7352	6558	2191	841	29376
吉 林	12114	4440	41643	3646	47	3867
吉林集团	383	96	12732	736	—	387
黑龙江	12915	3363	131346	4859	19	27950
龙江集团	400	78	91953	1224	10	26910
上 海	52	5	—	—	—	—
江 苏	109442	13105	487	177	34	—
浙 江	113614	21794	1710	840	142	4204
安 徽	44733	11106	1707	1347	768	2627
福 建	1522	808	1143	1077	68	894
江 西	27683	5329	1942	782	849	1575
山 东	95911	23272	617	1091	145	1728
河 南	19666	12077	1520	259	235	3300
湖 北	34781	8366	5450	3059	1342	1636
湖 南	16342	1453	3684	716	165	1339
广 东	3598	1019	495	436	45	723
广 西	1782	1197	3391	412	129	1763
海 南	993	124	13	13	—	60
重 庆	17353	4693	7935	2259	142	31172
四 川	8988	4710	4978	1516	1197	2873
贵 州	6558	2523	3485	1860	63	8603
云 南	4358	2964	3215	2645	2572	4923
西 藏	926	262	—	575	—	1344
陕 西	21747	9366	12125	8894	514	89651
甘 肃	15886	9001	5880	664	593	1639
青 海	3567	1132	244	430	39	279
宁 夏	23700	7994	515	56	—	6
新 疆	14298	8231	4937	3291	4299	1525
新疆兵团	2208	1312	4219	1672	1	333
大兴安岭	48	27	11592	1398	—	—

林业重点工程建设情况

单位：公顷、万元

指　　标	总　计	天然林资源保护工程	退耕还林工　程	京津风沙源治理工程		
					合　计	三北防护林工程
一、本年完成造林面积	**3093865**	**553564**	**730177**	**545191**	**1264026**	**737784**
（一）按造林方式分	—	—	—	—	—	
1. 人工造林	1668237	139742	516714	215606	795268	411083
2. 飞播造林	196931	86931	—	110000	—	—
3. 无林地和疏林地新封	1228697	326891	213463	219585	468758	326701
（二）按林种用途分	—	—	—	—	—	
1. 用材林	218224	22246	122640	9672	62759	10677
2. 经济林	347525	34611	207425	11412	94077	66451
3. 防护林	2499684	491654	380257	523773	1104000	658290
4. 薪炭林	15425	1053	14106	—	266	173
5. 特种用途林	13007	4000	5749	334	2924	2193
二、低产低效防护林改造面积	**18676**	**—**	**—**	**—**	**18676**	**9332**
三、年末实有封山育林面积	**13078899**	**6210091**	**1788154**	**2228509**	**2852145**	**1960742**
四、全部林业投资完成额	**5322129**	**1826744**	**2463373**	**250395**	**664819**	**322215**
其中：国家投资	4343147	1696826	1949855	223978	394431	208105

指　　标	三北及长江流域等防护林建设工程					野生动物植物保护及自然保护区建设工程	速生丰产用材林基地建设工程
	长江流域防护林体系工程	沿海防护林体系工程	珠江流域防护林体系工程	太行山绿化工程	平原绿化工程		
一、本年完成造林面积	**204844**	**209894**	**72288**	**36577**	**2639**	—	**907**
（一）按造林方式分		—	—	—	—	—	
1. 人工造林	124660	187119	50568	19199	2639	—	907
2. 飞播造林	—	—	—	—	—	—	—
3. 无林地和疏林地新封	80184	22775	21720	17378	—	—	—
（二）按林种用途分		—	—	—	—	—	—
1. 用材林	19803	16716	13616	500	1447	—	907
2. 经济林	13782	6467	4965	1594	818	—	—
3. 防护林	170759	186417	53707	34483	344	—	—
4. 薪炭林	—	93	—	—	—	—	—
5. 特种用途林	500	201	—	—	30	—	—
二、低产低效防护林改造面积	**2842**	**2901**	**3468**	**133**	—	—	—
三、年末实有封山育林面积	**204479**	**386114**	**127122**	**173688**	—	—	—
四、全部林业投资完成额	**98832**	**200344**	**26204**	**12948**	**4276**	**114253**	**2545**
其中：国家投资	42627	117478	14984	11167	70	77727	330

各地区林业重点工程造林面积

单位:公顷

地区	全部造林面积	重点工程造林面积						其他造林面积
		合计	天然林资源保护工程	退耕还林工程	京津风沙源治理工程	三北及长江流域等重点防护林体系建设工程	速生丰产用材林建设工程	
全国合计	**5996613**	**3093865**	**553564**	**730177**	**545191**	**1264026**	**907**	**2902748**
北京	20796	17953	—	—	17753	200	—	2843
天津	7401	7401	—	—	—	7401	—	—
河北	286423	181654	—	12380	94705	73935	634	104769
山西	299713	181776	46343	45291	24734	65408	—	117937
内蒙古	731837	660392	87317	39696	407999	125380	—	71445
内蒙古集团	1725	—	—	—	—	—	—	1725
辽宁	246767	129279	—	30664	—	98615	—	117488
吉林	36424	35273	—	11269	—	24004	—	1151
吉林集团	4	—	—	—	—	—	—	4
黑龙江	123763	110428	—	27091	—	83064	273	13335
龙江集团	—	—	—	—	—	—	—	—
上海	710	—	—	—	—	—	—	710
江苏	57294	29517	—	—	—	29517	—	27777
浙江	40473	13595	—	—	—	13595	—	26878
安徽	45629	38684	—	15335	—	23349	—	6945
福建	212724	46288	—	—	—	46288	—	166436
江西	164521	52890	—	22660	—	30230	—	111631
山东	219028	63733	—	—	—	63733	—	155295
河南	237740	99952	4664	48261	—	47027	—	137788
湖北	194654	102892	23694	42672	—	36526	—	91762
湖南	402435	70093	—	35487	—	34606	—	332342
广东	125476	44587	—	—	—	44587	—	80889
广西	147810	45592	—	18246	—	27346	—	102218
海南	10914	9016	—	2465	—	6551	—	1898
重庆	244644	58938	32669	26269	—	—	—	185706
四川	251926	105096	78199	26897	—	—	—	146830
贵州	202409	51241	19336	18667	—	13238	—	151168
云南	619961	230605	72985	137060	—	20560	—	389356
西藏	46705	11999	3333	8666	—	—	—	34706
陕西	325752	231076	88634	59356	—	83086	—	94676
甘肃	189807	141323	50311	22164	—	68848	—	48484
青海	177492	101707	28132	22516	—	51059	—	75785
宁夏	90478	40698	17947	5999	—	16752	—	49780
新疆	216907	162187	—	33066	—	129121	—	54720
新疆兵团	30710	23731	—	2000	—	21731	—	6979
大兴安岭	—	—	—	—	—	—	—	—

注:退耕还林工程中包括军事管理区 18000 公顷荒山荒地造林。

天然林资源保护工程建设情况

指　　标	单位	合计	东北、内蒙古等国有重点林区	长江上游、黄河上中游地区
一、工程区木材产量	**立方米**	**11143204**	**6060896**	**5082308**
其中：人工林木材产量	立方米	5182401	627735	4554666
二、荒山荒(沙)地造林面积	**公顷**	**553564**	**—**	**553564**
1. 人工造林	公顷	139742	—	139742
2. 飞播造林	公顷	86931	—	86931
3. 无林地和疏林地新封	公顷	326891	—	326891
按林种用途分				
1. 用材林	公顷	22246	—	22246
2. 经济林	公顷	34611	—	34611
3. 防护林	公顷	491654	—	491654
4. 薪炭林	公顷	1053	—	1053
5. 特种用途林	公顷	4000	—	4000
三、年末实有封山(沙)育林面积	**公顷**	**6210091**	**721473**	**5488618**
四、年末实有森林管护面积	**公顷**	**115961799**	**37824158**	**78137641**
1. 国有林	公顷	72365296	37824158	34541138
2. 集体和个人所有的国家级公益林	公顷	19504379	—	19504379
3. 集体和个人所有的地方公益林	公顷	24092124	—	24092124
五、工程区项目实施单位人员情况				
1. 年末全部在册职工人数	人	852976	684305	168671
其中：混岗职工人数	人	105084	104392	692
(1)年末在岗职工人数	人	612062	449311	162751
(2)年末下岗待安置职工人数	人	109240	105658	3582
(3)年末离开本单位保留劳动关系人数	人	131674	129336	2338
2. 年末其他从业人员	人	21042	3131	17911
3. 林业单位全年平均在岗职工人数	人	570914	417529	153385
4. 自工程实施以来累计一次性安置职工人数	人	690615	615455	75160
(1)全民职工人数	人	441268	368422	72846
(2)混岗职工人数	人	249347	247033	2314
其中：本年一次性安置职工人数	人	484	84	400
5. 本年一次性安置费	万元	1231	74	1157
6. 年末实有离退休人数	人	629776	487194	142582
7. 当年离退休人员生活费	万元	1316774	1091508	225266
8. 年末参加基本养老保险人数	人	879192	695170	184022
其中：在岗职工	人	505606	378390	127216
9. 年末参加基本医疗保险人数	人	1128779	890480	238299
其中：在岗职工	人	524553	386720	137833
六、全部林业投资完成额	**万元**	**1826744**	**1088100**	**738644**
其中：国家投资	万元	1696826	1060758	636068
1. 造林	万元	106329	—	106329
2. 森林管护	万元	614681	265114	349567
3. 森林抚育	万元	253517	206117	47400
4. 社会保险	万元	307019	210518	96501
5. 政社性支出	万元	318361	294306	24055
6. 其他	万元	226837	112045	114792

各地区天然林资源

地区	工程区木材产量(立方米)		荒山荒(沙)地造林面积(公顷)								
				按造林方式分			按林种用途分				
	合计	其中:人工林木材产量	合计	人工造林	飞播造林	无林地和疏林地新封	用材林	经济林	防护林	薪炭林	特种用途林
全国合计	**11143204**	**5182401**	**553564**	**139742**	**86931**	**326891**	**22246**	**34611**	**491654**	**1053**	**4000**
北京	—	—	—	—	—	—	—	—	—	—	—
天津	—	—	—	—	—	—	—	—	—	—	—
河北	—	—	—	—	—	—	—	—	—	—	—
山西	10081	7538	46343	13340	—	33003	—	—	46343	—	—
内蒙古	1385219	160277	87317	12053	46931	28333	—	—	87317	—	—
内蒙古集团	1141957	84737	—	—	—	—	—	—	—	—	—
辽宁	—	—	—	—	—	—	—	—	—	—	—
吉林	2221028	361304	—	—	—	—	—	—	—	—	—
吉林集团	928219	218906	—	—	—	—	—	—	—	—	—
黑龙江	1661446	161874	—	—	—	—	—	—	—	—	—
龙江集团	1661446	161874	—	—	—	—	—	—	—	—	—
上海	—	—	—	—	—	—	—	—	—	—	—
江苏	—	—	—	—	—	—	—	—	—	—	—
浙江	—	—	—	—	—	—	—	—	—	—	—
安徽	—	—	—	—	—	—	—	—	—	—	—
福建	—	—	—	—	—	—	—	—	—	—	—
江西	—	—	—	—	—	—	—	—	—	—	—
山东	—	—	—	—	—	—	—	—	—	—	—
河南	132445	132445	4664	4664	—	—	533	—	4131	—	—
湖北	264237	177790	23694	5734	—	17960	2045	795	20854	—	—
湖南	—	—	—	—	—	—	—	—	—	—	—
广东	—	—	—	—	—	—	—	—	—	—	—
广西	—	—	—	—	—	—	—	—	—	—	—
海南	—	—	—	—	—	—	—	—	—	—	—
重庆	97068	67605	32669	8670	—	23999	4000	—	28669	—	—
四川	2390656	2265925	78199	8197	—	70002	3970	134	73428	667	—
贵州	1523054	1355879	19336	13337	—	5999	2666	7802	8700	168	—
云南	425926	397210	72985	34031	—	38954	6558	18023	48186	218	—
西藏	—	—	3333	—	—	3333	—	—	3333	—	—
陕西	144878	83022	88634	17968	40000	30666	2474	6929	79231	—	—
甘肃	29961	11532	50311	15002	—	35309	—	—	46311	—	4000
青海	—	—	28132	1466	—	26666	—	—	28132	—	—
宁夏	—	—	17947	5280	—	12667	—	928	17019	—	—
新疆	9279	—	—	—	—	—	—	—	—	—	—
新疆兵团	—	—	—	—	—	—	—	—	—	—	—
大兴安岭	847926	—	—	—	—	—	—	—	—	—	—

保护工程建设情况(一)

年末实有封山(沙)育林面积(公顷)	年末实有森林管护面积(公顷)				工程区项目实施单位人员情况				
		其中			年末全部在册职工人数(人)				
	合　计	国有林	集体和个人所有的国家级公益林	集体和个人所有的地方公益林	合　计	其中:混岗职工人数	年末在岗职工人数	年末下岗待安置职工人数	年末离开本单位保留劳动关系人数
6210091	**115961799**	**72365296**	**19504379**	**24092124**	**852976**	**105084**	**612062**	**109240**	**131674**
—	—	—	—	—	—	—	—	—	—
—	—	—	—	—	—	—	—	—	—
—	—	—	—	—	—	—	—	—	—
339023	4976858	1635808	579953	2761097	11137	—	11077	10	50
800841	19899207	13279798	2005195	4614214	157696	44171	73002	71027	13667
—	9664920	9664920	—	—	142539	43600	58513	70787	13239
—	—	—	—	—	—	—	—	—	—
180476	3830551	3830551	—	—	87178	3206	62994	6996	17188
27985	1297275	1297275	—	—	35985	1403	28514	1680	5791
407444	8792319	8792319	—	—	363545	44091	251463	26795	85287
407444	8792319	8792319	—	—	363545	44091	251463	26795	85287
—	—	—	—	—	—	—	—	—	—
—	—	—	—	—	—	—	—	—	—
—	—	—	—	—	—	—	—	—	—
—	—	—	—	—	—	—	—	—	—
—	—	—	—	—	—	—	—	—	—
—	—	—	—	—	—	—	—	—	—
—	—	—	—	—	—	—	—	—	—
52173	1689959	195366	563987	930606	3842	—	3832	—	10
369782	3362603	1064562	1048412	1249629	10443	136	9563	810	70
—	—	—	—	—	—	—	—	—	—
—	—	—	—	—	—	—	—	—	—
—	—	—	—	—	—	—	—	—	—
6780	459000	459000	—	—	2106	—	1948	131	27
244604	2845452	439059	959015	1447378	3837	—	3770	—	67
1007659	19295757	13313329	4951682	1030746	40862	—	38195	1693	974
10493	4486740	320860	2293740	1872140	15975	—	15011	464	500
1242509	11688438	5099317	3507352	3081769	11980	—	11980	—	—
3333	1276667	1276667	—	—	71	—	71	—	—
614948	11855358	3667032	2522693	5665633	22645	225	21383	605	657
379354	4713152	3338228	904744	470180	25544	—	25544	—	—
284187	3678167	2816967	83867	777333	8682	—	8682	—	—
170093	782190	507052	83739	191399	7611	—	7602	—	9
96392	4336012	4336012	—	—	3984	—	3831	136	17
—	99732	99732	—	—	291	—	155	136	—
—	7993369	7993369	—	—	75838	13255	62114	573	13151

各地区天然林资源

地　区	工程区项目实施							
	年末其他从业人员（人）	林业单位全年平均在岗职工人数（人）	自工程实施以来累计一次性安置职工人数（人）				本年一次性安置费（万元）	年末实有离退休人数（人）
			合　计	全民职工人数	混岗职工人数	其中:本年一次性安置职工人数		
全国合计	**21042**	**570914**	**690615**	**441268**	**249347**	**484**	**1231**	**629776**
北　京	—	—	—	—	—	—	—	—
天　津	—	—	—	—	—	—	—	—
河　北	—	—	—	—	—	—	—	—
山　西	2	11051	858	858	—	—	—	4521
内蒙古	20	72082	104496	63622	40874	79	67	85027
内蒙古集团	20	60010	96698	57227	39471	—	—	76273
辽　宁	—	—	—	—	—	—	—	—
吉　林	—	57356	110938	82136	28802	5	7	77492
吉林集团	—	25408	48436	38471	9965	2	1	35515
黑龙江	3064	229879	298909	173335	125574	—	—	267313
龙江集团	3064	229879	298909	173335	125574	—	—	267313
上　海	—	—	—	—	—	—	—	—
江　苏	—	—	—	—	—	—	—	—
浙　江	—	—	—	—	—	—	—	—
安　徽	—	—	—	—	—	—	—	—
福　建	—	—	—	—	—	—	—	—
江　西	—	—	—	—	—	—	—	—
山　东	—	—	—	—	—	—	—	—
河　南	—	3832	2176	2176	—	—	—	1309
湖　北	395	9857	14559	12749	1810	397	1146	4659
湖　南	—	—	—	—	—	—	—	—
广　东	—	—	—	—	—	—	—	—
广　西	—	—	—	—	—	—	—	—
海　南	—	1948	2733	2733	—	—	—	3525
重　庆	—	3834	5001	5001	—	3	11	4419
四　川	2240	35676	17343	17092	251	—	—	73762
贵　州	6511	13240	4764	4764	—	—	—	8182
云　南	5334	10386	11944	11878	66	—	—	17374
西　藏	2715	—	129	129	—	—	—	—
陕　西	388	21174	5919	5893	26	—	—	8662
甘　肃	307	22338	10146	10146	—	—	—	11810
青　海	—	8682	153	45	108	—	—	765
宁　夏	19	7548	450	450	—	—	—	3956
新　疆	47	3572	6564	6452	112	—	—	3049
新疆兵团	—	—	44	44	—	—	—	110
大兴安岭	—	58459	93533	41809	51724	—	—	53951

保护工程建设情况（二）

单位人员情况					全部林业投资完成额（万元）							
当年离退休人员生活费（万元）	年末参加基本养老保险人数（人）		年末参加基本医疗保险人数（人）		合 计	其中：国家投资	造林	森林管护	森林抚育	社会保险	政社性支出	其他
	合 计	其中：在岗职工	合 计	其中：在岗职工								
1316774	**879192**	**505606**	**1128779**	**524553**	**1826744**	**1696826**	**106329**	**614681**	**253517**	**307019**	**318361**	**226837**
—	—	—	—	—	—	—	—	—	—	—	—	—
—	—	—	—	—	—	—	—	—	—	—	—	—
—	—	—	—	—	—	—	—	—	—	—	—	—
10456	13306	9810	14395	10185	40563	40237	9711	22890	2596	5009	177	180
182911	113143	71899	117315	72063	264999	253242	14722	111567	66795	56623	510	14782
160149	98939	58513	98939	58513	159758	159758	—	61235	50729	47794	—	—
—	—	—	—	—	—	—	—	—	—	—	—	—
102850	85293	59852	99098	60296	114634	107750	—	28268	15578	48917	14478	7393
48010	33433	26250	33566	26250	40580	33696	—	10163	5723	19050	3867	1777
716898	422793	189385	572542	196034	547411	544311	—	67585	89760	71537	227587	90942
716898	422793	189385	572542	196034	547411	544311	—	67585	89760	71537	227587	90942
—	—	—	—	—	—	—	—	—	—	—	—	—
—	—	—	—	—	—	—	—	—	—	—	—	—
—	—	—	—	—	—	—	—	—	—	—	—	—
—	—	—	—	—	—	—	—	—	—	—	—	—
—	—	—	—	—	—	—	—	—	—	—	—	—
—	—	—	—	—	—	—	—	—	—	—	—	—
—	—	—	—	—	—	—	—	—	—	—	—	—
1515	4522	3213	4500	3213	2375	2180	15	429	195	1400	336	—
3215	10443	9563	10443	9563	31071	19503	3378	14857	3191	3757	1513	4375
—	—	—	—	—	—	—	—	—	—	—	—	—
—	—	—	—	—	—	—	—	—	—	—	—	—
—	—	—	—	—	—	—	—	—	—	—	—	—
4175	2081	1948	2081	1948	15823	5028	—	7561	1616	1470	254	4922
6609	6276	3119	6196	3657	31022	30216	6180	11370	962	2414	792	9304
104271	71261	36229	105176	37446	209658	199304	10726	100519	11330	31402	3037	52644
20106	8613	5793	14370	9707	23467	23467	6630	10545	—	4977	1315	—
15804	10863	10863	11980	11980	76738	62111	15452	35283	5330	6745	1331	12597
—	—	—	6	—	11977	—	350	9575	2016	16	20	—
15884	18483	16263	22888	15983	95879	78612	15182	46661	9918	11271	3638	9209
26033	27470	20016	33213	22708	98647	80203	11054	40742	4420	19198	9020	14213
2425	633	633	874	708	41592	32976	9799	25679	3036	418	2660	—
8883	6578	6531	7383	7336	15305	15246	3130	5691	1090	5073	—	321
7428	3643	3455	6336	3587	28356	25213	—	16914	2576	3222	1889	3755
113	237	161	—	—	319	319	—	191	103	25	—	—
87311	73791	57034	99983	58139	177227	177227	—	58545	33108	33570	49804	2200

东北、内蒙古等国有重点林区

地　区	工程区木材产量(立方米)		荒山荒(沙)地造林面积(公顷)								
	合　计	其中:人工林木材产量	合计	按造林方式分			按林种用途分				
				人工造林	飞播造林	无林地和疏林地新封	用材林	经济林	防护林	薪炭林	特种用途林
全国合计	**6060896**	**627735**	—	—	—	—	—	—	—	—	—
北　京	—	—	—	—	—	—	—	—	—	—	—
天　津	—	—	—	—	—	—	—	—	—	—	—
河　北	—	—	—	—	—	—	—	—	—	—	—
山　西	—	—	—	—	—	—	—	—	—	—	—
内蒙古	1321217	104557	—	—	—	—	—	—	—	—	—
内蒙古集团	1141957	84737	—	—	—	—	—	—	—	—	—
辽　宁	—	—	—	—	—	—	—	—	—	—	—
吉　林	2221028	361304	—	—	—	—	—	—	—	—	—
吉林集团	928219	218906	—	—	—	—	—	—	—	—	—
黑龙江	1661446	161874	—	—	—	—	—	—	—	—	—
龙江集团	1661446	161874	—	—	—	—	—	—	—	—	—
上　海	—	—	—	—	—	—	—	—	—	—	—
江　苏	—	—	—	—	—	—	—	—	—	—	—
浙　江	—	—	—	—	—	—	—	—	—	—	—
安　徽	—	—	—	—	—	—	—	—	—	—	—
福　建	—	—	—	—	—	—	—	—	—	—	—
江　西	—	—	—	—	—	—	—	—	—	—	—
山　东	—	—	—	—	—	—	—	—	—	—	—
河　南	—	—	—	—	—	—	—	—	—	—	—
湖　北	—	—	—	—	—	—	—	—	—	—	—
湖　南	—	—	—	—	—	—	—	—	—	—	—
广　东	—	—	—	—	—	—	—	—	—	—	—
广　西	—	—	—	—	—	—	—	—	—	—	—
海　南	—	—	—	—	—	—	—	—	—	—	—
重　庆	—	—	—	—	—	—	—	—	—	—	—
四　川	—	—	—	—	—	—	—	—	—	—	—
贵　州	—	—	—	—	—	—	—	—	—	—	—
云　南	—	—	—	—	—	—	—	—	—	—	—
西　藏	—	—	—	—	—	—	—	—	—	—	—
陕　西	—	—	—	—	—	—	—	—	—	—	—
甘　肃	—	—	—	—	—	—	—	—	—	—	—
青　海	—	—	—	—	—	—	—	—	—	—	—
宁　夏	—	—	—	—	—	—	—	—	—	—	—
新　疆	9279	—	—	—	—	—	—	—	—	—	—
新疆兵团	—	—	—	—	—	—	—	—	—	—	—
大兴安岭	847926	—	—	—	—	—	—	—	—	—	—

天然林资源保护工程建设情况(一)

年末实有封山(沙)育林面积(公顷)	年末实有森林管护面积(公顷)				工程区项目实施单位人员情况				
		其中			年末全部在册职工人数(人)				
	合计	国有林	集体和个人所有的国家级公益林	集体和个人所有的地方公益林	合计	其中:混岗职工人数	年末在岗职工人数	年末下岗待安置职工人数	年末离开本单位保留劳动关系人数
721473	**37824158**	**37824158**	—	—	**684305**	**104392**	**449311**	**105658**	**129336**
—	—	—	—	—	—	—	—	—	—
—	—	—	—	—	—	—	—	—	—
—	—	—	—	—	—	—	—	—	—
—	—	—	—	—	—	—	—	—	—
30381	12412907	12412907	—	—	151654	43840	66961	71027	13666
—	9664920	9664920	—	—	142539	43600	58513	70787	13239
—	—	—	—	—	—	—	—	—	—
180476	3830551	3830551	—	—	87178	3206	62994	6996	17188
27985	1297275	1297275	—	—	35985	1403	28514	1680	5791
407444	8792319	8792319	—	—	363545	44091	251463	26795	85287
407444	8792319	8792319	—	—	363545	44091	251463	26795	85287
—	—	—	—	—	—	—	—	—	—
—	—	—	—	—	—	—	—	—	—
—	—	—	—	—	—	—	—	—	—
—	—	—	—	—	—	—	—	—	—
—	—	—	—	—	—	—	—	—	—
—	—	—	—	—	—	—	—	—	—
—	—	—	—	—	—	—	—	—	—
—	—	—	—	—	—	—	—	—	—
—	—	—	—	—	—	—	—	—	—
—	—	—	—	—	—	—	—	—	—
—	—	—	—	—	—	—	—	—	—
—	—	—	—	—	—	—	—	—	—
6780	459000	459000	—	—	2106	—	1948	131	27
—	—	—	—	—	—	—	—	—	—
—	—	—	—	—	—	—	—	—	—
—	—	—	—	—	—	—	—	—	—
—	—	—	—	—	—	—	—	—	—
—	—	—	—	—	—	—	—	—	—
—	—	—	—	—	—	—	—	—	—
—	—	—	—	—	—	—	—	—	—
—	—	—	—	—	—	—	—	—	—
—	—	—	—	—	—	—	—	—	—
96392	4336012	4336012	—	—	3984	—	3831	136	17
—	99732	99732	—	—	291	—	155	136	—
—	7993369	7993369	—	—	75838	13255	62114	573	13151

东北、内蒙古等国有重点林区

地　区	工程区项目实施							
	年末其他从业人员（人）	林业单位全年平均在岗职工人数（人）	自工程实施以来累计一次性安置职工人数（人）				本年一次性安置费（万元）	年末实有离退休人数（人）
			合 计	全民职工人数	混岗职工人数	其中：本年一次性安置职工人数		
全国合计	**3131**	**417529**	**615455**	**368422**	**247033**	**84**	**74**	**487194**
北　京	—	—	—	—	—	—	—	—
天　津	—	—	—	—	—	—	—	—
河　北	—	—	—	—	—	—	—	—
山　西	—	—	—	—	—	—	—	—
内蒙古	20	66315	102778	61957	40821	79	67	81864
内蒙古集团	20	60010	96698	57227	39471	—	—	76273
辽　宁	—	—	—	—	—	—	—	—
吉　林	—	57356	110938	82136	28802	5	7	77492
吉林集团	—	25408	48436	38471	9965	2	1	35515
黑龙江	3064	229879	298909	173335	125574	—	—	267313
龙江集团	3064	229879	298909	173335	125574	—	—	267313
上　海	—	—	—	—	—	—	—	—
江　苏	—	—	—	—	—	—	—	—
浙　江	—	—	—	—	—	—	—	—
安　徽	—	—	—	—	—	—	—	—
福　建	—	—	—	—	—	—	—	—
江　西	—	—	—	—	—	—	—	—
山　东	—	—	—	—	—	—	—	—
河　南	—	—	—	—	—	—	—	—
湖　北	—	—	—	—	—	—	—	—
湖　南	—	—	—	—	—	—	—	—
广　东	—	—	—	—	—	—	—	—
广　西	—	—	—	—	—	—	—	—
海　南	—	1948	2733	2733	—	—	—	3525
重　庆	—	—	—	—	—	—	—	—
四　川	—	—	—	—	—	—	—	—
贵　州	—	—	—	—	—	—	—	—
云　南	—	—	—	—	—	—	—	—
西　藏	—	—	—	—	—	—	—	—
陕　西	—	—	—	—	—	—	—	—
甘　肃	—	—	—	—	—	—	—	—
青　海	—	—	—	—	—	—	—	—
宁　夏	—	—	—	—	—	—	—	—
新　疆	47	3572	6564	6452	112	—	—	3049
新疆兵团	—	—	44	44	—	—	—	110
大兴安岭	—	58459	93533	41809	51724	—	—	53951

天然林资源保护工程建设情况(二)

单位人员情况					全部林业投资完成额(万元)								
当年离退休人员生活费(万元)	年末参加基本养老保险人数(人) 合　计	年末参加基本养老保险人数(人) 其中:在岗职工	年末参加基本医疗保险人数(人) 合　计	年末参加基本医疗保险人数(人) 其中:在岗职工	合　计	其中:国家投资	造林	森林管护	森林抚育	社会保险	政社性支出	其他
1091508	**695170**	**378390**	**890480**	**386720**	**1088100**	**1060758**	**—**	**265114**	**206117**	**210518**	**294306**	**112045**
—	—	—	—	—	—	—	—	—	—	—	—	—
—	—	—	—	—	—	—	—	—	—	—	—	—
—	—	—	—	—	—	—	—	—	—	—	—	—
—	—	—	—	—	—	—	—	—	—	—	—	—
172846	107569	66716	110440	66716	204649	201229	—	86241	63479	51802	294	2833
160149	98939	58513	98939	58513	159758	159758	—	61235	50729	47794	—	—
—	—	—	—	—	—	—	—	—	—	—	—	—
102850	85293	59852	99098	60296	114634	107750	—	28268	15578	48917	14478	7393
48010	33433	26250	33566	26250	40580	33696	—	10163	5723	19050	3867	1777
716898	422793	189385	572542	196034	547411	544311	—	67585	89760	71537	227587	90942
716898	422793	189385	572542	196034	547411	544311	—	67585	89760	71537	227587	90942
—	—	—	—	—	—	—	—	—	—	—	—	—
—	—	—	—	—	—	—	—	—	—	—	—	—
—	—	—	—	—	—	—	—	—	—	—	—	—
—	—	—	—	—	—	—	—	—	—	—	—	—
—	—	—	—	—	—	—	—	—	—	—	—	—
—	—	—	—	—	—	—	—	—	—	—	—	—
—	—	—	—	—	—	—	—	—	—	—	—	—
—	—	—	—	—	—	—	—	—	—	—	—	—
—	—	—	—	—	—	—	—	—	—	—	—	—
—	—	—	—	—	—	—	—	—	—	—	—	—
—	—	—	—	—	—	—	—	—	—	—	—	—
—	—	—	—	—	—	—	—	—	—	—	—	—
4175	2081	1948	2081	1948	15823	5028	—	7561	1616	1470	254	4922
—	—	—	—	—	—	—	—	—	—	—	—	—
—	—	—	—	—	—	—	—	—	—	—	—	—
—	—	—	—	—	—	—	—	—	—	—	—	—
—	—	—	—	—	—	—	—	—	—	—	—	—
—	—	—	—	—	—	—	—	—	—	—	—	—
—	—	—	—	—	—	—	—	—	—	—	—	—
—	—	—	—	—	—	—	—	—	—	—	—	—
—	—	—	—	—	—	—	—	—	—	—	—	—
—	—	—	—	—	—	—	—	—	—	—	—	—
7428	3643	3455	6336	3587	28356	25213	—	16914	2576	3222	1889	3755
113	237	161	—	—	319	319	—	191	103	25	—	—
87311	73791	57034	99983	58139	177227	177227	—	58545	33108	33570	49804	2200

长江上游、黄河上中游各地区

地区	工程区木材产量(立方米)		荒山荒(沙)地造林面积(公顷)								
				按造林方式分			按林种用途分				
	合计	其中:人工林木材产量	合计	人工造林	飞播造林	无林地和疏林地新封	用材林	经济林	防护林	薪炭林	特种用途林
全国合计	**5082308**	**4554666**	**553564**	**139742**	**86931**	**326891**	**22246**	**34611**	**491654**	**1053**	**4000**
北京	—	—	—	—	—	—	—	—	—	—	—
天津	—	—	—	—	—	—	—	—	—	—	—
河北	—	—	—	—	—	—	—	—	—	—	—
山西	10081	7538	46343	13340	—	33003	—	—	46343	—	—
内蒙古	64002	55720	87317	12053	46931	28333	—	—	87317	—	—
内蒙古集团	—	—	—	—	—	—	—	—	—	—	—
辽宁	—	—	—	—	—	—	—	—	—	—	—
吉林	—	—	—	—	—	—	—	—	—	—	—
吉林集团	—	—	—	—	—	—	—	—	—	—	—
黑龙江	—	—	—	—	—	—	—	—	—	—	—
龙江集团	—	—	—	—	—	—	—	—	—	—	—
上海	—	—	—	—	—	—	—	—	—	—	—
江苏	—	—	—	—	—	—	—	—	—	—	—
浙江	—	—	—	—	—	—	—	—	—	—	—
安徽	—	—	—	—	—	—	—	—	—	—	—
福建	—	—	—	—	—	—	—	—	—	—	—
江西	—	—	—	—	—	—	—	—	—	—	—
山东	—	—	—	—	—	—	—	—	—	—	—
河南	132445	132445	4664	4664	—	—	533	—	4131	—	—
湖北	264237	177790	23694	5734	—	17960	2045	795	20854	—	—
湖南	—	—	—	—	—	—	—	—	—	—	—
广东	—	—	—	—	—	—	—	—	—	—	—
广西	—	—	—	—	—	—	—	—	—	—	—
海南	—	—	—	—	—	—	—	—	—	—	—
重庆	97068	67605	32669	8670	—	23999	4000	—	28669	—	—
四川	2390656	2265925	78199	8197	—	70002	3970	134	73428	667	—
贵州	1523054	1355879	19336	13337	—	5999	2666	7802	8700	168	—
云南	425926	397210	72985	34031	—	38954	6558	18023	48186	218	—
西藏	—	—	3333	—	—	3333	—	—	3333	—	—
陕西	144878	83022	88634	17968	40000	30666	2474	6929	79231	—	—
甘肃	29961	11532	50311	15002	—	35309	—	—	46311	—	4000
青海	—	—	28132	1466	—	26666	—	—	28132	—	—
宁夏	—	—	17947	5280	—	12667	—	928	17019	—	—
新疆	—	—	—	—	—	—	—	—	—	—	—
新疆兵团	—	—	—	—	—	—	—	—	—	—	—
大兴安岭	—	—	—	—	—	—	—	—	—	—	—

天然林资源保护工程建设情况(一)

年末实有封山(沙)育林面积(公顷)	年末实有森林管护面积(公顷)				工程区项目实施单位人员情况				
		其中			年末全部在册职工人数(人)				
	合　计	国有林	集体和个人所有的国家级公益林	集体和个人所有的地方公益林	合　计	其中:混岗职工人数	年末在岗职工人数	年末下岗待安置职工人数	年末离开本单位保留劳动关系人数
5488618	**78137641**	**34541138**	**19504379**	**24092124**	**168671**	**692**	**162751**	**3582**	**2338**
—	—	—	—	—	—	—	—	—	—
—	—	—	—	—	—	—	—	—	—
—	—	—	—	—	—	—	—	—	—
339023	4976858	1635808	579953	2761097	11137	—	11077	10	50
770460	7486300	866891	2005195	4614214	6042	331	6041	—	1
—	—	—	—	—	—	—	—	—	—
—	—	—	—	—	—	—	—	—	—
—	—	—	—	—	—	—	—	—	—
—	—	—	—	—	—	—	—	—	—
—	—	—	—	—	—	—	—	—	—
—	—	—	—	—	—	—	—	—	—
—	—	—	—	—	—	—	—	—	—
—	—	—	—	—	—	—	—	—	—
—	—	—	—	—	—	—	—	—	—
—	—	—	—	—	—	—	—	—	—
—	—	—	—	—	—	—	—	—	—
—	—	—	—	—	—	—	—	—	—
—	—	—	—	—	—	—	—	—	—
52173	1689959	195366	563987	930606	3842	—	3832	—	10
369782	3362603	1064562	1048412	1249629	10443	136	9563	810	70
—	—	—	—	—	—	—	—	—	—
—	—	—	—	—	—	—	—	—	—
—	—	—	—	—	—	—	—	—	—
—	—	—	—	—	—	—	—	—	—
244604	2845452	439059	959015	1447378	3837	—	3770	—	67
1007659	19295757	13313329	4951682	1030746	40862	—	38195	1693	974
10493	4486740	320860	2293740	1872140	15975	—	15011	464	500
1242509	11688438	5099317	3507352	3081769	11980	—	11980	—	—
3333	1276667	1276667	—	—	71	—	71	—	—
614948	11855358	3667032	2522693	5665633	22645	225	21383	605	657
379354	4713152	3338228	904744	470180	25544	—	25544	—	—
284187	3678167	2816967	83867	777333	8682	—	8682	—	—
170093	782190	507052	83739	191399	7611	—	7602	—	9
—	—	—	—	—	—	—	—	—	—
—	—	—	—	—	—	—	—	—	—
—	—	—	—	—	—	—	—	—	—

长江上游、黄河上中游各地区

地区	工程区项目实施							
	年末其他从业人员（人）	林业单位全年平均在岗职工人数（人）	自工程实施以来累计一次性安置职工人数（人）				本年一次性安置费（万元）	年末实有离退休人数（人）
			合计	全民职工人数	混岗职工人数	其中:本年一次性安置职工人数		
全国合计	**17911**	**153385**	**75160**	**72846**	**2314**	**400**	**1157**	**142582**
北京	—	—	—	—	—	—	—	—
天津	—	—	—	—	—	—	—	—
河北	—	—	—	—	—	—	—	—
山西	2	11051	858	858	—	—	—	4521
内蒙古	—	5767	1718	1665	53	—	—	3163
内蒙古集团	—	—	—	—	—	—	—	—
辽宁	—	—	—	—	—	—	—	—
吉林	—	—	—	—	—	—	—	—
吉林集团	—	—	—	—	—	—	—	—
黑龙江	—	—	—	—	—	—	—	—
龙江集团	—	—	—	—	—	—	—	—
上海	—	—	—	—	—	—	—	—
江苏	—	—	—	—	—	—	—	—
浙江	—	—	—	—	—	—	—	—
安徽	—	—	—	—	—	—	—	—
福建	—	—	—	—	—	—	—	—
江西	—	—	—	—	—	—	—	—
山东	—	—	—	—	—	—	—	—
河南	—	3832	2176	2176	—	—	—	1309
湖北	395	9857	14559	12749	1810	397	1146	4659
湖南	—	—	—	—	—	—	—	—
广东	—	—	—	—	—	—	—	—
广西	—	—	—	—	—	—	—	—
海南	—	—	—	—	—	—	—	—
重庆	—	3834	5001	5001	—	3	11	4419
四川	2240	35676	17343	17092	251	—	—	73762
贵州	6511	13240	4764	4764	—	—	—	8182
云南	5334	10386	11944	11878	66	—	—	17374
西藏	2715	—	129	129	—	—	—	—
陕西	388	21174	5919	5893	26	—	—	8662
甘肃	307	22338	10146	10146	—	—	—	11810
青海	—	8682	153	45	108	—	—	765
宁夏	19	7548	450	450	—	—	—	3956
新疆	—	—	—	—	—	—	—	—
新疆兵团	—	—	—	—	—	—	—	—
大兴安岭	—	—	—	—	—	—	—	—

天然林资源保护工程建设情况(二)

单位人员情况					全部林业投资完成额(万元)							
当年离退休人员生活费(万元)	年末参加基本养老保险人数(人)		年末参加基本医疗保险人数(人)		合 计	其中:国家投资	造林	森林管护	森林抚育	社会保险	政社性支出	其他
	合 计	其中:在岗职工	合 计	其中:在岗职工								
225266	**184022**	**127216**	**238299**	**137833**	**738644**	**636068**	**106329**	**349567**	**47400**	**96501**	**24055**	**114792**
—	—	—	—	—	—	—	—	—	—	—	—	—
—	—	—	—	—	—	—	—	—	—	—	—	—
—	—	—	—	—	—	—	—	—	—	—	—	—
10456	13306	9810	14395	10185	40563	40237	9711	22890	2596	5009	177	180
10065	5574	5183	6875	5347	60350	52013	14722	25326	3316	4821	216	11949
—	—	—	—	—	—	—	—	—	—	—	—	—
—	—	—	—	—	—	—	—	—	—	—	—	—
—	—	—	—	—	—	—	—	—	—	—	—	—
—	—	—	—	—	—	—	—	—	—	—	—	—
—	—	—	—	—	—	—	—	—	—	—	—	—
—	—	—	—	—	—	—	—	—	—	—	—	—
—	—	—	—	—	—	—	—	—	—	—	—	—
—	—	—	—	—	—	—	—	—	—	—	—	—
—	—	—	—	—	—	—	—	—	—	—	—	—
—	—	—	—	—	—	—	—	—	—	—	—	—
—	—	—	—	—	—	—	—	—	—	—	—	—
—	—	—	—	—	—	—	—	—	—	—	—	—
—	—	—	—	—	—	—	—	—	—	—	—	—
1515	4522	3213	4500	3213	2375	2180	15	429	195	1400	336	—
3215	10443	9563	10443	9563	31071	19503	3378	14857	3191	3757	1513	4375
—	—	—	—	—	—	—	—	—	—	—	—	—
—	—	—	—	—	—	—	—	—	—	—	—	—
—	—	—	—	—	—	—	—	—	—	—	—	—
—	—	—	—	—	—	—	—	—	—	—	—	—
6609	6276	3119	6196	3657	31022	30216	6180	11370	962	2414	792	9304
104271	71261	36229	105176	37446	209658	199304	10726	100519	11330	31402	3037	52644
20106	8613	5793	14370	9707	23467	23467	6630	10545	—	4977	1315	—
15804	10863	10863	11980	11980	76738	62111	15452	35283	5330	6745	1331	12597
—	—	—	6	—	11977	—	350	9575	2016	16	20	—
15884	18483	16263	22888	15983	95879	78612	15182	46661	9918	11271	3638	9209
26033	27470	20016	33213	22708	98647	80203	11054	40742	4420	19198	9020	14213
2425	633	633	874	708	41592	32976	9799	25679	3036	418	2660	—
8883	6578	6531	7383	7336	15305	15246	3130	5691	1090	5073	—	321
—	—	—	—	—	—	—	—	—	—	—	—	—
—	—	—	—	—	—	—	—	—	—	—	—	—
—	—	—	—	—	—	—	—	—	—	—	—	—

退耕还林工程建设情况

指　　标	单位	合　计	退耕还林工程	京津风沙源治理工程区退耕还林
一、造林面积	**公顷**	**741251**	**730177**	**11074**
1. 退耕地造林	公顷	59	59	—
其中:生态林面积	公顷	59	59	—
25°以上坡耕地退耕面积	公顷	—	—	—
严重沙化耕地退耕面积	公顷	—	—	—
2. 荒山荒地造林	公顷	527729	516655	11074
3. 无林地和疏林地新封	公顷	213463	213463	—
按林种用途分				
1. 用材林	公顷	122990	122640	350
2. 经济林	公顷	209129	207425	1704
3. 防护林	公顷	389277	380257	9020
4. 薪炭林	公顷	14106	14106	—
5. 特种用途林	公顷	5749	5749	—
二、年末实有封山(沙)育林面积	**公顷**	**2000857**	**1788154**	**212703**
三、当年种草面积	**公顷**	**11400**	**—**	**11400**
其中:退耕地种(育)草面积	公顷	—	—	—
四、补助粮、款兑现				
1. 当年粮款兑现退耕地总面积	公顷	8420627	7453733	966894
2. 自工程实施以来累计粮食补助资金总计	万元	19367169	17521971	1845198
其中:当年粮食补助资金合计	万元	1038394	893728	144666
其中:当年新退耕地粮食补助资金	万元	12	12	—
3. 自工程实施以来累计生活费兑现金额总计	万元	2624443	2320793	303650
其中:当年生活费兑现金额合计	万元	348513	304890	43623
其中:当年新退耕地生活费兑现金额	万元	2	2	—
4. 当年粮款兑现涉及户数	户	25026146	22845312	2180834
五、全部林业投资完成额	**万元**	**2722725**	**2463373**	**259352**
其中:国家投资	万元	2175650	1949855	225795
1. 粮食补助资金	万元	1038394	893728	144666
2. 种苗费	万元	112656	111676	980
3. 生活费补助	万元	348513	304890	43623
4. 巩固退耕还林成果专项资金	万元	768687	721923	46764
5. 其他费用	万元	454475	431156	23319

各地区全部退耕还林工程建设情况(一)

地　区	造林面积(公顷)						
	总　计	退耕地造林				荒山荒地造林	无林地和疏林地新封
		合 计	其　中				
			生态林面积	25°以上坡耕地退耕面积	严重沙化耕地退耕面积		
全国合计	**741251**	**59**	**59**	**—**	**—**	**527729**	**213463**
北　京	—	—	—	—	—	—	—
天　津	—	—	—	—	—	—	—
河　北	21587	—	—	—	—	16522	5065
山　西	45291	—	—	—	—	36621	8670
内蒙古	41563	—	—	—	—	26228	15335
内蒙古集团	—	—	—	—	—	—	—
辽　宁	30664	—	—	—	—	11998	18666
吉　林	11269	59	59	—	—	9543	1667
吉林集团	—	—	—	—	—	—	—
黑龙江	27091	—	—	—	—	12424	14667
龙江集团	—	—	—	—	—	—	—
上　海	—	—	—	—	—	—	—
江　苏	—	—	—	—	—	—	—
浙　江	—	—	—	—	—	—	—
安　徽	15335	—	—	—	—	5333	10002
福　建	—	—	—	—	—	—	—
江　西	22660	—	—	—	—	11999	10661
山　东	—	—	—	—	—	—	—
河　南	48261	—	—	—	—	30262	17999
湖　北	42672	—	—	—	—	36009	6663
湖　南	35487	—	—	—	—	17486	18001
广　东	—	—	—	—	—	—	—
广　西	18246	—	—	—	—	15245	3001
海　南	2465	—	—	—	—	2465	—
重　庆	26269	—	—	—	—	15602	10667
四　川	26897	—	—	—	—	16900	9997
贵　州	18667	—	—	—	—	11998	6669
云　南	137060	—	—	—	—	129057	8003
西　藏	8666	—	—	—	—	4333	4333
陕　西	59356	—	—	—	—	48689	10667
甘　肃	22164	—	—	—	—	13365	8799
青　海	22516	—	—	—	—	8516	14000
宁　夏	5999	—	—	—	—	5999	—
新　疆	33066	—	—	—	—	23135	9931
新疆兵团	2000	—	—	—	—	—	2000
大兴安岭	—	—	—	—	—	—	—

注:全国合计中包括军事管理区 18000 公顷荒山荒地造林。

各地区全部退耕还林

地区	造林面积(公顷)					年末实有封山(沙)育林面积(公顷)	当年种草面积(公顷)	
	按林种用途分							
	用材林	经济林	防护林	薪炭林	特种用途林		合计	其中:退耕地种(育)草面积
全国合计	**122990**	**209129**	**389277**	**14106**	**5749**	**2000857**	**11400**	—
北京	—	—	—	—	—	—	—	—
天津	—	—	—	—	—	24667	—	—
河北	2894	3095	15598	—	—	165028	1400	—
山西	—	18687	20654	5950	—	98280	—	—
内蒙古	1871	433	39259	—	—	178924	10000	—
内蒙古集团	—	—	—	—	—	—	—	—
辽宁	406	3300	26958	—	—	95867	—	—
吉林	1334	1354	8581	—	—	79873	—	—
吉林集团	—	—	—	—	—	—	—	—
黑龙江	6409	1603	18001	260	818	196174	—	—
龙江集团	—	—	—	—	—	—	—	—
上海	—	—	—	—	—	—	—	—
江苏	—	—	—	—	—	—	—	—
浙江	—	—	—	—	—	—	—	—
安徽	4134	5267	5667	267	—	21002	—	—
福建	—	—	—	—	—	—	—	—
江西	12176	956	9195	—	333	54055	—	—
山东	—	—	—	—	—	—	—	—
河南	10654	10031	27576	—	—	58000	—	—
湖北	15287	13050	13306	—	1029	9995	—	—
湖南	9070	3094	22495	200	628	111803	—	—
广东	—	—	—	—	—	—	—	—
广西	14300	925	3021	—	—	51534	—	—
海南	14	256	1587	—	608	10000	—	—
重庆	4420	982	19800	1067	—	57467	—	—
四川	8827	5144	12926	—	—	114160	—	—
贵州	1707	3737	12359	864	—	114414	—	—
云南	28010	95336	12954	760	—	51738	—	—
西藏	712	—	5399	2555	—	4333	—	—
陕西	418	32714	26224	—	—	116198	—	—
甘肃	—	67	19764	—	2333	122745	—	—
青海	—	—	22516	—	—	90700	—	—
宁夏	—	1009	4990	—	—	13332	—	—
新疆	347	8089	22447	2183	—	160568	—	—
新疆兵团	—	—	2000	—	—	51430	—	—
大兴安岭	—	—	—	—	—	—	—	—

工程建设情况(二)

补助粮、款兑现							
当年粮款兑现退耕地总面积(公顷)	自工程实施以来累计粮食补助资金总计(万元)			自工程实施以来累计生活费兑现金额总计(万元)			当年粮款兑现涉及户数(户)
	合计	其中:当年粮食补助资金合计		合计	其中:当年生活费兑现金额合计		
		小 计	其中:当年新退耕地粮食补助资金		小 计	其中:当年新退耕地生活费兑现金额	
8420627	**19367169**	**1038394**	**12**	**2624443**	**348513**	**2**	**25026146**
18792	49012	3085	—	7536	832	—	154383
3897	6436	456	—	1203	117	—	20800
604304	1048642	97207	—	161985	20623	—	1929403
465366	805283	57447	—	156795	13961	—	885161
611924	1806541	75254	—	258777	35635	—	1380272
—	—	—	—	—	—	—	—
376164	333896	18577	—	56526	8546	—	350890
272807	365171	38414	12	61055	7291	2	242739
—	—	—	—	—	—	—	—
197094	467089	27691	—	82873	14456	—	158109
—	—	—	—	—	—	—	—
—	—	—	—	—	—	—	—
—	—	—	—	—	—	—	—
—	—	—	—	—	—	—	—
175685	587871	73238	—	60985	9116	—	866758
—	—	—	—	—	—	—	—
136358	453271	10621	—	47915	3793	—	604174
—	—	—	—	—	—	—	—
246331	567971	20419	—	72468	12567	—	1106520
305930	843884	61132	—	85502	10886	—	1287245
542810	1319356	80166	—	166220	30450	—	1909670
—	—	—	—	—	—	—	—
154734	513281	32131	—	68973	8319	—	523780
—	96173	—	—	9159	—	—	—
395769	1081860	36073	—	147437	45789	—	2045655
863000	2411839	34905	—	241523	3224	—	4905647
474601	1086418	27494	—	106166	2618	—	1508294
243172	898069	46806	—	94542	20334	—	898053
16574	34539	5202	—	3955	693	—	123912
902899	2014605	133137	—	294239	30111	—	2004576
636424	1244096	85796	—	182721	18911	—	1240993
193309	316244	5764	—	69930	16433	—	299602
313779	499750	28606	—	103516	22564	—	317585
268904	515872	38773	—	82442	11244	—	261925
97907	184780	8886	—	32269	4844	—	13937
—	—	—	—	—	—	—	—

各地区全部退耕还林工程建设情况（三）

地　　区	全部林业投资完成额（万元）						
	合　计	其中：国家投资	粮食补助资金	种苗费	生活费补助	巩固退耕还林成果专项资金	其他费用
全国合计	**2722725**	**2175650**	**1038394**	**112656**	**348513**	**768687**	**454475**
北　京	5097	1565	3085	—	832	1180	—
天　津	938	—	456	—	117	365	—
河　北	169218	144834	97207	4177	20623	43890	3321
山　西	99804	99797	57447	6310	13961	21776	310
内蒙古	199111	164407	75254	4950	35635	36305	46967
内蒙古集团	—	—	—	—	—	—	—
辽　宁	56234	50984	18577	7014	8546	17195	4902
吉　林	56279	55571	38414	2915	7291	5911	1748
吉林集团	—	—	—	—	—	—	—
黑龙江	114316	100481	27691	12835	14456	50128	9206
龙江集团	—	—	—	—	—	—	—
上　海	—	—	—	—	—	—	—
江　苏	—	—	—	—	—	—	—
浙　江	—	—	—	—	—	—	—
安　徽	104569	28354	73238	3484	9116	12901	5830
福　建	—	—	—	—	—	—	—
江　西	49859	26020	10621	3531	3793	12154	19760
山　东	—	—	—	—	—	—	—
河　南	69855	38586	20419	2297	12567	23786	10786
湖　北	111549	68263	61132	4647	10886	29211	5673
湖　南	149638	63863	80166	4153	30450	26927	7942
广　东	—	—	—	—	—	—	—
广　西	73670	53650	32131	7325	8319	15151	10744
海　南	15582	13418	—	2864	—	4809	7909
重　庆	168968	148509	36073	5902	45789	60860	20344
四　川	349097	335465	34905	6150	3224	152364	152454
贵　州	180890	174102	27494	6100	2618	73268	71410
云　南	122351	68418	46806	4522	20334	33958	16731
西　藏	11321	11321	5202	—	693	3021	2405
陕　西	200057	141405	133137	9957	30111	22756	4096
甘　肃	199212	189094	85796	6400	18911	55340	32765
青　海	44689	44689	5764	2770	16433	15296	4426
宁　夏	92233	91945	28606	1800	22564	33693	5570
新　疆	78188	60909	38773	2553	11244	16442	9176
新疆兵团	27540	14952	8886	68	4844	7852	5890
大兴安岭	—	—	—	—	—	—	—

各地区退耕还林工程建设情况(一)

地　　区	造林面积(公顷)						
	总　计	退耕地造林				荒山荒地造林	无林地和疏林地新封
		合　计	其　　中				
			生态林面积	25°以上坡耕地退耕面积	严重沙化耕地退耕面积		
全国合计	**730177**	**59**	**59**	**—**	**—**	**516655**	**213463**
北　京	—	—	—	—	—	—	—
天　津	—	—	—	—	—	—	—
河　北	12380	—	—	—	—	7315	5065
山　西	45291	—	—	—	—	36621	8670
内蒙古	39696	—	—	—	—	24361	15335
内蒙古集团	—	—	—	—	—	—	—
辽　宁	30664	—	—	—	—	11998	18666
吉　林	11269	59	59	—	—	9543	1667
吉林集团	—	—	—	—	—	—	—
黑龙江	27091	—	—	—	—	12424	14667
龙江集团	—	—	—	—	—	—	—
上　海	—	—	—	—	—	—	—
江　苏	—	—	—	—	—	—	—
浙　江	—	—	—	—	—	—	—
安　徽	15335	—	—	—	—	5333	10002
福　建	—	—	—	—	—	—	—
江　西	22660	—	—	—	—	11999	10661
山　东	—	—	—	—	—	—	—
河　南	48261	—	—	—	—	30262	17999
湖　北	42672	—	—	—	—	36009	6663
湖　南	35487	—	—	—	—	17486	18001
广　东	—	—	—	—	—	—	—
广　西	18246	—	—	—	—	15245	3001
海　南	2465	—	—	—	—	2465	—
重　庆	26269	—	—	—	—	15602	10667
四　川	26897	—	—	—	—	16900	9997
贵　州	18667	—	—	—	—	11998	6669
云　南	137060	—	—	—	—	129057	8003
西　藏	8666	—	—	—	—	4333	4333
陕　西	59356	—	—	—	—	48689	10667
甘　肃	22164	—	—	—	—	13365	8799
青　海	22516	—	—	—	—	8516	14000
宁　夏	5999	—	—	—	—	5999	—
新　疆	33066	—	—	—	—	23135	9931
新疆兵团	2000	—	—	—	—	—	2000
大兴安岭	—	—	—	—	—	—	—

注:本表数据不含京津风沙源治理工程区退耕还林。全国合计中包括军事管理区 18000 公顷荒山荒地造林。

各地区退耕还林

地区	造林面积(公顷)					年末实有封山(沙)育林面积(公顷)	当年种草面积(公顷)	
	按林种用途分							
	用材林	经济林	防护林	薪炭林	特种用途林		合计	其中:退耕地种(育)草面积
全国合计	**122640**	**207425**	**380257**	**14106**	**5749**	**1788154**	**—**	**—**
北京	—	—	—	—	—	—	—	—
天津	—	—	—	—	—	—	—	—
河北	2544	1391	8445	—	—	49293	—	—
山西	—	18687	20654	5950	—	90092	—	—
内蒙古	1871	433	37392	—	—	114811	—	—
内蒙古集团	—	—	—	—	—	—	—	—
辽宁	406	3300	26958	—	—	95867	—	—
吉林	1334	1354	8581	—	—	79873	—	—
吉林集团	—	—	—	—	—	—	—	—
黑龙江	6409	1603	18001	260	818	196174	—	—
龙江集团	—	—	—	—	—	—	—	—
上海	—	—	—	—	—	—	—	—
江苏	—	—	—	—	—	—	—	—
浙江	—	—	—	—	—	—	—	—
安徽	4134	5267	5667	267	—	21002	—	—
福建	—	—	—	—	—	—	—	—
江西	12176	956	9195	—	333	54055	—	—
山东	—	—	—	—	—	—	—	—
河南	10654	10031	27576	—	—	58000	—	—
湖北	15287	13050	13306	—	1029	9995	—	—
湖南	9070	3094	22495	200	628	111803	—	—
广东	—	—	—	—	—	—	—	—
广西	14300	925	3021	—	—	51534	—	—
海南	14	256	1587	—	608	10000	—	—
重庆	4420	982	19800	1067	—	57467	—	—
四川	8827	5144	12926	—	—	114160	—	—
贵州	1707	3737	12359	864	—	114414	—	—
云南	28010	95336	12954	760	—	51738	—	—
西藏	712	—	5399	2555	—	4333	—	—
陕西	418	32714	26224	—	—	116198	—	—
甘肃	—	67	19764	—	2333	122745	—	—
青海	—	—	22516	—	—	90700	—	—
宁夏	—	1009	4990	—	—	13332	—	—
新疆	347	8089	22447	2183	—	160568	—	—
新疆兵团	—	—	2000	—	—	51430	—	—
大兴安岭	—	—	—	—	—	—	—	—

工程建设情况(二)

补助粮、款兑现							
当年粮款兑现退耕地总面积(公顷)	自工程实施以来累计粮食补助资金总计(万元)			自工程实施以来累计生活费兑现金额总计(万元)			当年粮款兑现涉及户数(户)
	合计	其中:当年粮食补助资金合计		合计	其中:当年生活费兑现金额合计		
		小 计	其中:当年新退耕地粮食补助资金		小 计	其中:当年新退耕地生活费兑现金额	
7453733	**17521971**	**893728**	**12**	**2320793**	**304890**	**2**	**22845312**
—	—	—	—	—	—	—	—
—	—	—	—	—	—	—	—
155441	310412	23968	—	47642	5802	—	928401
351908	618159	40691	—	122964	10564	—	765907
230040	942145	24124	—	112040	11179	—	494877
—	—	—	—	—	—	—	—
376164	333896	18577	—	56526	8546	—	350890
272807	365171	38414	12	61055	7291	2	242739
—	—	—	—	—	—	—	—
197094	467089	27691	—	82873	14456	—	158109
—	—	—	—	—	—	—	—
—	—	—	—	—	—	—	—
—	—	—	—	—	—	—	—
—	—	—	—	—	—	—	—
175685	587871	73238	—	60985	9116	—	866758
—	—	—	—	—	—	—	—
136358	453271	10621	—	47915	3793	—	604174
—	—	—	—	—	—	—	—
246331	567971	20419	—	72468	12567	—	1106520
305930	843884	61132	—	85502	10886	—	1287245
542810	1319356	80166	—	166220	30450	—	1909670
—	—	—	—	—	—	—	—
154734	513281	32131	—	68973	8319	—	523780
—	96173	—	—	9159	—	—	—
395769	1081860	36073	—	147437	45789	—	2045655
863000	2411839	34905	—	241523	3224	—	4905647
474601	1086418	27494	—	106166	2618	—	1508294
243172	898069	46806	—	94542	20334	—	898053
16574	34539	5202	—	3955	693	—	123912
902899	2014605	133137	—	294239	30111	—	2004576
636424	1244096	85796	—	182721	18911	—	1240993
193309	316244	5764	—	69930	16433	—	299602
313779	499750	28606	—	103516	22564	—	317585
268904	515872	38773	—	82442	11244	—	261925
97907	184780	8886	—	32269	4844	—	13937
—	—	—	—	—	—	—	—

各地区退耕还林工程建设情况(三)

地　　区	全部林业投资完成额(万元)						
	合　计	其中：国家投资	粮食补助资金	种苗费	生活费补助	巩固退耕还林成果专项资金	其他费用
全国合计	**2463373**	**1949855**	**893728**	**111676**	**304890**	**721923**	**431156**
北　京	—	—	—	—	—	—	—
天　津	—	—	—	—	—	—	—
河　北	50800	32888	23968	3287	5802	16650	1093
山　西	79561	79554	40691	6220	10564	21776	310
内蒙古	84455	72366	24124	4950	11179	18326	25876
内蒙古集团	—	—	—	—	—	—	—
辽　宁	56234	50984	18577	7014	8546	17195	4902
吉　林	56279	55571	38414	2915	7291	5911	1748
吉林集团	—	—	—	—	—	—	—
黑龙江	114316	100481	27691	12835	14456	50128	9206
龙江集团	—	—	—	—	—	—	—
上　海	—	—	—	—	—	—	—
江　苏	—	—	—	—	—	—	—
浙　江	—	—	—	—	—	—	—
安　徽	104569	28354	73238	3484	9116	12901	5830
福　建	—	—	—	—	—	—	—
江　西	49859	26020	10621	3531	3793	12154	19760
山　东	—	—	—	—	—	—	—
河　南	69855	38586	20419	2297	12567	23786	10786
湖　北	111549	68263	61132	4647	10886	29211	5673
湖　南	149638	63863	80166	4153	30450	26927	7942
广　东	—	—	—	—	—	—	—
广　西	73670	53650	32131	7325	8319	15151	10744
海　南	15582	13418	—	2864	—	4809	7909
重　庆	168968	148509	36073	5902	45789	60860	20344
四　川	349097	335465	34905	6150	3224	152364	152454
贵　州	180890	174102	27494	6100	2618	73268	71410
云　南	122351	68418	46806	4522	20334	33958	16731
西　藏	11321	11321	5202	—	693	3021	2405
陕　西	200057	141405	133137	9957	30111	22756	4096
甘　肃	199212	189094	85796	6400	18911	55340	32765
青　海	44689	44689	5764	2770	16433	15296	4426
宁　夏	92233	91945	28606	1800	22564	33693	5570
新　疆	78188	60909	38773	2553	11244	16442	9176
新疆兵团	27540	14952	8886	68	4844	7852	5890
大兴安岭	—	—	—	—	—	—	—

京津风沙源治理工程区退耕还林工程建设情况

指　标	单位	全国合计	北京	天津	河北	山西	内蒙古
一、造林面积	**公顷**	**11074**	**—**	**—**	**9207**	**—**	**1867**
1. 退耕地造林	公顷	—	—	—	—	—	—
其中:生态林面积	公顷	—	—	—	—	—	—
25°以上坡耕地退耕面积	公顷	—	—	—	—	—	—
严重沙化耕地退耕面积	公顷	—	—	—	—	—	—
2. 荒山荒地造林	公顷	11074	—	—	9207	—	1867
3. 无林地和疏林地新封	公顷	—	—	—	—	—	—
按林种用途分							
1. 用材林	公顷	350	—	—	350	—	—
2. 经济林	公顷	1704	—	—	1704	—	—
3. 防护林	公顷	9020	—	—	7153	—	1867
4. 薪炭林	公顷	—	—	—	—	—	—
5. 特种用途林	公顷	—	—	—	—	—	—
二、年末实有封山(沙)育林面积	**公顷**	**212703**	**—**	**24667**	**115735**	**8188**	**64113**
三、当年种草面积	**公顷**	**11400**	**—**	**—**	**1400**	**—**	**10000**
其中:退耕地种(育)草面积	公顷	—	—	—	—	—	—
四、补助粮、款兑现							
1. 当年粮款兑现退耕地总面积	公顷	966894	18792	3897	448863	113458	381884
2. 自工程实施以来累计粮食补助资金总计	万元	1845198	49012	6436	738230	187124	864396
其中:当年粮食补助资金合计	万元	144666	3085	456	73239	16756	51130
其中:当年新退耕地粮食补助资金	万元	—	—	—	—	—	—
3. 自工程实施以来累计生活费兑现金额总计	万元	303650	7536	1203	114343	33831	146737
其中:当年生活费兑现金额合计	万元	43623	832	117	14821	3397	24456
其中:当年新退耕地生活费兑现金额	万元	—	—	—	—	—	—
4. 当年粮款兑现涉及户数	户	2180834	154383	20800	1001002	119254	885395
五、全部林业投资完成额	**万元**	**259352**	**5097**	**938**	**118418**	**20243**	**114656**
其中:国家投资	万元	225795	1565	—	111946	20243	92041
1. 粮食补助资金	万元	144666	3085	456	73239	16756	51130
2. 种苗费	万元	980	—	—	890	90	—
3. 生活费补助	万元	43623	832	117	14821	3397	24456
4. 巩固退耕还林成果专项资金	万元	46764	1180	365	27240	—	17979
5. 其他费用	万元	23319	—	—	2228	—	21091

京津风沙源治理工程建设情况

指　标	单位	全国合计	北京	天津	河北	山西	内蒙古
一、治理情况							
（一）荒山荒（沙）地造林面积	公顷	545191	17753	—	94705	24734	407999
1. 人工造林	公顷	215606	3467	—	40839	8733	162567
2. 飞播造林	公顷	110000	—	—	40665	2668	66667
3. 无林地和疏林地新封	公顷	219585	14286	—	13201	13333	178765
按林种用途分							
1. 用材林	公顷	9672	—	—	2102	—	7570
2. 经济林	公顷	11412	—	—	2015	—	9397
3. 防护林	公顷	523773	17419	—	90588	24734	391032
4. 薪炭林	公顷	—	—	—	—	—	—
5. 特种用途林	公顷	334	334	—	—	—	—
（二）年末实有封山（沙）育林面积	公顷	2228509	129731	—	571275	172581	1354922
（三）草地治理面积	公顷	142399	2400	—	79033	3914	57052
（四）暖棚建设面积	平方米	1522500	53000	—	1130000	228500	111000
（五）饲料机械台数	台	11334	—	—	4155	6000	1179
（六）小流域治理	公顷	83591	6000	—	34500	15826	27265
（七）水利设施	处	15235	—	—	1404	13048	783
（八）生态移民人数	人	1444	700	—	744	—	—
（九）生态移民户数	户	457	239	—	218	—	—
二、全部投资完成额	**万元**	**300750**	**28602**	**—**	**39648**	**56153**	**176347**
其中：林业投资完成额	万元	250395	23454	—	21406	34208	171327
其中：国家投资	万元	223978	7254	—	21186	34208	161330
1. 造林	万元	158657	20107	—	21229	6394	110927
2. 科技费用	万元	—	—	—	—	—	—
3. 其他	万元	91738	3347	—	177	27814	60400

三北及长江流域等重点防护林体系工程建设情况

单位:公顷、万元

指　　标	三北及长江流域等重点防护林体系工程						
	合　计	三北防护林工程	长江流域防护林体系工程	沿海防护林体系工程	珠江流域防护林体系工程	太行山绿化体系工程	平原绿化体系工程
一、荒山荒(沙)地造林面积	**1264026**	**737784**	**204844**	**209894**	**72288**	**36577**	**2639**
1. 人工造林	795268	411083	124660	187119	50568	19199	2639
2. 飞播造林	—	—	—	—	—	—	—
3. 无林地和疏林地新封	468758	326701	80184	22775	21720	17378	—
按林种用途分							
1. 用材林	62759	10677	19803	16716	13616	500	1447
2. 经济林	94077	66451	13782	6467	4965	1594	818
3. 防护林	1104000	658290	170759	186417	53707	34483	344
其中:水源涵养林	131905	48552	34459	29867	10995	8032	—
水土保持林	386727	202896	85304	58063	21216	19215	33
防风固沙林	297361	275305	1753	17237	—	3066	—
农田、牧场防护林	58360	39691	2812	15857	—	—	—
护岸护堤林	9979	1202	3957	4820	—	—	—
护路林	15141	5290	3264	6483	—	—	104
4. 薪炭林	266	173	—	93	—	—	—
5. 特种用途林	2924	2193	500	201	—	—	30
二、年末实有封山(沙)育林面积	**2852145**	**1960742**	**204479**	**386114**	**127122**	**173688**	**—**
三、低产低效林改造面积	**18676**	**9332**	**2842**	**2901**	**3468**	**133**	**—**
四、全部林业投资完成额	**664819**	**322215**	**98832**	**200344**	**26204**	**12948**	**4276**
其中:国家投资	394431	208105	42627	117478	14984	11167	70
1. 造林	533951	256856	75175	172481	17010	11939	490
2. 低产低效防护林改造	5583	621	1682	2064	1216	—	—
3. 种苗	53205	33152	4891	13278	1434	—	450
4. 森林防火	3509	892	689	462	292	974	200
5. 病虫害防治	5318	1761	858	2157	141	20	381
6. 科技费用	1602	870	193	512	27	—	—
7. 其他	61651	28063	15344	9390	6084	15	2755
五、群众投工投劳(折合资金)	**116503**	**52353**	**25870**	**23804**	**4174**	**10302**	**—**

各地区三北及长江流域等重点

地　区	荒山荒(沙)地					
	合　计	按造林方式分				
		人工造林	飞播造林	无林地和疏林地新封	用材林	经济林
全国合计	**1264026**	**795268**	**—**	**468758**	**62759**	**94077**
北　京	200	200	—	—	—	—
天　津	7401	7401	—	—	1973	1037
河　北	73935	49158	—	24777	3028	6711
山　西	65408	39092	—	26316	—	1275
内蒙古	125380	64711	—	60669	1098	2870
内蒙古集团	—	—	—	—	—	—
辽　宁	98615	52457	—	46158	1537	2473
吉　林	24004	23337	—	667	50	1727
吉林集团	—	—	—	—	—	—
黑龙江	83064	45889	—	37175	4953	250
龙江集团	—	—	—	—	—	—
上　海	—	—	—	—	—	—
江　苏	29517	29517	—	—	2236	1268
浙　江	13595	10331	—	3264	255	1209
安　徽	23349	11095	—	12254	6046	7127
福　建	46288	46288	—	—	4922	337
江　西	30230	20062	—	10168	5393	433
山　东	63733	63649	—	84	1139	3469
河　南	47027	22835	—	24192	2806	1638
湖　北	36526	18564	—	17962	2533	639
湖　南	34606	17345	—	17261	3619	1048
广　东	44587	41884	—	2703	779	200
广　西	27346	22011	—	5335	16584	318
海　南	6551	6551	—	—	41	83
重　庆	—	—	—	—	—	—
四　川	—	—	—	—	—	—
贵　州	13238	4667	—	8571	3234	1953
云　南	20560	15087	—	5473	—	2401
西　藏	—	—	—	—	—	—
陕　西	83086	40221	—	42865	160	6416
甘　肃	68848	29391	—	39457	—	700
青　海	51059	17725	—	33334	—	—
宁　夏	16752	12084	—	4668	—	4094
新　疆	129121	83716	—	45405	373	44401
新疆兵团	21731	13663	—	8068	1	2689
大兴安岭	—	—	—	—	—	—

防护林体系工程建设情况(一)

单位:公顷

造林面积								
按林种用途分								
防护林							薪炭林	特种用途林
小计	其中							
	水源涵养林	水土保持林	防风固沙林	农田、牧场防护林	护岸护堤林	护路林		
1104000	**131905**	**386727**	**297361**	**58360**	**9979**	**15141**	**266**	**2924**
200	—	200	—	—	—	—	—	—
4391	—	—	4391	—	—	—	—	—
64163	16151	14604	6845	8506	917	1395	—	33
64133	5168	40632	17866	467	—	—	—	—
121412	2667	22096	80439	5205	5	333	—	—
—	—	—	—	—	—	—	—	—
94552	13889	29150	36592	1540	367	146	—	53
22207	1389	2601	15457	731	57	239	—	20
—	—	—	—	—	—	—	—	—
76188	9438	24822	20246	5926	99	2698	—	1673
—	—	—	—	—	—	—	—	—
—	—	—	—	—	—	—	—	—
25983	1061	1976	1284	5149	4100	2685	—	30
12131	2053	3654	235	1960	205	400	—	—
10131	—	2674	117	171	332	—	—	45
40829	6093	19840	2222	100	1410	1075	93	107
24404	7665	8964	—	—	27	674	—	—
59027	3328	32464	5199	3494	376	2180	—	98
42583	13811	22272	200	801	—	207	—	—
33354	8926	17305	599	360	1570	62	—	—
29582	2537	19665	—	—	—	100	—	357
43608	18069	11496	2002	—	—	333	—	—
10403	4953	3379	—	—	—	—	—	41
6427	927	1532	983	—	—	287	—	—
—	—	—	—	—	—	—	—	—
—	—	—	—	—	—	—	—	—
8051	667	2532	—	—	—	—	—	—
18159	—	9372	—	—	—	—	—	—
—	—	—	—	—	—	—	—	—
76510	5612	35152	20714	511	84	436	—	—
68148	2673	28515	24021	2541	—	—	—	—
51059	2306	28726	18027	—	—	—	—	—
12658	—	733	6235	2163	196	420	—	—
83707	2522	2371	33687	18735	234	1471	173	467
18994	667	—	8867	8117	149	1	—	47
—	—	—	—	—	—	—	—	—

各地区三北及长江流域等重点

地　　区	年末实有封山(沙)育林面积	低产低效林改造面积	全部林业		
			合　计	其中：国家投资	造林
全国合计	**2852145**	**18676**	**664819**	**394431**	**533951**
北　京	—	133	560	80	560
天　津	—	—	81963	77353	78291
河　北	96973	—	54002	20091	37037
山　西	193750	—	22800	20947	22785
内蒙古	492020	—	46658	28639	43191
内蒙古集团	—	—	—	—	—
辽　宁	150830	4	24987	20750	18632
吉　林	34735	—	9103	7874	7529
吉林集团	—	—	—	—	—
黑龙江	143178	—	33811	24632	30420
龙江集团	—	—	—	—	—
上　海	—	—	—	—	—
江　苏	7269	28	70061	4485	45992
浙　江	156067	552	12388	10366	11292
安　徽	48415	108	15312	5102	10743
福　建	33335	560	14748	11108	13889
江　西	38134	—	9750	5247	6176
山　东	69587	—	41008	16304	30772
河　南	49500	333	12120	7660	11256
湖　北	38189	2401	8458	6958	5142
湖　南	41593	—	9372	5830	6634
广　东	56689	4222	21246	12573	16512
广　西	26397	1003	15092	7629	9662
海　南	410	—	2569	1268	1757
重　庆	—	—	—	—	—
四　川	—	—	—	—	—
贵　州	36636	—	3000	3000	3000
云　南	31930	—	3753	3218	3285
西　藏	—	—	—	—	—
陕　西	100578	—	23355	20761	23109
甘　肃	169713	—	19267	19267	19267
青　海	246946	—	8581	7900	8581
宁　夏	46410	—	9722	4745	9235
新　疆	542861	9332	91133	40644	59202
新疆兵团	23134	25	50182	4913	26934
大兴安岭	—	—	—	—	—

防护林体系工程建设情况(二)

单位:公顷、万元

投资完成额						群众投工投劳（折合资金）
低产低效防护林改造	种苗	森林防火	病虫害防治	科技费用	其他	
5583	**53205**	**3509**	**5318**	**1602**	**61651**	**116503**
—	—	—	—	—	—	—
—	147	50	511	110	2854	—
—	720	1085	73	—	15087	20170
—	—	—	—	—	15	407
—	217	91	24	—	3135	1595
—	—	—	—	—	—	—
300	5130	—	10	219	696	5194
—	—	205	115	41	1213	789
—	—	—	—	—	—	—
—	1616	127	101	115	1432	10693
—	—	—	—	—	—	—
—	—	—	—	—	—	—
89	12868	433	796	285	9598	8925
454	126	—	2	—	514	792
151	298	5	2	5	4108	1478
174	113	—	22	—	550	501
371	504	326	80	75	2218	1779
700	1634	331	1713	268	5590	20767
120	13	95	17	24	595	30
479	1267	105	81	20	1364	1258
373	950	130	357	38	890	4548
1034	29	160	112	—	3399	1239
1017	1245	34	30	17	3087	7109
—	—	16	66	—	730	72
—	—	—	—	—	—	—
—	—	—	—	—	—	—
—	—	—	—	—	—	565
—	2	8	7	—	451	90
—	—	—	—	—	—	—
—	—	—	—	—	246	1348
—	—	—	—	—	—	1464
—	—	—	—	—	—	797
—	—	—	—	—	487	730
321	26326	308	1199	385	3392	24163
216	19678	278	820	295	1961	3334
—	—	—	—	—	—	—

各地区三北防护林

地　区	荒山荒(沙)地					
	合　计	按造林方式分				
		人工造林	飞播造林	无林地和疏林地新封	用材林	经济林
全国合计	**737784**	**411083**	**—**	**326701**	**10677**	**66451**
北　京	—	—	—	—	—	—
天　津	2319	2319	—	—	619	325
河　北	42214	25165	—	17049	2528	4942
山　西	47408	31224	—	16184	—	1242
内蒙古	125380	64711	—	60669	1098	2870
内蒙古集团	—	—	—	—	—	—
辽　宁	68949	36855	—	32094	1056	471
吉　林	24004	23337	—	667	50	1727
吉林集团	—	—	—	—	—	—
黑龙江	83064	45889	—	37175	4953	250
龙江集团	—	—	—	—	—	—
上　海	—	—	—	—	—	—
江　苏	—	—	—	—	—	—
浙　江	—	—	—	—	—	—
安　徽	—	—	—	—	—	—
福　建	—	—	—	—	—	—
江　西	—	—	—	—	—	—
山　东	—	—	—	—	—	—
河　南	—	—	—	—	—	—
湖　北	—	—	—	—	—	—
湖　南	—	—	—	—	—	—
广　东	—	—	—	—	—	—
广　西	—	—	—	—	—	—
海　南	—	—	—	—	—	—
重　庆	—	—	—	—	—	—
四　川	—	—	—	—	—	—
贵　州	—	—	—	—	—	—
云　南	—	—	—	—	—	—
西　藏	—	—	—	—	—	—
陕　西	78666	38667	—	39999	—	5429
甘　肃	68848	29391	—	39457	—	700
青　海	51059	17725	—	33334	—	—
宁　夏	16752	12084	—	4668	—	4094
新　疆	129121	83716	—	45405	373	44401
新疆兵团	21731	13663	—	8068	1	2689
大兴安岭	—	—	—	—	—	—

工程建设情况(一)

单位:公顷

造林面积								
按林种用途分								
防护林							薪炭林	特种用途林
小计	其中							
	水源涵养林	水土保持林	防风固沙林	农田、牧场防护林	护岸护堤林	护路林		
658290	**48552**	**202896**	**275305**	**39691**	**1202**	**5290**	**173**	**2193**
—	—	—	—	—	—	—	—	—
1375	—	—	1375	—	—	—	—	—
34711	13687	6604	5111	2609	467	27	—	33
46166	—	30632	15067	467	—	—	—	—
121412	2667	22096	80439	5205	5	333	—	—
—	—	—	—	—	—	—	—	—
67422	9931	21444	34926	803	60	—	—	—
22207	1389	2601	15457	731	57	239	—	20
—	—	—	—	—	—	—	—	—
76188	9438	24822	20246	5926	99	2698	—	1673
—	—	—	—	—	—	—	—	—
—	—	—	—	—	—	—	—	—
—	—	—	—	—	—	—	—	—
—	—	—	—	—	—	—	—	—
—	—	—	—	—	—	—	—	—
—	—	—	—	—	—	—	—	—
—	—	—	—	—	—	—	—	—
—	—	—	—	—	—	—	—	—
—	—	—	—	—	—	—	—	—
—	—	—	—	—	—	—	—	—
—	—	—	—	—	—	—	—	—
—	—	—	—	—	—	—	—	—
—	—	—	—	—	—	—	—	—
—	—	—	—	—	—	—	—	—
—	—	—	—	—	—	—	—	—
—	—	—	—	—	—	—	—	—
—	—	—	—	—	—	—	—	—
—	—	—	—	—	—	—	—	—
—	—	—	—	—	—	—	—	—
73237	3939	34352	20714	511	84	102	—	—
68148	2673	28515	24021	2541	—	—	—	—
51059	2306	28726	18027	—	—	—	—	—
12658	—	733	6235	2163	196	420	—	—
83707	2522	2371	33687	18735	234	1471	173	467
18994	667	—	8867	8117	149	1	—	47
—	—	—	—	—	—	—	—	—

各地区三北防护林

地　区	年末实有封山(沙)育林面积	低产低效林改造面积	全部林业		
			合　计	其中：国家投资	造林
全国合计	**1960742**	**9332**	**322215**	**208105**	**256856**
北　京	—	—	—	—	—
天　津	—	—	13592	13592	10430
河　北	41890	—	30914	8974	15463
山　西	74604	—	17532	15944	17532
内蒙古	492020	—	46658	28639	43191
内蒙古集团	—	—	—	—	—
辽　宁	77829	—	19715	16088	14065
吉　林	34735	—	9103	7874	7529
吉林集团	—	—	—	—	—
黑龙江	143178	—	33811	24632	30420
龙江集团	—	—	—	—	—
上　海	—	—	—	—	—
江　苏	—	—	—	—	—
浙　江	—	—	—	—	—
安　徽	—	—	—	—	—
福　建	—	—	—	—	—
江　西	—	—	—	—	—
山　东	—	—	—	—	—
河　南	—	—	—	—	—
湖　北	—	—	—	—	—
湖　南	—	—	—	—	—
广　东	—	—	—	—	—
广　西	—	—	—	—	—
海　南	—	—	—	—	—
重　庆	—	—	—	—	—
四　川	—	—	—	—	—
贵　州	—	—	—	—	—
云　南	—	—	—	—	—
西　藏	—	—	—	—	—
陕　西	90556	—	22187	19806	21941
甘　肃	169713	—	19267	19267	19267
青　海	246946	—	8581	7900	8581
宁　夏	46410	—	9722	4745	9235
新　疆	542861	9332	91133	40644	59202
新疆兵团	23134	25	50182	4913	26934
大兴安岭	—	—	—	—	—

工程建设情况（二）

单位：公顷、万元

投资完成额						群众投工投劳（折合资金）
低产低效防护林改造	种苗	森林防火	病虫害防治	科技费用	其他	
621	**33152**	**892**	**1761**	**870**	**28063**	**52353**
—	—	—	—	—	—	—
—	73	50	269	110	2660	—
—	200	111	53	—	15087	5965
—	—	—	—	—	—	145
—	217	91	24	—	3135	1595
—	—	—	—	—	—	—
300	4720	—	—	219	411	5074
—	—	205	115	41	1213	789
—	—	—	—	—	—	—
—	1616	127	101	115	1432	10693
—	—	—	—	—	—	—
—	—	—	—	—	—	—
—	—	—	—	—	—	—
—	—	—	—	—	—	—
—	—	—	—	—	—	—
—	—	—	—	—	—	—
—	—	—	—	—	—	—
—	—	—	—	—	—	—
—	—	—	—	—	—	—
—	—	—	—	—	—	—
—	—	—	—	—	—	—
—	—	—	—	—	—	—
—	—	—	—	—	—	—
—	—	—	—	—	—	—
—	—	—	—	—	—	—
—	—	—	—	—	—	—
—	—	—	—	—	—	—
—	—	—	—	—	—	—
—	—	—	—	—	—	—
—	—	—	—	—	246	938
—	—	—	—	—	—	1464
—	—	—	—	—	—	797
—	—	—	—	—	487	730
321	26326	308	1199	385	3392	24163
216	19678	278	820	295	1961	3334
—	—	—	—	—	—	—

各地区长江流域防护林

地区	荒山荒(沙)地					
	合计	按造林方式分				
		人工造林	飞播造林	无林地和疏林地新封	用材林	经济林
全国合计	**204844**	**124660**	**—**	**80184**	**19803**	**13782**
北京	—	—	—	—	—	—
天津	—	—	—	—	—	—
河北	—	—	—	—	—	—
山西	—	—	—	—	—	—
内蒙古	—	—	—	—	—	—
内蒙古集团	—	—	—	—	—	—
辽宁	—	—	—	—	—	—
吉林	—	—	—	—	—	—
吉林集团	—	—	—	—	—	—
黑龙江	—	—	—	—	—	—
龙江集团	—	—	—	—	—	—
上海	—	—	—	—	—	—
江苏	8189	8189	—	—	—	—
浙江	6606	4365	—	2241	136	577
安徽	23349	11095	—	12254	6046	7127
福建	2665	2665	—	—	—	—
江西	26894	17529	—	9365	5333	433
山东	27352	27352	—	—	109	1633
河南	40609	19269	—	21340	2639	1638
湖北	36526	18564	—	17962	2533	639
湖南	28234	14078	—	14156	2847	748
广东	—	—	—	—	—	—
广西	—	—	—	—	—	—
海南	—	—	—	—	—	—
重庆	—	—	—	—	—	—
四川	—	—	—	—	—	—
贵州	—	—	—	—	—	—
云南	—	—	—	—	—	—
西藏	—	—	—	—	—	—
陕西	4420	1554	—	2866	160	987
甘肃	—	—	—	—	—	—
青海	—	—	—	—	—	—
宁夏	—	—	—	—	—	—
新疆	—	—	—	—	—	—
新疆兵团	—	—	—	—	—	—
大兴安岭	—	—	—	—	—	—

体系工程建设情况(一)

单位:公顷

造林面积								
按林种用途分								
防护林							薪炭林	特种用途林
小计	其中							
	水源涵养林	水土保持林	防风固沙林	农田、牧场防护林	护岸护堤林	护路林		
170759	**34459**	**85304**	**1753**	**2812**	**3957**	**3264**	—	**500**
—	—	—	—	—	—	—	—	—
—	—	—	—	—	—	—	—	—
—	—	—	—	—	—	—	—	—
—	—	—	—	—	—	—	—	—
—	—	—	—	—	—	—	—	—
—	—	—	—	—	—	—	—	—
—	—	—	—	—	—	—	—	—
—	—	—	—	—	—	—	—	—
—	—	—	—	—	—	—	—	—
—	—	—	—	—	—	—	—	—
—	—	—	—	—	—	—	—	—
—	—	—	—	—	—	—	—	—
8189	226	1976	136	397	1658	389	—	—
5893	1530	2173	—	—	—	66	—	—
10131	—	2674	117	171	332	—	—	45
2665	—	2665	—	—	—	—	—	—
21128	5665	8964	—	—	27	674	—	—
25512	800	15903	701	1083	370	1432	—	98
36332	13411	17154	200	801	—	207	—	—
33354	8926	17305	599	360	1570	62	—	—
24282	2228	15690	—	—	—	100	—	357
—	—	—	—	—	—	—	—	—
—	—	—	—	—	—	—	—	—
—	—	—	—	—	—	—	—	—
—	—	—	—	—	—	—	—	—
—	—	—	—	—	—	—	—	—
—	—	—	—	—	—	—	—	—
—	—	—	—	—	—	—	—	—
—	—	—	—	—	—	—	—	—
3273	1673	800	—	—	—	334	—	—
—	—	—	—	—	—	—	—	—
—	—	—	—	—	—	—	—	—
—	—	—	—	—	—	—	—	—
—	—	—	—	—	—	—	—	—
—	—	—	—	—	—	—	—	—
—	—	—	—	—	—	—	—	—

各地区长江流域防护林

地区	年末实有封山(沙)育林面积	低产低效林改造面积	全部林业		
			合计	其中：国家投资	造林
全国合计	**204479**	**2842**	**98832**	**42627**	**75175**
北京	—	—	—	—	—
天津	—	—	—	—	—
河北	—	—	—	—	—
山西	—	—	—	—	—
内蒙古	—	—	—	—	—
内蒙古集团	—	—	—	—	—
辽宁	—	—	—	—	—
吉林	—	—	—	—	—
吉林集团	—	—	—	—	—
黑龙江	—	—	—	—	—
龙江集团	—	—	—	—	—
上海	—	—	—	—	—
江苏	333	—	31033	1495	24106
浙江	11966	—	3995	3185	3559
安徽	48415	108	15312	5102	10743
福建	3044	—	1600	1600	1600
江西	29687	—	8781	4652	5292
山东	3201	—	9165	6896	7469
河南	29256	333	11363	7244	10500
湖北	38189	2401	8458	6958	5142
湖南	30366	—	7957	4540	5596
广东	—	—	—	—	—
广西	—	—	—	—	—
海南	—	—	—	—	—
重庆	—	—	—	—	—
四川	—	—	—	—	—
贵州	—	—	—	—	—
云南	—	—	—	—	—
西藏	—	—	—	—	—
陕西	10022	—	1168	955	1168
甘肃	—	—	—	—	—
青海	—	—	—	—	—
宁夏	—	—	—	—	—
新疆	—	—	—	—	—
新疆兵团	—	—	—	—	—
大兴安岭	—	—	—	—	—

体系工程建设情况(二)

单位:公顷、万元

投资完成额						群众投工投劳（折合资金）
低产低效防护林改造	种苗	森林防火	病虫害防治	科技费用	其他	
1682	**4891**	**689**	**858**	**193**	**15344**	**25870**
—	—	—	—	—	—	—
—	—	—	—	—	—	—
—	—	—	—	—	—	—
—	—	—	—	—	—	—
—	—	—	—	—	—	—
—	—	—	—	—	—	—
—	—	—	—	—	—	—
—	—	—	—	—	—	—
—	—	—	—	—	—	—
—	—	—	—	—	—	—
—	—	—	—	—	—	—
—	—	—	—	—	—	—
8	1134	106	260	31	5388	1375
170	111	—	—	—	155	684
151	298	5	2	5	4108	1478
—	—	—	—	—	—	400
371	504	326	80	65	2143	1729
10	854	12	72	10	738	14396
120	13	95	16	24	595	30
479	1267	105	81	20	1364	1258
373	710	40	347	38	853	4110
—	—	—	—	—	—	—
—	—	—	—	—	—	—
—	—	—	—	—	—	—
—	—	—	—	—	—	—
—	—	—	—	—	—	—
—	—	—	—	—	—	—
—	—	—	—	—	—	—
—	—	—	—	—	—	—
—	—	—	—	—	—	410
—	—	—	—	—	—	—
—	—	—	—	—	—	—
—	—	—	—	—	—	—
—	—	—	—	—	—	—
—	—	—	—	—	—	—
—	—	—	—	—	—	—

各地区沿海防护林

地　区	荒山荒(沙)地					
	合　计	按造林方式分				
		人工造林	飞播造林	无林地和疏林地新封	用材林	经济林
全国合计	**209894**	**187119**	**—**	**22775**	**16716**	**6467**
北　京	—	—	—	—	—	—
天　津	5082	5082	—	—	1354	712
河　北	19528	16194	—	3334	—	208
山　西	—	—	—	—	—	—
内蒙古	—	—	—	—	—	—
内蒙古集团	—	—	—	—	—	—
辽　宁	29666	15602	—	14064	481	2002
吉　林	—	—	—	—	—	—
吉林集团	—	—	—	—	—	—
黑龙江	—	—	—	—	—	—
龙江集团	—	—	—	—	—	—
上　海	—	—	—	—	—	—
江　苏	18996	18996	—	—	996	450
浙　江	6989	5966	—	1023	119	632
安　徽	—	—	—	—	—	—
福　建	43623	43623	—	—	4922	337
江　西	—	—	—	—	—	—
山　东	36381	36297	—	84	1030	1836
河　南	—	—	—	—	—	—
湖　北	—	—	—	—	—	—
湖　南	—	—	—	—	—	—
广　东	32054	30451	—	1603	739	200
广　西	11024	8357	—	2667	7034	7
海　南	6551	6551	—	—	41	83
重　庆	—	—	—	—	—	—
四　川	—	—	—	—	—	—
贵　州	—	—	—	—	—	—
云　南	—	—	—	—	—	—
西　藏	—	—	—	—	—	—
陕　西	—	—	—	—	—	—
甘　肃	—	—	—	—	—	—
青　海	—	—	—	—	—	—
宁　夏	—	—	—	—	—	—
新　疆	—	—	—	—	—	—
新疆兵团	—	—	—	—	—	—
大兴安岭	—	—	—	—	—	—

体系工程建设情况(一)

单位:公顷

造林面积								
按林种用途分								
防护林							薪炭林	特种用途林
小计	其中							
	水源涵养林	水土保持林	防风固沙林	农田、牧场防护林	护岸护堤林	护路林		
186417	**29867**	**58063**	**17237**	**15857**	**4820**	**6483**	**93**	**201**
—	—	—	—	—	—	—	—	—
3016	—	—	3016	—	—	—	—	—
19320	—	4103	1467	5897	450	1368	—	—
—	—	—	—	—	—	—	—	—
—	—	—	—	—	—	—	—	—
—	—	—	—	—	—	—	—	—
27130	3958	7706	1666	737	307	146	—	53
—	—	—	—	—	—	—	—	—
—	—	—	—	—	—	—	—	—
—	—	—	—	—	—	—	—	—
—	—	—	—	—	—	—	—	—
—	—	—	—	—	—	—	—	—
17550	835	—	1148	4752	2442	2192	—	—
6238	523	1481	235	1960	205	334	—	—
—	—	—	—	—	—	—	—	—
38164	6093	17175	2222	100	1410	1075	93	107
—	—	—	—	—	—	—	—	—
33515	2528	16561	4498	2411	6	748	—	—
—	—	—	—	—	—	—	—	—
—	—	—	—	—	—	—	—	—
—	—	—	—	—	—	—	—	—
31115	11203	9363	2002	—	—	333	—	—
3942	3800	142	—	—	—	—	—	41
6427	927	1532	983	—	—	287	—	—
—	—	—	—	—	—	—	—	—
—	—	—	—	—	—	—	—	—
—	—	—	—	—	—	—	—	—
—	—	—	—	—	—	—	—	—
—	—	—	—	—	—	—	—	—
—	—	—	—	—	—	—	—	—
—	—	—	—	—	—	—	—	—
—	—	—	—	—	—	—	—	—
—	—	—	—	—	—	—	—	—
—	—	—	—	—	—	—	—	—
—	—	—	—	—	—	—	—	—
—	—	—	—	—	—	—	—	—

各地区沿海防护林

地区	年末实有封山(沙)育林面积	低产低效林改造面积	全部林业		
			合计	其中:国家投资	造林
全国合计	**386114**	**2901**	**200344**	**117478**	**172481**
北京	—	—	—	—	—
天津	—	—	68371	63761	67861
河北	20785	—	16724	5449	16204
山西	—	—	—	—	—
内蒙古	—	—	—	—	—
内蒙古集团	—	—	—	—	—
辽宁	73001	4	5272	4662	4567
吉林	—	—	—	—	—
吉林集团	—	—	—	—	—
黑龙江	—	—	—	—	—
龙江集团	—	—	—	—	—
上海	—	—	—	—	—
江苏	6936	28	38688	2930	21826
浙江	144101	552	8393	7181	7733
安徽	—	—	—	—	—
福建	30291	560	13148	9508	12289
江西	—	—	—	—	—
山东	66386	—	27918	9408	22883
河南	—	—	—	—	—
湖北	—	—	—	—	—
湖南	—	—	—	—	—
广东	38465	1729	14133	9732	13026
广西	5739	28	5128	3579	4335
海南	410	—	2569	1268	1757
重庆	—	—	—	—	—
四川	—	—	—	—	—
贵州	—	—	—	—	—
云南	—	—	—	—	—
西藏	—	—	—	—	—
陕西	—	—	—	—	—
甘肃	—	—	—	—	—
青海	—	—	—	—	—
宁夏	—	—	—	—	—
新疆	—	—	—	—	—
新疆兵团	—	—	—	—	—
大兴安岭	—	—	—	—	—

体系工程建设情况(二)

单位:公顷、万元

投资完成额						群众投工投劳（折合资金）
低产低效防护林改造	种苗	森林防火	病虫害防治	科技费用	其他	
2064	**13278**	**462**	**2157**	**512**	**9390**	**23804**
—	—	—	—	—	—	—
—	74	—	242	—	194	—
—	520	—	—	—	—	4165
—	—	—	—	—	—	—
—	—	—	—	—	—	—
—	—	—	—	—	—	—
—	410	—	10	—	285	120
—	—	—	—	—	—	—
—	—	—	—	—	—	—
—	—	—	—	—	—	—
—	—	—	—	—	—	—
—	—	—	—	—	—	—
81	11734	127	456	254	4210	7550
284	15	—	2	—	359	108
—	—	—	—	—	—	—
174	113	—	22	—	550	101
—	—	—	—	—	—	—
690	330	319	1341	258	2097	6371
—	—	—	—	—	—	—
—	—	—	—	—	—	—
—	—	—	—	—	—	—
835	—	—	18	—	254	1239
—	82	—	—	—	711	4078
—	—	16	66	—	730	72
—	—	—	—	—	—	—
—	—	—	—	—	—	—
—	—	—	—	—	—	—
—	—	—	—	—	—	—
—	—	—	—	—	—	—
—	—	—	—	—	—	—
—	—	—	—	—	—	—
—	—	—	—	—	—	—
—	—	—	—	—	—	—
—	—	—	—	—	—	—
—	—	—	—	—	—	—
—	—	—	—	—	—	—

各地区珠江流域防护林

地区	荒山荒(沙)地					
	合计	按造林方式分				
		人工造林	飞播造林	无林地和疏林地新封	用材林	经济林
全国合计	**72288**	**50568**	**—**	**21720**	**13616**	**4965**
北京	—	—	—	—	—	—
天津	—	—	—	—	—	—
河北	—	—	—	—	—	—
山西	—	—	—	—	—	—
内蒙古	—	—	—	—	—	—
内蒙古集团	—	—	—	—	—	—
辽宁	—	—	—	—	—	—
吉林	—	—	—	—	—	—
吉林集团	—	—	—	—	—	—
黑龙江	—	—	—	—	—	—
龙江集团	—	—	—	—	—	—
上海	—	—	—	—	—	—
江苏	—	—	—	—	—	—
浙江	—	—	—	—	—	—
安徽	—	—	—	—	—	—
福建	—	—	—	—	—	—
江西	3336	2533	—	803	60	—
山东	—	—	—	—	—	—
河南	—	—	—	—	—	—
湖北	—	—	—	—	—	—
湖南	6372	3267	—	3105	772	300
广东	12460	11360	—	1100	—	—
广西	16322	13654	—	2668	9550	311
海南	—	—	—	—	—	—
重庆	—	—	—	—	—	—
四川	—	—	—	—	—	—
贵州	13238	4667	—	8571	3234	1953
云南	20560	15087	—	5473	—	2401
西藏	—	—	—	—	—	—
陕西	—	—	—	—	—	—
甘肃	—	—	—	—	—	—
青海	—	—	—	—	—	—
宁夏	—	—	—	—	—	—
新疆	—	—	—	—	—	—
新疆兵团	—	—	—	—	—	—
大兴安岭	—	—	—	—	—	—

体系工程建设情况(一)

单位:公顷

造林面积								
按林种用途分								
防护林							薪炭林	特种用途林
小计	其中							
	水源涵养林	水土保持林	防风固沙林	农田、牧场防护林	护岸护堤林	护路林		
53707	**10995**	**21216**	**—**	**—**	**—**	**—**	**—**	**—**
—	—	—	—	—	—	—	—	—
—	—	—	—	—	—	—	—	—
—	—	—	—	—	—	—	—	—
—	—	—	—	—	—	—	—	—
—	—	—	—	—	—	—	—	—
—	—	—	—	—	—	—	—	—
—	—	—	—	—	—	—	—	—
—	—	—	—	—	—	—	—	—
—	—	—	—	—	—	—	—	—
—	—	—	—	—	—	—	—	—
—	—	—	—	—	—	—	—	—
—	—	—	—	—	—	—	—	—
—	—	—	—	—	—	—	—	—
—	—	—	—	—	—	—	—	—
—	—	—	—	—	—	—	—	—
—	—	—	—	—	—	—	—	—
3276	2000	—	—	—	—	—	—	—
—	—	—	—	—	—	—	—	—
—	—	—	—	—	—	—	—	—
—	—	—	—	—	—	—	—	—
5300	309	3975	—	—	—	—	—	—
12460	6866	2100	—	—	—	—	—	—
6461	1153	3237	—	—	—	—	—	—
—	—	—	—	—	—	—	—	—
—	—	—	—	—	—	—	—	—
—	—	—	—	—	—	—	—	—
8051	667	2532	—	—	—	—	—	—
18159	—	9372	—	—	—	—	—	—
—	—	—	—	—	—	—	—	—
—	—	—	—	—	—	—	—	—
—	—	—	—	—	—	—	—	—
—	—	—	—	—	—	—	—	—
—	—	—	—	—	—	—	—	—
—	—	—	—	—	—	—	—	—
—	—	—	—	—	—	—	—	—
—	—	—	—	—	—	—	—	—

各地区珠江流域防护林

地　区	年末实有封山(沙)育林面积	低产低效林改造面积	全部林业		
			合　计	其中：国家投资	造林
全国合计	**127122**	**3468**	**26204**	**14984**	**17010**
北　京	—	—	—	—	—
天　津	—	—	—	—	—
河　北	—	—	—	—	—
山　西	—	—	—	—	—
内蒙古	—	—	—	—	—
内蒙古集团	—	—	—	—	—
辽　宁	—	—	—	—	—
吉　林	—	—	—	—	—
吉林集团	—	—	—	—	—
黑龙江	—	—	—	—	—
龙江集团	—	—	—	—	—
上　海	—	—	—	—	—
江　苏	—	—	—	—	—
浙　江	—	—	—	—	—
安　徽	—	—	—	—	—
福　建	—	—	—	—	—
江　西	8447	—	969	595	884
山　东	—	—	—	—	—
河　南	—	—	—	—	—
湖　北	—	—	—	—	—
湖　南	11227	—	1415	1290	1038
广　东	18224	2493	7103	2831	3476
广　西	20658	975	9964	4050	5327
海　南	—	—	—	—	—
重　庆	—	—	—	—	—
四　川	—	—	—	—	—
贵　州	36636	—	3000	3000	3000
云　南	31930	—	3753	3218	3285
西　藏	—	—	—	—	—
陕　西	—	—	—	—	—
甘　肃	—	—	—	—	—
青　海	—	—	—	—	—
宁　夏	—	—	—	—	—
新　疆	—	—	—	—	—
新疆兵团	—	—	—	—	—
大兴安岭	—	—	—	—	—

体系工程建设情况(二)

单位:公顷、万元

投资完成额						群众投工投劳(折合资金)
低产低效防护林改造	种苗	森林防火	病虫害防治	科技费用	其他	
1216	**1434**	**292**	**141**	**27**	**6084**	**4174**
—	—	—	—	—	—	—
—	—	—	—	—	—	—
—	—	—	—	—	—	—
—	—	—	—	—	—	—
—	—	—	—	—	—	—
—	—	—	—	—	—	—
—	—	—	—	—	—	—
—	—	—	—	—	—	—
—	—	—	—	—	—	—
—	—	—	—	—	—	—
—	—	—	—	—	—	—
—	—	—	—	—	—	—
—	—	—	—	—	—	—
—	—	—	—	—	—	—
—	—	—	—	—	—	—
—	—	—	—	—	—	—
—	—	—	—	10	75	50
—	—	—	—	—	—	—
—	—	—	—	—	—	—
—	—	—	—	—	—	—
—	240	90	10	—	37	438
199	29	160	94	—	3145	—
1017	1163	34	30	17	2376	3031
—	—	—	—	—	—	—
—	—	—	—	—	—	—
—	—	—	—	—	—	—
—	—	—	—	—	—	565
—	2	8	7	—	451	90
—	—	—	—	—	—	—
—	—	—	—	—	—	—
—	—	—	—	—	—	—
—	—	—	—	—	—	—
—	—	—	—	—	—	—
—	—	—	—	—	—	—
—	—	—	—	—	—	—
—	—	—	—	—	—	—

各地区太行山绿化

地　区	荒山荒(沙)地					
	合　计	按造林方式分				
		人工造林	飞播造林	无林地和疏林地新封	用材林	经济林
全国合计	**36577**	**19199**	**—**	**17378**	**500**	**1594**
北　京	200	200	—	—	—	—
天　津	—	—	—	—	—	—
河　北	12193	7799	—	4394	500	1561
山　西	18000	7868	—	10132	—	33
内蒙古	—	—	—	—	—	—
内蒙古集团	—	—	—	—	—	—
辽　宁	—	—	—	—	—	—
吉　林	—	—	—	—	—	—
吉林集团	—	—	—	—	—	—
黑龙江	—	—	—	—	—	—
龙江集团	—	—	—	—	—	—
上　海	—	—	—	—	—	—
江　苏	—	—	—	—	—	—
浙　江	—	—	—	—	—	—
安　徽	—	—	—	—	—	—
福　建	—	—	—	—	—	—
江　西	—	—	—	—	—	—
山　东	—	—	—	—	—	—
河　南	6184	3332	—	2852	—	—
湖　北	—	—	—	—	—	—
湖　南	—	—	—	—	—	—
广　东	—	—	—	—	—	—
广　西	—	—	—	—	—	—
海　南	—	—	—	—	—	—
重　庆	—	—	—	—	—	—
四　川	—	—	—	—	—	—
贵　州	—	—	—	—	—	—
云　南	—	—	—	—	—	—
西　藏	—	—	—	—	—	—
陕　西	—	—	—	—	—	—
甘　肃	—	—	—	—	—	—
青　海	—	—	—	—	—	—
宁　夏	—	—	—	—	—	—
新　疆	—	—	—	—	—	—
新疆兵团	—	—	—	—	—	—
大兴安岭	—	—	—	—	—	—

工程建设情况(一)

单位:公顷

造林面积								
按林种用途分								
防护林							薪炭林	特种用途林
小计	其中							
	水源涵养林	水土保持林	防风固沙林	农田、牧场防护林	护岸护堤林	护路林		
34483	**8032**	**19215**	**3066**	**—**	**—**	**—**	**—**	**—**
200	—	200	—	—	—	—	—	—
—	—	—	—	—	—	—	—	—
10132	2464	3897	267	—	—	—	—	—
17967	5168	10000	2799	—	—	—	—	—
—	—	—	—	—	—	—	—	—
—	—	—	—	—	—	—	—	—
—	—	—	—	—	—	—	—	—
—	—	—	—	—	—	—	—	—
—	—	—	—	—	—	—	—	—
—	—	—	—	—	—	—	—	—
—	—	—	—	—	—	—	—	—
—	—	—	—	—	—	—	—	—
—	—	—	—	—	—	—	—	—
—	—	—	—	—	—	—	—	—
—	—	—	—	—	—	—	—	—
—	—	—	—	—	—	—	—	—
—	—	—	—	—	—	—	—	—
—	—	—	—	—	—	—	—	—
6184	400	5118	—	—	—	—	—	—
—	—	—	—	—	—	—	—	—
—	—	—	—	—	—	—	—	—
—	—	—	—	—	—	—	—	—
—	—	—	—	—	—	—	—	—
—	—	—	—	—	—	—	—	—
—	—	—	—	—	—	—	—	—
—	—	—	—	—	—	—	—	—
—	—	—	—	—	—	—	—	—
—	—	—	—	—	—	—	—	—
—	—	—	—	—	—	—	—	—
—	—	—	—	—	—	—	—	—
—	—	—	—	—	—	—	—	—
—	—	—	—	—	—	—	—	—
—	—	—	—	—	—	—	—	—
—	—	—	—	—	—	—	—	—
—	—	—	—	—	—	—	—	—
—	—	—	—	—	—	—	—	—

各地区太行山绿化

地　区	年末实有封山(沙)育林面积	低产低效林改造面积	全部林业		
			合　计	其中：国家投资	造林
全国合计	**173688**	**133**	**12948**	**11167**	**11939**
北　京	—	133	560	80	560
天　津	—	—	—	—	—
河　北	34298	—	6364	5668	5370
山　西	119146	—	5268	5003	5253
内蒙古	—	—	—	—	—
内蒙古集团	—	—	—	—	—
辽　宁	—	—	—	—	—
吉　林	—	—	—	—	—
吉林集团	—	—	—	—	—
黑龙江	—	—	—	—	—
龙江集团	—	—	—	—	—
上　海	—	—	—	—	—
江　苏	—	—	—	—	—
浙　江	—	—	—	—	—
安　徽	—	—	—	—	—
福　建	—	—	—	—	—
江　西	—	—	—	—	—
山　东	—	—	—	—	—
河　南	20244	—	756	416	756
湖　北	—	—	—	—	—
湖　南	—	—	—	—	—
广　东	—	—	—	—	—
广　西	—	—	—	—	—
海　南	—	—	—	—	—
重　庆	—	—	—	—	—
四　川	—	—	—	—	—
贵　州	—	—	—	—	—
云　南	—	—	—	—	—
西　藏	—	—	—	—	—
陕　西	—	—	—	—	—
甘　肃	—	—	—	—	—
青　海	—	—	—	—	—
宁　夏	—	—	—	—	—
新　疆	—	—	—	—	—
新疆兵团	—	—	—	—	—
大兴安岭	—	—	—	—	—

工程建设情况(二)

单位:公顷、万元

投资完成额						群众投工投劳（折合资金）
低产低效防护林改造	种苗	森林防火	病虫害防治	科技费用	其他	
—	**—**	**974**	**20**	**—**	**15**	**10302**
—	—	—	—	—	—	—
—	—	—	—	—	—	—
—	—	974	20	—	—	10040
—	—	—	—	—	15	262
—	—	—	—	—	—	—
—	—	—	—	—	—	—
—	—	—	—	—	—	—
—	—	—	—	—	—	—
—	—	—	—	—	—	—
—	—	—	—	—	—	—
—	—	—	—	—	—	—
—	—	—	—	—	—	—
—	—	—	—	—	—	—
—	—	—	—	—	—	—
—	—	—	—	—	—	—
—	—	—	—	—	—	—
—	—	—	—	—	—	—
—	—	—	—	—	—	—
—	—	—	—	—	—	—
—	—	—	—	—	—	—
—	—	—	—	—	—	—
—	—	—	—	—	—	—
—	—	—	—	—	—	—
—	—	—	—	—	—	—
—	—	—	—	—	—	—
—	—	—	—	—	—	—
—	—	—	—	—	—	—
—	—	—	—	—	—	—
—	—	—	—	—	—	—
—	—	—	—	—	—	—
—	—	—	—	—	—	—
—	—	—	—	—	—	—
—	—	—	—	—	—	—
—	—	—	—	—	—	—
—	—	—	—	—	—	—
—	—	—	—	—	—	—

各地区平原绿化

地区	荒山荒(沙)地					
	合计	按造林方式分				
		人工造林	飞播造林	无林地和疏林地新封	用材林	经济林
全国合计	**2639**	**2639**	**—**	**—**	**1447**	**818**
北京	—	—	—	—	—	—
天津	—	—	—	—	—	—
河北	—	—	—	—	—	—
山西	—	—	—	—	—	—
内蒙古	—	—	—	—	—	—
内蒙古集团	—	—	—	—	—	—
辽宁	—	—	—	—	—	—
吉林	—	—	—	—	—	—
吉林集团	—	—	—	—	—	—
黑龙江	—	—	—	—	—	—
龙江集团	—	—	—	—	—	—
上海	—	—	—	—	—	—
江苏	2332	2332	—	—	1240	818
浙江	—	—	—	—	—	—
安徽	—	—	—	—	—	—
福建	—	—	—	—	—	—
江西	—	—	—	—	—	—
山东	—	—	—	—	—	—
河南	234	234	—	—	167	—
湖北	—	—	—	—	—	—
湖南	—	—	—	—	—	—
广东	73	73	—	—	40	—
广西	—	—	—	—	—	—
海南	—	—	—	—	—	—
重庆	—	—	—	—	—	—
四川	—	—	—	—	—	—
贵州	—	—	—	—	—	—
云南	—	—	—	—	—	—
西藏	—	—	—	—	—	—
陕西	—	—	—	—	—	—
甘肃	—	—	—	—	—	—
青海	—	—	—	—	—	—
宁夏	—	—	—	—	—	—
新疆	—	—	—	—	—	—
新疆兵团	—	—	—	—	—	—
大兴安岭	—	—	—	—	—	—

工程建设情况(一)

单位:公顷

造林面积								
按林种用途分								
防护林							薪炭林	特种用途林
小计	其中							
	水源涵养林	水土保持林	防风固沙林	农田、牧场防护林	护岸护堤林	护路林		
344	**—**	**33**	**—**	**—**	**—**	**104**	**—**	**30**
—	—	—	—	—	—	—	—	—
—	—	—	—	—	—	—	—	—
—	—	—	—	—	—	—	—	—
—	—	—	—	—	—	—	—	—
—	—	—	—	—	—	—	—	—
—	—	—	—	—	—	—	—	—
—	—	—	—	—	—	—	—	—
—	—	—	—	—	—	—	—	—
—	—	—	—	—	—	—	—	—
—	—	—	—	—	—	—	—	—
—	—	—	—	—	—	—	—	—
—	—	—	—	—	—	—	—	—
244	—	—	—	—	—	104	—	30
—	—	—	—	—	—	—	—	—
—	—	—	—	—	—	—	—	—
—	—	—	—	—	—	—	—	—
—	—	—	—	—	—	—	—	—
—	—	—	—	—	—	—	—	—
67	—	—	—	—	—	—	—	—
—	—	—	—	—	—	—	—	—
—	—	—	—	—	—	—	—	—
33	—	33	—	—	—	—	—	—
—	—	—	—	—	—	—	—	—
—	—	—	—	—	—	—	—	—
—	—	—	—	—	—	—	—	—
—	—	—	—	—	—	—	—	—
—	—	—	—	—	—	—	—	—
—	—	—	—	—	—	—	—	—
—	—	—	—	—	—	—	—	—
—	—	—	—	—	—	—	—	—
—	—	—	—	—	—	—	—	—
—	—	—	—	—	—	—	—	—
—	—	—	—	—	—	—	—	—
—	—	—	—	—	—	—	—	—
—	—	—	—	—	—	—	—	—
—	—	—	—	—	—	—	—	—

各地区平原绿化

地　　区	年末实有封山(沙)育林面积	低产低效林改造面积	全部林业		
			合　计	其中：国家投资	造林
全国合计	**—**	**—**	**4276**	**70**	**490**
北　京	—	—	—	—	—
天　津	—	—	—	—	—
河　北	—	—	—	—	—
山　西	—	—	—	—	—
内蒙古	—	—	—	—	—
内蒙古集团	—	—	—	—	—
辽　宁	—	—	—	—	—
吉　林	—	—	—	—	—
吉林集团	—	—	—	—	—
黑龙江	—	—	—	—	—
龙江集团	—	—	—	—	—
上　海	—	—	—	—	—
江　苏	—	—	340	60	60
浙　江	—	—	—	—	—
安　徽	—	—	—	—	—
福　建	—	—	—	—	—
江　西	—	—	—	—	—
山　东	—	—	3925	—	420
河　南	—	—	1	—	—
湖　北	—	—	—	—	—
湖　南	—	—	—	—	—
广　东	—	—	10	10	10
广　西	—	—	—	—	—
海　南	—	—	—	—	—
重　庆	—	—	—	—	—
四　川	—	—	—	—	—
贵　州	—	—	—	—	—
云　南	—	—	—	—	—
西　藏	—	—	—	—	—
陕　西	—	—	—	—	—
甘　肃	—	—	—	—	—
青　海	—	—	—	—	—
宁　夏	—	—	—	—	—
新　疆	—	—	—	—	—
新疆兵团	—	—	—	—	—
大兴安岭	—	—	—	—	—

工程建设情况(二)

单位:公顷、万元

投资完成额						群众投工投劳(折合资金)
低产低效防护林改造	种苗	森林防火	病虫害防治	科技费用	其他	
—	**450**	**200**	**381**	**—**	**2755**	**—**
—	—	—	—	—	—	—
—	—	—	—	—	—	—
—	—	—	—	—	—	—
—	—	—	—	—	—	—
—	—	—	—	—	—	—
—	—	—	—	—	—	—
—	—	—	—	—	—	—
—	—	—	—	—	—	—
—	—	—	—	—	—	—
—	—	—	—	—	—	—
—	—	—	—	—	—	—
—	—	—	—	—	—	—
—	—	200	80	—	—	—
—	—	—	—	—	—	—
—	—	—	—	—	—	—
—	—	—	—	—	—	—
—	—	—	—	—	—	—
—	450	—	300	—	2755	—
—	—	—	1	—	—	—
—	—	—	—	—	—	—
—	—	—	—	—	—	—
—	—	—	—	—	—	—
—	—	—	—	—	—	—
—	—	—	—	—	—	—
—	—	—	—	—	—	—
—	—	—	—	—	—	—
—	—	—	—	—	—	—
—	—	—	—	—	—	—
—	—	—	—	—	—	—
—	—	—	—	—	—	—
—	—	—	—	—	—	—
—	—	—	—	—	—	—
—	—	—	—	—	—	—
—	—	—	—	—	—	—
—	—	—	—	—	—	—
—	—	—	—	—	—	—

林业系统野生动植物保护及自然保护区工程建设情况

指　　标	单位	本年实际
一、年末实有自然保护区个数	**个**	**2126**
其中：国家级	个	263
二、年末实有自然保护区面积	**百公顷**	**1226903**
其中：国家级	百公顷	762907
三、年末实有自然保护小区个数	**个**	**48729**
年末实有自然保护小区面积	百公顷	114580
四、野生植物就地保护点个数	**个**	**622**
野生植物就地保护点面积	百公顷	43916
五、禁猎（采）区个数	**个**	**1908**
禁猎（采）区面积	百公顷	544525
六、国际重要湿地个数	**个**	**41**
国际重要湿地面积	百公顷	37099
七、湿地示范区面积	**百公顷**	**34870**
八、野生动物种源繁育基地	**个**	**2485**
1. 公益性野生动物救护繁育基地	个	135
2. 商业性野生动物驯养繁殖单位	个	2350
九、野生植物种源培育基地	**个**	**533**
十、野生动植物保护管理站	**个**	**4607**
十一、鸟类环志中心（站）个数	**个**	**114**
鸟类环志中心（站）人员	人	372
十二、野生动植物科研及监测机构个数	**个**	**736**
在野生动植物科研及监测机构中各类专业技术人员	人	3245
十三、野生动物观赏展演单位	**个**	**295**
1. 动物园	个	159
2. 野生动物园	个	33
3. 马戏团等展演单位	个	103
十四、植物园个数	**个**	**108**
十五、狩猎场个数	**个**	**140**
其中：对外国人开放的狩猎场个数	个	24
十六、从事野生动植物及自然保护区建设的职工人数	**人**	**47081**
其中：各类专业技术人员	人	14893
十七、野生动植物及自然保护区建设投资完成额	**万元**	**114253**
其中：国家投资	万元	77727

各地区林业系统野生动植物保护及自然保护区工程建设情况(一)

单位:个、百公顷

地区	年末实有自然保护区个数		年末实有自然保护区面积		年末实有自然保护小区		野生植物就地保护点		禁猎(采)区		国际重要湿地	
	合计	其中:国家级	合计	其中:国家级	个数	面积	个数	面积	个数	面积	个数	面积
全国合计	**2126**	**263**	**1226903**	**762907**	**48729**	**114580**	**622**	**43916**	**1908**	**544525**	**41**	**37099**
北京	16	2	1273	264	—	—	—	—	15	1091	—	—
天津	5	1	579	54	—	—	—	—	—	—	—	—
河北	29	8	5442	1982	5	264	1	112	3	500	—	—
山西	45	5	11033	823	—	—	42	10639	—	—	—	—
内蒙古	140	19	106347	28763	52	12366	14	9512	59	309623	2	7477
内蒙古集团	8	2	12365	2319	—	—	—	—	8	12365	—	—
辽宁	74	8	11674	1603	47	1946	14	333	21	2468	2	1397
吉林	33	10	23445	8633	5	94	14	2203	—	—	1	1055
吉林集团	—	—	—	—	—	—	—	—	—	—	—	—
黑龙江	130	18	44740	15212	168	5177	23	580	43	2486	7	9126
龙江集团	23	7	11701	5153	—	—	—	—	—	—	—	—
上海	1	1	242	242	—	—	—	—	—	—	2	364
江苏	22	1	3710	780	30	54	12	18	—	—	2	5310
浙江	17	6	948	741	373	784	2	155	38	488	1	3
安徽	97	5	4344	954	34	1341	25	155	18	1965	—	—
福建	88	10	5019	1697	3310	3129	6	10	—	—	1	24
江西	201	9	11414	1560	1551	2023	260	640	31	1115	1	224
山东	58	5	8997	1759	45	733	23	24	4	171	—	—
河南	25	9	5076	3255	—	—	—	—	33	2037	—	—
湖北	48	7	8857	2745	175	1247	16	2269	286	6739	1	435
湖南	115	17	13058	5293	175	6125	55	616	109	6981	3	3930
广东	270	5	12315	978	38800	42000	5	201	668	28888	3	323
广西	63	12	13872	2515	106	2892	11	754	5	724	2	70
海南	30	6	2399	866	190	170	25	2302	1	34000	1	54
重庆	52	4	6906	2089	3	142	5	70	10	311	—	—
四川	124	18	78357	24578	266	8923	44	7741	183	42592	1	1666
贵州	105	7	9042	2309	3267	4108	8	719	292	34	—	—
云南	129	15	27169	13434	55	5133	14	3190	30	4738	4	136
西藏	61	8	411060	370131	—	—	—	—	7	32	2	1173
陕西	47	13	10763	4658	7	644	—	—	18	102	—	—
甘肃	49	14	65714	39395	53	12694	2	593	28	7456	1	2474
青海	10	5	216874	202525	—	—	1	1079	—	—	3	1844
宁夏	6	5	4907	4667	1	—	—	—	2	2895	—	—
新疆	28	7	91518	13549	6	1486	—	—	3	3575	—	—
新疆兵团	1	—	61	—	—	—	—	—	—	—	—	—
大兴安岭	8	3	9811	4856	5	1106	—	—	1	83512	—	—

注:国际重要湿地个数中,全国合计包括香港特别行政区1处。

各地区林业系统野生动植物保护

地区	湿地示范区面积	野生动物种源繁育基地			野生植物种源培育基地	野生动植物保护管理站	鸟类环志中心（站）		野生动植物科研及监测机构	
		合计	公益性野生动物救护繁育基地	商业性野生动物驯养繁殖单位			个数	人员	个数	其中：各类专业技术人员
全国合计	**34870**	**2485**	**135**	**2350**	**533**	**4607**	**114**	**372**	**736**	**3245**
北　京	86	42	—	42	1	1	—	—	10	47
天　津	410	—	—	—	—	6	—	—	—	—
河　北	47	18	1	17	—	9	1	3	5	51
山　西	8	—	—	—	—	27	—	—	7	27
内蒙古	7155	154	5	149	3	58	3	18	20	178
内蒙古集团	—	146	2	144	1	—	1	8	6	86
辽　宁	9	5	2	3	1	70	2	25	45	72
吉　林	14	12	1	11	4	109	2	3	34	169
吉林集团	—	—	—	—	—	—	—	—	—	—
黑龙江	768	3	3	—	1	660	7	37	15	90
龙江集团	—	—	—	—	—	632	1	12	1	46
上　海	—	—	—	—	—	11	1	8	25	47
江　苏	—	362	12	350	1	12	—	—	12	47
浙　江	181	797	9	788	11	53	3	6	16	99
安　徽	184	78	4	74	8	66	—	—	7	38
福　建	99	77	10	67	208	45	—	—	3	35
江　西	73	125	2	123	85	80	4	46	83	227
山　东	481	218	2	216	2	24	3	19	24	106
河　南	125	8	8	—	4	35	7	11	13	133
湖　北	355	37	6	31	13	119	7	22	69	197
湖　南	2721	60	31	29	84	368	38	89	79	407
广　东	237	14	4	10	8	57	10	5	4	97
广　西	771	6	5	1	2	18	2	5	9	29
海　南	—	88	—	88	60	5	—	—	4	60
重　庆	—	28	1	27	3	320	—	—	8	102
四　川	5019	182	12	170	5	541	—	—	19	129
贵　州	—	27	5	22	5	1434	6	—	4	51
云　南	6	77	2	75	15	113	7	15	52	364
西　藏	—	6	—	6	—	16	—	—	19	5
陕　西	56	37	—	37	6	66	—	—	13	43
甘　肃	—	1	—	1	—	42	2	15	5	49
青　海	—	—	—	—	—	—	—	—	—	—
宁　夏	352	12	1	11	—	10	1	1	3	52
新　疆	414	11	9	2	2	220	4	25	109	229
新疆兵团	—	—	—	—	—	1	1	13	1	4
大兴安岭	15300	—	—	—	1	12	4	19	20	65

及自然保护区工程建设情况(二)

单位:个、百公顷、人、万元

野生动物观赏展演单位				植物园个数	狩猎场		从事野生动植物及自然保护区建设的职工人数		野生动植物及自然保护区投资情况	
									投资完成额	
合计	动物园	野生动物园	马戏团等展演单位		个数	其中:对外国人开放的狩猎场个数	合计	其中:各类专业技术人员	合计	其中:国家投资
295	**159**	**33**	**103**	**108**	**140**	**24**	**47081**	**14893**	**114253**	**77727**
2	—	2	—	—	—	—	774	187	2222	1969
—	—	—	—	—	—	—	113	62	1487	1487
3	2	1	—	2	2	—	1196	304	4219	2118
—	—	—	—	2	22	3	933	279	2916	2916
3	1	2	—	3	1	—	2311	709	4523	4310
—	—	—	—	—	—	—	735	322	1185	1022
30	24	6	—	6	15	—	1294	456	1096	951
7	6	1	—	2	2	2	1158	399	6091	5861
—	—	—	—	—	—	—	—	—	—	—
1	—	1	—	—	5	5	1711	1116	7187	4824
—	—	—	—	—	5	5	1178	950	960	960
—	—	—	—	2	—	—	86	47	1187	863
16	15	1	—	2	—	—	350	110	5017	—
7	2	3	2	2	3	—	1204	558	1268	246
7	2	2	3	7	2	—	611	267	2246	1575
15	11	1	3	4	—	—	1723	434	6668	4026
9	9	—	—	12	2	—	4613	1161	5181	414
32	30	2	—	6	—	—	2466	874	1837	224
94	—	—	94	3	4	—	2052	517	1224	1097
20	18	2	—	2	3	—	1552	624	3901	3103
3	3	—	—	12	2	—	5338	1462	2328	688
3	3	—	—	1	2	2	1217	395	3196	1023
5	4	—	1	1	—	—	1993	539	8789	2998
2	1	1	—	10	—	—	838	73	640	467
4	2	2	—	6	33	—	732	171	330	275
5	4	1	—	2	10	5	2336	619	6133	5333
2	1	1	—	4	10	—	931	532	1454	1354
11	10	1	—	7	—	—	2414	924	4717	3393
1	1	—	—	2	—	—	397	11	12965	12965
2	2	—	—	2	5	1	1768	653	3098	1985
7	6	1	—	3	3	3	2523	602	1489	1255
—	—	—	—	—	—	—	265	56	6555	6555
1	1	—	—	—	1	—	919	375	633	633
3	1	2	—	3	13	3	879	293	3026	2189
—	—	—	—	—	—	—	13	4	772	465
—	—	—	—	—	—	—	384	84	630	630

地　区	数量(个)							
	合计	森林生态	湿地生态	荒漠生态	野生植物	野生动物	草原与草甸	自然遗迹
全国合计	**2126**	**1316**	**365**	**33**	**119**	**284**	**2**	**7**
北　京	16	11	3	—	—	2	—	—
天　津	5	2	3	—	—	—	—	—
河　北	29	18	8	—	—	3	—	—
山　西	45	17	2	—	3	23	—	—
内蒙古	140	71	33	19	10	5	—	2
辽　宁	74	52	16	—	—	6	—	—
吉　林	33	17	8	—	4	4	—	—
黑龙江	138	36	64	—	7	28	2	1
上　海	1	—	—	—	—	1	—	—
江　苏	22	6	14	—	—	2	—	—
浙　江	17	11	2	—	1	3	—	—
安　徽	97	80	15	—	—	2	—	—
福　建	88	55	7	—	8	18	—	—
江　西	201	144	20	—	23	14	—	—
山　东	58	36	17	—	1	3	—	1
河　南	25	12	11	—	—	2	—	—
湖　北	48	19	14	—	10	5	—	—
湖　南	115	105	8	—	—	2	—	—
广　东	270	234	20	—	6	10	—	—
广　西	63	48	1	—	3	11	—	—
海　南	30	17	6	—	2	5	—	—
重　庆	52	15	13	—	12	12	—	—
四　川	124	46	27	—	6	45	—	—
贵　州	105	93	1	—	7	4	—	—
云　南	129	96	12	—	8	10	—	3
西　藏	61	18	14	2	2	25	—	—
陕　西	47	17	7	—	3	20	—	—
甘　肃	49	25	9	7	—	8	—	—
青　海	10	3	2	2	—	3	—	—
宁　夏	6	4	1	1	—	—	—	—
新　疆	28	8	7	2	3	8	—	—

自然保护区分类情况

面积(万公顷)							
合计	森林生态	湿地生态	荒漠生态	野生植物	野生动物	草原与草甸	自然遗迹
12269.03	**3107.76**	**3190.16**	**3727.91**	**139.39**	**2074.83**	**2.31**	**26.67**
12.73	9.03	1.16	—	—	2.54	—	—
5.79	0.58	5.21	—	—	—	—	—
54.42	33.87	12.28	—	—	8.26	—	—
110.33	29.51	9.81	—	5.66	65.35	—	—
1063.47	339.18	251.89	403.36	33.65	9.63	—	25.76
116.74	64.45	49.21	—	—	3.07	—	—
234.45	167.21	48.88	—	1.94	16.42	—	—
545.51	120.09	336.45	—	11.74	74.89	2.31	0.03
2.42	—	—	—	—	2.42	—	—
37.10	0.53	28.04	—	—	8.53	—	—
9.48	8.47	0.47	—	0.51	0.03	—	—
43.44	15.09	26.19	—	—	2.16	—	—
50.19	29.11	6.51	—	3.40	11.17	—	—
114.14	68.64	22.58	—	6.92	16.01	—	—
89.97	24.62	58.43	—	1.02	5.82	—	0.08
50.76	17.33	23.09	—	—	10.34	—	—
88.57	52.55	24.19	—	7.44	4.39	—	—
130.58	84.51	44.95	—	—	1.12	—	—
123.15	90.46	19.68	—	1.81	11.20	—	—
138.72	118.28	0.28	—	6.32	13.84	—	—
23.99	19.16	1.22	—	0.27	3.34	—	—
69.06	21.60	10.40	—	25.53	11.54	—	—
783.57	285.64	266.59	—	6.79	224.54	—	—
90.42	77.34	0.96	—	3.86	8.26	—	—
271.69	212.85	10.01	—	8.29	39.73	—	0.80
4110.60	691.07	72.80	2984.10	0.07	362.56	—	—
107.63	40.69	14.59	—	2.50	49.84	—	—
657.14	127.85	141.74	283.75	—	103.80	—	—
2168.74	95.96	1534.50	37.76	—	500.52	—	—
49.07	33.18	8.40	7.48	—	—	—	—
915.18	228.89	159.64	11.47	11.66	503.52	—	—

各地区林业系统自然保护区分级情况

地区	数量(个)					面积(万公顷)					占土地面积比例(%)	占土地面积排名
	合计	国家级	省级	市级	县级	合计	国家级	省级	市级	县级		
全国合计	**2126**	**263**	**725**	**317**	**821**	**12269.03**	**7629.07**	**3353.28**	**580.19**	**706.49**	**12.77**	**—**
北　京	16	2	8	6	—	12.73	2.64	6.48	3.62	—	7.57	11
天　津	5	1	4	—	—	5.79	0.54	5.25	—	—	5.12	23
河　北	29	8	18	1	2	54.42	19.82	32.74	0.84	1.02	2.78	30
山　西	45	5	40	—	—	110.33	8.23	102.10	—	—	7.07	12
内蒙古	140	19	52	17	52	1063.47	287.63	659.38	32.70	83.77	8.99	8
辽　宁	74	8	24	22	20	116.74	16.03	33.21	50.68	16.82	7.88	10
吉　林	33	10	14	1	8	234.45	86.33	145.47	0.01	2.63	12.51	5
黑龙江	138	21	73	19	25	545.51	200.68	254.17	61.02	29.65	11.99	6
上　海	1	1	—	—	—	2.42	2.42	—	—	—	3.81	26
江　苏	22	1	5	4	12	37.10	7.80	5.44	12.61	11.26	3.62	27
浙　江	17	6	4	—	7	9.48	7.41	0.76	—	1.31	0.93	31
安　徽	97	5	26	4	62	43.44	9.54	27.75	1.71	4.43	3.11	28
福　建	88	10	22	9	47	50.19	16.97	9.52	15.75	7.95	4.13	25
江　西	201	9	32	2	158	114.14	15.60	35.63	2.83	60.09	6.84	16
山　东	58	5	25	18	10	89.97	17.59	35.49	34.22	2.67	5.73	19
河　南	25	9	16	—	—	50.76	32.55	18.21	—	—	3.04	29
湖　北	48	7	17	20	4	88.57	27.45	38.50	18.51	4.12	4.76	24
湖　南	115	17	24	2	72	130.58	52.93	39.15	1.87	36.64	6.17	17
广　东	270	5	53	85	127	123.15	9.78	42.43	40.43	30.51	6.86	14
广　西	63	12	42	2	7	138.72	25.15	90.68	11.86	11.03	5.88	18
海　南	30	6	18	4	2	23.99	8.66	14.25	0.25	0.83	6.85	15
重　庆	52	4	17	7	24	69.06	20.89	26.04	0.92	21.21	8.38	9
四　川	124	18	54	18	34	783.57	245.78	244.46	102.30	191.02	16.19	3
贵　州	105	7	3	14	81	90.42	23.09	5.22	20.55	41.56	5.14	22
云　南	129	15	39	44	31	271.69	134.34	75.70	42.50	19.15	6.90	13
西　藏	61	8	10	11	32	4110.60	3701.31	254.92	62.73	91.64	33.69	1
陕　西	47	13	29	3	2	107.63	46.58	55.77	3.27	2.01	5.23	21
甘　肃	49	14	34	—	1	657.14	393.95	262.52	—	0.67	14.46	4
青　海	10	5	5	—	—	2168.74	2025.25	143.49	—	—	30.03	2
宁　夏	6	5	1	—	—	49.07	46.67	2.4	—	—	9.47	7
新　疆	28	7	16	4	1	915.18	135.49	686.17	59.01	34.50	5.51	20

重点地区速生丰产用材林基地工程建设情况

指　　标	单位	本年实际
一、各种地类造林面积	**公顷**	**907**
1. 荒山荒（沙）地造林	公顷	907
2. 更新造林	公顷	—
3. 非林业用地造林	公顷	—
各种地类造林面积按投资主体分		
1. 林场（国有、集体）造林	公顷	273
2. 内资企业造林	公顷	—
3. 外资企业造林	公顷	—
4. 合资企业造林	公顷	—
5. 农户造林	公顷	634
6. 其他主体造林	公顷	—
二、改培面积	**公顷**	**15240**
三、当年造林和改培面积按培育目的分		
1. 浆纸原料林	公顷	—
2. 人造板原料林	公顷	181
3. 大径级用材林	公顷	12202
4. 其他	公顷	3764
四、当年造林和改培面积按树种分		
1. 桉树	公顷	—
2. 湿地松、火炬松、马尾松	公顷	—
3. 杉木、柳杉	公顷	—
4. 杨树	公顷	1294
5. 落叶松、红松、云杉、冷杉、樟子松	公顷	14540
6. 柚木、楠木、西南桦、桃花心木	公顷	—
7. 水曲柳、核桃楸、黄波罗、椴树	公顷	280
8. 竹类	公顷	—
9. 其他	公顷	33
五、全部林业投资完成额	**万元**	**2545**
其中：国家投资	万元	330

各地区速生丰产用材林

地　区	各种地类造林面积									
					各种地类造林面积按投资主体分					
	合　计	荒山荒(沙)地造林	更新造林	非林业用地造林	林场(国有、集体)造林	内资企业造林	外资企业造林	合资企业造林	农户造林	其他主体造林
全国合计	**907**	**907**	**—**	**—**	**273**	**—**	**—**	**—**	**634**	**—**
北　京	—	—	—	—	—	—	—	—	—	—
天　津	—	—	—	—	—	—	—	—	—	—
河　北	634	634	—	—	—	—	—	—	634	—
山　西	—	—	—	—	—	—	—	—	—	—
内蒙古	—	—	—	—	—	—	—	—	—	—
内蒙古集团	—	—	—	—	—	—	—	—	—	—
辽　宁	—	—	—	—	—	—	—	—	—	—
吉　林	—	—	—	—	—	—	—	—	—	—
吉林集团	—	—	—	—	—	—	—	—	—	—
黑龙江	273	273	—	—	273	—	—	—	—	—
龙江集团	—	—	—	—	—	—	—	—	—	—
上　海	—	—	—	—	—	—	—	—	—	—
江　苏	—	—	—	—	—	—	—	—	—	—
浙　江	—	—	—	—	—	—	—	—	—	—
安　徽	—	—	—	—	—	—	—	—	—	—
福　建	—	—	—	—	—	—	—	—	—	—
江　西	—	—	—	—	—	—	—	—	—	—
山　东	—	—	—	—	—	—	—	—	—	—
河　南	—	—	—	—	—	—	—	—	—	—
湖　北	—	—	—	—	—	—	—	—	—	—
湖　南	—	—	—	—	—	—	—	—	—	—
广　东	—	—	—	—	—	—	—	—	—	—
广　西	—	—	—	—	—	—	—	—	—	—
海　南	—	—	—	—	—	—	—	—	—	—
重　庆	—	—	—	—	—	—	—	—	—	—
四　川	—	—	—	—	—	—	—	—	—	—
贵　州	—	—	—	—	—	—	—	—	—	—
云　南	—	—	—	—	—	—	—	—	—	—
西　藏	—	—	—	—	—	—	—	—	—	—
陕　西	—	—	—	—	—	—	—	—	—	—
甘　肃	—	—	—	—	—	—	—	—	—	—
青　海	—	—	—	—	—	—	—	—	—	—
宁　夏	—	—	—	—	—	—	—	—	—	—
新　疆	—	—	—	—	—	—	—	—	—	—
新疆兵团	—	—	—	—	—	—	—	—	—	—
大兴安岭	—	—	—	—	—	—	—	—	—	—

基地工程建设情况(一)

单位:公顷、万元

改培面积	当年造林和改培面积按培育目的分				当年造林和改培面积按树种分			
	浆纸原料林	人造板原料林	大径级用材林	其他工业原料林	桉树	湿地松、火炬松、马尾松	杉木、柳杉	杨树
15240	**—**	**181**	**12202**	**3764**	**—**	**—**	**—**	**1294**
—	—	—	—	—	—	—	—	—
—	—	—	—	—	—	—	—	—
—	—	181	—	453	—	—	—	634
—	—	—	—	—	—	—	—	—
—	—	—	—	—	—	—	—	—
—	—	—	—	—	—	—	—	—
—	—	—	—	—	—	—	—	—
14276	—	—	12006	2270	—	—	—	—
649	—	—	649	—	—	—	—	—
931	—	—	163	1041	—	—	—	660
—	—	—	—	—	—	—	—	—
—	—	—	—	—	—	—	—	—
—	—	—	—	—	—	—	—	—
—	—	—	—	—	—	—	—	—
33	—	—	33	—	—	—	—	—
—	—	—	—	—	—	—	—	—
—	—	—	—	—	—	—	—	—
—	—	—	—	—	—	—	—	—
—	—	—	—	—	—	—	—	—
—	—	—	—	—	—	—	—	—
—	—	—	—	—	—	—	—	—
—	—	—	—	—	—	—	—	—
—	—	—	—	—	—	—	—	—
—	—	—	—	—	—	—	—	—
—	—	—	—	—	—	—	—	—
—	—	—	—	—	—	—	—	—
—	—	—	—	—	—	—	—	—
—	—	—	—	—	—	—	—	—
—	—	—	—	—	—	—	—	—
—	—	—	—	—	—	—	—	—
—	—	—	—	—	—	—	—	—
—	—	—	—	—	—	—	—	—
—	—	—	—	—	—	—	—	—
—	—	—	—	—	—	—	—	—
—	—	—	—	—	—	—	—	—
—	—	—	—	—	—	—	—	—

各地区速生丰产用材林基地工程建设情况(二)

单位:公顷、万元

地　区	当年造林和改培面积按树种分					全部林业投资完成额	
	落叶松、红松、云杉、冷杉、樟子松	柚木、楠木、西南桦、桃花心木	水曲柳、核桃楸、黄波罗、椴树	竹类	其他	合　计	其中:国家投资
全国合计	**14540**	**—**	**280**	**—**	**33**	**2545**	**330**
北　京	—	—	—	—	—	—	—
天　津	—	—	—	—	—	—	—
河　北	—	—	—	—	—	287	41
山　西	—	—	—	—	—	—	—
内蒙古	—	—	—	—	—	—	—
内蒙古集团	—	—	—	—	—	—	—
辽　宁	—	—	—	—	—	—	—
吉　林	13996	—	280	—	—	921	—
吉林集团	524	—	125	—	—	146	—
黑龙江	544	—	—	—	—	101	—
龙江集团	—	—	—	—	—	—	—
上　海	—	—	—	—	—	—	—
江　苏	—	—	—	—	—	—	—
浙　江	—	—	—	—	—	—	—
安　徽	—	—	—	—	33	1236	289
福　建	—	—	—	—	—	—	—
江　西	—	—	—	—	—	—	—
山　东	—	—	—	—	—	—	—
河　南	—	—	—	—	—	—	—
湖　北	—	—	—	—	—	—	—
湖　南	—	—	—	—	—	—	—
广　东	—	—	—	—	—	—	—
广　西	—	—	—	—	—	—	—
海　南	—	—	—	—	—	—	—
重　庆	—	—	—	—	—	—	—
四　川	—	—	—	—	—	—	—
贵　州	—	—	—	—	—	—	—
云　南	—	—	—	—	—	—	—
西　藏	—	—	—	—	—	—	—
陕　西	—	—	—	—	—	—	—
甘　肃	—	—	—	—	—	—	—
青　海	—	—	—	—	—	—	—
宁　夏	—	—	—	—	—	—	—
新　疆	—	—	—	—	—	—	—
新疆兵团	—	—	—	—	—	—	—
大兴安岭	—	—	—	—	—	—	—

3

产业发展

INDUSTRIAL DEVELOPMENT

中国
林业统计年鉴2011

林业产业总产值(一)

(按现行价格计算)　　单位:万元

指　　标	总产值
总　　计	**305967308**
一、第一产业	**110561944**
(一)涉林产业合计	105966785
其中:湿地产业	332727
1. 林木的培育和种植	19152654
(1)育种和育苗	6583657
(2)造林	7330092
(3)林木的抚育和管理	5238905
其中：幼林抚育和管理	1972918
成林抚育和管理	2626660
2. 木材和竹材的采运	9484698
(1)木材采运	7858651
①商品材	6444322
②农民自用材	569016
③农民烧柴	845313
(2)竹材采运	1626047
其中：除毛竹、蒿竹外的其他竹材	291904
3. 经济林产品的种植与采集	63198661
其中：水果及干果的种植与采集	41551549
茶及其他饮料作物的种植与采集	5521051
林产中药材的种植与采集	4087909
森林食品的种植与采集	6772578
4. 花卉的种植	9399110
5. 陆生野生动物繁育与利用	2815344
(1)陆生野生动物狩猎和捕捉	132253
(2)陆生野生动物饲养	2683091
6. 林业生产辅助服务	1916318
(二)林业系统非林产业	4595159

林业产业总产值(二)

(按现行价格计算)　　单位：万元

指　　标	总产值
二、第二产业	**166883963**
(一)涉林产业合计	162359243
其中：湿地产业	92764
1. 木材加工及木、竹、藤、棕、苇制品制造	67891581
(1)锯材、木片加工	11610726
(2)人造板制造	37162883
(3)木制品制造	14785099
(4)竹、藤、棕、苇制品制造	4332873
2. 木、竹、藤家具制造	23231559
3. 木、竹、苇浆造纸	39591936
4. 林产化学产品制造	5754278
5. 木制工艺品和木制文教体育用品制造	3243777
6. 非木制林产品加工制造业	15286908
7. 其他	7359204
(二)林业系统非林产业	4524720
三、第三产业	**28521401**
(一)涉林产业合计	24719938
其中：湿地产业	579516
1. 林业旅游与休闲服务	18630740
2. 林业生态服务	2767685
3. 林业专业技术服务	802077
4. 林业公共管理及其他组织服务	2519436
(二)林业系统非林产业	3801463
补充资料：竹产业产值	10469452
油茶产业产值	2454328
林下经济产值	8732532
全部山区县茶、桑、果产值	14636664
全部丘陵县茶、桑、果产值	6978360

各地区林业

（按现行

地区	总计	第一						
		合计	涉林					
			合计	其中：湿地产业	林木的培育和			
					小计	育种和育苗	造林	林木
								计
全国合计	**305967308**	**110561944**	**105966785**	**332727**	**19152654**	**6583657**	**7330092**	**5238905**
北京	1434945	825507	820831	389	189355	64336	58572	66447
天津	204392	175917	175917	—	40383	5595	17667	17121
河北	7459549	4084488	4074158	1484	410475	139828	180770	89877
山西	2553886	2031947	2025513	—	743114	202181	506757	34176
内蒙古	2178434	1190042	1089863	1662	612027	124883	307806	179338
内蒙古集团	394382	194089	192599	—	70219	151	1028	69040
辽宁	12383977	7378090	7295763	32995	1048986	367214	601908	79864
吉林	10262538	2850941	2663699	—	235371	87752	71215	76404
吉林集团	1072784	290750	281065	—	23008	3242	4070	15696
黑龙江	9167585	3428679	2100205	905	347996	105944	126803	115249
龙江集团	3897045	1526728	690932	—	94142	3408	14826	75908
上海	3346594	338877	338877	—	66889	31025	10526	25338
江苏	22916203	6180705	6076148	52333	1798365	819782	442787	535796
浙江	27919858	6572664	6543762	1080	1734179	1382837	260335	91007
安徽	11718236	3762434	3694366	45064	938043	374566	217262	346215
福建	25593977	5198077	5197580	4235	366116	24983	242085	99048
江西	13177449	5435418	5054126	51979	1155498	234304	486382	434812
山东	29514848	11002718	10799852	3965	1832199	979051	450455	402693
河南	9228611	4796112	4742069	129	774278	192341	330234	251703
湖北	8964102	3921090	3812272	2990	600617	208070	239244	153303
湖南	14456850	5372697	5092371	82396	1521096	231243	530156	759697
广东	33280989	4446428	4432296	4889	247240	32035	128677	86528
广西	16723081	5600639	4879940	500	554293	27589	261481	265223
海南	3783604	2416477	2410178	—	37658	8424	13899	15335
重庆	3265221	1915837	1839923	500	595685	161377	374084	60224
四川	14440422	5311699	4950263	10633	725054	176344	284138	264572
贵州	3406879	1809187	1675281	371	514854	160264	254309	100281
云南	6893883	5046399	4853062	35	492832	112169	319815	60848
西藏	183850	168601	168601	—	70254	8803	53555	7896
陕西	3258288	2786660	2776599	19716	466557	174130	231627	60800
甘肃	1926727	1699294	1687351	948	289450	76439	74288	138723
青海	124369	122476	122476	—	47976	4547	28141	15288
宁夏	951370	643542	643297	2000	118230	27209	40478	50543
新疆	4368083	3671358	3657160	467	469398	37967	181084	250347
新疆兵团	942717	934931	928140	40	73756	3251	31955	38550
大兴安岭	878508	376944	272986	11062	108186	425	3552	104209

产业总产值(一)

价格计算)

单位:万元

产业								
产业								
种植		木材和竹材的采运						
的抚育和管理		小计	木材采运				竹材采运	
其中:幼林抚育和管理	其中:成林抚育和管理		计	商品材	农民自用材	农民烧柴	计	其中:除毛竹、篙竹外的其他竹材
1972918	**2626660**	**9484698**	**7858651**	**6444322**	**569016**	**845313**	**1626047**	**291904**
8916	57531	8066	8066	6293	1735	38	—	—
7943	8928	5247	5247	5032	215	—	—	—
47413	40437	56251	56251	47860	5175	3216	—	—
13608	15068	2564	2564	2270	277	17	—	—
28940	110609	181799	181799	174336	4409	3054	—	—
116	60330	118662	118662	118657	5	—	—	—
40336	24646	302373	302373	233202	14134	55037	—	—
31511	39154	468203	468203	450693	10548	6962	—	—
6591	4654	133044	133044	132322	—	722	—	—
35337	73652	330559	330559	329312	1081	166	—	—
12515	59006	222580	222580	222580	—	—	—	—
4799	3205	1052	244	120	—	124	808	808
158053	295381	420979	414067	361502	47599	4966	6912	1512
16460	74547	449467	173308	154078	6409	12821	276159	37230
138341	184494	617605	459957	354597	46689	58671	157648	19258
81267	17781	1143952	718699	464391	61928	192380	425253	35231
187270	217396	515037	432059	357092	19467	55500	82978	6002
129399	273294	350030	350030	327252	18988	3790	—	—
103416	89682	307398	294942	228139	31675	35128	12456	1412
82708	56658	315552	261038	163790	55168	42080	54514	13437
283026	441476	763231	639083	505129	59561	74393	124148	25471
39756	24792	639326	454775	413618	15506	25651	184551	48255
136142	129081	1198937	1032052	1006110	7273	18669	166885	35017
4045	8625	78155	70054	65319	1042	3693	8101	3482
29901	16924	53156	37803	25492	7358	4953	15353	8909
101503	111318	334608	315847	172032	50167	93648	18761	16891
40423	51857	278105	253794	169453	35493	48848	24311	15638
26336	15189	427778	367668	247004	40170	80494	60110	19485
—	7896	75377	75217	63024	1324	10869	160	60
25299	26142	40144	33390	10013	13943	9434	6754	3635
39871	74150	4468	4283	3150	970	163	185	171
4480	7675	1226	1226	—	1226	—	—	—
26201	22738	20	20	20	—	—	—	—
100218	106334	33240	33240	23206	9486	548	—	—
18221	19846	3501	3501	3340	161	—	—	—
—	—	80793	80793	80793	—	—	—	—

各地区林业

（按现行

地区	第一产业 涉林产业 经济林产品的种植与采集 小计	其中 水果及干果的种植与采集	茶及其他饮料作物的种植与采集	林产中药材的种植与采集	森林食品的种植与采集	花卉的种植	陆生野生动物繁育与利用 小计	陆生野生动物狩猎和捕捉	陆生野生动物饲养
全国合计	**63198661**	**41551549**	**5521051**	**4087909**	**6772578**	**9399110**	**2815344**	**132253**	**2683091**
北　京	444185	432427	—	—	2715	155508	8886	—	8886
天　津	105423	105423	—	—	—	24546	318	—	318
河　北	3315697	3218480	101	40822	24287	263548	19359	—	19359
山　西	1236486	1196957	—	5430	4980	25658	2717	162	2555
内蒙古	247422	142065	6	67153	15021	15991	11610	100	11510
内蒙古集团	—	—	—	—	—	—	—	—	—
辽　宁	4024936	2413055	99900	623153	874822	735413	1116737	1711	1115026
吉　林	1387424	368783	492	588479	421089	125112	399947	22748	377199
吉林集团	84800	28426	—	21975	34399	1076	22422	1260	21162
黑龙江	1233483	204216	3468	54013	945746	35257	77360	643	76717
龙江集团	363624	37656	40	25223	293348	342	8410	—	8410
上　海	216346	214105	—	—	2241	54137	453	—	453
江　苏	1658773	1032854	190565	86678	79570	1593516	42926	2243	40683
浙　江	3701972	1838132	843847	93704	821326	379164	238031	4013	234018
安　徽	1787136	752223	518370	154957	228204	269695	58709	10700	48009
福　建	3215990	1441475	927209	80077	530656	422358	32480	13436	19044
江　西	2490638	1189787	188502	138167	350593	675134	138209	17412	120797
山　东	7735914	7381588	160993	52016	46238	745013	95021	—	95021
河　南	2512546	1506745	234607	219411	397379	900409	148130	7562	140568
湖　北	2390604	1085295	487321	294079	405361	307185	50577	8496	42081
湖　南	2081487	1160152	226099	287519	305377	477638	103282	23850	79432
广　东	2767631	2354160	148826	65810	121816	758181	16215	10525	5690
广　西	2867525	1959877	162219	90659	157414	140894	36450	—	36450
海　南	2130132	769666	78502	18205	37852	130666	31882	—	31882
重　庆	896671	626579	93530	82353	63440	250601	14091	1654	12437
四　川	3060266	2032124	388880	140587	336407	532182	89801	734	89067
贵　州	768043	378947	169031	116092	51641	88742	8647	161	8486
云　南	3600855	1427595	491857	246838	403802	204357	47798	643	47155
西　藏	21639	16576	798	1827	2437	192	73	45	28
陕　西	2214365	1897947	102856	79745	79821	45680	3386	361	3025
甘　肃	1314345	1086785	2442	70636	13693	14620	5374	4700	674
青　海	67852	4902	—	62950	—	5302	—	—	—
宁　夏	509938	237768	630	269129	—	14344	765	—	765
新　疆	3133738	3074366	—	57176	—	6059	1091	17	1074
新疆兵团	850782	843253	—	5529	—	42	59	17	42
大兴安岭	59199	495	—	244	48650	2008	15019	337	14682

产业总产值(二)

价格计算)

单位:万元

林业生产辅助服务	林业系统非林产业	第二产业 合计	涉林产业 小计	其中:湿地产业	木材加工及木、竹、藤、棕、苇制品制造 计	锯材、木片加工	人造板制造	木制品制造	竹、藤、棕、苇制品制造
1916318	**4595159**	**166883963**	**162359243**	**92764**	**67891581**	**11610726**	**37162883**	**14785099**	**4332873**
14831	4676	63871	49848	—	49848	—	28560	21288	—
—	—	13710	13710	—	9150	—	9150	—	—
8828	10330	3072123	3028988	60	2022035	128282	1830685	48507	14561
14974	6434	397777	397777	320	31631	11036	19068	1477	50
21014	100179	635051	570268	—	470557	369847	80428	20011	271
3718	1490	58333	12785	—	12785	12785	—	—	—
67318	82327	3917116	3849361	—	1986974	620455	699185	651256	16078
47642	187242	6226521	5539921	—	2178028	365732	960260	851601	435
16715	9685	424543	277063	—	230588	18326	111104	100723	435
75550	1328474	4226874	2997485	2139	1894681	840980	556343	491909	5449
1834	835796	1488274	552330	—	412162	99027	116308	196827	—
—	—	2917905	2917905	—	798008	33844	255293	508871	—
561589	104557	14936348	14345255	257	8373108	1622321	5194701	1378857	177229
40949	28902	19007542	18991362	—	6056685	567233	1522746	2958663	1008043
23178	68068	6473669	6310090	24830	4842487	606761	2937229	686420	612077
16684	497	19976694	19976194	18241	6634328	557924	2672548	2155905	1247951
79610	381292	4823215	4477893	11600	2340927	491502	836725	890442	122258
41675	202866	17038018	16969486	4000	11584601	1777284	9031940	642539	132838
99308	54043	3692288	3615247	—	1857811	514355	1201442	108219	33795
147737	108818	3624193	3529559	828	1276642	120860	707520	383415	64847
145637	280326	6092363	5628997	26741	2489610	791805	913211	462340	322254
3703	14132	28217519	28197315	—	4527099	374457	2508023	1384719	259900
81841	720699	10232068	10176944	40	5000759	963155	3315466	618979	103159
1685	6299	1276378	1254969	—	120395	52189	53600	12049	2557
29719	75914	821574	816468	—	245383	45868	65759	76747	57009
208352	361436	5549384	5462462	—	1802923	355879	1106554	207429	133061
16890	133906	685141	607896	—	336903	101957	184733	41330	8883
79442	193337	1557823	1418052	—	517098	207570	229246	76992	3290
1066	—	12818	12370	—	12312	11901	350	26	35
6467	10061	254652	245694	3708	190241	16423	154986	12723	6109
59094	11943	75039	41598	—	6467	2203	2020	1510	734
120	—	42	42	—	42	42	—	—	—
—	245	231652	231652	—	—	—	—	—	—
13634	14198	457593	457381	—	40310	12985	25025	2300	—
—	6791	2047	1847	—	1847	200	1647	—	—
7781	103958	377002	227054	—	194538	45876	60087	88575	—

各地区林业

（按现行

地区	第二产业								
	涉林产业						林业系统非林产业	合计	小计
	木、竹、藤家具制造	木、竹、苇浆造纸	林产化学产品制造	木制工艺品和木制文教体育用品制造	非木质林产品加工制造业	其他			
全国合计	**23231559**	**39591936**	**5754278**	**3243777**	**15286908**	**7359204**	**4524720**	**28521401**	**24719938**
北京	—	—	—	—	—	—	14023	545567	532823
天津	4560	—	—	—	—	—	—	14765	14765
河北	189173	14898	17195	2325	702200	81162	43135	302938	268296
山西	329	—	948	—	362892	1977	—	124162	110097
内蒙古	1374	—	890	83	4509	92855	64783	353341	218956
内蒙古集团	—	—	—	—	—	—	45548	141960	26310
辽宁	1035780	51786	3472	31641	462829	276879	67755	1088771	1055840
吉林	292996	538048	27544	30664	2352483	120158	686600	1185076	685001
吉林集团	4400	—	21398	—	10144	10533	147480	357491	40515
黑龙江	305902	364383	11446	50580	93552	276941	1229389	1512032	843225
龙江集团	77076	96	11040	3624	7344	40988	935944	882043	262068
上海	732909	1169118	119635	12916	85018	301	—	89812	68331
江苏	708547	2427357	807782	99063	576645	1352753	591093	1799150	1727664
浙江	2499683	7198882	152946	1387903	1679905	15358	16180	2339652	2318279
安徽	425312	54112	63928	255543	559298	109410	163579	1482133	1369176
福建	2028350	5610197	598209	571610	3601945	931555	500	419206	414213
江西	712143	232583	357227	132912	589650	112451	345322	2918816	2709127
山东	1476700	1797106	25318	236334	958907	890520	68532	1474112	1174242
河南	428436	503578	21304	36935	482762	284421	77041	740211	727156
湖北	456234	876250	35457	70118	528725	286133	94634	1418819	1149932
湖南	774027	570034	982885	101173	448044	263224	463366	2991790	2707563
广东	8407102	14428631	664269	65881	90081	14252	20204	617042	604669
广西	567235	1806299	1390512	709	474871	936559	55124	890374	497246
海南	42122	707319	2879	96526	283537	2191	21409	90749	81727
重庆	176132	130220	12774	39710	99426	112823	5106	527810	518712
四川	1863295	906766	21182	13775	131284	723237	86922	3579339	3256044
贵州	68068	67572	18737	4277	72307	40032	77245	912551	730060
云南	16015	81798	388463	1660	255365	157653	139771	289661	250075
西藏	—	—	—	—	—	58	448	2431	2163
陕西	8717	—	—	1370	11196	34170	8958	216976	187908
甘肃	6539	—	—	69	3412	25111	33441	152394	118151
青海	—	—	—	—	—	—	—	1851	1717
宁夏	—	54999	—	—	176258	395	—	76176	76176
新疆	900	—	—	—	199546	216625	212	239132	227695
新疆兵团	—	—	—	—	—	—	200	5739	3150
大兴安岭	2979	—	29276	—	261	—	149948	124562	72909

产业总产值(三)

价格计算)

单位:万元

第三产业						补充资料				
涉林产业					林业系统非林产业	竹产业产值	油茶产业产值	林下经济产值	全部山区县茶、桑、果产值	全部丘陵县茶、桑、果产值
其中:湿地产业	林业旅游与休闲服务	林业生态服务	林业专业技术服务	林业公共管理及其他组织服务						
579516	**18630740**	**2767685**	**802077**	**2519436**	**3801463**	**10469452**	**2454328**	**8732532**	**14636664**	**6978360**
—	296508	227058	1562	7695	12744	—	—	11435	105769	145920
—	14765	—	—	—	—	—	—	—	16050	—
1372	171478	42583	15835	38400	34642	—	—	59992	926164	368686
165	41439	24902	4029	39727	14065	—	—	—	103699	372445
600	113829	3731	7696	93700	134385	—	—	10072	1893	89421
—	24200	—	351	1759	115650	—	—	—	—	—
55	889617	104260	9415	52548	32931	—	—	307233	752017	439271
78956	564213	33000	31135	56653	500075	—	—	668328	182616	21891
—	22063	732	2613	15107	316976	—	—	10124	5655	—
16388	520370	180910	14047	127898	668807	—	—	45440	16362	617
—	227966	8705	8856	16541	619975	—	—	—	—	—
—	8170	25519	8006	26636	21481	—	—	—	—	—
72790	902021	288559	137675	399409	71486	117212	4029	174781	76786	135534
103773	2000940	193906	17475	105958	21373	3279808	146753	436626	1891417	441061
12549	994071	157321	48170	169614	112957	811385	160552	499594	716246	129032
—	322627	17341	10945	63300	4993	3062063	141435	165964	1664921	336857
12520	1877233	532595	59903	239396	209689	586640	703178	593076	946689	209466
48076	844616	168402	83082	78142	299870	—	—	1812392	1149632	325920
8352	451540	184679	20699	70238	13055	6355	17600	155917	387321	74385
13397	879684	60623	45272	164353	268887	142513	136633	495952	838433	545964
128060	2181207	220737	127723	177896	284227	458222	935918	218906	391331	374543
—	588451	7746	424	8048	12373	58215	33461	157390	1021797	505911
14162	259396	46139	46495	145216	393128	152227	96580	2290223	397179	1325456
—	62636	1494	1110	16487	9022	1777	95	13364	95556	1532
370	439318	37861	10873	30660	9098	92293	8047	162966	250232	217820
28980	2997899	48765	18876	190504	323295	1465933	26043	192557	996325	720635
34542	654809	24920	7122	43209	182491	179153	14340	92696	231946	17
—	164534	9937	35681	39923	39586	52996	18785	70598	936181	170
—	1836	47	—	280	268	—	—	—	13	—
3000	66087	108513	4345	8963	29068	2646	10879	27247	212642	—
1209	24786	5331	17646	70388	34243	14	—	1830	327327	195806
—	1412	—	—	305	134	—	—	—	120	—
—	76176	—	—	—	—	—	—	—	—	—
200	159455	10144	14357	43739	11437	—	—	8754	—	—
—	3075	—	—	75	2589	—	—	8754	—	—
—	59617	662	2479	10151	51653	—	—	59199	—	—

全国主要林产工业产品产量 2011 年与 2010 年比较

主要指标	单位	2011 年	2010 年	2011 年比 2010 年增减(%)
木材产量	万立方米	8145.92	8089.62	0.70
原木	万立方米	7449.64	7513.21	-0.85
薪材	万立方米	696.28	576.41	20.80
竹材产量	万根	153929.49	143007.81	7.64
锯材产量	万立方米	4460.25	3722.63	19.81
人造板产量	万立方米	20919.29	15360.83	36.19
胶合板	万立方米	9869.63	7139.66	38.24
纤维板	万立方米	5562.12	4354.54	27.73
刨花板	万立方米	2559.39	1264.20	102.45
其他人造板	万立方米	2928.15	2602.43	12.52
木竹地板产量	万平方米	62908.25	47917.15	31.29
松香类产品产量	吨	1413041	1332798	6.02
栲胶类产品产量	吨	9129	10925	-16.44
紫胶类产品产量	吨	2966	3804	-22.03

全国主要木材、竹材产品产量

产 品 名 称	单　位	全部产量
木材及竹材		
一、木材	万立方米	8145.92
其中:热带木材	万立方米	627.01
(一)原木	万立方米	7449.64
其中:针叶原木	万立方米	1446.10
1. 直接用原木	万立方米	3063.24
2. 特级原木	万立方米	70.12
3. 等内加工原木	万立方米	1281.88
其中:针叶原木	万立方米	587.77
4. 造纸用原木	万立方米	467.39
5. 胶合板材	万立方米	941.50
6. 杉原条	万立方米	521.61
7. 其他原木	万立方米	1103.90
(二)薪材	万立方米	696.28
二、竹材		
(一)竹材	万根	153929.49
1. 毛竹	万根	102577.93
2. 篙竹	万根	51351.55
(二)小杂竹	万吨	1177.38
补充资料:		
1. 按生产单位分的全部木材产量和竹材产量		
(1)系统内国有企业单位生产的木材	万立方米	813.75
(2)系统内国有林场、事业单位生产的木材	万立方米	1220.12
(3)系统外企、事业单位采伐自营林地的木材	万立方米	301.68
(4)乡(镇)集体企业及单位生产的木材	万立方米	535.68
(5)村及村以下各级组织和农民个人生产的木材	万立方米	5274.70
(6)村及村以下各级组织和农民个人生产的竹材	万根	89838.72
2. 农民自用材采伐量	万立方米	668.79
3. 农民烧材采伐量	万立方米	2150.62

各地区主要木材、

地　　区	木材及竹材							
	木　　材							
	总计	其中：热带木材	原　　木					
			合 计	其中：针叶原木	直接用原木	特级原木	等内加工原木	
							小计	其中：针叶原木
全国合计	**8145.92**	**627.01**	**7449.64**	**1446.10**	**3063.24**	**70.12**	**1281.88**	**587.77**
北　京	10.29	—	10.07	0.26	8.45	—	—	—
天　津	9.88	—	9.88	—	—	—	—	—
河　北	71.34	—	62.97	14.16	40.12	—	2.00	0.32
山　西	5.36	—	3.99	—	2.89	—	—	—
内蒙古	217.88	—	208.22	95.13	96.39	10.47	33.84	25.23
内蒙古集团	114.20	—	111.26	83.22	16.21	10.47	30.24	24.53
辽　宁	197.57	—	184.52	28.14	158.30	8.59	10.04	3.83
吉　林	434.27	—	431.96	83.36	193.01	39.62	156.59	51.85
吉林集团	92.82	—	92.09	15.31	5.73	21.01	54.08	11.91
黑龙江	336.79	—	324.44	46.23	110.65	2.17	112.10	24.09
龙江集团	166.14	—	163.75	21.91	27.82	2.15	92.75	23.18
上　海	—	—	—	—	—	—	—	—
江　苏	166.14	—	159.10	12.98	73.80	0.49	8.28	2.45
浙　江	176.26	—	175.26	116.80	37.59	2.11	54.02	49.41
安　徽	494.85	—	421.08	106.55	166.24	0.04	32.93	21.78
福　建	563.26	—	510.09	—	233.45	—	118.12	78.09
江　西	290.28	—	270.60	111.84	89.19	—	64.45	49.81
山　东	347.98	—	309.34	4.91	126.92	0.37	25.83	—
河　南	279.00	—	257.89	0.10	141.91	—	6.49	—
湖　北	292.15	—	234.82	30.25	114.88	0.03	19.91	6.50
湖　南	599.93	—	552.28	186.24	167.32	1.10	26.00	15.97
广　东	735.51	171.42	690.41	108.38	320.26	0.33	118.38	30.84
广　西	1525.92	388.90	1457.25	222.44	449.22	1.08	237.89	76.46
海　南	111.24	13.31	97.55	0.30	35.59	—	0.77	0.06
重　庆	28.63	—	25.75	7.55	12.54	—	2.54	1.70
四　川	239.91	—	224.68	33.81	117.81	—	22.15	9.29
贵　州	194.08	—	187.33	60.13	121.99	0.05	38.86	35.98
云　南	533.03	53.39	448.17	116.32	156.35	—	148.57	83.07
西　藏	97.48	—	29.33	14.66	14.26	—	—	—
陕　西	54.24	—	33.52	2.09	7.60	—	1.78	1.78
甘　肃	5.00	—	4.31	—	1.49	—	—	—
青　海	2.30	—	2.30	—	2.30	—	—	—
宁　夏	0.04	—	0.04	—	—	—	—	—
新　疆	40.53	—	37.71	1.87	29.47	—	2.95	0.95
新疆兵团	6.04	—	6.04	0.00	4.16	—	1.52	—
大兴安岭	84.79	—	84.79	41.57	33.24	3.67	37.40	18.29

竹材产品产量(一)

单位:万立方米

木材及竹材									
木　材					竹　材				
原　木				薪材	竹材(万根)			小杂竹(万吨)	
造纸用原木	胶合板材	杉原条	其他原木		合 计	毛竹	篙竹		
467.39	**941.50**	**521.61**	**1103.90**	**696.28**	**153929.49**	**102577.93**	**51351.55**	**1177.38**	
—	—	—	1.62	0.22	—	—	—	—	
—	—	—	9.88	—	—	—	—	—	
0.16	2.46	—	18.23	8.37	—	—	—	—	
—	—	—	1.10	1.37	—	—	—	—	
—	3.49	—	64.03	9.66	—	—	—	—	
—	—	—	54.33	2.94	—	—	—	—	
—	0.40	—	7.18	13.06	—	—	—	—	
0.37	17.62	—	24.74	2.32	—	—	—	—	
—	4.22	—	7.05	0.73	—	—	—	—	
1.84	14.02	—	83.67	12.34	—	—	—	—	
1.33	11.67	—	28.02	2.40	—	—	—	—	
—	—	—	—	—	1.60	1.60	—	0.34	
3.33	45.55	10.47	17.18	7.04	359.11	194.06	165.05	1.20	
—	3.51	66.91	11.12	1.00	18681.15	17198.40	1482.75	45.51	
2.44	95.61	74.55	49.27	73.77	10110.57	8562.51	1548.06	29.68	
15.71	49.24	3.46	90.11	53.17	45360.00	29544.00	15816.00	50.69	
0.44	10.15	79.83	26.54	19.68	7077.40	6121.49	955.91	6.73	
13.25	132.14	0.51	10.33	38.64	—	—	—	—	
2.84	44.70	—	61.96	21.11	167.50	167.50	—	2.04	
9.62	42.86	10.62	36.90	57.33	2836.02	1667.23	1168.79	10.60	
78.03	40.95	190.70	48.18	47.65	6997.92	6653.38	344.54	29.92	
91.75	71.82	17.84	70.03	45.10	12803.64	4194.17	8609.47	187.47	
175.66	318.53	28.29	246.58	68.67	28327.53	9521.68	18805.85	44.00	
30.54	13.24	0.00	17.41	13.68	1383.77	1201.73	182.04	1.16	
0.50	4.93	0.58	4.65	2.88	169.60	154.04	15.56	28.43	
0.74	11.04	15.93	57.01	15.23	3752.24	3104.24	648.00	477.60	
0.16	4.30	4.98	16.99	6.75	584.25	577.25	7.00	34.71	
29.76	13.71	13.90	85.89	84.86	15021.81	13675.83	1345.97	224.36	
—	—	—	15.06	68.15	30.00	—	30.00	—	
—	—	3.05	21.09	20.72	265.38	38.84	226.54	2.64	
—	—	—	2.82	0.69	—	—	—	0.29	
—	—	—	—	—	—	—	—	—	
0.04	—	—	—	—	—	—	—	—	
—	1.24	—	4.06	2.82	—	—	—	—	
—	—	—	0.36	—	—	—	—	—	
10.23	—	—	0.26	—	—	—	—	—	

各地区主要木材、竹材产品产量(二)

单位:万立方米

地区	补充资料							
	按生产单位分的全部木材产量和竹材产量						农民自用材采伐量	农民烧材采伐量
	系统内国有企业单位生产的木材	系统内国有林场、事业单位生产的木材	系统外企、事业单位采伐自营林地的木材	乡(镇)集体企业及单位生产的木材	村及村以下各级组织和农民个人生产的木材	村及村以下各级组织和农民个人生产的竹材(万根)		
全国合计	**813.75**	**1220.12**	**301.68**	**535.68**	**5274.70**	**89838.72**	**668.79**	**2150.62**
北京	—	0.01	0.53	1.94	7.81	—	5.65	0.23
天津	—	—	—	—	9.88	—	0.38	—
河北	0.38	24.26	0.12	1.34	45.24	—	5.44	12.31
山西	—	1.62	0.18	0.18	3.38	—	0.69	0.09
内蒙古	114.76	46.35	2.19	2.01	52.57	—	8.75	9.83
内蒙古集团	114.20	—	—	—	—	—	—	—
辽宁	3.72	53.76	0.21	37.73	102.15	—	5.66	34.88
吉林	204.77	124.42	4.72	31.38	68.98	—	—	—
吉林集团	71.23	21.59	—	—	—	—	—	—
黑龙江	172.75	104.37	2.34	7.81	49.52	—	1.08	0.62
龙江集团	166.14	—	—	—	—	—	—	—
上海	—	—	—	—	—	1.60	—	—
江苏	1.23	16.95	26.00	15.56	106.41	189.49	19.82	3.54
浙江	3.00	13.84	0.84	3.76	154.81	16569.14	12.79	33.05
安徽	5.40	34.38	4.60	22.96	427.51	6964.24	41.00	67.86
福建	68.04	77.95	14.07	58.40	344.79	11338.00	112.05	661.63
江西	24.81	66.23	8.66	14.72	175.85	2979.47	16.43	88.43
山东	4.04	2.95	6.64	8.40	325.95	—	27.09	7.45
河南	—	6.37	6.27	14.37	251.98	167.50	30.73	68.91
湖北	5.54	29.70	25.73	34.48	196.70	1822.55	71.78	47.44
湖南	13.90	66.39	22.14	69.78	427.72	5032.93	33.70	71.12
广东	29.82	144.27	53.34	38.76	469.32	10411.52	5.74	48.01
广西	11.15	273.26	42.92	48.87	1149.71	19045.29	19.92	52.01
海南	9.00	2.70	25.10	13.90	60.54	977.40	1.20	9.67
重庆	0.58	3.36	1.95	4.93	17.82	80.82	10.28	7.16
四川	5.72	26.46	2.80	13.33	191.60	2056.52	56.15	193.38
贵州	5.93	26.67	1.39	28.59	131.50	478.98	36.55	144.99
云南	32.25	48.86	48.23	57.94	345.75	11444.31	99.78	467.73
西藏	—	15.76	—	1.15	80.57	15.00	15.06	68.15
陕西	5.19	5.19	0.58	1.32	41.95	263.97	18.77	50.60
甘肃	—	2.91	0.01	1.25	0.84	—	0.62	0.07
青海	—	—	—	—	2.30	—	2.30	—
宁夏	—	—	—	0.04	—	—	0.23	—
新疆	6.99	1.10	0.10	0.79	31.56	—	9.14	1.49
新疆兵团	6.04	—	—	—	—	—	—	—
大兴安岭	84.79	—	—	—	—	—	—	—

全国主要经济林产品生产情况

单位:吨

指　　标	产　量
各类经济林产品总量	**133800875**
一、水果产量	**114710579**
1. 苹果	31009584
2. 柑橘	24121896
3. 梨	15341226
4. 葡萄	8494085
5. 桃	10863106
6. 杏	2880975
7. 荔枝	1772463
8. 龙眼	1454893
9. 猕猴桃	733774
10. 其他水果	18038577
二、干果产量	**9272963**
1. 核桃	1655508
2. 板栗	1896603
3. 枣(干重)	3467874
4. 柿子(干重)	1073312
5. 仁用杏	80729
6. 山杏仁	156328
7. 银杏(白果)	72885
8. 榛子	79622
9. 松子	120425
10. 其他干果	669677
三、林产饮料产品(干重)	**1590558**
1. 毛茶	1429807
2. 可可豆	14
3. 咖啡	58710
4. 其他林产饮料产品	102027
四、林产调料产品(干重)	**586976**
1. 花椒	291954
2. 八角	133158
3. 桂皮	83383
4. 其他林产调料产品	78481
五、森林食品(干重)	**2929348**
1. 竹笋干	581871
2. 食用菌	1867204
3. 山野菜	304510
4. 其他森林食品	175763
六、木本药材	**1435992**
1. 杜仲	197894
2. 黄柏	15895
3. 厚朴	147390
4. 枸杞	190498
5. 山茱萸	43383
6. 其他木本药材	840932
七、木本油料	**1550773**
1. 油茶籽	1480044
2. 油橄榄	6550
3. 文冠果	28
4. 其他木本油料	64151
八、林产工业原料	**1723686**
1. 生漆	18867
2. 油桐籽	437702
3. 乌桕籽	36024
4. 五倍子	17648
5. 棕片	53758
6. 松脂	1156612
7. 紫胶(原胶)	3075

各地区主要经济林

地区	各类经济林产品总量	水果产量(吨)									
		合计	其中								
			苹果	柑橘	梨	葡萄	桃	杏	荔枝	龙眼	猕猴桃
全国合计	**133800875**	**114710579**	**31009584**	**24121896**	**15341226**	**8494085**	**10863106**	**2880975**	**1772463**	**1454893**	**733774**
北　京	980613	859484	105569	—	158765	68414	444352	26219	—	—	8
天　津	296601	272508	53829	—	39805	88061	56628	3178	—	—	—
河　北	11465668	10433356	2929986	—	4051936	1125481	1526757	233628	—	—	212
山　西	4405946	3670341	2602728	—	536898	164388	254140	77126	—	—	30
内蒙古	387181	336901	61258	—	46097	64383	263	21822	—	—	—
内蒙古集团	—	—	—	—	—	—	—	—	—	—	—
辽　宁	6694584	5311137	2276376	—	1360388	681022	435780	33509	—	—	16
吉　林	867243	573159	127829	—	117353	166007	4607	11545	—	—	—
吉林集团	16227	—	—	—	—	—	—	—	—	—	—
黑龙江	571718	310474	66232	—	37955	36088	—	201	—	—	—
龙江集团	98691	3929	396	—	774	1066	—	—	—	—	—
上　海	402242	402052	40	176731	31671	95427	92286	35	—	—	661
江　苏	2601810	2459716	653425	52078	653477	374052	471683	23208	—	—	3248
浙　江	4720402	4143525	—	2084754	446643	538801	405547	—	—	—	14584
安　徽	2730070	2284106	400139	27648	996394	211412	416859	12293	—	—	13629
福　建	6029977	4897143	1423	1800945	181138	57292	192062	—	153630	266834	3807
江　西	4614832	3958058	—	3522013	125222	33425	46295	—	—	—	11747
山　东	17583951	16421093	8528469	—	1509985	1153320	3328451	339053	—	—	194
河　南	6830235	5625722	2833729	125726	896947	309350	853749	169990	—	—	56836
湖　北	5442999	4378364	11367	2754726	606791	95932	682863	2775	—	—	16093
湖　南	5026019	3925005	—	3158643	156266	134578	107220	282	—	—	40332
广　东	7521096	7029707	—	2751355	66687	785	22286	—	949671	617940	10697
广　西	9350350	8151733	—	2787040	233835	268715	193707	—	532840	471202	2485
海　南	1108166	849163	—	20742	218	—	—	—	119300	70886	—
重　庆	2261737	2050932	9632	1429263	259790	45872	69803	4878	266	5529	16862
四　川	5743196	4910885	644821	2158358	766507	234477	358721	43929	4015	10740	60103
贵　州	1144873	813301	18538	226628	232746	78581	109350	1260	571	456	11668
云　南	4870449	3681087	223832	648877	253321	336306	252445	309	12170	11306	1537
西　藏	16415	9405	5207	275	967	—	1227	20	—	—	—
陕　西	9290908	7802345	5612745	394794	548859	136956	244429	115029	—	—	468958
甘　肃	3850843	3600264	2619631	1300	396356	202613	172295	121763	—	—	67
青　海	21025	3833	1810	—	1293	72	67	456	—	—	—
宁　夏	917336	756542	509781	—	28012	144240	13320	43319	—	—	—
新　疆	6041633	4789238	711188	—	598904	1648035	105914	1595148	—	—	—
新疆兵团	1036514	726319	189294	—	194363	287308	29933	22673	—	—	—
大兴安岭	10757	—	—	—	—	—	—	—	—	—	—

产品生产情况(一)

单位:吨

	干果产量										
		其中									
其他水果	合计	核桃	板栗	枣(干重)	柿子(干重)	仁用杏	山杏仁	银杏(白果)	榛子	松子	其他干果
18038577	**9272963**	**1655508**	**1896603**	**3467874**	**1073312**	**80729**	**156328**	**72885**	**79622**	**120425**	**669677**
56157	120140	17109	32082	6067	55417	9245	—	—	—	—	220
31007	24093	905	757	22431	—	—	—	—	—	—	—
565356	966601	96891	206241	454527	160570	21373	18422	—	930	—	7647
35031	720076	87528	1270	486383	61182	15162	4259	—	—	110	64182
143078	18304	—	—	38	—	691	12327	—	4200	—	1048
—	—	—	—	—	—	—	—	—	—	—	—
524046	579971	124915	118320	109152	—	27321	95218	10	69089	29521	6425
145818	105534	41096	980	—	—	—	94	—	1547	61677	140
—	11710	3767	—	—	—	—	—	—	10	7933	—
169998	25057	557	—	—	—	5	—	—	3723	19692	1080
1693	12026	—	—	—	—	—	—	—	1207	10819	—
5201	—	—	—	—	—	—	—	—	—	—	—
228545	93884	4	26255	5895	27165	—	—	34228	—	—	337
653196	105325	19618	71575	559	7866	—	—	1823	—	—	3884
205732	217499	15227	148680	10284	37726	—	—	2700	—	—	2882
2240012	153516	16	86646	236	64627	—	—	10	—	—	1981
219356	48473	796	28534	686	7967	—	—	112	—	—	10378
1561621	1046404	73244	279474	341346	168748	334	96	4170	—	—	178992
379395	722839	80483	250072	224669	152199	1580	3412	3857	—	—	6567
207817	445961	89452	288878	32164	17709	5	1	9212	—	—	8540
327684	150540	14562	87830	18158	6314	2	40	674	—	—	22960
2610286	65228	—	11853	7102	26364	—	—	681	—	—	19228
3661909	131881	982	73100	1756	35779	—	—	8140	—	—	12124
638017	170308	—	—	—	—	—	—	—	—	—	170308
209037	34096	10743	8954	3572	7649	—	—	1868	130	—	1180
629214	231375	176710	26097	9134	6051	—	3	3023	—	1430	8927
133503	51136	17664	23486	617	6163	113	1	1469	2	—	1621
1940984	485722	339809	53082	1962	50470	—	—	441	—	6003	33955
1709	6326	4436	—	—	—	—	—	—	—	—	1890
280575	1096664	142680	68558	702968	160134	2700	10689	337	—	863	7735
86239	150998	59975	3879	66752	13212	1365	2678	130	—	1129	1878
135	756	756	—	—	—	—	—	—	—	—	—
17870	74691	242	—	42839	—	660	9080	—	—	—	21870
130049	1229565	239108	—	918577	—	173	8	—	1	—	71698
2748	306956	4859	—	301924	—	173	—	—	—	—	—
—	—	—	—	—	—	—	—	—	—	—	—

地区	林产饮料产品（干重）					林产调料产品（干重）				
	合计	其中				合计	其中			
		毛茶	可可豆	咖啡	其他林产饮料产品		花椒	八角	桂皮	其他林产调料产品
全国合计	**1590558**	**1429807**	**14**	**58710**	**102027**	**586976**	**291954**	**133158**	**83383**	**78481**
北　京	—	—	—	—	—	71	71	—	—	—
天　津	—	—	—	—	—	—	—	—	—	—
河　北	7	—	—	—	7	11518	11518	—	—	—
山　西	—	—	—	—	—	8631	8531	—	—	100
内蒙古	21	—	—	—	21	—	—	—	—	—
内蒙古集团	—	—	—	—	—	—	—	—	—	—
辽　宁	—	—	—	—	—	—	—	—	—	—
吉　林	80	—	—	—	80	—	—	—	—	—
吉林集团	—	—	—	—	—	—	—	—	—	—
黑龙江	4650	—	—	—	4650	3	3	—	—	—
龙江集团	—	—	—	—	—	—	—	—	—	—
上　海	—	—	—	—	—	—	—	—	—	—
江　苏	14967	14967	—	—	—	36	28	—	—	8
浙　江	181717	170555	—	—	11162	—	—	—	—	—
安　徽	89416	88512	—	—	904	1392	79	—	—	1313
福　建	256345	255639	7	—	699	—	—	—	—	—
江　西	23080	21865	—	—	1215	410	107	4	17	282
山　东	22451	17959	—	—	4492	38497	35505	—	—	2992
河　南	95170	88752	—	—	6418	29275	28026	—	—	1249
湖　北	158433	158216	—	—	217	6796	3281	17	34	3464
湖　南	68069	64722	—	—	3347	1437	827	37	152	421
广　东	38723	36284	—	—	2439	56822	195	8016	48611	—
广　西	46569	41951	—	—	4618	137458	3	107343	29950	162
海　南	9418	178	—	75	9165	52726	5178	—	—	47548
重　庆	43742	16831	1	—	26910	31717	30992	153	85	487
四　川	135307	127436	—	3	7868	36830	35196	75	28	1531
贵　州	58861	55491	—	—	3370	4637	3760	65	—	812
云　南	313055	242972	6	58632	11445	62038	22270	17433	4475	17860
西　藏	—	—	—	—	—	71	71	—	—	—
陕　西	26721	26721	—	—	—	52437	52324	15	31	67
甘　肃	756	756	—	—	—	53988	53803	—	—	185
青　海	—	—	—	—	—	136	136	—	—	—
宁　夏	3000	—	—	—	3000	50	50	—	—	—
新　疆	—	—	—	—	—	—	—	—	—	—
新疆兵团	—	—	—	—	—	—	—	—	—	—
大兴安岭	—	—	—	—	—	—	—	—	—	—

产品生产情况(二)

单位:吨

森林食品(干重)					木本药材				
合 计	其中				合 计	其中			
	竹笋干	食用菌	山野菜	其他森林食品		杜仲	黄柏	厚朴	枸杞
2929348	**581871**	**1867204**	**304510**	**175763**	**1435992**	**197894**	**15895**	**147390**	**190498**
918	—	761	—	157	—	—	—	—	—
—	—	—	—	—	—	—	—	—	—
10216	—	4396	5750	70	42475	—	—	—	12513
1191	—	880	111	200	5673	80	—	—	82
6481	—	3839	2327	315	25453	—	—	—	19068
—	—	—	—	—	—	—	—	—	—
735319	—	649797	63584	21938	68157	—	—	—	56
156927	—	72918	71341	12668	31543	—	—	—	5245
4435	—	2357	1768	310	82	—	—	—	—
226085	—	189752	27435	8898	5449	—	—	—	15
81924	—	57244	17599	7081	812	—	—	—	—
190	190	—	—	—	—	—	—	—	—
18405	2794	15260	302	49	14798	40	—	—	29
222912	148810	71010	2874	218	15582	2460	—	1907	—
80559	16959	50382	7115	6103	14943	1349	141	46	75
484496	129793	303145	45984	5574	31985	—	—	12203	—
36121	10909	14771	3099	7342	25220	1797	4	1687	—
50479	—	22543	1286	26650	5027	—	—	—	117
96084	146	73129	17147	5662	102630	15178	73	9	46
138993	10737	103617	9991	14648	150978	15529	3111	8539	114
82792	26974	31679	7927	16212	187703	52335	2647	85216	—
46715	33221	9681	141	3672	17074	20	—	1027	—
50189	26003	23832	220	134	60816	2057	—	2719	703
733	575	45	34	79	14261	—	—	—	—
39409	24579	5973	6436	2421	31116	8098	3379	3256	136
310184	128841	136944	11324	33075	75824	11184	5745	10034	2202
28320	12498	10319	2117	3386	70972	2915	197	82	225
46591	7818	26935	9087	2751	50903	32	536	—	—
510	—	510	—	—	103	—	—	—	—
38412	1016	33554	3769	73	234434	84698	16	20580	9558
9812	8	2907	3429	3468	30238	122	46	85	21642
—	—	—	—	—	16300	—	—	—	16300
—	—	—	—	—	83053	—	—	—	83053
—	—	—	—	—	22830	—	—	—	19319
—	—	—	—	—	3239	—	—	—	2904
10305	—	8625	1680	—	452	—	—	—	—

各地区主要经济林

地区	木本药材		木本油料				
	其中		合计	其中			
	山茱萸	其他木本药材		油茶籽	油橄榄	文冠果	其他木本油料
全国合计	**43383**	**840932**	**1550773**	**1480044**	**6550**	**28**	**64151**
北京	—	—	—	—	—	—	—
天津	—	—	—	—	—	—	—
河北	—	29962	1495	—	—	—	1495
山西	1047	4464	34	—	—	4	30
内蒙古	—	6385	21	—	—	21	—
内蒙古集团	—	—	—	—	—	—	—
辽宁	—	68101	—	—	—	—	—
吉林	—	26298	—	—	—	—	—
吉林集团	—	82	—	—	—	—	—
黑龙江	—	5434	—	—	—	—	—
龙江集团	—	812	—	—	—	—	—
上海	—	—	—	—	—	—	—
江苏	1	14728	4	4	—	—	—
浙江	4359	6856	48860	48860	—	—	—
安徽	206	13126	31730	31608	—	—	122
福建	—	19782	89217	81899	—	—	7318
江西	310	21422	427331	427212	—	—	119
山东	—	4910	—	—	—	—	—
河南	27926	59398	22736	22375	—	—	361
湖北	1896	121789	83831	82916	—	—	915
湖南	261	47244	520169	516808	—	—	3361
广东	—	16027	65314	60393	—	—	4921
广西	—	55337	159061	151503	—	—	7558
海南	—	14261	5670	38	—	—	5632
重庆	1274	14973	6977	3854	3	—	3120
四川	1070	45589	7991	4649	2019	—	1323
贵州	198	67355	33362	32550	—	—	812
云南	—	50335	32215	5447	22	—	26746
西藏	—	103	—	—	—	—	—
陕西	4753	114829	10248	9928	—	2	318
甘肃	82	8261	4507	—	4506	1	—
青海	—	—	—	—	—	—	—
宁夏	—	—	—	—	—	—	—
新疆	—	3511	—	—	—	—	—
新疆兵团	—	335	—	—	—	—	—
大兴安岭	—	452	—	—	—	—	—

产品生产情况(三)

单位:吨

林产工业原料							
合　计	其中						
	生漆	油桐籽	乌柏籽	五倍子	棕片	松脂	紫胶（原胶）
1723686	**18867**	**437702**	**36024**	**17648**	**53758**	**1156612**	**3075**
—	—	—	—	—	—	—	—
—	—	—	—	—	—	—	—
—	—	—	—	—	—	—	—
—	—	—	—	—	—	—	—
—	—	—	—	—	—	—	—
—	—	—	—	—	—	—	—
—	—	—	—	—	—	—	—
—	—	—	—	—	—	—	—
—	—	—	—	—	—	—	—
—	—	—	—	—	—	—	—
—	—	—	—	—	—	—	—
—	—	—	—	—	—	—	—
—	—	—	—	—	—	—	—
2481	—	80	—	—	451	1950	—
10425	244	2374	180	64	1096	6467	—
117275	24	21821	523	85	14257	80553	12
96139	638	12562	292	310	2473	79864	—
—	—	—	—	—	—	—	—
135779	2045	115872	11075	4075	—	2712	—
79643	7547	17395	12298	3337	3622	35194	250
90304	958	43400	1319	1589	7220	35777	41
201513	192	7191	605	—	2646	190459	420
612643	32	75525	77	142	3247	533620	—
5887	1	—	—	—	—	5886	—
23748	1011	13575	5688	2441	626	407	—
34800	663	23923	1253	555	1658	6686	62
84284	2707	68136	2164	1348	3294	6631	4
198838	584	16129	79	109	9999	169652	2286
—	—	—	—	—	—	—	—
29647	2190	19664	471	3421	3147	754	—
280	31	55	—	172	22	—	—
—	—	—	—	—	—	—	—
—	—	—	—	—	—	—	—
—	—	—	—	—	—	—	—
—	—	—	—	—	—	—	—
—	—	—	—	—	—	—	—

全国油茶与花卉产业发展情况

指　　标	单位	产量
一、油茶产业发展情况		
1. 年末实有油茶林面积	公顷	3455676
当年新造面积	公顷	234961
当年低改面积	公顷	93582
2. 繁殖圃个数	个	442
繁殖圃面积	公顷	5349
3. 苗木产量	万株	90917.43
其中：一年生苗木产量	万株	56422.77
二年留床苗木产量	万株	27845.48
4. 油茶籽产量	万吨	148.00
5. 油茶企业	个	1174
二、花卉产业发展情况		
1. 年末实有花卉种植面积	公顷	862152
2. 切花切叶产量	万支	1423361
3. 盆栽植物产量	万盆	291600
4. 观赏苗木产量	万株	1208636
5. 草坪产量	万平方米	40833
6. 花卉市场	个	4104
7. 花卉企业	个	42379
其中:大中型企业	个	7947
8. 花农	万户	117.20
9. 花卉从业人员	万人	432.59
其中:专业技术人员	万人	21.00
10. 控温温室面积	万平方米	3332
11. 日光温室面积	万平方米	15095

各地区油茶与花卉产业发展情况(一)

地区	油茶产业发展情况										花卉产业发展情况
	年末实有油茶林面积(公顷)			繁殖圃		苗木产量(万株)			油茶籽产量(万吨)	油茶企业(个)	年末实有花卉种植面积(公顷)
	合计	当年新造面积	当年低改面积	个数(个)	面积(公顷)	合计	其中:一年生苗木产量	其中:二年留床苗木产量			
全国合计	**3455676**	**234961**	**93582**	**442**	**5349**	**90917.43**	**56422.77**	**27845.48**	**148.00**	**1174**	**862152**
北　京	—	—	—	—	—	—	—	—	—	—	13147
天　津	—	—	—	—	—	—	—	—	—	—	1393
河　北	—	—	—	—	—	—	—	—	—	—	30647
山　西	—	—	—	—	—	—	—	—	—	—	758
内蒙古	—	—	—	—	—	—	—	—	—	—	1621
内蒙古集团	—	—	—	—	—	—	—	—	—	—	—
辽　宁	—	—	—	—	—	—	—	—	—	—	16516
吉　林	—	—	—	—	—	—	—	—	—	—	1814
吉林集团	—	—	—	—	—	—	—	—	—	—	—
黑龙江	—	—	—	—	—	—	—	—	—	—	1367
龙江集团	—	—	—	—	—	—	—	—	—	—	6
上　海	—	—	—	—	—	—	—	—	—	—	2151
江　苏	153	—	—	—	—	257.00	2.00	1.20	—	—	156737
浙　江	129957	6746	7366	27	787	2577.58	1945.74	608.34	4.89	190	58173
安　徽	61932	12114	4145	23	176	5524.77	4198.76	1259.98	3.16	75	17192
福　建	122041	14474	6943	31	172	7528.27	5519.55	1964.22	8.19	95	22024
江　西	824801	36925	20272	141	862	16547.91	8292.45	6533.18	42.72	305	17428
山　东	—	—	—	—	—	—	—	—	—	—	98053
河　南	22530	4124	37	5	18	963.00	661.00	302.00	2.24	6	91280
湖　北	135592	20417	6870	40	1811	6197.48	3008.05	1705.43	8.29	45	35684
湖　南	1359303	43463	35321	77	615	14450.30	7768.30	6682.00	51.68	247	30638
广　东	135805	17107	8431	23	243	3260.85	2855.65	378.20	6.04	114	68086
广　西	366667	9865	1975	25	173	6945.80	6413.74	532.00	15.15	43	17508
海　南	356	—	—	—	—	—	—	—	—	4	6524
重　庆	40150	3495	—	5	261	2383.55	1960.19	303.36	0.39	11	20116
四　川	13045	747	77	5	61	2544.00	131.00	13.00	0.46	3	39784
贵　州	99493	11080	—	17	45	2636.19	944.88	1691.31	3.26	26	94490
云　南	130940	51574	1056	12	69	16974.67	11593.66	5151.01	0.54	2	12645
西　藏	—	—	—	—	—	—	—	—	—	—	20
陕　西	12911	2830	1089	11	56	2126.05	1127.80	720.25	0.99	8	3527
甘　肃	—	—	—	—	—	—	—	—	—	—	1326
青　海	—	—	—	—	—	—	—	—	—	—	56
宁　夏	—	—	—	—	—	—	—	—	—	—	717
新　疆	—	—	—	—	—	—	—	—	—	—	730
新疆兵团	—	—	—	—	—	—	—	—	—	—	1
大兴安岭	—	—	—	—	—	—	—	—	—	—	—

各地区油茶与花卉产业发展情况(二)

地　区	花卉产业发展情况											
	切花切叶产量(万支)	盆栽植物产量(万盆)	观赏苗木产量(万株)	草坪产量(万平方米)	花卉市场(个)	花卉企业(个)		花农(万户)	花卉从业人员(万人)		控温温室面积(万平方米)	日光温室面积(万平方米)
						合计	其中:大中型企业		合计	其中:专业技术人员		
全国合计	**1423361**	**291600**	**1208636**	**40833**	**4104**	**42379**	**7947**	**117.20**	**432.59**	**21.00**	**3332**	**15095**
北　京	4867	14464	1820	8930	29	253	72	0.17	1.24	0.14	156	371
天　津	3753	2081	396	100	11	86	5	0.21	0.43	0.06	27	52
河　北	12207	6840	60605	1259	255	613	86	4.37	10.89	0.80	104	530
山　西	215	1016	1499	45	182	242	21	0.11	0.63	0.16	16	1513
内蒙古	1938	1355	1817	56	71	51	—	0.10	0.40	0.04	4	117
内蒙古集团	—	—	—	—	—	—	—	—	—	—	—	—
辽　宁	191239	33538	17823	3003	59	448	191	4.55	10.51	0.40	197	3451
吉　林	3362	901	1215	139	67	177	8	0.15	0.56	0.06	11	16
吉林集团	—	—	22	—	—	—	—	—	—	—	—	—
黑龙江	90	411	1453	26	7	34	5	0.07	0.49	0.08	4	14
龙江集团	2	6	9	—	—	4	—	—	0.01	—	—	1
上　海	48285	6523	143	1095	19	258	48	0.19	0.67	0.08	63	163
江　苏	165728	21307	463014	2010	289	4597	1340	22.88	76.98	1.35	613	1713
浙　江	134529	19099	305817	6265	123	8135	2140	13.73	50.11	2.77	369	1211
安　徽	6402	3468	20003	1443	290	1059	97	4.73	14.02	1.47	32	106
福　建	72076	27541	15381	1036	147	2096	269	5.58	18.37	0.91	195	1239
江　西	11053	10812	60200	400	447	1355	52	2.65	6.45	0.81	16	51
山　东	61698	36061	70920	6682	354	2379	401	7.51	44.46	2.33	592	1105
河　南	59186	9974	58082	611	192	1699	347	9.41	49.32	1.51	96	249
湖　北	8722	13314	27938	1018	247	1294	117	3.36	11.48	1.06	24	70
湖　南	1211	4886	19483	587	325	1557	243	7.68	32.33	1.43	50	51
广　东	153679	32075	33157	2574	104	8899	1564	3.05	13.66	1.87	309	848
广　西	10160	10872	9861	1113	86	515	60	7.90	36.33	0.68	12	149
海　南	13151	1855	1240	292	22	536	180	0.77	2.90	0.21	65	245
重　庆	9290	5302	4296	818	126	1225	80	3.95	10.45	0.54	20	44
四　川	40421	22304	12409	1167	367	3637	443	10.02	23.40	1.51	178	730
贵　州	20776	1079	4365	28	53	214	30	0.18	0.73	0.06	16	11
云　南	370356	1197	685	26	45	725	77	2.83	12.04	0.34	27	414
西　藏	—	14	—	—	3	2	—	0.01	0.02	—	—	—
陕　西	664	497	7344	26	56	148	35	0.35	1.57	0.14	16	49
甘　肃	8083	898	563	15	76	109	27	0.54	1.72	0.14	114	124
青　海	2322	11	46	—	4	1	—	0.01	0.01	0.01	2	41
宁　夏	7373	1576	5301	2	9	15	6	0.12	0.30	0.01	—	378
新　疆	523	331	1719	66	39	19	3	0.04	0.12	0.03	4	41
新疆兵团	—	1	4	—	—	—	—	—	—	—	—	—
大兴安岭	—	—	42	1	—	1	—	—	0.01	—	—	—

全国主要林产工业产品产量

产　品　名　称	单位	产量
木竹加工制品		
一、锯材	万立方米	4460.25
1. 普通锯材	万立方米	4377.89
2. 特种锯材	万立方米	38.72
3. 枕木及其他锯材	万立方米	43.64
二、木片、木粒加工产品	万实积立方米	2237.33
三、人造板	万立方米	20919.29
（一）胶合板	万立方米	9869.63
1. 木胶合板	万立方米	8467.58
2. 竹胶合板	万立方米	406.14
3. 其他胶合板	万立方米	995.91
（二）纤维板	万立方米	5562.12
1. 木质纤维板	万立方米	5486.26
（1）硬质纤维板	万立方米	504.91
（2）中密度纤维板	万立方米	4973.41
（3）软质纤维板	万立方米	7.95
2. 非木质纤维板	万立方米	75.86
（三）刨花板	万立方米	2559.39
1. 木质刨花板	万立方米	2516.76
2. 非木质刨花板	万立方米	42.63
（四）其他人造板	万立方米	2928.15
其中：细木工板	万立方米	2034.16
四、二次加工材及相关板材		
1. 单板	万立方米	3173.22
2. 强化木	万立方米	28.16
3. 指接材	万立方米	352.69
4. 人造板表面装饰板	万平方米	26577.21
五、木竹地板	万平方米	62908.25
1. 实木木地板	万平方米	12232.13
2. 复合木地板	万平方米	35669.48
3. 其他木地板	万平方米	10314.09
4. 竹地板	万平方米	4692.55
林产化学产品		
一、松香类产品	吨	1413041
1. 松香	吨	1253651
2. 松香深加工产品	吨	159390
二、松节油类产品	吨	181729
1. 松节油	吨	145356
2. 松节油深加工产品	吨	36373
三、樟脑	吨	12965
其中：合成樟脑	吨	10597
四、冰片	吨	665
其中：合成冰片	吨	631
五、栲胶类产品	吨	9129
1. 栲胶	吨	9129
2. 栲胶深加工产品	吨	—
六、紫胶类产品	吨	2966
1. 紫胶	吨	2046
2. 紫胶深加工产品	吨	920
七、木材热解产品	吨	805955
其中：木炭	吨	418054

各地区主要林产工业

地区	锯材				木片、木粒加工产品（万实积立方米）	木竹			
						总计	胶合板		
	合计	普通锯材	特种锯材	枕木及其他锯材			合计	木胶合板	竹胶合板
全国合计	**4460.25**	**4377.89**	**38.72**	**43.64**	**2237.33**	**20919.29**	**9869.63**	**8467.58**	**406.14**
北　京	—	—	—	—	—	20.40	—	—	—
天　津	—	—	—	—	—	3.50	0.10	0.10	—
河　北	180.80	180.80	—	—	26.15	1253.79	446.21	433.30	—
山　西	6.49	6.49	—	—	2.08	58.13	0.11	0.11	—
内蒙古	570.44	570.44	—	—	13.85	87.83	26.74	26.44	—
内蒙古集团	—	—	—	—	—	—	—	—	—
辽　宁	236.41	231.89	—	4.52	61.15	271.21	80.15	70.76	—
吉　林	145.92	137.57	5.19	3.16	16.91	354.59	123.58	44.98	—
吉林集团	6.88	3.71	—	3.16	—	64.64	0.39	0.39	—
黑龙江	307.89	299.17	7.82	0.90	29.64	278.36	123.54	113.82	—
龙江集团	47.75	47.75	—	—	9.22	61.71	4.49	3.48	—
上　海	1.64	1.64	—	—	1.57	24.15	7.75	7.75	—
江　苏	83.84	80.22	3.62	—	103.53	3639.02	2010.26	1539.10	4.96
浙　江	300.46	293.81	3.33	3.32	51.92	594.59	195.47	85.76	105.16
安　徽	227.85	225.23	—	2.62	59.23	896.74	425.27	363.95	47.88
福　建	169.11	169.11	—	—	116.67	846.28	299.78	202.89	93.07
江　西	200.86	186.15	11.70	3.01	60.88	286.84	90.70	61.16	23.43
山　东	554.20	550.72	2.61	0.88	1025.07	6161.61	3502.78	3474.71	—
河　南	149.64	149.64	—	—	172.10	1473.07	600.90	455.99	—
湖　北	70.16	69.48	0.01	0.67	19.75	333.18	50.28	36.97	0.48
湖　南	271.46	251.98	3.73	15.75	53.64	518.76	202.21	124.20	70.09
广　东	152.64	151.96	—	0.68	132.36	772.52	200.51	178.55	5.87
广　西	364.42	361.92	—	2.50	171.70	2078.47	1233.94	1074.31	—
海　南	24.57	23.86	0.10	0.61	4.58	28.80	11.70	11.70	—
重　庆	22.93	21.40	—	1.53	3.29	39.55	15.39	11.95	2.48
四　川	174.99	172.14	0.50	2.36	34.69	587.46	145.59	84.26	49.11
贵　州	73.04	72.25	0.05	0.73	9.37	65.05	42.20	32.46	3.52
云　南	136.06	135.99	0.07	—	23.69	138.51	31.20	29.18	—
西　藏	8.75	8.75	—	—	—	0.18	0.18	0.08	0.10
陕　西	2.39	1.99	—	0.40	0.53	69.66	1.49	1.49	—
甘　肃	1.58	1.58	—	—	—	0.70	0.70	0.70	—
青　海	—	—	—	—	—	—	—	—	—
宁　夏	—	—	—	—	—	—	—	—	—
新　疆	6.05	6.05	—	—	15.05	11.48	0.38	0.38	—
新疆兵团	—	—	—	—	—	—	—	—	—
大兴安岭	15.63	15.63	—	—	27.94	24.85	0.51	0.51	—

产品产量(一)

单位:万立方米

加工制品									
	人造板								
	纤维板						刨花板		
		木质纤维板							
其他胶合板	合计	小计	硬质纤维板	中密度纤维板	软质纤维板	非木质纤维板	合计	木质刨花板	非木质刨花板
995.91	**5562.12**	**5486.26**	**504.91**	**4973.41**	**7.95**	**75.86**	**2559.39**	**2516.76**	**42.63**
—	20.40	20.40	—	20.40	—	—	—	—	—
—	—	—	—	—	—	—	3.40	3.40	—
12.91	306.77	306.77	20.22	286.56	—	—	223.68	214.68	9.00
—	18.97	18.97	—	18.97	—	—	14.23	14.23	—
0.30	15.81	15.81	0.03	15.78	—	—	25.99	25.99	—
—	—	—	—	—	—	—	—	—	—
9.39	92.70	92.70	0.15	92.54	—	—	36.54	36.54	—
78.60	92.59	92.59	11.06	81.42	0.12	—	99.74	99.59	0.15
—	15.52	15.52	—	15.52	—	—	48.00	47.85	0.15
9.72	41.35	41.35	0.53	40.81	—	—	83.33	83.33	—
1.01	17.61	17.61	0.36	17.25	—	—	27.77	27.77	—
—	16.40	16.40	13.70	2.71	—	—	—	—	—
466.20	656.13	656.13	22.50	633.63	—	—	528.09	527.73	0.36
4.55	128.12	127.98	1.82	125.82	0.35	0.13	18.34	16.38	1.96
13.44	252.57	252.47	10.50	241.97	—	0.10	35.31	34.66	0.65
3.82	176.67	176.67	19.63	157.04	—	—	204.81	204.81	—
6.11	96.72	93.62	0.30	93.32	0.00	3.10	17.36	16.46	0.90
28.07	1303.59	1236.60	287.29	949.11	0.20	66.99	946.76	944.70	2.06
144.91	429.30	428.61	14.57	410.03	4.01	0.69	69.40	69.16	0.24
12.83	216.13	216.13	2.06	214.07	—	—	14.39	14.39	—
7.92	86.48	85.78	9.09	76.69	—	0.70	42.85	42.85	—
16.09	415.00	415.00	60.20	352.53	2.27	—	99.51	75.18	24.34
159.63	647.61	647.61	24.08	623.53	—	—	54.45	54.45	—
—	8.40	8.40	—	8.40	—	—	8.69	8.69	—
0.95	17.79	13.79	0.33	13.47	—	4.00	0.43	0.43	—
12.21	337.87	337.72	6.85	329.87	1.00	0.15	24.44	22.38	2.06
6.23	6.72	6.72	—	6.72	—	—	0.09	0.09	—
2.02	83.75	83.75	—	83.75	—	—	7.07	6.15	0.92
—	—	—	—	—	—	—	—	—	—
—	67.76	67.76	—	67.76	—	—	0.18	0.18	—
—	—	—	—	—	—	—	—	—	—
—	—	—	—	—	—	—	—	—	—
—	—	—	—	—	—	—	—	—	—
—	11.00	11.00	—	11.00	—	—	—	—	—
—	—	—	—	—	—	—	—	—	—
—	15.52	15.52	—	15.52	—	—	0.31	0.31	—

各地区主要林产工业

地区	人造板		二次加工材及相关板材				木竹	
	其他人造板						木竹地板	
	合计	其中:细木工板	单板	强化木	指接材	人造板表面装饰板(万平方米)	合计	实木木地板
全国合计	**2928.15**	**2034.16**	**3173.22**	**28.16**	**352.69**	**26577.21**	**62908.25**	**12232.13**
北　京	—	—	—	—	—	—	177.40	—
天　津	—	—	—	—	—	201.60	11.30	0.80
河　北	277.13	220.29	405.59	—	—	1040.10	40.00	—
山　西	24.82	—	—	—	—	0.06	—	—
内蒙古	19.29	15.50	7.87	—	—	—	8.88	8.87
内蒙古集团	—	—	—	—	—	—	—	—
辽　宁	61.82	43.71	1.49	—	13.71	—	2414.57	1032.40
吉　林	38.67	26.42	26.87	—	1.58	1140.23	3117.74	612.33
吉林集团	0.74	0.74	—	—	—	1124.96	307.67	—
黑龙江	30.14	12.43	18.49	—	8.15	183.04	536.86	179.18
龙江集团	11.84	9.96	0.97	—	1.59	182.84	120.39	59.94
上　海	—	—	—	—	—	47.49	3383.54	490.64
江　苏	444.54	302.31	1062.12	0.66	—	93.50	18342.39	994.49
浙　江	252.67	237.01	0.70	15.42	113.60	17678.90	11486.20	4724.15
安　徽	183.60	132.54	37.42	—	1.23	200.22	5234.62	214.47
福　建	165.03	134.80	2.39	—	121.49	111.51	1941.35	71.64
江　西	82.05	64.58	15.37	0.01	16.55	848.64	2169.24	167.46
山　东	408.47	285.02	767.34	7.20	29.69	223.31	4378.74	326.79
河　南	373.46	98.19	56.18	—	—	0.59	292.75	54.05
湖　北	52.38	50.31	35.24	4.20	1.03	1215.50	2881.33	42.90
湖　南	187.22	162.93	6.01	0.27	16.23	3.09	1617.56	375.17
广　东	57.49	33.46	25.53	—	0.10	3078.17	3492.04	2207.08
广　西	142.47	120.04	680.21	—	7.56	510.37	103.22	82.48
海　南	0.02	0.02	1.20	—	1.80	—	16.00	2.00
重　庆	5.95	0.10	—	—	0.13	—	4.20	3.00
四　川	79.56	64.44	1.02	0.41	17.03	0.89	916.64	357.13
贵　州	16.04	8.28	0.82	—	2.64	—	55.25	7.24
云　南	16.48	12.92	18.56	—	0.15	—	259.11	255.23
西　藏	—	—	—	—	—	—	0.07	—
陕　西	0.23	0.23	0.50	—	—	—	—	—
甘　肃	—	—	—	—	—	—	—	—
青　海	—	—	—	—	—	—	—	—
宁　夏	—	—	—	—	—	—	—	—
新　疆	0.10	0.10	—	—	—	—	—	—
新疆兵团	—	—	—	—	—	—	—	—
大兴安岭	8.51	8.51	2.30	—	—	—	27.27	22.63

产品产量(二)

单位:万立方米

藤加工制品（万平方米）			林产化学产品（吨）					
			松香类产品			松节油类产品		
复合木地板	其他木地板	竹地板	合 计	松香	松香深加工产品	合 计	松节油	松节油深加工产品
35669.48	**10314.09**	**4692.55**	**1413041**	**1253651**	**159390**	**181729**	**145356**	**36373**
177.40	—	—	—	—	—	—	—	—
10.50	—	—	—	—	—	—	—	—
40.00	—	—	—	—	—	—	—	—
—	—	—	—	—	—	—	—	—
—	0.01	—	—	—	—	—	—	—
—	—	—	—	—	—	—	—	—
1220.38	161.79	—	—	—	—	—	—	—
2404.97	100.43	—	—	—	—	—	—	—
307.67	—	—	—	—	—	—	—	—
319.45	38.23	—	—	—	—	—	—	—
23.22	37.23	—	—	—	—	—	—	—
2892.90	—	—	—	—	—	—	—	—
13971.67	2918.57	457.68	—	—	—	—	—	—
4862.28	1063.70	836.08	15757	7	15750	10000	—	10000
1028.60	3377.40	614.15	4101	4101	—	1024	1024	—
414.02	—	1455.69	81747	55693	26054	11721	6095	5626
103.50	1057.34	840.94	98798	75906	22892	38248	18041	20207
4006.42	42.83	2.70	—	—	—	—	—	—
50.10	188.60	—	2591	2591	—	—	—	—
2598.20	229.67	10.57	13832	13574	258	3396	2889	507
442.47	424.77	375.16	28506	16943	11563	5817	5784	33
833.12	445.62	6.22	89546	77262	12284	6719	6719	—
17.80	0.03	2.91	855732	817428	38304	46235	46235	—
2.00	9.00	3.00	3180	3180	—	149	149	—
1.20	—	—	750	750	—	—	—	—
262.00	255.89	41.62	3190	2425	765	17010	17010	—
2.00	0.16	45.85	5402	5402	—	745	745	—
3.87	—	—	209909	178389	31520	40647	40647	—
—	0.07	—	—	—	—	—	—	—
—	—	—	—	—	—	18	18	—
—	—	—	—	—	—	—	—	—
—	—	—	—	—	—	—	—	—
—	—	—	—	—	—	—	—	—
—	—	—	—	—	—	—	—	—
—	—	—	—	—	—	—	—	—
4.64	—	—	—	—	—	—	—	—

各地区主要林产工业产品产量(三)

单位:吨

地区	林产化学产品											
	樟脑		冰片		栲胶类产品			紫胶类产品			木材热解产品	
	合计	其中:合成樟脑	合计	其中:合成冰片	合计	栲胶	栲胶深加工产品	合计	紫胶	紫胶深加工产品	合计	其中:木炭
全国合计	**12965**	**10597**	**665**	**631**	**9129**	**9129**	—	**2966**	**2046**	**920**	**805955**	**418054**
北京	—	—	—	—	—	—	—	—	—	—	—	—
天津	—	—	—	—	—	—	—	—	—	—	—	—
河北	—	—	—	—	1350	1350	—	—	—	—	—	—
山西	—	—	—	—	—	—	—	—	—	—	395	—
内蒙古	—	—	—	—	1251	1251	—	—	—	—	—	—
内蒙古集团	—	—	—	—	—	—	—	—	—	—	—	—
辽宁	—	—	—	—	—	—	—	—	—	—	10017	9997
吉林	—	—	—	—	—	—	—	—	—	—	8300	8300
吉林集团	—	—	—	—	—	—	—	—	—	—	—	—
黑龙江	—	—	—	—	—	—	—	—	—	—	8555	8555
龙江集团	—	—	—	—	—	—	—	—	—	—	—	—
上海	—	—	—	—	—	—	—	—	—	—	—	—
江苏	—	—	—	—	—	—	—	—	—	—	35	35
浙江	—	—	—	—	—	—	—	—	—	—	129139	21877
安徽	—	—	—	—	—	—	—	—	—	—	38717	36004
福建	10149	10149	—	—	—	—	—	12	12	—	160698	1336
江西	395	366	4	—	—	—	—	—	—	—	46771	12740
山东	—	—	—	—	—	—	—	—	—	—	—	—
河南	—	—	—	—	—	—	—	—	—	—	5700	5700
湖北	—	—	—	—	—	—	—	—	—	—	—	—
湖南	27	27	270	240	11	11	—	4	4	—	42863	34910
广东	2339	—	391	391	—	—	—	587	417	170	8108	8108
广西	—	—	—	—	6417	6417	—	—	—	—	87432	86682
海南	—	—	—	—	—	—	—	—	—	—	3009	3009
重庆	—	—	—	—	—	—	—	—	—	—	1850	1850
四川	55	55	—	—	—	—	—	43	41	2	5000	5000
贵州	—	—	—	—	—	—	—	—	—	—	42436	42280
云南	—	—	—	—	—	—	—	2320	1572	748	105027	105027
西藏	—	—	—	—	—	—	—	—	—	—	48	48
陕西	—	—	—	—	100	100	—	—	—	—	—	—
甘肃	—	—	—	—	—	—	—	—	—	—	—	—
青海	—	—	—	—	—	—	—	—	—	—	—	—
宁夏	—	—	—	—	—	—	—	—	—	—	—	—
新疆	—	—	—	—	—	—	—	—	—	—	—	—
新疆兵团	—	—	—	—	—	—	—	—	—	—	—	—
大兴安岭	—	—	—	—	—	—	—	—	—	—	101855	26596

全国主要林产品销售实际平均价格

指　　标	单　位	本年实际		
		产品销售实际平均价格	产品销售收入	产品销售量
一、木材	元/立方米	748	46930758012	62770824
二、竹材	元/根	7	11036722405	1528881549
三、锯材	元/立方米	1145	37245701314	32516722
四、木片	元/实积立方米	861	16000512628	18587899
五、木地板	元/平方米	132	40429196268	305406253
六、胶合板	元/立方米	2056	136003187166	66157110
七、硬质纤维板	元/立方米	1472	6877541799	4671446
八、中密度纤维板	元/立方米	1699	63152458591	37177872
九、刨花板	元/立方米	1067	20136108339	18866636
十、松香	元/吨	12885	23845365071	1850647
十一、栲胶	元/吨	7879	76174587	9668
十二、紫胶	元/吨	17148	1278221010	74542

各地区主要林产品

地区	木材			竹材			锯材		
	产品销售实际平均价格	产品销售收入	产品销售量	产品销售实际平均价格	产品销售收入	产品销售量	产品销售实际平均价格	产品销售收入	产品销售量
全国合计	**748**	**46930758012**	**62770824**	**7**	**11036722405**	**1528881549**	**1145**	**37245701314**	**32516722**
北京	611	62928773	103030	—	—	—	—	—	—
天津	406	40099808	98768	—	—	—	—	—	—
河北	708	429252060	605882	—	—	—	525	838398069	1595732
山西	464	20828257	44914	—	—	—	629	38075700	60553
内蒙古	854	1750044228	2048175	—	—	—	591	3374876754	5715107
内蒙古集团	1000	1276480576	1276342	—	—	—	—	—	—
辽宁	849	1431740564	1686278	—	—	—	1110	2649372320	2387524
吉林	1151	4485258217	3896695	—	—	—	1703	1845266391	1083236
吉林集团	1486	1350443726	908515	—	—	—	2270	41307943	18199
黑龙江	1080	3595808571	3327959	—	—	—	1351	1316059719	974114
龙江集团	1400	2626948762	1876666	—	—	—	2086	614577284	294674
上海	—	—	—	—	—	—	—	—	—
江苏	592	552517840	933132	7	20828025	3121571	1897	1136262440	598831
浙江	801	1390737852	1736252	13	2280451641	175419357	1635	4668247095	2855197
安徽	801	2655738224	3313573	14	1127808572	81969299	1375	2787356866	2027616
福建	821	2311114370	2814056	8	2332410656	287484700	1586	868149007	547240
江西	1053	2572604477	2443927	16	604436385	37255471	1434	1543055500	1076174
山东	722	2001064830	2770667	—	—	—	1192	2173390126	1823239
河南	623	1159845969	1862947	7	6329800	927200	971	1000686220	1030336
湖北	606	1108010645	1827162	13	411691638	30626295	1144	645048495	563613
湖南	900	3399451883	3778626	13	535374532	42374298	1417	1616054040	1140812
广东	555	3348081202	6034318	9	989628452	115694622	1026	1543350091	1503517
广西	627	7606338291	12133870	6	1072739798	191522565	1151	3865588400	3359768
海南	639	262786824	411217	3	23739650	7069549	804	52612600	65422
重庆	747	205883280	275509	9	35197660	4124851	1065	220495150	207030
四川	717	1678774476	2342010	3	1080734441	404878945	1361	2228519893	1637185
贵州	601	1543801099	2570815	7	49285672	7489648	1075	785486958	730355
云南	526	2183764681	4151199	3	465165483	138753178	1298	1647282795	1269419
西藏	1200	7200000	6000	3	150000	50000	1408	119016285	84529
陕西	524	81407885	155326	6	750000	120000	1184	18792500	15867
甘肃	565	8873956	15704	—	—	—	2000	800000	400
青海	—	—	—	—	—	—	—	—	—
宁夏	520	1186640	2282	—	—	—	—	—	—
新疆	618	219663110	355229	—	—	—	1124	36767900	32709
新疆兵团	434	14783913	34046	—	—	—	—	—	—
大兴安岭	796	815950000	1025302	—	—	—	1728	226690000	131197

销售实际平均价格(一)

单位:元/(立方米、平方米、实积立方米、根),元,立方米,平方米,实积立方米,根

木片			木地板			胶合板		
产品销售实际平均价格	产品销售收入	产品销售量	产品销售实际平均价格	产品销售收入	产品销售量	产品销售实际平均价格	产品销售收入	产品销售量
861	**16000512628**	**18587899**	**132**	**40429196268**	**305406253**	**2056**	**136003187166**	**66157110**
—	—	—	120	212880000	1774000	—	—	—
—	—	—	—	—	—	—	—	—
572	126880000	221770	378	103520000	274200	1787	7628427095	4268536
240	4900000	20400	—	—	—	1745	10784000	6179
637	30302425	47591	195	17262000	88656	966	386580723	400181
—	—	—	—	—	—	—	—	—
415	259408000	624932	89	2954237637	33198934	2702	2300958000	851639
303	38404547	126568	165	3697290685	22360643	3199	3991361348	1247802
—	—	—	162	473332998	2928316	4112	12618454	3069
752	214044489	284764	108	73050000	674480	1265	288334601	227865
359	44389489	123592	107	71350000	667180	2908	99238104	34123
—	—	—	—	—	—	—	—	—
899	1757649840	1955680	133	5288133386	39683117	2216	23738215360	10710456
1461	746832519	511179	167	17692602075	105943725	3161	6049196217	1913697
899	479867230	533991	90	4477132050	49748890	2679	13120923307	4898347
1036	175815422	169697	114	402053440	3517144	2333	3817746969	1636754
800	279162500	348748	159	400632832	2525220	1793	1940684739	1082364
1000	8514393490	8511251	104	1242362790	11930579	1974	39232271879	19876160
724	695671715	961056	68	389648000	5717000	1465	4743821584	3237413
1285	46806439	36419	96	1280738044	13304735	1977	874330900	442222
894	171397350	191804	161	365629490	2267578	2343	1883365860	803760
705	639609069	907434	151	383719924	2539514	1954	1618365245	828032
622	1078457543	1732899	155	51178068	330978	1731	20161878849	11648640
587	30379820	51777	516	85230400	165256	2029	94967600	46801
1049	117015000	111525	209	28340000	135500	1795	339418946	189112
240	125465400	522911	128	771360684	6032758	2113	2414884608	1142620
796	74570060	93704	195	107853900	552459	1610	681052856	422902
666	221023770	331815	144	358135623	2491355	2498	612147980	245056
—	—	—	110	75240	684	1944	3500000	1800
431	1146000	2660	—	—	—	2967	35807600	12069
—	—	—	—	—	—	2800	19600000	7000
—	—	—	—	—	—	—	—	—
—	—	—	—	—	—	—	—	—
—	—	—	—	—	—	1964	7200900	3667
—	—	—	—	—	—	—	—	—
596	171310000	287324	310	46130000	148848	1219	7360000	6036

各地区主要林产品

地　区	硬质纤维板			中密度纤维板			刨花板		
	产品销售实际平均价格	产品销售收入	产品销售量	产品销售实际平均价格	产品销售收入	产品销售量	产品销售实际平均价格	产品销售收入	产品销售量
全国合计	**1472**	**6877541799**	**4671446**	**1699**	**63152458591**	**37177872**	**1067**	**20136108339**	**18866636**
北　京	—	—	—	1400	285600000	204000	—	—	—
天　津	—	—	—	—	—	—	—	—	—
河　北	1141	99645000	87300	1492	3942470325	2641926	1270	2799088610	2203762
山　西	—	—	—	780	15600000	20000	719	48240000	67051
内蒙古	1214	340000	280	1077	53550000	49732	1024	266150000	259886
内蒙古集团	—	—	—	—	—	—	—	—	—
辽　宁	1658	27740000	16733	1224	1128922341	922333	828	306176000	370000
吉　林	—	—	—	2205	1905171556	864205	1470	1101428326	749293
吉林集团	—	—	—	1416	193044186	136286	1294	607492026	469315
黑龙江	1580	5762226	3648	1443	326873211	226573	1239	284230210	229466
龙江集团	1580	5762226	3648	1635	290427000	177644	1239	284230210	229466
上　海	—	—	—	—	—	—	—	—	—
江　苏	2426	356660425	147025	2741	14519874520	5297367	1221	2437609000	1995734
浙　江	2500	44567500	17827	1408	1679832704	1193063	1427	261656147	183361
安　徽	2290	108842000	47530	1906	3924805970	2059543	1390	584277500	420284
福　建	2140	203820831	95230	1859	1201604880	646395	1238	1905316392	1539000
江　西	1455	37241974	25592	1801	1496910000	831240	1356	160830500	118642
山　东	1253	3769449359	3008121	1538	9700828575	6306954	858	7778574630	9070053
河　南	1786	45001500	25200	1271	2295841260	1806615	989	361143029	365256
湖　北	1172	28295400	24139	1808	2419572804	1338127	1191	92508550	77656
湖　南	2077	242656000	116850	1468	647165400	440775	942	135926950	144294
广　东	1989	1197370000	602042	1532	3889291976	2539531	1691	847619240	501278
广　西	1647	464679784	282185	1380	6702677385	4855760	1097	211892738	193186
海　南	—	—	—	1500	58447500	38965	886	36229000	40890
重　庆	978	55070000	56300	1325	103810000	78350	1092	47850000	43800
四　川	1627	94539800	58111	1618	4972718738	3073017	1588	414011357	260652
贵　州	—	—	—	884	59590000	67381	1033	982160	951
云　南	1672	95860000	57333	1157	896567002	775159	1762	47002000	26674
西　藏	—	—	—	—	—	—	—	—	—
陕　西	—	—	—	883	599947444	679444	1780	2456000	1380
甘　肃	—	—	—	947	195000	206	—	—	—
青　海	—	—	—	—	—	—	—	—	—
宁　夏	—	—	—	—	—	—	—	—	—
新　疆	—	—	—	1350	148500000	110000	—	—	—
新疆兵团	—	—	—	—	—	—	—	—	—
大兴安岭	—	—	—	1583	176090000	111211	1201	4910000	4087

销售实际平均价格(二)

单位:元/(立方米、吨),元,立方米,吨

松香			栲胶			紫胶		
产品销售实际平均价格	产品销售收入	产品销售量	产品销售实际平均价格	产品销售收入	产品销售量	产品销售实际平均价格	产品销售收入	产品销售量
12885	**23845365071**	**1850647**	**7879**	**76174587**	**9668**	**17148**	**1278221010**	**74542**
—	—	—	—	—	—	—	—	—
—	—	—	—	—	—	—	—	—
—	—	—	12963	17500000	1350	—	—	—
—	—	—	—	—	—	—	—	—
—	—	—	7117	8903367	1251	—	—	—
—	—	—	—	—	—	—	—	—
—	—	—	—	—	—	—	—	—
—	—	—	—	—	—	—	—	—
—	—	—	—	—	—	—	—	—
—	—	—	—	—	—	—	—	—
—	—	—	—	—	—	—	—	—
—	—	—	—	—	—	—	—	—
—	—	—	—	—	—	—	—	—
15000	105000	7	—	—	—	—	—	—
9241	30734000	3326	—	—	—	—	—	—
13118	870221490	66338	—	—	—	15000	11490000	766
10357	581841132	56176	—	—	—	—	—	—
—	—	—	—	—	—	—	—	—
6000	6000000	1000	—	—	—	—	—	—
6315	27280000	4320	—	—	—	—	—	—
13339	4541201540	340434	8300	5395000	650	—	—	—
11651	9069960410	778471	—	—	—	17007	1230270000	72338
15258	6341457482	415623	6915	44376220	6417	—	—	—
8922	4363041	489	—	—	—	—	—	—
—	—	—	—	—	—	—	—	—
11544	31283000	2710	—	—	—	22083	265000	12
6102	32855200	5384	—	—	—	—	—	—
13087	2308062776	176369	—	—	—	25383	36196010	1426
—	—	—	—	—	—	—	—	—
—	—	—	—	—	—	—	—	—
—	—	—	—	—	—	—	—	—
—	—	—	—	—	—	—	—	—
—	—	—	—	—	—	—	—	—
—	—	—	—	—	—	—	—	—
—	—	—	—	—	—	—	—	—
—	—	—	—	—	—	—	—	—

各地区林业旅游与休闲产业发展情况

地　　区	旅游人次(人次)	旅游收入(万元)	人均花费(元)	直接带动的其他产业产值(万元)
全国合计	**1123662537**	**18630740**	**166**	**32955470**
北　京	184600851	296508	16	45834
天　津	1887655	14765	78	5300
河　北	14296877	171478	120	218236
山　西	4108175	41439	101	32338
内蒙古	4721753	113829	241	61976
内蒙古集团	354500	24200	683	6618
辽　宁	30769912	889617	289	761082
吉　林	12061435	564213	468	252772
吉林集团	691450	22063	319	41481
黑龙江	11193709	520370	465	195155
龙江集团	4663932	227966	489	104880
上　海	2646050	8170	31	664
江　苏	67348433	902021	134	1633868
浙　江	105688265	2000940	189	886006
安　徽	38212239	994071	260	1078549
福　建	29026435	322627	111	1182057
江　西	42725573	1877233	439	3258952
山　东	66088779	844616	128	1989921
河　南	52249504	451540	86	653442
湖　北	27845049	879684	316	1079318
湖　南	52014482	2181207	419	10221192
广　东	60841607	588451	97	220096
广　西	19451524	259396	133	287993
海　南	7087879	62636	88	177540
重　庆	41037057	439318	107	112940
四　川	167032732	2997899	179	6595377
贵　州	31545630	654809	208	1339918
云　南	19766846	164534	83	139854
西　藏	124000	1836	148	17978
陕　西	8430887	66087	78	143593
甘　肃	7068851	24786	35	21805
青　海	234850	1412	60	2132
宁　夏	5899951	76176	129	76285
新　疆	6840015	159455	233	138102
新疆兵团	360017	3075	85	5000
大兴安岭	815532	59617	731	125195

各地区森林公园建设与经营情况主要指标(一)

地　区	森林公园总数（处）	森林公园总面积（公顷）	国家森林公园数量（处）	国家森林公园面积（公顷）	省级森林公园数量（处）	省级森林公园面积（公顷）	县级森林公园数量（处）	县级森林公园面积（公顷）
全国合计	**2747**	**17063066**	**747**	**11764849**	**1238**	**4090961**	**762**	**1207257**
北　京	28	89540	15	68441	13	21099	—	—
天　津	1	2126	1	2126	—	—	—	—
河　北	89	506384	27	298852	62	207532	—	—
山　西	111	538053	18	381937	37	111143	56	44973
内蒙古	53	1151685	29	912506	23	233809	1	5370
内蒙古集团	8	400927	8	400927	—	—	—	—
辽　宁	69	226151	29	141239	40	84912	—	—
吉　林	50	2455807	32	2011237	18	444570	—	—
吉林集团	8	89773	8	89773	—	—	—	—
黑龙江	105	1892289	55	1621302	48	269446	2	1541
龙江集团	42	1329403	24	1209159	18	120244	—	—
上　海	4	1952	4	1952	—	—	—	—
江　苏	58	92761	15	33052	43	59710	—	—
浙　江	169	415762	37	219050	75	125718	57	70994
安　徽	60	145006	29	103611	31	41396	—	—
福　建	138	219253	28	121506	89	74491	21	23256
江　西	156	501052	43	357182	100	116202	13	27668
山　东	224	386107	38	176987	70	91491	116	117629
河　南	146	348758	28	118872	70	136228	48	93657
湖　北	86	395986	29	263692	57	132294	—	—
湖　南	110	430651	43	209611	55	197379	12	23662
广　东	458	1067335	25	206684	71	110817	362	749834
广　西	52	260291	20	211547	26	46600	6	2144
海　南	12	141388	8	116287	3	23596	1	1506
重　庆	81	185589	25	133937	55	50817	1	835
四　川	116	743118	31	635893	51	87771	34	19454
贵　州	72	259454	21	144887	32	97537	19	17030
云　南	40	147107	27	112612	13	34495	—	—
西　藏	8	1307014	8	1307014	—	—	—	—
陕　西	82	317513	31	158628	46	153037	5	5848
甘　肃	83	908642	21	434401	62	474240	—	—
青　海	17	462278	7	293297	10	168982	—	—
宁　夏	11	37629	4	28587	7	9042	—	—
新　疆	56	1296413	17	807949	31	486608	8	1856
大兴安岭	2	129972	2	129972	—	—	—	—

各地区森林公园建设与

地　　区	本年度旅游收入					旅游接待人数	
	合计（万元）	门票收入（万元）	食宿收入（万元）	娱乐收入（万元）	其他收入（万元）	旅游总人数（万人次）	海外旅游者（万人次）
全国合计	**3764233**	**695219**	**1669343**	**466618**	**933053**	**46808**	**1207**
北　京	23444	2526	17077	1966	1875	383	3
天　津	1010	795	15	—	200	22	1
河　北	39980	22844	10111	2985	4040	805	16
山　西	40562	6731	12398	4347	17086	1030	9
内蒙古	30665	5459	12592	4379	8235	314	1
内蒙古集团	24201	3881	10566	3636	6118	35	—
辽　宁	91035	17362	50077	12754	10842	1747	85
吉　林	158318	9350	89346	27627	31995	1029	29
吉林集团	3277	21	2669	367	220	13	—
黑龙江	90445	10610	45390	11850	22594	786	19
龙江集团	60316	7091	29415	9202	14607	264	5
上　海	6595	4071	264	1407	852	405	6
江　苏	145232	25139	28102	8274	83717	3643	156
浙　江	1169392	124173	580968	155838	308413	3543	83
安　徽	54361	11785	31321	3983	7272	1006	10
福　建	49212	9407	24598	8144	7063	1569	143
江　西	434508	51485	181025	77436	124562	3242	36
山　东	128504	71269	29563	4504	23169	2428	64
河　南	63049	17964	32050	2441	10594	1720	31
湖　北	66028	8330	26347	16884	14467	1306	21
湖　南	194055	106544	37609	10421	39481	2775	137
广　东	176802	38937	88623	15394	33848	7672	238
广　西	70407	18464	25855	6499	19589	539	18
海　南	31444	17467	13439	231	306	293	13
重　庆	248833	31331	139318	39891	38293	3930	36
四　川	296992	32786	143892	36354	83960	1971	18
贵　州	57496	4653	26158	8966	17718	1662	4
云　南	14069	7963	985	60	5061	690	8
西　藏	4134	2202	735	492	705	38	1
陕　西	40099	18964	11831	1797	7506	1134	10
甘　肃	6191	2411	2526	564	690	420	2
青　海	9539	2398	220	42	6878	174	—
宁　夏	2376	1163	268	680	265	62	1
新　疆	18159	10636	5782	117	1624	462	10
大兴安岭	1303	—	859	291	153	10	—

经营情况主要指标(二)

本年度投入资金 合计(万元)	国投(万元)	自筹(万元)	引资(万元)	其中环境建设投入(万元)	本年度环境建设情况 植树造林(公顷)	改造林相(公顷)
3131329	**1034787**	**980141**	**1116402**	**432561**	**102506**	**158187**
21094	14344	6432	318	3426	99	1815
1290	—	90	1200	30	—	—
18083	1130	12213	4740	4998	1037	1005
67092	23727	9349	34016	14769	6629	4641
56789	20385	26649	9755	10303	7954	5073
21100	12000	9100	—	940	—	—
94012	22809	64646	6557	30847	2844	2016
45691	11600	24161	9930	3967	3645	1942
3587	820	2267	500	879	281	812
131517	30420	66120	34978	19601	4567	20078
62441	2886	33585	25970	8369	2135	16739
9622	4646	4976	—	5178	55	126
152843	63640	68703	20500	29605	3358	3271
420782	131013	138139	151630	35709	2641	7047
69973	12567	29226	28180	9791	1514	2522
25903	6120	15983	3800	4288	2276	910
239212	95629	66347	77236	48032	7171	19111
200196	33707	117041	49448	30972	7074	13802
100213	9678	32808	57727	16718	7505	16543
109989	42438	18930	48621	12843	6367	3838
112763	48178	21404	43181	21274	4372	9846
269669	131797	43385	94487	45035	4045	9405
31173	3785	21288	6100	6258	949	470
22333	6167	10766	5400	1446	2545	1981
326808	98432	77962	150414	42682	9323	11919
132623	58311	32695	41617	15880	3213	3107
146078	13642	7983	124452	6847	2495	2442
16547	9219	2807	4521	1573	790	1617
11665	925	17	10723	191	955	—
77023	18073	20664	38286	2938	2349	3633
24256	12682	9424	2150	1839	2743	5090
134914	92345	2086	40483	1838	3675	1452
16304	13700	1704	900	435	102	117
44168	3578	25539	15052	2993	215	3086
705	100	605	—	255	—	283

各地区森林公园建设与经营情况主要指标(三)

地　区	从业人员建设		基础设施现状				社会旅游从业人员（人）
	职工总数（人）	导游人数（人）	车船总数（台/艘）	游步道总数（千米）	床位总数（张）	餐位总数（个）	
全国合计	**150002**	**16070**	**31100**	**60350**	**727560**	**1278683**	**643812**
北　京	1121	54	146	556	1441	5395	4267
天　津	95	13	20	18	340	600	900
河　北	4886	643	709	2202	79070	85030	18481
山　西	2962	525	784	1431	54774	61600	13110
内蒙古	2848	184	560	2056	9649	17177	15731
内蒙古集团	638	60	236	440	3916	4387	12305
辽　宁	3659	303	1575	1997	31210	53639	27870
吉　林	7329	569	2389	3427	32666	84381	31327
吉林集团	535	34	296	558	2460	7130	807
黑龙江	6389	838	3890	4239	36719	70775	16642
龙江集团	4204	424	2662	2321	24616	51228	13817
上　海	460	63	496	112	70	1440	499
江　苏	7618	896	876	1657	15148	62068	16260
浙　江	17162	2029	7619	2274	73516	123204	44806
安　徽	4337	242	319	1387	8386	21130	22709
福　建	1930	580	768	2092	6871	22513	18159
江　西	7843	739	1611	4647	39805	82117	38647
山　东	12735	1668	1758	4664	41993	93594	139756
河　南	7683	983	1075	2062	26394	62558	31773
湖　北	9068	1098	544	3085	38212	34480	23569
湖　南	12069	628	679	3423	28201	70317	25909
广　东	11053	829	1423	3206	24989	68647	34556
广　西	2121	256	391	674	6564	15620	5723
海　南	2489	254	142	306	2031	8940	549
重　庆	4682	634	712	2553	69029	61965	20885
四　川	4419	646	822	2135	46485	51688	21673
贵　州	4009	178	438	1598	8376	30818	10761
云　南	1476	135	292	1013	1309	4122	4167
西　藏	161	29	7	88	350	268	26
陕　西	3684	460	382	2047	14253	25722	35025
甘　肃	3591	199	188	1823	10645	12503	7170
青　海	487	122	109	549	4726	26420	3565
宁　夏	261	33	71	308	420	1150	2362
新　疆	1121	231	293	2281	13318	17002	6235
大兴安岭	254	9	12	440	600	1800	700

4

从业人员和劳动报酬

EMPLOYMENT AND WAGES

林业系统从业人员和劳动报酬主要指标2011年与2010年比较

主要指标	单位	2011年	2010年	2011年比2010年增减%
一、单位个数	个	46283	46396	-0.24
二、在册职工年末人数	人	1657022	1702350	-2.66
三、从业人员年末人数	人	1353961	1396494	-3.05
1. 在岗职工	人	1312749	1347142	-2.55
2. 其他从业人员	人	41212	49352	-16.49
四、在岗职工年平均工资	元	23611	20235	16.68

林业系统按行业分全部单位个数、从业人员和劳动报酬情况(一)

指　　标	单位个数（个）	从业人员年末人数（人）	在册职工人数(人)			
			总计	在岗职工		
				合计	长期职工	临时职工
总　计	**46283**	**1353961**	**1657022**	**1312749**	**1241877**	**70872**
一、国有经济单位	**45991**	**1339675**	**1543996**	**1299372**	**1230759**	**68613**
1. 企　　业	2123	543084	712465	533269	505965	27304
2. 事　　业	39790	698416	734915	670921	632082	38839
3. 机　　关	4078	98175	96616	95182	92712	2470
(一)农林牧渔业	39312	1120983	1315689	1086753	1032601	54152
1. 木材及竹材采运企业	705	433353	569004	427271	406661	20610
2. 国有林场	4735	381991	445777	370858	352976	17882
3. 国有苗圃	1672	28058	31179	27910	26540	1370
4. 林业工作站	20199	122925	117269	115655	110104	5551
5. 木材检查站	2356	21621	21761	21335	20865	470
6. 种苗站	902	7284	7293	7185	7126	59
7. 病虫害防治站	1638	11809	11826	11774	11683	91
8. 治沙站	91	1059	1049	1044	1037	7
9. 其他	7014	112883	110531	103721	95609	8112
(二)采矿业	13	2255	2480	2232	2216	16
(三)制造业	353	25170	32185	24900	23113	1787
1. 木材加工及木、竹、藤、棕、苇制品业	237	15974	19814	15839	14568	1271
2. 木、竹、藤家具制造业	27	124	430	124	43	81
3. 木、竹、苇浆造纸业	2	25	40	25	22	3
4. 林产化学产品制造	18	797	1213	793	793	—
5. 木质工艺品和木质文教体育用品制造业	2	14	47	14	10	4
6. 非木质林产品加工业	9	173	183	173	151	22
7. 其他	58	8063	10458	7932	7526	406
(四)电力、燃气及水的生产和供应业	13	4065	4069	4065	4019	46
(五)建筑业	18	3577	3313	2659	1355	1304
(六)批发和零售业	212	4391	7685	4318	4091	227
(七)科学研究、技术服务和地质勘查业	691	25396	25688	25061	23047	2014
其中:科技交流和推广服务	268	4957	5065	4934	4779	155
规划设计管理	162	8737	8658	8568	8067	501
(八)水利、环境和公共设施管理业	751	26771	26417	26127	22385	3742
其中:自然保护区管理	512	15166	14837	14633	13127	1506
野生动植物保护	92	1248	1269	1245	1077	168
(九)教育	64	8429	8250	8235	7527	708
(十)卫生、社会保障和社会福利业	28	5484	5564	5393	4587	806
(十一)公共管理和社会组织	4284	102120	100454	99007	96281	2726
(十二)其他	252	11034	12202	10622	9537	1085
二、集体经济单位	**165**	**5152**	**103919**	**4680**	**4351**	**329**
三、其他各种经济单位	**127**	**9134**	**9107**	**8697**	**6767**	**1930**

林业系统按行业分全部单位个数、

指　　标	在册职工人数(人)				
	在岗职工				
	其中：女性	其中：使用的农村劳动力	其中：专业技术人员		
			小计	其中：中级技术职称人员	其中：高级技术职称人员
总　计	**358348**	**35334**	**335650**	**148059**	**39303**
一、国有经济单位	**353615**	**33970**	**334336**	**147317**	**39245**
1. 企　　业	145060	9004	129101	55376	14946
2. 事　　业	189716	24573	190940	84126	21899
3. 机　　关	18839	393	14295	7815	2400
(一)农林牧渔业	297167	25369	282350	123270	27193
1. 木材及竹材采运企业	113709	2136	113632	48301	13187
2. 国有林场	106853	14215	58539	23194	4352
3. 国有苗圃	9200	679	5630	2283	372
4. 林业工作站	28035	4626	54254	25480	3332
5. 木材检查站	2849	101	5090	2250	246
6. 种苗站	2783	14	3663	1884	531
7. 病虫害防治站	4470	22	6189	3370	1073
8. 治沙站	327	—	522	218	123
9. 其他	28941	3576	34831	16290	3977
(二)采矿业	578	33	253	88	18
(三)制造业	7502	4128	3562	1472	489
1. 木材加工及木、竹、藤、棕、苇制品业	5064	1696	2615	1231	428
2. 木、竹、藤家具制造业	39	47	16	9	7
3. 木、竹、苇浆造纸业	6	—	11	9	2
4. 林产化学产品制造	270	5	116	42	20
5. 木质工艺品和木质文教体育用品制造业	3	—	1	1	—
6. 非木质林产品加工业	63	22	29	11	1
7. 其他	2057	2358	774	169	31
(四)电力、燃气及水的生产和供应业	528	—	500	451	14
(五)建筑业	245	382	292	175	61
(六)批发和零售业	1377	98	898	358	51
(七)科学研究、技术服务和地质勘查业	8201	1089	14184	6259	4628
其中：科技交流和推广服务	1703	128	2822	1273	763
规划设计管理	2602	5	5754	2434	1986
(八)水利、环境和公共设施管理业	7920	1756	5199	2326	631
其中：自然保护区管理	3891	1333	3538	1640	412
野生动植物保护	394	89	389	161	75
(九)教育	3549	99	4583	2032	1519
(十)卫生、社会保障和社会福利业	3257	36	3832	1240	901
(十一)公共管理和社会组织	19878	411	15837	8516	2876
(十二)其他	3413	569	2846	1130	864
二、集体经济单位	**1968**	**23**	**327**	**123**	**7**
三、其他各种经济单位	**2765**	**1341**	**987**	**619**	**51**

从业人员和劳动报酬情况(二)

在册职工人数(人)						
在岗职工						
按学历结构分			按年龄结构分			
中专及中专学历以下	大专学历	大学及大学学历以上	30 岁以下(含 30 岁)	31 ~40 岁	41 ~50 岁	51 岁以上(含 51 岁)
843927	**300886**	**167936**	**167712**	**435653**	**526415**	**182969**
833221	**298746**	**167405**	**165958**	**430905**	**520901**	**181608**
401667	94073	37529	69119	171199	225982	66969
410966	164869	95086	86415	233865	254686	95955
20588	39804	34790	10424	25841	40233	18684
749964	234705	102084	134463	367787	438245	146258
316327	78338	32606	54656	135031	184565	53019
292991	58635	19232	42493	122842	148018	57505
21217	4858	1835	2647	9626	11173	4464
52242	44000	19413	14392	47300	40247	13716
11583	7485	2267	2112	8353	8136	2734
2415	2881	1889	828	2632	2835	890
3119	4814	3841	1362	4379	4815	1218
340	350	354	188	426	315	115
49730	33344	20647	15785	37198	38141	12597
1188	589	455	407	1030	546	249
20097	3181	1622	4573	8681	8962	2684
12398	2310	1131	2476	5432	6196	1735
93	22	9	15	59	40	10
15	6	4	1	9	7	8
638	89	66	125	218	360	90
12	2	—	2	8	2	2
126	40	7	7	52	89	25
6815	712	405	1947	2903	2268	814
3032	684	349	400	1826	1373	466
2324	248	87	362	1008	1070	219
3292	781	245	327	1242	1963	786
8734	5415	10912	3835	7606	9772	3848
1748	1102	2084	673	1424	2052	785
2043	2070	4455	1528	2384	3235	1421
13617	6699	5811	5135	7953	8952	4087
7436	4239	2958	2700	4869	5048	2016
531	297	417	240	366	442	197
1456	1360	5419	1749	2443	2932	1111
1983	1701	1709	1689	1389	1588	727
21557	40872	36578	10782	26940	41842	19443
5977	2511	2134	2236	3000	3656	1730
4001	**447**	**232**	**442**	**1502**	**2154**	**582**
6705	**1693**	**299**	**1312**	**3246**	**3360**	**779**

林业系统按行业分全部单位个数、

指　　标	在册职工人数(人)		其他从业人员(人)	年末实有离退休人员(人)
	下岗待安置职工人数	离开本单位仍保留劳动关系人员		
总　计	**148836**	**195437**	**41212**	**983943**
一、国有经济单位	**90720**	**153904**	**40303**	**924271**
1. 企　　业	63130	116066	9815	555543
2. 事　　业	27473	36521	27495	318709
3. 机　　关	117	1317	2993	50019
(一)农林牧渔业	85389	143547	34230	795049
1. 木材及竹材采运企业	51585	90148	6082	456260
2. 国有林场	30431	44488	11133	239418
3. 国有苗圃	1275	1994	148	15964
4. 林业工作站	215	1399	7270	22160
5. 木材检查站	64	362	286	2336
6. 种苗站	55	53	99	2009
7. 病虫害防治站	13	39	35	2185
8. 治沙站	—	5	15	317
9. 其他	1751	5059	9162	54400
(二)采矿业	—	248	23	1917
(三)制造业	3316	3969	270	17942
1. 木材加工及木、竹、藤、棕、苇制品业	1843	2132	135	14336
2. 木、竹、藤家具制造业	137	169	—	122
3. 木、竹、苇浆造纸业	10	5	—	643
4. 林产化学产品制造	164	256	4	350
5. 木质工艺品和木质文教体育用品制造业	9	24	—	6
6. 非木质林产品加工业	8	2	—	97
7. 其他	1145	1381	131	2388
(四)电力、燃气及水的生产和供应业	—	4	—	721
(五)建筑业	26	628	918	1708
(六)批发和零售业	1176	2191	73	4679
(七)科学研究、技术服务和地质勘查业	97	530	335	15022
其中:科技交流和推广服务	2	129	23	2733
规划设计管理	14	76	169	5087
(八)水利、环境和公共设施管理业	180	110	644	8127
其中:自然保护区管理	152	52	533	3099
野生动植物保护	22	2	3	239
(九)教育	—	15	194	5559
(十)卫生、社会保障和社会福利业	—	171	91	10533
(十一)公共管理和社会组织	117	1330	3113	52124
(十二)其他	419	1161	412	10890
二、集体经济单位	**58116**	**41123**	**472**	**58816**
三、其他各种经济单位	**—**	**410**	**437**	**856**

从业人员和劳动报酬情况(三)

在岗职工年平均人数(人)	在岗职工年工资总额(千元)	离退休人员年生活费(千元)	在岗职工年平均工资(元)
1268255	**29944569**	**17709800**	**23611**
1253019	**29785059**	**17005502**	**23771**
500597	8909075	8584566	17797
658717	17045144	6588830	25876
93705	3830840	1832106	40882
1045021	22030898	13419942	21082
398318	6826826	7039683	17139
362732	7374511	4252145	20330
28300	600179	292560	21208
113320	3148512	554897	27784
21097	602560	55630	28561
7229	232338	56747	32140
11745	384359	63816	32725
1247	44650	27539	35806
101033	2816962	1076925	27882
2092	42605	13079	20366
24114	539176	242566	22359
15283	348644	199828	22813
122	3030	1048	24838
31	595	9163	19194
790	16849	4625	21328
14	235	9	16786
161	2012	1306	12496
7713	167811	26588	21757
4033	60182	1495	14922
2886	79502	29595	27548
4141	75253	68387	18173
24447	1073853	507754	43926
4893	176453	95024	36062
8245	412194	173895	49993
25046	1055880	228093	42158
14396	474329	86439	32949
1226	42179	7711	34403
7991	347412	179220	43475
5377	150447	263421	27980
97460	4007276	1923828	41117
10411	322576	128121	30984
8101	**38754**	**660428**	**4784**
7135	**120756**	**43870**	**16925**

林业系统各地区按行业分

地区	总计	合计	企业	事业	机关	国有经济	
						小计	木材及竹材采运企业
全国合计	**46283**	**45991**	**2123**	**39790**	**4078**	**39312**	**705**
北京	263	262	5	236	21	147	—
天津	98	98	—	90	8	88	—
河北	1553	1553	35	1336	182	1284	—
山西	2131	2131	17	1985	129	1927	—
内蒙古	1564	1558	44	1347	167	1330	19
内蒙古集团	53	49	24	25	—	24	19
辽宁	1623	1617	26	1478	113	1450	—
吉林	1577	1566	239	1236	91	1394	22
吉林集团	52	52	52	—	—	9	9
黑龙江	1893	1823	128	1570	125	1555	41
龙江集团	203	160	91	52	17	51	41
上海	40	40	—	39	1	11	—
江苏	755	736	—	713	23	713	2
浙江	1057	1045	25	921	99	869	—
安徽	1460	1455	42	1236	177	1229	11
福建	1997	1967	283	1455	229	1583	175
江西	2336	2333	328	1815	190	2007	151
山东	2319	2317	38	2141	138	2128	3
河南	1130	1125	18	930	177	899	1
湖北	1961	1944	86	1713	145	1686	17
湖南	2948	2935	129	2618	188	2550	40
广东	2352	2328	40	2062	226	1845	11
广西	2210	2188	125	1842	221	1772	—
海南	221	221	33	168	20	174	7
重庆	1219	1216	12	1138	66	1113	1
四川	3636	3623	190	3157	276	3159	81
贵州	2233	2233	79	2012	142	2049	54
云南	2339	2330	95	1990	245	1985	51
西藏	132	131	5	49	77	51	—
陕西	1591	1588	32	1407	149	1385	9
甘肃	1531	1531	12	1370	149	1311	—
青海	362	362	—	281	81	264	—
宁夏	302	301	2	273	26	266	—
新疆	1303	1288	40	1068	180	1056	—
新疆兵团	—	—	—	—	—	—	—
局直属单位	147	146	15	114	17	32	9
大兴安岭	63	62	14	32	16	12	9

企、事业及机关单位个数(一)

单位:个

单位							
农林牧渔业							
国有林场	国有苗圃	林业工作站	木材检查站	种苗站	病虫害防治站	治沙站	其他
4735	**1672**	**20199**	**2356**	**902**	**1638**	**91**	**7014**
26	14	42	5	5	8	1	46
1	11	52	—	1	5	1	17
141	146	546	23	44	72	4	308
242	137	968	58	68	92	3	359
312	80	470	30	60	81	17	261
—	—	—	—	—	—	—	5
188	33	743	44	50	62	1	329
322	40	715	59	10	41	—	185
—	—	—	—	—	—	—	—
384	69	617	58	46	78	—	262
—	2	—	1	3	2	—	2
1	—	10	—	—	—	—	—
65	32	437	18	3	12	—	144
99	11	466	68	31	60	—	134
139	65	609	116	16	78	4	191
106	54	823	49	19	43	—	314
363	67	825	266	24	64	2	245
148	142	1359	43	57	95	—	281
86	78	200	82	33	86	1	332
235	40	807	145	42	73	—	327
205	81	1448	260	46	53	18	399
189	45	1089	183	17	60	—	251
151	62	779	167	43	74	—	496
28	7	57	45	1	12	—	17
74	8	848	64	19	34	—	65
189	102	2151	149	31	91	1	364
91	30	1290	119	58	89	1	317
173	22	1156	86	55	63	—	379
5	25	7	6	1	2	—	5
234	92	393	144	41	40	12	420
265	96	461	52	53	69	11	304
100	24	63	9	4	13	1	50
66	11	116	2	4	17	1	49
107	48	651	6	20	71	12	141
—	—	—	—	—	—	—	—
—	—	1	—	—	—	—	22
—	—	1	—	—	—	—	2

林业系统各地区按行业分

地区	国有经济					
	采矿业	制造业				
		小计	木材加工及木、竹、藤、棕、苇制品业	木、竹、藤家具制造业	木、竹、苇浆造纸业	林产化学产品制造
全国合计	**13**	**353**	**237**	**27**	**2**	**18**
北京	—	—	—	—	—	—
天津	—	—	—	—	—	—
河北	—	12	4	—	—	3
山西	—	5	2	—	—	—
内蒙古	—	2	2	—	—	—
内蒙古集团	—	1	1	—	—	—
辽宁	—	13	10	1	—	—
吉林	7	19	14	1	—	1
吉林集团	7	16	11	1	—	1
黑龙江	1	23	15	—	1	1
龙江集团	—	16	12	—	1	—
上海	—	1	—	—	—	—
江苏	—	—	—	—	—	—
浙江	—	5	5	—	—	—
安徽	1	7	4	1	—	—
福建	—	17	4	—	—	4
江西	—	16	7	2	—	2
山东	—	24	23	—	—	—
河南	1	2	—	—	—	—
湖北	—	12	5	2	—	1
湖南	1	78	55	17	1	1
广东	—	7	4	—	—	—
广西	—	2	2	—	—	—
海南	—	3	2	—	—	—
重庆	—	2	1	—	—	—
四川	—	77	66	3	—	3
贵州	—	7	5	—	—	1
云南	1	5	2	—	—	1
西藏	—	—	—	—	—	—
陕西	—	9	2	—	—	—
甘肃	—	3	2	—	—	—
青海	—	—	—	—	—	—
宁夏	—	—	—	—	—	—
新疆	—	1	1	—	—	—
新疆兵团	—	—	—	—	—	—
局直属单位	1	1	—	—	—	—
大兴安岭	1	1	—	—	—	—

企、事业及机关单位个数(二)

单位:个

单　位					
			电力、燃气及水的生产和供应业	建筑业	批发和零售业
木质工艺品和木质文教体育用品制造业	非木质林产品加工业	其他			
2	**9**	**58**	**13**	**18**	**212**
—	—	—	—	—	—
—	—	—	—	—	—
—	3	2	—	—	6
—	1	2	—	—	12
—	—	—	—	1	1
—	—	—	—	1	1
—	—	2	—	—	—
—	—	3	1	2	4
—	—	3	—	1	4
—	1	5	1	9	17
—	1	2	1	9	6
—	1	—	—	—	—
—	—	—	—	—	—
—	—	—	—	1	12
—	—	2	—	1	11
—	—	9	—	2	13
—	—	5	—	—	2
—	—	1	—	—	—
—	—	2	—	—	5
1	—	3	—	—	11
1	—	3	—	—	—
—	—	3	4	—	8
—	—	—	5	—	75
—	—	1	—	—	1
—	—	1	—	—	3
—	—	5	—	—	10
—	—	1	—	1	2
—	—	2	—	—	12
—	—	—	—	—	—
—	3	4	—	1	5
—	—	1	—	—	—
—	—	—	—	—	—
—	—	—	—	—	—
—	—	—	1	—	1
—	—	—	—	—	—
—	—	1	1	—	1
—	—	1	1	—	1

林业系统各地区按行业分

地区	国有经济					
	科学研究、技术服务和地质勘查业			水利、环境和公共设施管理业		
	小计	其中		小计	其中	
		科技交流和推广服务	规划设计管理		自然保护区管理	野生动植物保护
全国合计	**691**	**268**	**162**	**751**	**512**	**92**
北京	5	—	5	87	1	2
天津	—	—	—	2	2	—
河北	31	25	1	8	3	2
山西	28	13	14	19	15	2
内蒙古	17	3	5	14	13	—
内蒙古集团	2	—	1	4	3	—
辽宁	25	10	8	12	8	4
吉林	10	3	4	4	4	—
吉林集团	—	—	—	—	—	—
黑龙江	20	5	3	13	7	2
龙江集团	10	1	1	1	—	—
上海	—	—	—	21	2	1
江苏	—	—	—	—	—	—
浙江	40	30	3	14	12	1
安徽	11	6	3	12	9	2
福建	47	14	20	27	23	2
江西	56	20	14	25	12	11
山东	7	3	—	6	3	1
河南	24	2	2	9	6	3
湖北	59	35	14	20	9	10
湖南	59	22	13	34	26	7
广东	59	21	2	163	138	10
广西	40	12	3	21	19	2
海南	5	1	—	10	9	1
重庆	20	10	7	6	5	1
四川	21	—	18	64	60	—
贵州	12	5	2	7	6	1
云南	13	6	—	64	61	2
西藏	1	—	1	2	—	—
陕西	12	5	4	14	9	5
甘肃	22	11	4	40	29	10
青海	4	1	3	1	1	—
宁夏	—	—	—	6	5	1
新疆	9	4	1	21	12	9
新疆兵团	—	—	—	—	—	—
局直属单位	34	1	8	5	3	—
大兴安岭	3	1	2	2	—	—

企、事业及机关单位个数(三)

单位:个

单位				集体经济单位	其他各种经济单位
教育	卫生、社会保障和社会福利业	公共管理和社会组织	其他		
64	**28**	**4284**	**252**	**165**	**127**
—	—	22	1	1	—
—	—	8	—	—	—
—	—	209	3	—	—
4	3	129	4	—	—
2	6	174	11	4	2
1	5	1	9	2	2
1	—	113	3	6	—
1	1	106	17	11	—
—	—	—	15	—	—
18	8	127	31	58	12
14	8	17	27	39	4
2	1	1	3	—	—
—	—	23	—	19	—
—	—	100	4	—	12
—	—	180	3	2	3
—	1	257	20	23	7
2	—	203	22	3	—
—	—	150	2	1	1
—	—	178	7	4	1
3	1	148	4	2	15
2	—	203	8	5	8
2	—	232	8	7	17
2	—	229	42	5	17
—	—	25	3	—	—
—	—	69	3	1	2
2	1	279	10	8	5
—	—	150	5	—	—
—	—	245	5	4	5
—	—	77	—	—	1
3	2	150	7	1	2
3	2	149	1	—	—
—	—	92	1	—	—
1	—	26	2	—	1
2	—	194	3	—	15
—	—	—	—	—	—
14	2	36	19	—	1
11	2	16	12	—	1

林业系统各地区按行业分

地区	总计					国有经济	
		合计	企业	事业	机关	小计	木材及竹材采运企业
全国合计	**1353961**	**1339675**	**543084**	**698416**	**98175**	**1120983**	**433353**
北京	13789	13727	432	11952	1343	4493	—
天津	834	834	—	719	115	698	—
河北	28376	28372	6435	18040	3897	19563	—
山西	24850	24850	182	22546	2122	21151	—
内蒙古	108092	107768	57047	46020	4701	98860	55108
内蒙古集团	58533	58215	55784	2431	—	55580	55108
辽宁	25737	25703	979	23186	1538	22734	—
吉林	119586	119471	81607	34718	3146	101111	55680
吉林集团	36101	36101	36101	—	—	24038	24038
黑龙江	315261	309226	240725	62560	5941	287069	231309
龙江集团	254527	249121	238635	7691	2795	232224	231309
上海	2030	2030	—	1862	168	336	—
江苏	16053	15912	—	15595	317	15595	—
浙江	12723	12596	860	9679	2057	9086	—
安徽	25099	24478	1779	20518	2181	21291	789
福建	27943	26180	5852	15763	4565	18713	4899
江西	67200	67136	15162	45560	6414	57705	4101
山东	27018	26999	1512	23300	2187	22787	42
河南	30257	30188	158	25678	4352	25056	—
湖北	29795	29225	2608	23156	3461	22577	230
湖南	51908	50862	4024	39908	6930	39059	2987
广东	32472	32130	2688	23029	6413	21951	292
广西	47487	47007	3328	39748	3931	38393	—
海南	7549	7549	3151	3616	782	5906	1749
重庆	8610	8501	294	6877	1330	6569	13
四川	56247	55214	21008	27971	6235	42147	12508
贵州	28100	28100	4083	21616	2401	24736	2238
云南	46698	46133	10164	26713	9256	31896	6111
西藏	3398	3396	1065	873	1458	1557	—
陕西	39299	38777	4622	31429	2726	33332	3958
甘肃	40183	40183	9962	27050	3171	33070	—
青海	12458	12458	—	11742	716	11591	—
宁夏	9287	9150	338	8272	540	7041	—
新疆	24772	24712	5640	16432	2640	20303	—
新疆兵团	—	—	—	—	—	—	—
局直属单位	70850	70808	57379	12288	1141	54607	51339
大兴安岭	62117	62075	57262	3918	895	53855	51339

从业人员年末人数(一)

单位:人

单　位							
农　林　牧　渔　业							
国有林场	国有苗圃	林业工作站	木材检查站	种苗站	病虫害防治站	治沙站	其他
381991	**28058**	**122925**	**21621**	**7284**	**11809**	**1059**	**112883**
874	1314	640	65	74	149	23	1354
60	144	175	—	13	84	4	218
7029	1617	2536	200	382	607	52	7140
8601	2108	3976	393	392	678	27	4976
32238	1996	3630	225	574	806	287	3996
—	—	—	—	—	—	—	472
13072	525	4534	360	346	534	2	3361
33047	1600	4697	394	64	354	—	5275
—	—	—	—	—	—	—	—
46424	1637	2248	456	277	394	—	4324
—	681	—	103	71	19	—	41
45	—	291	—	—	—	—	—
10740	1145	2105	275	27	97	—	1206
4056	154	2240	888	221	390	—	1137
11366	2365	3259	1246	71	476	28	1691
5990	308	3951	1030	65	146	—	2324
39588	1455	5234	2668	166	400	20	4073
7977	1945	7337	587	312	645	15	3927
10002	1860	3219	1945	530	878	—	6622
9951	468	5499	1351	458	541	—	4079
16566	1215	10960	2561	350	388	81	3951
12531	474	4153	1402	113	360	8	2618
25179	533	3656	1343	315	380	—	6987
1902	110	460	272	1	79	—	1333
2849	18	2617	208	144	261	—	459
8595	842	7915	802	206	465	—	10814
4783	256	10030	758	227	326	2	6116
7209	121	10504	524	441	359	—	6627
1065	280	10	72	—	9	—	121
14792	1308	5401	1071	793	693	195	5121
22213	863	2947	438	515	666	218	5210
7617	252	1902	27	35	113	16	1629
4170	572	985	30	24	180	7	1073
11460	573	5704	30	148	351	74	1963
—	—	—	—	—	—	—	—
—	—	110	—	—	—	—	3158
—	—	110	—	—	—	—	2406

林业系统各地区按行业分

地　区	国　有　经　济					
		制　造　业				
	采矿业	小　计	木材加工及木、竹、藤、棕、苇制品业	木、竹、藤家具制造业	木、竹、苇浆造纸业	林产化学产品制造
全国合计	**2255**	**25170**	**15974**	**124**	**25**	**797**
北　京	—	—	—	—	—	—
天　津	—	—	—	—	—	—
河　北	—	3392	209	—	—	10
山　西	—	13	5	—	—	—
内蒙古	—	49	49	—	—	—
内蒙古集团	—	6	6	—	—	—
辽　宁	—	573	193	—	—	—
吉　林	999	9311	7619	75	—	315
吉林集团	999	7948	6256	75	—	315
黑龙江	—	2837	2555	—	15	103
龙江集团	—	2365	2209	—	15	—
上　海	—	—	—	—	—	—
江　苏	—	—	—	—	—	—
浙　江	—	117	117	—	—	—
安　徽	85	177	123	2	—	—
福　建	—	902	679	—	—	174
江　西	—	106	50	—	—	1
山　东	1	1344	530	—	—	—
河　南	5	7	—	—	—	—
湖　北	—	380	191	4	—	2
湖　南	4	355	225	21	10	10
广　东	—	165	135	—	—	—
广　西	—	253	253	—	—	—
海　南	—	2	2	—	—	—
重　庆	—	28	27	—	—	—
四　川	—	2318	616	22	—	122
贵　州	—	214	204	—	—	7
云　南	—	983	914	—	—	53
西　藏	—	—	—	—	—	—
陕　西	—	254	121	—	—	—
甘　肃	—	1226	1157	—	—	—
青　海	—	—	—	—	—	—
宁　夏	6	—	—	—	—	—
新　疆	—	—	—	—	—	—
新疆兵团	—	—	—	—	—	—
局直属单位	1155	164	—	—	—	—
大兴安岭	1155	164	—	—	—	—

从业人员年末人数(二)

单位:人

单　　位					
			电力、燃气及水的生产和供应业	建筑业	批发和零售业
木质工艺品和木质文教体育用品制造业	非木质林产品加工业	其他			
14	**173**	**8063**	**4065**	**3577**	**4391**
—	—	—	—	—	—
—	—	—	—	—	—
—	37	3136	—	—	37
—	8	—	—	—	150
—	—	—	—	149	131
—	—	—	—	149	131
—	—	380	—	—	—
—	—	1302	30	1638	289
—	—	1302	—	1635	289
—	30	134	1515	1763	308
—	30	111	1515	1763	85
—	—	—	—	—	—
—	—	—	—	—	—
—	—	—	—	2	206
—	—	52	—	—	438
—	—	49	—	10	104
—	—	55	—	—	16
—	—	814	—	—	—
—	—	7	—	—	24
—	—	183	—	—	74
14	—	75	—	—	—
—	—	30	182	—	64
—	—	—	22	—	1273
—	—	—	—	—	18
—	—	1	—	—	31
—	—	1558	—	—	356
—	—	3	—	6	48
—	—	16	—	—	715
—	—	—	—	—	—
—	98	35	—	9	57
—	—	69	—	—	—
—	—	—	—	—	—
—	—	—	—	—	—
—	—	—	—	—	—
—	—	—	—	—	—
—	—	164	2316	—	52
—	—	164	2316	—	52

林业系统各地区按行业分

地区	国有经济					
	科学研究、技术服务和地质勘查业			水利、环境和公共设施管理业		
	小计	其中		小计	其中	
		科技交流和推广服务	规划设计管理		自然保护区管理	野生动植物保护
全国合计	**25396**	**4957**	**8737**	**26771**	**15166**	**1248**
北京	114	—	114	7565	35	41
天津	—	—	—	21	21	—
河北	472	340	80	483	275	162
山西	524	257	254	508	392	33
内蒙古	591	99	155	888	679	—
内蒙古集团	77	—	67	521	312	—
辽宁	397	207	124	349	315	34
吉林	1008	174	753	245	245	—
吉林集团	—	—	—	—	—	—
黑龙江	2745	887	1098	301	76	182
龙江集团	2123	858	631	25	—	—
上海	109	—	—	1133	83	15
江苏	—	—	—	—	—	—
浙江	538	257	82	321	298	13
安徽	114	57	24	128	105	20
福建	847	149	332	425	371	7
江西	910	301	308	487	405	72
山东	204	136	—	185	180	5
河南	487	31	17	48	39	9
湖北	1127	323	360	767	630	137
湖南	1570	239	619	1971	1894	65
广东	1526	471	174	1189	876	155
广西	1257	175	60	682	671	11
海南	271	14	—	388	381	7
重庆	251	72	84	79	73	6
四川	1364	—	1310	1813	1121	—
贵州	214	42	62	115	113	2
云南	250	88	—	1983	1936	19
西藏	72	—	72	309	—	—
陕西	700	61	478	672	627	45
甘肃	982	409	186	1290	1185	105
青海	52	12	40	5	5	—
宁夏	—	—	—	1393	1368	25
新疆	654	53	265	380	302	78
新疆兵团	—	—	—	—	—	—
局直属单位	6046	103	1686	648	465	—
大兴安岭	452	103	349	183	—	—

从业人员年末人数(三)

单位:人

单　位					
教育	卫生、社会保障和社会福利业	公共管理和社会组织	其他	集体经济单位	其他各种经济单位
8429	**5484**	**102120**	**11034**	**5152**	**9134**
—	—	1364	191	62	—
—	—	115	—	—	—
—	—	4400	25	4	—
326	23	2122	33	—	—
87	734	5281	998	226	98
50	720	41	940	220	98
6	—	1538	106	34	—
117	5	3489	1229	115	—
—	—	—	1192	—	—
2066	2691	5985	1946	2867	3168
1815	2691	2795	1720	2336	3070
240	14	168	30	—	—
—	—	317	—	141	—
—	—	2059	267	—	127
—	—	2187	58	356	265
—	74	4888	217	214	1549
670	—	6706	536	64	—
—	—	2466	12	7	12
—	—	4361	200	69	—
350	48	3516	386	74	496
683	—	7088	132	58	988
336	—	6557	160	108	234
610	—	3996	521	69	411
—	—	867	97	—	—
—	—	1345	198	22	87
93	552	6309	262	386	647
—	—	2420	347	—	—
—	—	9256	1050	258	307
—	—	1458	—	—	2
263	634	2737	119	18	504
189	247	3171	8	—	—
—	—	793	17	—	—
80	—	540	90	—	137
260	—	3086	29	—	60
—	—	—	—	—	—
2053	462	1535	1770	—	42
1277	462	895	1264	—	42

林业系统各地区按行业分

地　区	总　计	合　计	企　业	事　业	机　关	国有经济	
						小　计	木材及竹材采运企业
全国合计	**1657022**	**1543996**	**712465**	**734915**	**96616**	**1315689**	**569004**
北　京	13861	13799	419	12046	1334	4593	—
天　津	836	836	—	721	115	700	—
河　北	28133	28129	4715	19383	4031	18741	—
山　西	24960	24960	291	22542	2127	21152	—
内蒙古	193107	140831	89109	47013	4709	131945	87127
内蒙古集团	142539	90269	87823	2446	—	87599	87127
辽　宁	27338	27272	1204	24610	1458	24295	—
吉　林	157386	155025	112870	38679	3476	136000	77040
吉林集团	43817	43817	43817	—	—	31543	31543
黑龙江	429467	378543	305499	67417	5627	354508	293625
龙江集团	363545	313926	303274	7901	2751	295009	293625
上　海	1922	1922	—	1754	168	330	—
江　苏	17230	17089	—	16752	337	16752	—
浙　江	13482	13355	909	10407	2039	9806	—
安　徽	27125	26499	2543	21792	2164	22680	1118
福　建	26819	25503	5539	15817	4147	18458	4457
江　西	95873	95774	30039	59245	6490	84949	9394
山　东	26132	26118	1542	22337	2239	21835	42
河　南	30789	30718	327	26174	4217	25590	22
湖　北	33644	33067	4629	24795	3643	24957	416
湖　南	70214	69097	10936	51143	7018	56242	6789
广　东	35071	34771	3451	24832	6488	24018	297
广　西	51137	50649	4890	41992	3767	41132	—
海　南	7615	7615	3348	3469	798	5925	1855
重　庆	8663	8556	321	6906	1329	6598	13
四　川	56604	55605	21745	27751	6109	41954	11619
贵　州	21833	21833	4496	14940	2397	18421	2488
云　南	41864	41282	9784	23126	8372	27939	5531
西　藏	3556	3554	1223	873	1458	1715	—
陕　西	40894	40366	5627	32026	2713	34431	4452
甘　肃	40916	40916	9962	27783	3171	33802	—
青　海	12459	12459	—	11743	716	11592	—
宁　夏	9296	9159	338	8281	540	7056	—
新　疆	24380	24320	5613	16430	2277	20278	—
新疆兵团	—	—	—	—	—	—	—
局直属单位	84416	84374	71096	12136	1142	67295	62719
大兴安岭	75838	75796	70978	3920	898	66579	62719

在册职工人数(一)

单位:人

单位							
农林牧渔业							
国有林场	国有苗圃	林业工作站	木材检查站	种苗站	病虫害防治站	治沙站	其他
445777	**31179**	**117269**	**21761**	**7293**	**11826**	**1049**	**110531**
875	1407	640	65	73	149	23	1361
60	144	177	—	13	84	4	218
7370	1751	2561	200	382	618	52	5807
8526	2122	3981	394	402	678	27	5022
33336	1998	3666	232	577	813	287	3909
—	—	—	—	—	—	—	472
15421	704	3631	341	340	523	2	3333
44904	2017	4769	403	65	356	—	6446
—	—	—	—	—	—	—	—
50828	2011	2288	613	278	394	—	4471
—	996	—	256	72	19	—	41
45	—	285	—	—	—	—	—
11840	1145	2155	282	27	97	—	1206
4762	150	2248	892	221	390	—	1143
12315	2464	3253	1237	71	475	28	1719
6356	318	3818	895	67	146	—	2401
59736	2457	5353	2716	166	401	20	4706
8055	1994	7544	587	312	645	—	2656
10130	1921	3226	1985	507	890	—	6909
11925	549	5497	1367	507	545	—	4151
29175	1649	11136	2586	351	388	81	4087
14471	494	4159	1417	114	360	8	2698
28097	648	3597	1310	284	369	—	6827
2010	113	460	272	1	79	—	1135
2895	18	2600	208	144	261	—	459
8824	872	7944	806	201	466	—	11222
4915	228	6118	758	227	327	2	3358
6034	113	9224	524	443	359	—	5711
1223	280	10	72	—	9	—	121
15297	1345	5422	1074	798	695	195	5153
22926	871	2945	438	515	666	218	5223
7617	252	1902	27	35	113	16	1630
4238	572	985	30	24	180	7	1020
11571	572	5565	30	148	350	79	1963
—	—	—	—	—	—	—	—
—	—	110	—	—	—	—	4466
—	—	110	—	—	—	—	3750

林业系统各地区按行业分

地区	采矿业	小计	木材加工及木、竹、藤、棕、苇制品业	木、竹、藤家具制造业	木、竹、苇浆造纸业	林产化学产品制造
	国有经济					
		制造业				
全国合计	**2480**	**32185**	**19814**	**430**	**40**	**1213**
北京	—	—	—	—	—	—
天津	—	—	—	—	—	—
河北	—	3690	432	—	—	40
山西	—	13	5	—	—	—
内蒙古	—	49	49	—	—	—
内蒙古集团	—	6	6	—	—	—
辽宁	—	711	193	45	—	—
吉林	1078	9901	7742	75	—	343
吉林集团	1078	8397	6238	75	—	343
黑龙江	21	4350	3922	—	15	103
龙江集团	—	3835	3576	—	15	—
上海	—	—	—	—	—	—
江苏	—	—	—	—	—	—
浙江	—	117	117	—	—	—
安徽	85	253	123	78	—	—
福建	—	876	672	—	—	181
江西	—	1058	338	27	—	162
山东	—	1344	530	—	—	—
河南	23	7	—	—	—	—
湖北	—	1295	654	137	—	193
湖南	82	1010	734	46	25	10
广东	—	393	171	—	—	—
广西	—	325	325	—	—	—
海南	—	33	33	—	—	—
重庆	—	29	27	—	—	—
四川	—	2845	617	22	—	122
贵州	—	339	213	—	—	10
云南	—	1435	1370	—	—	49
西藏	—	—	—	—	—	—
陕西	—	645	390	—	—	—
甘肃	—	1226	1157	—	—	—
青海	—	—	—	—	—	—
宁夏	—	—	—	—	—	—
新疆	—	—	—	—	—	—
新疆兵团	—	—	—	—	—	—
局直属单位	1191	241	—	—	—	—
大兴安岭	1191	241	—	—	—	—

在册职工人数(二)

单位:人

木质工艺品和木质文教体育用品制造业	非木质林产品加工业	其他	电力、燃气及水的生产和供应业	建筑业	批发和零售业
47	**183**	**10458**	**4069**	**3313**	**7685**
—	—	—	—	—	—
—	—	—	—	—	—
—	37	3181	—	—	157
—	8	—	—	—	204
—	—	—	—	149	131
—	—	—	—	149	131
—	—	473	—	—	—
—	—	1741	30	1127	337
—	—	1741	—	1121	337
—	32	278	1515	1943	321
—	32	212	1515	1943	92
—	—	—	—	—	—
—	—	—	—	—	—
—	—	—	—	6	244
—	—	52	—	39	970
—	—	23	—	27	197
—	—	531	—	—	119
—	—	814	—	—	—
—	—	7	—	—	133
20	—	291	—	—	320
27	—	168	—	—	—
—	—	222	182	—	199
—	—	—	26	—	2229
—	—	—	—	—	18
—	—	2	—	—	57
—	—	2084	—	—	402
—	—	116	—	13	63
—	—	16	—	—	715
—	—	—	—	—	—
—	106	149	—	9	87
—	—	69	—	—	—
—	—	—	—	—	—
—	—	—	—	—	—
—	—	—	—	—	—
—	—	—	—	—	—
—	—	241	2316	—	782
—	—	241	2316	—	782

林业系统各地区按行业分

地区	国有经济					
	科学研究、技术服务和地质勘查业			水利、环境和公共设施管理业		
	小计	其中		小计	其中	
		科技交流和推广服务	规划设计管理		自然保护区管理	野生动植物保护
全国合计	**25688**	**5065**	**8658**	**26417**	**14837**	**1269**
北　京	113	—	113	7560	35	41
天　津	—	—	—	21	21	—
河　北	472	340	80	483	275	162
山　西	524	257	254	508	392	33
内蒙古	592	99	156	834	625	—
内蒙古集团	78	—	68	515	306	—
辽　宁	346	186	94	349	315	34
吉　林	1026	180	763	245	245	—
吉林集团	—	—	—	—	—	—
黑龙江	2780	892	1123	301	76	182
龙江集团	2158	863	656	25	—	—
上　海	94	—	—	1056	54	14
江　苏	—	—	—	—	—	—
浙　江	539	258	82	330	307	13
安　徽	114	57	24	130	108	19
福　建	787	149	272	404	350	7
江　西	1073	327	315	487	405	72
山　东	205	136	—	185	180	5
河　南	491	31	17	48	39	9
湖　北	1201	371	343	853	694	159
湖　南	1677	276	619	2065	1982	65
广　东	1588	475	174	1190	877	155
广　西	1267	176	60	539	528	11
海　南	271	14	—	388	381	7
重　庆	251	72	84	79	73	6
四　川	1369	—	1314	1780	1088	—
贵　州	205	43	52	115	113	2
云　南	250	88	—	1762	1715	19
西　藏	72	—	72	309	—	—
陕　西	751	61	478	683	638	45
甘　肃	982	409	186	1291	1185	106
青　海	52	12	40	5	5	—
宁　夏	—	—	—	1393	1368	25
新　疆	654	53	265	376	298	78
新疆兵团	—	—	—	—	—	—
局直属单位	5942	103	1678	648	465	—
大兴安岭	452	103	349	183	—	—

在册职工人数(三)

单位:人

单　位						
	教育	卫生、社会保障和社会福利业	公共管理和社会组织	其他	集体经济单位	其他各种经济单位
	8250	**5564**	**100454**	**12202**	**103919**	**9107**
	—	—	1355	178	62	—
	—	—	115	—	—	—
	—	—	4540	46	4	—
	326	23	2127	83	—	—
	90	737	5272	1032	52178	98
	53	723	41	974	52172	98
	7	—	1458	106	66	—
	117	8	3778	1378	2361	—
	—	—	—	1341	—	—
	1995	2834	5671	2304	47369	3555
	1744	2834	2751	2020	46347	3272
	239	3	168	32	—	—
	—	—	337	—	141	—
	—	—	2041	272	—	127
	—	—	2170	58	356	270
	—	62	4458	234	151	1165
	670	—	6782	636	99	—
	—	—	2518	31	10	4
	—	—	4226	200	71	—
	339	48	3698	356	81	496
	689	—	7176	156	129	988
	340	—	6632	229	108	192
	500	—	3804	827	78	410
	—	—	883	97	—	—
	—	—	1344	198	22	85
	93	510	6183	469	351	648
	—	—	2416	261	—	—
	—	—	8372	809	258	324
	—	—	1458	—	—	2
	263	630	2724	143	24	504
	189	247	3171	8	—	—
	—	—	793	17	—	—
	80	—	540	90	—	137
	260	—	2723	29	—	60
	—	—	—	—	—	—
	2053	462	1521	1923	—	42
	1277	462	898	1415	—	42

林业系统各地区按行业分

地　区	总 计	合 计	企 业	事 业	机 关	国有经济	
						小 计	木材及竹材采运企业
全国合计	**1312749**	**1299372**	**533269**	**670921**	**95182**	**1086753**	**427271**
北　京	13710	13648	419	11895	1334	4490	—
天　津	834	834	—	719	115	698	—
河　北	26165	26161	4233	18031	3897	17352	—
山　西	24722	24722	182	22418	2122	21023	—
内蒙古	107279	106955	57035	45225	4695	98126	55096
内蒙古集团	58513	58195	55772	2423	—	55568	55096
辽　宁	24158	24124	975	21692	1457	21287	—
吉　林	118689	118574	80986	34460	3128	100894	55680
吉林集团	35480	35480	35480	—	—	24038	24038
黑龙江	311435	305402	237830	62041	5531	284169	228837
龙江集团	251463	246059	235741	7599	2719	229752	228837
上　海	1906	1906	—	1738	168	330	—
江　苏	13282	13141	—	12824	317	12824	—
浙　江	12643	12516	850	9627	2039	9036	—
安　徽	24951	24330	1779	20388	2163	21163	780
福　建	24900	23643	4693	14811	4139	16791	3667
江　西	64503	64439	14639	43457	6343	55089	3839
山　东	25536	25525	1512	21847	2166	21335	42
河　南	29569	29500	158	25131	4211	24509	—
湖　北	28734	28164	2546	22194	3424	21633	194
湖　南	51157	50117	3938	39250	6929	38336	2922
广　东	32260	31960	2686	22923	6351	21856	290
广　西	44920	44442	3275	37408	3759	36341	—
海　南	7288	7288	3132	3374	782	5645	1746
重　庆	8582	8475	286	6860	1329	6552	13
四　川	54312	53620	20226	27307	6087	40899	11409
贵　州	20984	20984	3885	14704	2395	17723	2150
云　南	40982	40417	9147	22941	8329	27585	5396
西　藏	3383	3381	1050	873	1458	1542	—
陕　西	39130	38608	4535	31396	2677	33217	3871
甘　肃	40170	40170	9962	27037	3171	33057	—
青　海	12458	12458	—	11742	716	11591	—
宁　夏	9228	9091	338	8213	540	6988	—
新　疆	24199	24139	5593	16272	2274	20102	—
新疆兵团	—	—	—	—	—	—	—
局直属单位	70680	70638	57379	12123	1136	54570	51339
大兴安岭	62114	62072	57262	3918	892	53855	51339

在岗职工人数(一)

单位:人

单位							
农林牧渔业							
国有林场	国有苗圃	林业工作站	木材检查站	种苗站	病虫害防治站	治沙站	其他
370858	**27910**	**115655**	**21335**	**7185**	**11774**	**1044**	**103721**
874	1312	640	65	73	149	23	1354
60	144	175	—	13	84	4	218
7020	1617	2536	200	382	607	52	4938
8503	2083	3976	393	392	678	27	4971
31636	1996	3622	225	574	805	287	3885
—	—	—	—	—	—	—	472
12620	525	3613	340	340	523	2	3324
32942	1600	4696	394	64	354	—	5164
—	—	—	—	—	—	—	—
46193	1619	2248	456	277	394	—	4145
—	681	—	103	71	19	—	41
45	—	285	—	—	—	—	—
7993	1145	2081	275	27	97	—	1206
4035	132	2237	884	221	390	—	1137
11323	2365	3227	1236	71	475	28	1658
5773	293	3759	883	65	146	—	2205
37510	1454	5175	2651	166	400	20	3874
7933	1942	7337	587	312	645	—	2537
9579	1860	3219	1919	480	874	—	6578
9384	468	5304	1343	456	535	—	3949
16326	1215	10654	2540	350	388	81	3860
12441	474	4151	1402	113	360	8	2617
23726	528	3575	1310	284	369	—	6549
1846	110	460	272	1	79	—	1131
2849	18	2600	208	144	261	—	459
8535	829	7914	802	197	465	—	10748
4594	227	6098	758	227	326	2	3341
5873	113	9177	524	441	359	—	5702
1050	280	10	72	—	9	—	121
14788	1304	5391	1071	793	693	195	5111
22207	862	2945	438	515	666	218	5206
7617	252	1902	27	35	113	16	1629
4170	572	985	30	24	180	7	1020
11413	571	5553	30	148	350	74	1963
—	—	—	—	—	—	—	—
—	—	110	—	—	—	—	3121
—	—	110	—	—	—	—	2406

林业系统各地区按行业分

地　区		国　有　经　济				
		制　造　业				
	采矿业	小　计	木材加工及木、竹、藤、棕、苇制品业	木、竹、藤家具制造业	木、竹、苇浆造纸业	林产化学产品制造
全国合计	**2232**	**24900**	**15839**	**124**	**25**	**793**
北　京	—	—	—	—	—	—
天　津	—	—	—	—	—	—
河　北	—	3392	209	—	—	10
山　西	—	13	5	—	—	—
内蒙古	—	49	49	—	—	—
内蒙古集团	—	6	6	—	—	—
辽　宁	—	573	193	—	—	—
吉　林	983	9229	7537	75	—	315
吉林集团	983	7866	6174	75	—	315
黑龙江	—	2816	2534	—	15	103
龙江集团	—	2344	2188	—	15	—
上　海	—	—	—	—	—	—
江　苏	—	—	—	—	—	—
浙　江	—	117	117	—	—	—
安　徽	85	177	123	2	—	—
福　建	—	865	669	—	—	174
江　西	—	106	50	—	—	1
山　东	—	1344	530	—	—	—
河　南	5	7	—	—	—	—
湖　北	—	380	191	4	—	2
湖　南	4	334	204	21	10	10
广　东	—	165	135	—	—	—
广　西	—	252	252	—	—	—
海　南	—	2	2	—	—	—
重　庆	—	28	27	—	—	—
四　川	—	2214	616	22	—	122
贵　州	—	214	204	—	—	7
云　南	—	979	914	—	—	49
西　藏	—	—	—	—	—	—
陕　西	—	254	121	—	—	—
甘　肃	—	1226	1157	—	—	—
青　海	—	—	—	—	—	—
宁　夏	—	—	—	—	—	—
新　疆	—	—	—	—	—	—
新疆兵团	—	—	—	—	—	—
局直属单位	1155	164	—	—	—	—
大兴安岭	1155	164	—	—	—	—

在岗职工人数(二)

单位:人

单　位					
木质工艺品和木质文教体育用品制造业	非木质林产品加工业	其他	电力、燃气及水的生产和供应业	建筑业	批发和零售业
14	**173**	**7932**	**4065**	**2659**	**4318**
—	—	—	—	—	—
—	—	—	—	—	—
—	37	3136	—	—	37
—	8	—	—	—	150
—	—	—	—	149	131
—	—	—	—	149	131
—	—	380	—	—	—
—	—	1302	30	1120	289
—	—	1302	—	1117	289
—	30	134	1515	1363	307
—	30	111	1515	1363	84
—	—	—	—	—	—
—	—	—	—	—	—
—	—	—	—	2	198
—	—	52	—	—	438
—	—	22	—	10	95
—	—	55	—	—	16
—	—	814	—	—	—
—	—	7	—	—	24
—	—	183	—	—	69
14	—	75	—	—	—
—	—	30	182	—	64
—	—	—	22	—	1229
—	—	—	—	—	18
—	—	1	—	—	31
—	—	1454	—	—	350
—	—	3	—	6	48
—	—	16	—	—	715
—	—	—	—	—	—
—	98	35	—	9	57
—	—	69	—	—	—
—	—	—	—	—	—
—	—	—	—	—	—
—	—	—	—	—	—
—	—	—	—	—	—
—	—	164	2316	—	52
—	—	164	2316	—	52

林业系统各地区按行业分

地区	国有经济					
	科学研究、技术服务和地质勘查业			水利、环境和公共设施管理业		
	小计	其中		小计	其中	
		科技交流和推广服务	规划设计管理		自然保护区管理	野生动植物保护
全国合计	**25061**	**4934**	**8568**	**26127**	**14633**	**1245**
北京	113	—	113	7512	35	41
天津	—	—	—	21	21	—
河北	472	340	80	483	275	162
山西	524	257	254	508	392	33
内蒙古	591	99	155	834	625	—
内蒙古集团	77	—	67	515	306	—
辽宁	346	186	94	349	315	34
吉林	1008	174	753	245	245	—
吉林集团	—	—	—	—	—	—
黑龙江	2745	887	1098	301	76	182
龙江集团	2123	858	631	25	—	—
上海	89	—	—	1048	54	14
江苏	—	—	—	—	—	—
浙江	538	257	82	319	296	13
安徽	114	57	24	126	105	18
福建	761	148	261	400	346	7
江西	910	301	308	487	405	72
山东	204	136	—	185	180	5
河南	487	31	17	48	39	9
湖北	1096	323	329	764	627	137
湖南	1570	239	619	1971	1894	65
广东	1526	471	174	1176	863	155
广西	1243	174	60	539	528	11
海南	271	14	—	388	381	7
重庆	251	72	84	79	73	6
四川	1355	—	1301	1777	1085	—
贵州	204	42	52	115	113	2
云南	250	88	—	1759	1712	19
西藏	72	—	72	309	—	—
陕西	700	61	478	672	627	45
甘肃	982	409	186	1290	1185	105
青海	52	12	40	5	5	—
宁夏	—	—	—	1393	1368	25
新疆	654	53	265	376	298	78
新疆兵团	—	—	—	—	—	—
局直属单位	5933	103	1669	648	465	—
大兴安岭	452	103	349	183	—	—

在岗职工人数(三)

单位:人

单　位				集体经济单位	其他各种经济单位
教育	卫生、社会保障和社会福利业	公共管理和社会组织	其他		
8235	**5393**	**99007**	**10622**	**4680**	**8697**
—	—	1355	178	62	—
—	—	115	—	—	—
—	—	4400	25	4	—
326	23	2122	33	—	—
87	734	5258	996	226	98
50	720	41	938	220	98
6	—	1457	106	34	—
117	5	3430	1224	115	—
—	—	—	1187	—	—
1994	2671	5575	1946	2865	3168
1743	2671	2719	1720	2334	3070
239	3	168	29	—	—
—	—	317	—	141	—
—	—	2041	265	—	127
—	—	2169	58	356	265
—	62	4445	214	92	1165
670	—	6635	526	64	—
—	—	2445	12	7	4
—	—	4220	200	69	—
339	48	3479	356	74	496
683	—	7087	132	52	988
336	—	6495	160	108	192
500	—	3796	520	68	410
—	—	867	97	—	—
—	—	1344	190	22	85
93	509	6161	262	45	647
—	—	2414	260	—	—
—	—	8329	800	258	307
—	—	1458	—	—	2
263	629	2688	119	18	504
189	247	3171	8	—	—
—	—	793	17	—	—
80	—	540	90	—	137
260	—	2718	29	—	60
—	—	—	—	—	—
2053	462	1515	1770	—	42
1277	462	892	1264	—	42

林业系统各地区按行业分

地　区	总　计	合　计	企　业	事　业	机　关	国有经济 小　计	国有经济 木材及竹材采运企业
全国合计	**148836**	**90720**	**63130**	**27473**	**117**	**85389**	**51585**
北　京	86	86	—	86	—	82	—
天　津	—	—	—	—	—	—	—
河　北	895	895	137	758	—	762	—
山　西	90	90	39	51	—	51	—
内蒙古	71949	28349	27187	1162	—	28349	27187
内蒙古集团	70787	27187	27187	—	—	27187	27187
辽　宁	834	834	—	834	—	834	—
吉　林	9813	8398	7532	866	—	7992	6009
吉林集团	2086	2086	2086	—	—	1680	1680
黑龙江	28042	15193	14260	931	2	14861	13900
龙江集团	26795	14191	14189	—	2	13900	13900
上　海	10	10	—	10	—	—	—
江　苏	3416	3416	—	3416	—	3416	—
浙　江	218	218	8	210	—	204	—
安　徽	851	851	483	368	—	368	271
福　建	173	173	50	123	—	136	27
江　西	16027	16027	6240	9787	—	15142	1610
山　东	43	43	—	43	—	43	—
河　南	948	948	56	889	3	911	22
湖　北	1230	1230	674	466	90	570	98
湖　南	7498	7498	2726	4772	—	6929	1260
广　东	546	546	288	258	—	519	—
广　西	1964	1964	712	1252	—	1314	—
海　南	163	163	147	—	16	147	102
重　庆	27	27	27	—	—	—	—
四　川	816	564	414	150	—	509	—
贵　州	554	554	446	108	—	421	202
云　南	379	379	373	6	—	49	43
西　藏	—	—	—	—	—	—	—
陕　西	936	936	764	172	—	491	320
甘　肃	718	718	—	718	—	718	—
青　海	1	1	—	1	—	1	—
宁　夏	36	36	—	36	—	36	—
新　疆	—	—	—	—	—	—	—
新疆兵团	—	—	—	—	—	—	—
局直属单位	573	573	567	—	6	534	534
大兴安岭	573	573	567	—	6	534	534

下岗待安置职工人数(一)

单位:人

单位							
农林牧渔业							
国有林场	国有苗圃	林业工作站	木材检查站	种苗站	病虫害防治站	治沙站	其他
30431	**1275**	**215**	**64**	**55**	**13**	—	**1751**
—	78	—	—	—	—	—	4
—	—	—	—	—	—	—	—
17	27	—	—	—	—	—	718
—	—	2	—	10	—	—	39
1162	—	—	—	—	—	—	—
—	—	—	—	—	—	—	—
834	—	—	—	—	—	—	—
1867	63	—	—	—	—	—	53
—	—	—	—	—	—	—	—
898	33	—	—	—	—	—	30
—	—	—	—	—	—	—	—
—	—	—	—	—	—	—	—
3416	—	—	—	—	—	—	—
198	—	4	—	—	—	—	2
54	43	—	—	—	—	—	—
83	—	—	—	—	—	—	26
12699	750	—	33	—	—	—	50
—	3	7	—	—	—	—	33
538	32	1	13	15	13	—	277
303	9	114	5	30	—	—	11
5375	174	60	—	—	—	—	60
506	—	—	13	—	—	—	—
1185	47	16	—	—	—	—	66
45	—	—	—	—	—	—	—
—	—	—	—	—	—	—	—
131	16	—	—	—	—	—	362
207	—	11	—	—	—	—	1
—	—	—	—	—	—	—	6
—	—	—	—	—	—	—	—
159	—	—	—	—	—	—	12
718	—	—	—	—	—	—	—
—	—	—	—	—	—	—	1
36	—	—	—	—	—	—	—
—	—	—	—	—	—	—	—
—	—	—	—	—	—	—	—
—	—	—	—	—	—	—	—
—	—	—	—	—	—	—	—

林业系统各地区按行业分

地　区	国有经济					
	采矿业	制造业				
		小　计	木材加工及木、竹、藤、棕、苇制品业	木、竹、藤家具制造业	木、竹、苇浆造纸业	林产化学产品制造
全国合计	**—**	**3316**	**1843**	**137**	**10**	**164**
北　京	—	—	—	—	—	—
天　津	—	—	—	—	—	—
河　北	—	121	121	—	—	—
山　西	—	—	—	—	—	—
内蒙古	—	—	—	—	—	—
内蒙古集团	—	—	—	—	—	—
辽　宁	—	—	—	—	—	—
吉　林	—	380	—	—	—	—
吉林集团	—	380	—	—	—	—
黑龙江	—	284	227	—	—	—
龙江集团	—	284	227	—	—	—
上　海	—	—	—	—	—	—
江　苏	—	—	—	—	—	—
浙　江	—	—	—	—	—	—
安　徽	—	76	—	76	—	—
福　建	—	—	—	—	—	—
江　西	—	750	203	—	—	161
山　东	—	—	—	—	—	—
河　南	—	—	—	—	—	—
湖　北	—	449	403	46	—	—
湖　南	—	449	349	15	10	—
广　东	—	—	—	—	—	—
广　西	—	—	—	—	—	—
海　南	—	—	—	—	—	—
重　庆	—	1	—	—	—	—
四　川	—	28	—	—	—	—
贵　州	—	125	9	—	—	3
云　南	—	321	321	—	—	—
西　藏	—	—	—	—	—	—
陕　西	—	332	210	—	—	—
甘　肃	—	—	—	—	—	—
青　海	—	—	—	—	—	—
宁　夏	—	—	—	—	—	—
新　疆	—	—	—	—	—	—
新疆兵团	—	—	—	—	—	—
局直属单位	—	—	—	—	—	—
大兴安岭	—	—	—	—	—	—

下岗待安置职工人数(二)

单位:人

单　　位						
	木质工艺品和木质文教体育用品制造业	非木质林产品加工业	其他	电力、燃气及水的生产和供应业	建筑业	批发和零售业
	9	**8**	**1145**	**—**	**26**	**1176**
	—	—	—	—	—	—
	—	—	—	—	—	—
	—	—	—	—	—	12
	—	—	—	—	—	39
	—	—	—	—	—	—
	—	—	—	—	—	—
	—	—	—	—	—	—
	—	—	380	—	—	26
	—	—	380	—	—	26
	—	—	57	—	5	—
	—	—	57	—	5	—
	—	—	—	—	—	—
	—	—	—	—	—	—
	—	—	—	—	—	8
	—	—	—	—	—	407
	—	—	—	—	14	22
	—	—	386	—	—	103
	—	—	—	—	—	—
	—	—	—	—	—	34
	—	—	—	—	—	50
	9	—	66	—	—	—
	—	—	—	—	—	14
	—	—	—	—	—	400
	—	—	—	—	—	—
	—	—	1	—	—	26
	—	—	28	—	—	5
	—	—	113	—	7	—
	—	—	—	—	—	—
	—	—	—	—	—	—
	—	8	114	—	—	30
	—	—	—	—	—	—
	—	—	—	—	—	—
	—	—	—	—	—	—
	—	—	—	—	—	—
	—	—	—	—	—	—
	—	—	—	—	—	—
	—	—	—	—	—	—

林业系统各地区按行业分

地　区	国　有　经　济					
	科学研究、技术服务和地质勘查业			水利、环境和公共设施管理业		
	小计	其中		小计	其中	
		科技交流和推广服务	规划设计管理		自然保护区管理	野生动植物保护
全国合计	**97**	**2**	**14**	**180**	**152**	**22**
北　京	—	—	—	4	—	—
天　津	—	—	—	—	—	—
河　北	—	—	—	—	—	—
山　西	—	—	—	—	—	—
内蒙古	—	—	—	—	—	—
内蒙古集团	—	—	—	—	—	—
辽　宁	—	—	—	—	—	—
吉　林	—	—	—	—	—	—
吉林集团	—	—	—	—	—	—
黑龙江	—	—	—	—	—	—
龙江集团	—	—	—	—	—	—
上　海	5	—	—	2	—	—
江　苏	—	—	—	—	—	—
浙　江	—	—	—	6	6	—
安　徽	—	—	—	—	—	—
福　建	—	—	—	—	—	—
江　西	—	—	—	—	—	—
山　东	—	—	—	—	—	—
河　南	—	—	—	—	—	—
湖　北	14	—	14	57	35	22
湖　南	21	—	—	84	84	—
广　东	—	—	—	13	13	—
广　西	6	2	—	—	—	—
海　南	—	—	—	—	—	—
重　庆	—	—	—	—	—	—
四　川	—	—	—	3	3	—
贵　州	—	—	—	—	—	—
云　南	—	—	—	—	—	—
西　藏	—	—	—	—	—	—
陕　西	51	—	—	11	11	—
甘　肃	—	—	—	—	—	—
青　海	—	—	—	—	—	—
宁　夏	—	—	—	—	—	—
新　疆	—	—	—	—	—	—
新疆兵团	—	—	—	—	—	—
局直属单位	—	—	—	—	—	—
大兴安岭	—	—	—	—	—	—

下岗待安置职工人数(三)

单位:人

单位					
教育	卫生、社会保障和社会福利业	公共管理和社会组织	其他	集体经济单位	其他各种经济单位
—	**—**	**117**	**419**	**58116**	**—**
—	—	—	—	—	—
—	—	—	—	—	—
—	—	—	—	—	—
—	—	—	—	—	—
—	—	—	—	43600	—
—	—	—	—	43600	—
—	—	—	—	—	—
—	—	—	—	1415	—
—	—	—	—	—	—
—	—	2	41	12849	—
—	—	2	—	12604	—
—	—	—	3	—	—
—	—	—	—	—	—
—	—	—	—	—	—
—	—	—	—	—	—
—	—	—	1	—	—
—	—	—	32	—	—
—	—	—	—	—	—
—	—	3	—	—	—
—	—	90	—	—	—
—	—	—	15	—	—
—	—	—	—	—	—
—	—	—	244	—	—
—	—	16	—	—	—
—	—	—	—	—	—
—	—	—	19	252	—
—	—	—	1	—	—
—	—	—	9	—	—
—	—	—	—	—	—
—	—	—	21	—	—
—	—	—	—	—	—
—	—	—	—	—	—
—	—	—	—	—	—
—	—	—	—	—	—
—	—	—	—	—	—
—	—	6	33	—	—
—	—	6	33	—	—

林业系统各地区按行业分

地区	总计	合计	企业	事业	机关	国有经济	
						小计	木材及竹材采运企业
全国合计	**983943**	**924271**	**555543**	**318709**	**50019**	**795049**	**456260**
北京	6878	6878	11	5978	889	2305	—
天津	383	383	—	325	58	324	—
河北	9499	9499	1094	6749	1656	7196	—
山西	9144	9144	235	7798	1111	7290	—
内蒙古	96293	96293	66768	27967	1558	84284	66363
内蒙古集团	76273	76273	66475	9798	—	66580	66363
辽宁	11282	11244	532	9651	1061	9666	—
吉林	95778	94697	82009	10594	2094	89960	73272
吉林集团	37080	37080	37080	—	—	35376	35376
黑龙江	294676	237718	204054	28416	5248	208770	185158
龙江集团	267313	210416	203332	4790	2294	185305	185158
上海	3728	3728	—	3413	315	211	—
江苏	8347	8346	—	8077	269	8077	—
浙江	8270	8269	531	6716	1022	6674	—
安徽	11503	11434	1340	8882	1212	9369	514
福建	24285	23789	12746	8709	2334	18665	10798
江西	49944	49935	21361	25316	3258	44921	8991
山东	9165	9149	201	7845	1103	7737	54
河南	8254	8247	59	6561	1627	6329	46
湖北	14613	14612	3269	9268	2075	10950	364
湖南	27753	27702	6933	16802	3967	21502	4441
广东	29152	29030	4778	20633	3619	23745	668
广西	31335	31250	2786	26985	1479	26672	—
海南	5495	5495	4528	773	194	5188	2912
重庆	5225	5120	194	3829	1097	3792	39
四川	82560	82522	60477	18289	3756	76750	43309
贵州	10473	10473	2780	6122	1571	8367	1835
云南	21639	21097	10030	8175	2892	15545	6291
西藏	1767	1767	1177	225	365	1383	—
陕西	14480	14459	5482	7841	1136	11749	4511
甘肃	16128	16128	5757	9176	1195	13928	—
青海	1279	1279	—	1134	145	1108	—
宁夏	4715	4715	493	3776	446	3496	—
新疆	10545	10545	4081	5655	809	8827	—
新疆兵团	—	—	—	—	—	—	—
局直属单位	59355	59324	51837	7029	458	50269	46694
大兴安岭	53951	53920	51779	1683	458	49986	46694

年末实有离退休人员人数(一)

单位:人

单　　位							
农　林　牧　渔　业							
国有林场	国有苗圃	林业工作站	木材检查站	种苗站	病虫害防治站	治沙站	其他
239418	**15964**	**22160**	**2336**	**2009**	**2185**	**317**	**54400**
612	1321	99	—	19	24	—	230
13	61	115	—	2	6	—	127
3713	508	297	7	74	82	3	2512
4480	929	555	39	71	105	—	1111
13833	948	1142	52	188	387	152	1219
—	—	—	—	—	—	—	217
7786	309	472	36	158	132	2	771
14037	783	533	66	17	95	—	1157
—	—	—	—	—	—	—	—
20161	403	566	51	95	55	—	2281
—	59	—	39	31	6	—	12
74	—	137	—	—	—	—	—
6580	494	489	37	19	16	6	436
5559	155	302	110	64	87	—	397
6168	1230	704	106	12	150	—	485
5485	273	675	184	24	8	—	1218
31224	1675	801	371	56	76	—	1727
4111	1266	1391	34	63	89	15	714
3884	590	509	100	105	91	2	1002
7770	292	1219	130	86	59	—	1030
13399	1018	1299	229	39	65	5	1007
19377	494	1771	162	121	32	—	1120
23013	404	641	93	144	64	1	2312
2191	40	13	8	4	8	—	12
3080	167	241	46	12	60	—	147
7972	502	1329	111	60	36	—	23431
4217	217	1024	77	35	24	—	938
4102	102	2466	49	209	91	—	2235
1177	176	—	19	—	—	—	11
4081	381	1458	150	176	98	57	837
11177	233	541	57	114	127	59	1620
781	68	159	—	—	45	4	51
2774	392	173	12	—	19	—	126
6587	533	964	—	42	54	11	636
—	—	—	—	—	—	—	—
—	—	75	—	—	—	—	3500
—	—	75	—	—	—	—	3217

林业系统各地区按行业分

地区	国有经济					
	采矿业	制造业				
		小计	木材加工及木、竹、藤、棕、苇制品业	木、竹、藤家具制造业	木、竹、苇浆造纸业	林产化学产品制造
全国合计	**1917**	**17942**	**14336**	**122**	**643**	**350**
北京	—	—	—	—	—	—
天津	—	—	—	—	—	—
河北	—	83	34	—	—	—
山西	—	140	74	—	—	—
内蒙古	—	21	21	—	—	—
内蒙古集团	—	2	2	—	—	—
辽宁	—	202	8	4	—	—
吉林	1325	417	213	—	—	36
吉林集团	1325	239	35	—	—	36
黑龙江	1	12247	10873	—	628	—
龙江集团	—	11999	10691	—	628	—
上海	—	—	—	—	—	—
江苏	—	—	—	—	—	—
浙江	—	—	—	—	—	—
安徽	83	97	70	27	—	—
福建	—	915	345	—	—	43
江西	—	623	299	2	—	60
山东	—	43	10	—	—	—
河南	4	—	—	—	—	—
湖北	—	425	80	40	—	154
湖南	86	613	434	11	15	6
广东	—	181	99	—	—	—
广西	—	62	60	—	—	—
海南	—	37	33	—	—	—
重庆	—	24	24	—	—	—
四川	—	200	95	38	—	51
贵州	—	179	177	—	—	—
云南	—	316	299	—	—	—
西藏	—	—	—	—	—	—
陕西	—	843	814	—	—	—
甘肃	—	152	152	—	—	—
青海	—	—	—	—	—	—
宁夏	—	—	—	—	—	—
新疆	—	122	122	—	—	—
新疆兵团	—	—	—	—	—	—
局直属单位	418	—	—	—	—	—
大兴安岭	418	—	—	—	—	—

年末实有离退休人员人数(二)

单位:人

单　　位					
			电力、燃气及水的生产和供应业	建筑业	批发和零售业
木质工艺品和木质文教体育用品制造业	非木质林产品加工业	其他			
6	**97**	**2388**	**721**	**1708**	**4679**
—	—	—	—	—	—
—	—	—	—	—	—
—	—	49	—	—	36
—	1	65	—	—	178
—	—	—	—	—	—
—	—	—	—	—	—
—	—	190	—	—	—
—	—	168	3	—	94
—	—	168	—	—	94
—	72	674	692	1564	132
—	72	608	692	1564	53
—	—	—	—	—	—
—	—	—	—	—	—
—	—	—	—	4	133
—	—	—	—	19	536
—	—	527	—	116	199
—	—	262	—	—	50
—	—	33	—	—	—
—	—	—	—	—	31
—	—	151	—	—	228
6	—	141	—	—	—
—	—	82	12	—	159
—	—	2	5	—	1336
—	—	4	—	—	8
—	—	—	—	—	49
—	—	16	—	—	214
—	—	2	—	3	18
—	—	17	—	—	968
—	—	—	—	—	—
—	24	5	—	2	36
—	—	—	—	—	—
—	—	—	—	—	—
—	—	—	—	—	—
—	—	—	9	—	9
—	—	—	—	—	—
—	—	—	—	—	265
—	—	—	—	—	265

林业系统各地区按行业分

地区	国有经济					
	科学研究、技术服务和地质勘查业			水利、环境和公共设施管理业		
	小计	其中：科技交流和推广服务	其中：规划设计管理	小计	其中：自然保护区管理	其中：野生动植物保护
全国合计	**15022**	**2733**	**5087**	**8127**	**3099**	**239**
北京	14	—	14	3669	16	2
天津	—	—	—	1	1	—
河北	175	129	21	145	66	58
山西	189	118	65	77	63	2
内蒙古	977	66	681	122	122	—
内蒙古集团	652	—	652	—	—	—
辽宁	180	105	29	87	81	6
吉林	571	137	390	68	68	—
吉林集团	—	—	—	—	—	—
黑龙江	1942	687	740	74	6	65
龙江集团	1691	686	597	2	—	—
上海	43	—	—	1017	6	2
江苏	—	—	—	—	—	—
浙江	314	167	43	109	107	2
安徽	51	46	3	11	9	2
福建	83	45	21	28	24	—
江西	486	105	141	109	96	13
山东	112	86	—	26	26	—
河南	211	10	5	1	1	—
湖北	454	138	108	141	133	8
湖南	736	88	270	333	328	4
广东	1059	306	130	99	50	3
广西	864	150	41	205	205	—
海南	23	2	—	16	14	2
重庆	136	14	18	10	2	8
四川	965	—	933	38	17	—
贵州	122	15	37	65	65	—
云南	166	57	—	299	288	—
西藏	19	—	19	—	—	—
陕西	318	28	153	171	158	13
甘肃	356	133	50	257	225	32
青海	14	6	8	—	—	—
宁夏	—	—	—	623	623	—
新疆	362	9	151	62	45	17
新疆兵团	—	—	—	—	—	—
局直属单位	4080	86	1016	264	254	—
大兴安岭	237	86	151	10	—	—

年末实有离退休人员人数(三)

单位:人

单　位				集体经济单位	其他各种经济单位
教育	卫生、社会保障和社会福利业	公共管理和社会组织	其他		
5559	**10533**	**52124**	**10890**	**58816**	**856**
—	—	890	—	—	—
—	—	58	—	—	—
—	—	1864	—	—	—
88	49	1111	22	—	—
77	8183	1823	806	—	—
53	8181	—	805	—	—
6	—	1061	42	38	—
68	6	2139	46	1081	—
—	—	—	46	—	—
940	1491	5331	4534	56932	26
806	1491	2299	4514	56897	—
2111	3	315	28	—	—
—	—	269	—	1	—
—	—	1022	13	—	1
—	—	1212	56	65	4
—	6	2534	1243	496	—
100	—	3404	242	9	—
—	—	1221	10	10	6
—	—	1629	42	7	—
75	—	2086	253	1	—
311	—	4067	54	51	—
110	—	3633	32	82	40
253	—	1494	359	24	61
—	—	222	1	—	—
—	—	1097	12	2	103
64	216	3795	280	10	28
—	—	1583	136	—	—
—	—	2892	911	6	536
—	—	365	—	—	—
61	96	1136	47	1	20
106	101	1195	33	—	—
—	—	155	2	—	—
24	—	449	123	—	—
168	—	976	10	—	—
—	—	—	—	—	—
997	382	1096	1553	—	31
737	382	458	1427	—	31

林业系统各地区按行业分

地区	总计					国有经济	
		合计	企业	事业	机关	小计	木材及竹材采运企业
全国合计	**23611**	**23771**	**17797**	**25876**	**40882**	**21082**	**17139**
北京	59632	59813	26493	56847	95640	53570	—
天津	42710	42710	—	38206	70550	37682	—
河北	26546	26546	20789	27238	29620	26515	—
山西	25651	25651	11615	24994	33777	23930	—
内蒙古	26753	27200	23316	29632	50980	25808	23414
内蒙古集团	23021	23712	23336	32385	—	23519	23414
辽宁	22857	22877	14980	22268	37376	21616	—
吉林	21611	21615	22203	18686	38809	19700	21675
吉林集团	26798	26798	26798	—	—	24890	24890
黑龙江	14228	14464	12764	18274	39392	13247	12649
龙江集团	13593	13855	12767	33304	45914	12655	12649
上海	88043	88043	—	84208	127951	82200	—
江苏	20385	20429	—	19318	67296	19318	—
浙江	52053	52402	29100	45882	92510	43886	—
安徽	21829	21941	12525	21049	37525	20607	15818
福建	28970	29246	20081	29438	38566	26513	20144
江西	19386	19385	13882	18554	37666	16885	14928
山东	27720	27724	15986	27582	37179	26909	12791
河南	17708	17725	10766	16631	24228	16643	13303
湖北	19730	19796	16450	18806	29213	17859	15489
湖南	22925	22990	24689	21709	29427	20552	14009
广东	33747	33873	19235	31142	51563	28111	23855
广西	23161	23213	18750	22340	35634	21093	—
海南	24284	24284	21818	20614	49276	20993	27129
重庆	34272	34419	15822	33366	44432	33055	22774
四川	28741	28912	23682	29996	41239	26391	25317
贵州	23590	23590	18122	24365	27959	22741	14231
云南	27759	27980	18818	28396	36981	26195	18629
西藏	50673	50673	30299	48192	66668	37062	—
陕西	29858	29963	15915	31193	39977	28979	14921
甘肃	28036	28036	17406	29229	41576	26789	—
青海	27050	27050	—	25836	46956	25508	—
宁夏	29727	29680	10913	29404	47975	25823	—
新疆	32176	32200	29785	31499	42625	29454	—
新疆兵团	—	—	—	—	—	—	—
局直属单位	65025	65025	87781	63863	94871	60073	—
大兴安岭	23018	23022	21932	34124	38121	22275	22233

在岗职工年平均工资(一)

单位:元

单位							
农林牧渔业							
国有林场	国有苗圃	林业工作站	木材检查站	种苗站	病虫害防治站	治沙站	其他
20330	**21208**	**27784**	**28561**	**32140**	**32725**	**35806**	**27882**
61833	51153	61400	51158	63463	71426	84169	43649
45473	33606	35379	—	51830	47546	54315	35109
28596	19322	31874	21984	22285	25209	32295	23829
24708	17265	22447	17155	26046	27892	17421	26370
25076	27751	42422	41444	44006	43903	40209	40842
—	—	—	—	—	—	—	35753
18667	14994	23485	29752	29159	30775	47604	28682
14793	17143	25917	31872	36940	30240	—	23510
—	—	—	—	—	—	—	—
14365	13884	25043	21315	30886	29151	41865	21715
—	11162	—	4184	35183	38316	—	36869
74876	—	83395	—	—	—	—	—
15259	16944	34980	22838	23556	25681	44067	20362
33131	45752	51696	47474	64874	59784	86467	54179
18033	13587	28665	26418	19341	28219	—	27774
27317	27856	30393	29250	24344	33389	—	26906
13649	18379	21930	45678	34522	29547	11073	21501
27338	20390	26947	24158	32331	32215	19551	30779
15105	12887	18152	15186	16993	19786	13338	19531
15686	16214	19830	20225	22788	22421	—	18682
17160	14053	23489	22885	27518	25730	18239	31892
26449	19560	25482	27416	44960	38159	—	40685
20271	16968	22170	24032	23149	26161	24834	22823
17715	6202	19931	25286	50610	37186	—	16780
32242	37962	32258	32964	35533	40758	—	36380
24175	26907	29173	29258	37779	37381	—	26396
23227	28547	25163	24987	29035	26240	23814	21348
28102	25981	26226	31295	32287	32793	32857	30307
30299	52592	62438	60375	—	70537	—	48890
28673	23251	33072	31852	37375	31889	50071	34601
23558	24690	31503	32816	33602	34799	42741	34210
22988	36499	22408	40068	43765	46168	55888	36477
20610	26695	37791	43204	43637	40464	31564	30848
27754	27208	31570	37243	35594	36509	34403	31430
—	—	—	—	—	—	—	—
—	—	—	—	—	—	—	60073
—	—	33432	—	—	—	—	22601

林业系统各地区按行业分

地区	国有经济					
		制造业				
	采矿业	小计	木材加工及木、竹、藤、棕、苇制品业	木、竹、藤家具制造业	木、竹、苇浆造纸业	林产化学产品制造
全国合计	**20366**	**22359**	**22813**	**24838**	**19194**	**21328**
北京	—	—	—	—	—	—
天津	—	—	—	—	—	—
河北	—	21531	23966	—	—	26605
山西	—	30002	30202	—	—	—
内蒙古	—	19620	19620	—	—	—
内蒙古集团	—	33333	33333	—	—	—
辽宁	—	16923	22234	—	—	—
吉林	15910	26573	27661	30822	—	19058
吉林集团	15910	27325	28920	30822	—	19058
黑龙江	36553	13874	13309	—	19762	22474
龙江集团	—	13498	13342	—	19762	—
上海	—	—	—	—	—	—
江苏	—	—	—	—	—	—
浙江	—	31598	31598	—	—	—
安徽	5412	15739	14482	4800	—	—
福建	—	39973	46277	—	—	23738
江西	—	12060	9363	—	—	26400
山东	—	15607	11932	—	—	—
河南	6000	10301	—	—	—	—
湖北	—	15290	23906	14400	—	16200
湖南	5000	13568	12352	17381	18000	20406
广东	—	12567	13826	—	—	—
广西	—	33677	33677	—	—	—
海南	—	2400	2400	—	—	—
重庆	—	16288	16700	—	—	—
四川	—	26731	18781	15819	—	17147
贵州	—	16132	16082	—	—	17714
云南	—	19500	18677	—	—	35665
西藏	—	—	—	—	—	—
陕西	—	17376	21489	—	—	—
甘肃	—	8301	7981	—	—	—
青海	—	—	—	—	—	—
宁夏	—	—	—	—	—	—
新疆	—	—	—	—	—	—
新疆兵团	—	—	—	—	—	—
局直属单位	—	—	—	—	—	—
大兴安岭	24999	19902	—	—	—	—

在岗职工年平均工资（二）

单位：元

单　位					
木质工艺品和木质文教体育用品制造业	非木质林产品加工业	其他	电力、燃气及水的生产和供应业	建筑业	批发和零售业
16786	**12496**	**21757**	**14922**	**27548**	**18173**
—	—	—	—	—	—
—	—	—	—	—	—
—	9395	21496	—	—	3344
—	29877	—	—	—	16305
—	—	—	—	8418	32176
—	—	—	—	8418	32176
—	—	14226	—	—	—
—	—	23019	14862	40405	38654
—	—	23019	—	40434	38654
—	11290	16298	11789	22129	13414
—	11290	16073	11789	22129	13496
—	—	—	—	—	—
—	—	—	—	—	—
—	—	—	—	21600	32632
—	—	19135	—	—	11514
—	—	9772	—	10000	12694
—	—	15219	—	—	12346
—	—	18000	—	—	—
—	—	10301	—	—	5772
—	—	6306	—	—	12823
16786	—	13271	—	—	—
—	—	6900	18847	—	16240
—	—	—	25362	—	16201
—	—	—	—	—	4739
—	—	5184	—	—	17585
—	—	33698	—	—	25868
—	—	15867	—	20033	—
—	—	24477	—	—	13356
—	—	—	—	—	—
—	12649	14400	—	43152	14684
—	—	15838	—	—	—
—	—	—	—	—	—
—	—	—	—	—	—
—	—	—	—	—	—
—	—	—	—	—	—
—	—	—	—	—	—
—	—	19902	16586	—	18462

林业系统各地区按行业分

地区	国有经济					
	科学研究、技术服务和地质勘查业			水利、环境和公共设施管理业		
	小计	其中：科技交流和推广服务	其中：规划设计管理	小计	其中：自然保护区管理	其中：野生动植物保护
全国合计	**43926**	**36062**	**49993**	**42158**	**32949**	**34403**
北京	73152	—	73152	57607	71981	48834
天津	—	—	—	55570	55570	—
河北	32163	28457	49500	33020	33174	34595
山西	46328	46696	46747	29547	28793	29125
内蒙古	43628	37856	33578	35733	39750	—
内蒙古集团	19421	—	16866	26388	27672	—
辽宁	37988	38602	37078	35174	35185	35071
吉林	44816	44742	45603	31857	31857	—
吉林集团	—	—	—	—	—	—
黑龙江	33975	34668	32375	32358	18850	39085
龙江集团	34803	34657	33788	35720	—	—
上海	104752	—	—	84996	86004	98250
江苏	—	—	—	—	—	—
浙江	72658	56485	119383	47363	47234	77923
安徽	24958	25220	18647	26490	26210	5944
福建	27718	35140	27602	27301	26401	36124
江西	25678	22908	27267	36227	35805	34755
山东	46742	45677	—	37415	37521	33600
河南	14802	19125	28764	15974	16357	14316
湖北	24414	18103	27394	23703	23646	23965
湖南	41551	23632	49136	24521	23997	34563
广东	42023	53585	50329	36733	39368	20301
广西	43455	23841	23280	29914	30035	25070
海南	23889	28275	—	23670	22841	68527
重庆	30225	30550	32704	34703	33585	47744
四川	32698	—	32073	40517	36972	—
贵州	49475	22527	26107	52268	26266	21384
云南	35129	35002	—	27812	27453	56356
西藏	43837	—	43837	38251	—	—
陕西	39104	35131	47642	42566	42718	40961
甘肃	31809	33692	34400	32354	31673	39971
青海	48139	61000	44281	40295	40295	—
宁夏	—	—	—	41458	41596	33875
新疆	56694	42693	76940	33145	32258	37092
新疆兵团	—	—	—	—	—	—
局直属单位	64841	—	102414	40218	40218	—
大兴安岭	38224	35621	38997	22587	—	—

在岗职工年平均工资(三)

单位:元

单　位				集体经济单位	其他各种经济单位
教育	卫生、社会保障和社会福利业	公共管理和社会组织	其他		
43475	**27980**	**41117**	**30984**	**4784**	**16925**
—	—	95841	24122	21290	—
—	—	70550	—	—	—
—	—	29432	20000	—	—
47766	26839	33777	16356	—	—
47826	26311	49584	35772	1957	32000
34800	25801	43439	35684	1945	32000
44236	—	37376	16139	8703	—
38260	13709	38913	49594	14752	—
—	—	—	50921	—	—
41100	23668	39379	32941	2460	8083
41228	23668	45914	34611	2191	7976
73546	88365	127951	95567	—	—
—	—	67296	—	16323	—
—	—	92420	19114	—	14842
—	—	37590	11842	18770	15849
—	36396	38686	18636	23595	23258
24939	—	38117	16494	20323	—
—	—	39146	18098	8600	36000
—	—	24183	17542	10998	—
40515	32210	29165	11071	18608	16230
46653	—	30088	21064	13708	19938
43562	—	51957	30297	26648	16443
44145	—	35785	18409	14291	18164
—	—	47689	8741	—	—
—	—	44356	20045	7227	27414
33717	39232	41541	27123	11902	16301
—	—	27959	17813	—	—
—	—	36981	15489	5266	18164
—	—	66668	—	—	—
42702	23845	39962	24237	8400	22532
38000	34683	41576	3240	—	—
—	—	47288	61441	—	—
31568	—	46964	37843	—	32847
49545	—	44261	33600	—	22000
—	—	—	—	—	—
62164	—	81477	78745	—	—
37372	42957	38121	25471	—	17929

林业系统按行业分职工伤亡事故情况

国民经济行业	轻　伤 （人次）	重　伤 （人次）	死　亡 （人）
总　　计	**688**	**54**	**82**
一、农、林、牧、渔业	**621**	**51**	**75**
其中：国有林场	144	21	28
木材及竹材采运业	386	14	9
二、采矿业	**4**	**1**	**1**
三、制造业	**36**	**—**	**1**
1. 木材加工及木、竹、藤、棕、苇制品业	25	—	—
2. 木、竹、藤家具制造业	9	—	—
3. 木、竹、苇浆造纸业	—	—	—
4. 林产化学产品制造	—	—	—
5. 其他	2	—	1
四、建筑业	**2**	**—**	**1**
五、其他	**25**	**2**	**4**

林业系统各地区按行业分职工轻伤事故情况

单位：人次

地区	总计	农、林、牧、渔业			采矿业	制造业						建筑业	其他
		合计	其中			合计	木材加工及木、竹、藤、棕、苇制品业	木、竹、藤家具制造业	木、竹、苇浆造纸业	林产化学产品制造	其他		
			国有林场	木材及竹材采运业									
全国合计	**688**	**621**	**144**	**386**	**4**	**36**	**25**	**9**	**—**	**—**	**2**	**2**	**25**
北京	1	1	—	—	—	—	—	—	—	—	—	—	—
天津	—	—	—	—	—	—	—	—	—	—	—	—	—
河北	—	—	—	—	—	—	—	—	—	—	—	—	—
山西	—	—	—	—	—	—	—	—	—	—	—	—	—
内蒙古	155	155	11	143	—	—	—	—	—	—	—	—	—
内蒙古集团	143	143	—	143	—	—	—	—	—	—	—	—	—
辽宁	—	—	—	—	—	—	—	—	—	—	—	—	—
吉林	60	48	12	29	—	12	7	5	—	—	—	—	—
吉林集团	14	9	—	9	—	5	—	5	—	—	—	—	—
黑龙江	241	220	10	182	2	8	8	—	—	—	—	2	9
龙江集团	241	220	10	182	2	8	8	—	—	—	—	2	9
上海	—	—	—	—	—	—	—	—	—	—	—	—	—
江苏	—	—	—	—	—	—	—	—	—	—	—	—	—
浙江	—	—	—	—	—	—	—	—	—	—	—	—	—
安徽	1	1	1	—	—	—	—	—	—	—	—	—	—
福建	—	—	—	—	—	—	—	—	—	—	—	—	—
江西	19	19	16	1	—	—	—	—	—	—	—	—	—
山东	—	—	—	—	—	—	—	—	—	—	—	—	—
河南	1	1	1	—	—	—	—	—	—	—	—	—	—
湖北	5	1	1	—	—	—	—	—	—	—	—	—	4
湖南	80	66	58	2	2	5	1	2	—	—	2	—	7
广东	14	14	12	—	—	—	—	—	—	—	—	—	—
广西	—	—	—	—	—	—	—	—	—	—	—	—	—
海南	9	9	9	—	—	—	—	—	—	—	—	—	—
重庆	—	—	—	—	—	—	—	—	—	—	—	—	—
四川	17	14	3	9	—	—	—	—	—	—	—	—	3
贵州	6	6	1	—	—	—	—	—	—	—	—	—	—
云南	18	13	1	6	—	5	5	—	—	—	—	—	—
西藏	—	—	—	—	—	—	—	—	—	—	—	—	—
陕西	2	2	—	2	—	—	—	—	—	—	—	—	—
甘肃	1	1	1	—	—	—	—	—	—	—	—	—	—
青海	3	3	3	—	—	—	—	—	—	—	—	—	—
宁夏	4	4	4	—	—	—	—	—	—	—	—	—	—
新疆	—	—	—	—	—	—	—	—	—	—	—	—	—
新疆兵团	—	—	—	—	—	—	—	—	—	—	—	—	—
大兴安岭	51	43	—	12	—	6	4	2	—	—	—	—	2

林业系统各地区按行业分职工重伤事故情况

单位：人次

地区	总计	农、林、牧、渔业			采矿业	制造业						建筑业	其他
		合计	其中			合计	木材加工及木、竹、藤、棕、苇制品业	木、竹、藤家具制造业	木、竹、苇浆造纸业	林产化学产品制造	其他		
			国有林场	木材及竹材采运业									
全国合计	**54**	**51**	**21**	**14**	**1**	**—**	**—**	**—**	**—**	**—**	**—**	**—**	**2**
北京	—	—	—	—	—	—	—	—	—	—	—	—	—
天津	—	—	—	—	—	—	—	—	—	—	—	—	—
河北	—	—	—	—	—	—	—	—	—	—	—	—	—
山西	—	—	—	—	—	—	—	—	—	—	—	—	—
内蒙古	2	2	—	2	—	—	—	—	—	—	—	—	—
内蒙古集团	2	2	—	2	—	—	—	—	—	—	—	—	—
辽宁	—	—	—	—	—	—	—	—	—	—	—	—	—
吉林	4	4	4	—	—	—	—	—	—	—	—	—	—
吉林集团	—	—	—	—	—	—	—	—	—	—	—	—	—
黑龙江	8	7	2	4	1	—	—	—	—	—	—	—	—
龙江集团	6	5	—	4	1	—	—	—	—	—	—	—	—
上海	—	—	—	—	—	—	—	—	—	—	—	—	—
江苏	—	—	—	—	—	—	—	—	—	—	—	—	—
浙江	—	—	—	—	—	—	—	—	—	—	—	—	—
安徽	—	—	—	—	—	—	—	—	—	—	—	—	—
福建	2	2	—	—	—	—	—	—	—	—	—	—	—
江西	9	9	5	2	—	—	—	—	—	—	—	—	—
山东	—	—	—	—	—	—	—	—	—	—	—	—	—
河南	—	—	—	—	—	—	—	—	—	—	—	—	—
湖北	1	1	1	—	—	—	—	—	—	—	—	—	—
湖南	4	4	1	3	—	—	—	—	—	—	—	—	—
广东	2	2	2	—	—	—	—	—	—	—	—	—	—
广西	—	—	—	—	—	—	—	—	—	—	—	—	—
海南	3	3	3	—	—	—	—	—	—	—	—	—	—
重庆	—	—	—	—	—	—	—	—	—	—	—	—	—
四川	6	6	1	—	—	—	—	—	—	—	—	—	—
贵州	—	—	—	—	—	—	—	—	—	—	—	—	—
云南	5	5	—	1	—	—	—	—	—	—	—	—	—
西藏	—	—	—	—	—	—	—	—	—	—	—	—	—
陕西	1	1	1	—	—	—	—	—	—	—	—	—	—
甘肃	1	1	1	—	—	—	—	—	—	—	—	—	—
青海	—	—	—	—	—	—	—	—	—	—	—	—	—
宁夏	—	—	—	—	—	—	—	—	—	—	—	—	—
新疆	—	—	—	—	—	—	—	—	—	—	—	—	—
新疆兵团	—	—	—	—	—	—	—	—	—	—	—	—	—
大兴安岭	6	4	—	2	—	—	—	—	—	—	—	—	2

林业系统各地区按行业分职工死亡事故情况

单位:人

地区	总计	农、林、牧、渔业			采矿业	制造业						建筑业	其他
		合计	其中			合计	木材加工及木、竹、藤、棕、苇制品业	木、竹、藤家具制造业	木、竹、苇浆造纸业	林产化学产品制造	其他		
			国有林场	木材及竹材采运业									
全国合计	**82**	**75**	**28**	**9**	**1**	**1**	**—**	**—**	**—**	**—**	**1**	**1**	**4**
北京	—	—	—	—	—	—	—	—	—	—	—	—	—
天津	—	—	—	—	—	—	—	—	—	—	—	—	—
河北	2	2	1	—	—	—	—	—	—	—	—	—	—
山西	—	—	—	—	—	—	—	—	—	—	—	—	—
内蒙古	6	6	2	3	—	—	—	—	—	—	—	—	—
内蒙古集团	4	4	—	3	—	—	—	—	—	—	—	—	—
辽宁	—	—	—	—	—	—	—	—	—	—	—	—	—
吉林	—	—	—	—	—	—	—	—	—	—	—	—	—
吉林集团	—	—	—	—	—	—	—	—	—	—	—	—	—
黑龙江	8	7	5	2	—	—	—	—	—	—	—	1	—
龙江集团	3	2	—	2	—	—	—	—	—	—	—	1	—
上海	—	—	—	—	—	—	—	—	—	—	—	—	—
江苏	—	—	—	—	—	—	—	—	—	—	—	—	—
浙江	—	—	—	—	—	—	—	—	—	—	—	—	—
安徽	7	7	3	—	—	—	—	—	—	—	—	—	—
福建	—	—	—	—	—	—	—	—	—	—	—	—	—
江西	—	—	—	—	—	—	—	—	—	—	—	—	—
山东	—	—	—	—	—	—	—	—	—	—	—	—	—
河南	—	—	—	—	—	—	—	—	—	—	—	—	—
湖北	9	8	2	—	—	—	—	—	—	—	—	—	1
湖南	3	3	2	—	—	—	—	—	—	—	—	—	—
广东	1	1	—	—	—	—	—	—	—	—	—	—	—
广西	—	—	—	—	—	—	—	—	—	—	—	—	—
海南	—	—	—	—	—	—	—	—	—	—	—	—	—
重庆	—	—	—	—	—	—	—	—	—	—	—	—	—
四川	10	9	2	4	—	—	—	—	—	—	—	—	1
贵州	3	3	2	—	—	—	—	—	—	—	—	—	—
云南	13	12	3	—	—	—	—	—	—	—	—	—	1
西藏	—	—	—	—	—	—	—	—	—	—	—	—	—
陕西	6	6	2	—	—	—	—	—	—	—	—	—	—
甘肃	3	3	1	—	—	—	—	—	—	—	—	—	—
青海	1	1	—	—	—	—	—	—	—	—	—	—	—
宁夏	1	1	1	—	—	—	—	—	—	—	—	—	—
新疆	6	5	2	—	—	1	—	—	—	—	1	—	—
新疆兵团	—	—	—	—	—	—	—	—	—	—	—	—	—
大兴安岭	3	1	—	—	1	—	—	—	—	—	—	—	1

国家林业局机关及直属单位

指标	单位个数（个）	从业人员年末人数（人）	在册职工			
			总计	在岗		
				合计	长期职工	临时职工
总计	**147**	**70850**	**84416**	**70680**	**68156**	**2524**
国家林业局机关	1	246	244	244	231	13
国家林业局信息中心	1	29	29	29	29	—
国家林业局国有林场和林木种苗工作总站	1	39	39	39	39	—
国家林业局林业工作站管理总站	1	25	25	25	25	—
国家林业局林业基金管理总站	1	37	37	37	36	1
国家林业局宣传中心	1	28	28	28	22	6
国家林业局濒危物种进出口管理中心	1	30	30	30	30	—
国家林业局天然林保护工程管理中心	1	30	27	27	27	—
国家林业局西北华北东北防护林建设局	1	90	90	90	90	—
国家林业局退耕还林（草）工程管理办公室	1	29	29	29	29	—
国家林业局防治荒漠化管理中心	1	20	18	18	18	—
国家林业局世界银行贷款项目管理中心	1	55	28	27	27	—
国家林业局科技发展中心	1	21	21	21	19	2
国家林业局森林资源监督管理办公室	1	23	23	23	23	—
国家林业局亚太森林网络管理中心	1	21	21	21	14	7
国家林业局湿地保护管理中心	1	15	12	12	12	—
国家林业局经济发展研究中心	1	70	70	70	70	—
国家林业局人才开发交流中心	1	25	25	25	25	—
国家林业局对外合作项目中心	1	25	25	25	25	—
中国林业科学研究院	20	4005	3924	3924	2788	1136
国家林业局调查规划设计院	1	309	301	292	281	11
国家林业局林产工业规划设计院	1	301	301	301	301	—
国家林业局管理干部学院	1	234	234	234	147	87
中国绿色时报社	1	111	111	111	65	46
中国林业出版社	1	117	118	117	101	16
国际竹藤网络中心	1	107	92	92	77	15
中国林学会	1	35	34	34	32	2
中国野生动物保护协会	1	33	28	28	23	5
中国花卉协会	1	10	10	10	10	—
中国绿化基金会	1	16	8	8	8	—
国家林业局机关服务中心	1	161	162	161	140	21
国家林业局离退休干部局	1	70	70	70	49	21
国家林业局招待所	1	39	39	39	39	—
国家林业局幼儿园	1	45	45	45	24	21
驻内蒙古自治区森林资源监督专员办事处	1	21	21	21	21	—
驻长春森林资源监督专员办事处	1	22	22	22	21	1
驻黑龙江省森林资源监督专员办事处	1	36	36	36	30	6
驻大兴安岭森林资源监督专员办事处	1	16	16	16	16	—
驻福州森林资源监督专员办事处	1	16	16	16	14	2
驻云南省森林资源监督专员办事处	1	9	9	9	9	—
驻成都森林资源监督专员办事处	1	12	12	12	10	2
驻西安森林资源监督专员办事处	1	21	21	21	16	5
驻武汉森林资源监督专员办事处	1	9	9	9	7	2
驻贵阳森林资源监督专员办事处	1	9	8	8	8	—
驻海口森林资源监督专员办事处	1	11	11	11	9	2
驻合肥森林资源监督专员办事处	1	13	13	13	9	4
驻乌鲁木齐森林资源监督专员办事处	1	12	12	12	12	—
国家林业局森林病虫害防治总站	1	113	113	113	113	—
国家林业局东北航空护林中心	1	119	118	118	117	1
国家林业局西南航空护林总站	7	129	129	129	120	9
南京森林警察学院	1	497	497	497	369	128
国家林业局华东林业调查规划设计院	1	153	153	153	153	—
国家林业局中南林业调查规划设计院	1	175	175	175	166	9
国家林业局西北林业调查规划设计院	1	195	195	195	195	—
国家林业局昆明勘察设计院	1	204	204	204	204	—
陕西佛坪国家级自然保护区管理局	1	83	83	83	69	14
甘肃白水江国家级自然保护区管理局	1	123	123	123	123	—
国家林业局卧龙自然保护区管理局	1	259	259	259	203	56
国家林业局北戴河培训中心	1	25	25	25	16	9
大兴安岭林业集团公司	63	62117	75838	62114	61250	864

从业人员和劳动报酬情况(一)

人数(人)							
职工							
其中:女性	其中:使用的农村劳动力	其中:专业技术人员			按学历结构分		
		小计	其中		中专及中专学历以下	大专学历	大学及大学学历以上
			中级技术职称人员	高级技术职称人员			
23268	**948**	**24111**	**9525**	**3916**	**45480**	**11064**	**14136**
70	—	—	—	—	15	20	209
15	—	12	3	9	3	5	21
11	—	—	—	—	2	3	34
6	—	16	2	14	—	4	21
11	—	34	5	29	2	2	33
8	—	4	—	4	5	—	23
14	—	—	—	—	—	2	28
6	—	21	7	14	—	—	27
20	—	—	—	—	20	16	54
11	—	—	—	—	—	2	27
6	—	—	—	—	1	—	17
13	—	18	5	10	1	1	25
9	—	21	4	17	—	—	21
4	—	—	—	—	1	1	21
13	—	21	17	4	—	—	21
4	—	—	—	—	—	—	12
31	—	56	33	23	5	5	60
9	—	11	4	7	3	1	21
13	—	11	3	8	—	6	19
1177	840	1770	746	804	1919	387	1618
108	—	265	72	137	27	22	243
145	—	188	98	90	—	11	290
129	30	86	58	28	13	99	122
63	—	46	13	33	15	11	85
60	8	68	23	35	22	21	74
32	—	75	22	47	2	5	85
17	—	19	11	8	2	5	27
9	—	10	—	—	5	1	22
5	—	2	—	2	1	—	9
3	—	1	—	1	—	1	7
64	10	3	—	3	37	52	72
18	—	—	—	—	24	20	26
17	—	—	—	—	8	12	19
42	3	13	13	—	14	26	5
3	—	—	—	—	1	2	18
3	—	—	—	—	1	—	21
—	—	—	—	—	6	—	30
2	—	14	11	3	3	—	13
6	—	—	—	—	1	3	12
2	—	—	—	—	—	2	7
3	1	—	—	—	1	—	11
7	—	—	—	—	3	1	17
—	—	4	3	1	1	3	5
1	—	—	—	—	1	—	7
1	—	—	—	—	—	2	9
7	—	—	—	—	2	3	8
3	—	—	—	—	1	1	10
29	—	75	10	41	15	23	75
31	—	24	3	3	39	16	63
35	—	55	17	11	38	31	60
206	46	285	116	106	156	34	307
24	—	108	44	36	17	13	123
42	—	141	57	58	34	27	114
50	—	174	51	87	16	14	165
51	—	144	56	29	23	10	171
21	6	39	11	13	23	43	17
28	—	40	35	5	24	47	52
83	—	44	30	14	98	116	45
—	4	3	1	2	14	11	—
20467	—	20190	7941	2180	42815	9921	9378

国家林业局机关及直属单位

指标	在册职工			
	在岗职工			
	按年龄结构分			
	30岁以下（含30岁）	31~40岁	41~50岁	51岁以上（含51岁）
总计	**9678**	**24809**	**28924**	**7269**
国家林业局机关	5	43	105	91
国家林业局信息中心	5	4	15	5
国家林业局国有林场和林木种苗工作总站	4	5	19	11
国家林业局林业工作站管理总站	2	7	8	8
国家林业局林业基金管理总站	2	13	15	7
国家林业局宣传中心	2	15	5	6
国家林业局濒危物种进出口管理中心	3	9	16	2
国家林业局天然林保护工程管理中心	2	4	12	9
国家林业局西北华北东北防护林建设局	9	17	33	31
国家林业局退耕还林（草）工程管理办公室	5	5	7	12
国家林业局防治荒漠化管理中心	1	4	8	5
国家林业局世界银行贷款项目管理中心	6	4	12	5
国家林业局科技发展中心	—	5	11	5
国家林业局森林资源监督管理办公室	2	11	9	1
国家林业局亚太森林网络管理中心	10	6	5	—
国家林业局湿地保护管理中心	2	2	7	1
国家林业局经济发展研究中心	15	20	22	13
国家林业局人才开发交流中心	8	5	5	7
国家林业局对外合作项目中心	7	5	4	9
中国林业科学研究院	533	1363	1435	593
国家林业局调查规划设计院	47	87	104	54
国家林业局林产工业规划设计院	140	55	66	40
国家林业局管理干部学院	57	73	79	25
中国绿色时报社	39	24	30	18
中国林业出版社	18	37	25	37
国际竹藤网络中心	20	24	26	22
中国林学会	5	9	11	9
中国野生动物保护协会	—	7	8	13
中国花卉协会	—	3	4	3
中国绿化基金会	—	—	5	3
国家林业局机关服务中心	3	35	75	48
国家林业局离退休干部局	—	25	18	27
国家林业局招待所	—	8	24	7
国家林业局幼儿园	14	2	29	—
驻内蒙古自治区森林资源监督专员办事处	—	3	11	7
驻长春森林资源监督专员办事处	3	1	10	8
驻黑龙江省森林资源监督专员办事处	8	2	13	13
驻大兴安岭森林资源监督专员办事处	—	2	10	4
驻福州森林资源监督专员办事处	—	4	9	3
驻云南省森林资源监督专员办事处	—	2	4	3
驻成都森林资源监督专员办事处	2	3	5	2
驻西安森林资源监督专员办事处	6	7	6	2
驻武汉森林资源监督专员办事处	1	3	1	4
驻贵阳森林资源监督专员办事处	1	1	3	3
驻海口森林资源监督专员办事处	1	5	4	1
驻合肥森林资源监督专员办事处	2	2	7	2
驻乌鲁木齐森林资源监督专员办事处	—	5	6	1
国家林业局森林病虫害防治总站	10	24	42	37
国家林业局东北航空护林中心	35	11	51	21
国家林业局西南航空护林总站	21	31	47	30
南京森林警察学院	54	213	151	79
国家林业局华东林业调查规划设计院	30	13	75	35
国家林业局中南林业调查规划设计院	20	34	96	25
国家林业局西北林业调查规划设计院	—	38	137	20
国家林业局昆明勘察设计院	75	57	51	21
陕西佛坪国家级自然保护区管理局	7	15	31	30
甘肃白水江国家级自然保护区管理局	29	52	26	16
国家林业局卧龙自然保护区管理局	112	68	42	37
国家林业局北戴河培训中心	2	6	5	12
大兴安岭林业集团公司	8293	22271	25824	5726

从业人员和劳动报酬情况(二)

		其他从业人员(人)	年末实有离退休人员(人)	在岗职工年平均人数(人)	在岗职工年工资总额(千元)	离退休人员年生产费(千元)	在岗职工年平均工资(元)
下岗待安置职工人数	离开本单位仍保留劳动关系人员						
573	**13163**	**170**	**59355**	**66887**	**1893650**	**1124769**	**28311**
—	—	2	—	225	21346	—	94871
—	—	—	—	24	1484	—	61817
—	—	—	18	38	3786	1623	99632
—	—	—	9	25	2688	924	107521
—	—	—	2	35	2211	98	63159
—	—	—	8	28	1688	478	60272
—	—	—	3	30	2340	170	78000
—	—	3	—	27	1880	—	69640
—	—	—	60	90	4792	2733	53250
—	—	—	—	31	1954	—	63040
—	—	2	2	20	2124	186	106185
—	1	28	4	27	1835	284	67980
—	—	—	2	21	2119	47	100897
—	—	—	—	23	2766	—	120254
—	—	—	—	22	1842	—	83706
—	—	3	—	13	1313	—	101029
—	—	—	29	69	4198	1851	60845
—	—	—	1	24	2835	63	118125
—	—	—	—	25	1548	—	61908
—	—	81	2945	3910	203304	124014	51996
—	9	17	135	291	49061	9304	168595
—	—	—	291	301	25419	3311	84448
—	—	—	84	230	12801	6125	55657
—	—	—	26	111	11012	1571	99205
—	1	—	58	118	10358	3072	87781
—	—	15	2	73	5516	103	75564
—	—	1	25	34	1906	1903	56055
—	—	5	10	23	1908	536	82962
—	—	—	1	10	483	76	48310
—	—	8	2	9	882	124	98036
—	1	—	13	161	11446	548	71093
—	—	—	562	54	4755	41244	88064
—	—	—	7	39	3299	286	84590
—	—	—	2	45	2617	72	58151
—	—	—	10	21	1578	606	75143
—	—	—	5	22	1120	260	50930
—	—	—	14	30	1467	947	48902
—	—	—	6	16	1560	355	97494
—	—	—	2	16	1407	168	87944
—	—	—	1	9	603	76	67000
—	—	—	—	12	819	—	68291
—	—	—	—	21	873	—	41555
—	—	—	—	9	804	—	89284
—	—	1	—	8	573	—	71611
—	—	—	—	11	702	—	63818
—	—	—	—	13	734	—	56423
—	—	—	—	12	807	—	67291
—	—	—	57	108	5054	2690	46796
—	—	1	69	118	4897	2409	41502
—	—	—	59	128	6055	3058	47304
—	—	—	174	487	31951	11208	65608
—	—	—	65	152	13301	5427	87507
—	—	—	84	173	12895	3756	74535
—	—	—	93	190	13993	4251	73646
—	—	—	197	200	19187	5944	95935
—	—	—	27	83	3007	1269	36228
—	—	—	63	124	3637	1885	29333
—	—	—	164	203	9845	6388	48497
—	—	—	13	56	1649	215	29442
573	13151	3	53951	58459	1345616	873110	23018

5

林业投资

INVESTMENT IN FORESTRY

林业投资完成与资金来源情况

单位:万元

指　　标	本年实际
一、本年计划投资	**25208630**
二、自年初累计完成投资	**26326068**
其中:国家投资	11065990
1. 生态建设与保护	13024982
(1)造林	6617067
(2)更新	151173
(3)森林抚育	980393
(4)野生动植物保护及自然保护区	155479
(5)湿地恢复与保护	236226
(6)其他	4884644
2. 林业支撑与保障	3006631
(1)林木种苗	266155
(2)森林防火	250412
(3)林业有害生物防治	137531
(4)科技教育	60604
(5)其他	2291929
3. 林业产业发展	5224114
(1)特色经济林	401217
其中:油茶示范基地建设	133535
(2)花卉	273446
(3)林下经济	170329
(4)其他	4379122
4. 其他	5070341
其中:财政事业费	1292987
三、本年资金来源合计	**27444835**
1. 上年末结余资金	625988
2. 本年资金来源小计	26818847
(1)国家预算资金	13021470
①中央资金	7727568
②地方资金	5293902
(2)国内贷款	2741753
(3)债券	9709
(4)利用外资	228403
(5)自筹资金	7374184
(6)其他	3443328

各地区林业投资完成与资金来源情况(一)

单位:万元

地　　区	本年计划投资	自年初累计完成投资					
		总计	其中:国家投资	生态建设与保护			
				合计	造林	更新	森林抚育
全国合计	**25208630**	**26326068**	**11065990**	**13024982**	**6617067**	**151173**	**980393**
北　京	1052853	953587	774033	754659	561632	15187	49728
天　津	87612	87612	80260	81034	79043	—	500
河　北	459672	546499	411553	313886	183121	662	6558
山　西	1040002	1040002	376034	765393	669569	—	8218
内蒙古	1346133	1146495	925331	693969	274236	—	85317
内蒙古集团	450815	315082	270369	159758	—	—	50728
辽　宁	1201371	1201371	666443	690411	386194	1652	10567
吉　林	664592	609980	365876	218481	29418	1669	21038
吉林集团	191223	164339	83222	33673	3546	1652	10978
黑龙江	1893955	1867830	1226747	676016	56233	353	101071
龙江集团	1649937	1516563	975956	548371	—	—	89760
上　海	58806	79598	19397	68794	31226	—	23287
江　苏	650472	953810	22839	807222	546713	24828	27094
浙　江	606816	650354	384881	334561	174218	582	13647
安　徽	285188	401092	101195	205249	95708	1143	44776
福　建	1670807	1670013	56529	524021	428472	—	13800
江　西	438077	570750	277293	291581	107888	2725	24639
山　东	1045280	1199874	244035	813511	683636	1764	65099
河　南	974898	974898	232296	667400	406216	—	6152
湖　北	309499	406200	229690	244305	106665	4763	28135
湖　南	308741	609371	353217	325009	133434	12451	27224
广　东	505088	505088	181677	241534	75820	17187	28203
广　西	5302236	5159485	492222	1146371	438013	48590	204963
海　南	70135	77965	25146	33720	10655	283	4130
重　庆	360964	424075	320175	314258	162871	218	8422
四　川	1392981	1433823	808450	650013	98324	4598	19843
贵　州	381500	381500	298853	332264	325190	—	4573
云　南	590824	734802	363059	317230	116662	10039	26524
西　藏	120000	148938	147340	135227	54793	—	80
陕　西	501181	498242	374732	368071	120850	252	14092
甘　肃	608620	608123	377627	293594	80692	—	10119
青　海	161849	165341	155920	120814	38807	—	4036
宁　夏	149075	188696	136172	134851	24731	—	3420
新　疆	448810	463570	280289	247213	115199	327	43925
新疆兵团	102250	147290	38568	68885	28244	101	30708
局直属单位	520593	567084	356679	214320	838	1900	51213
大兴安岭	435371	424215	246938	180927	—	1900	51213

各地区林业投资完成

地区	生态建设与保护			林业支撑			
	野生动植物保护及自然保护区	湿地恢复与保护	其他	合计	林木种苗	森林防火	林业有害生物防治
全国合计	**155479**	**236226**	**4884644**	**3006631**	**266155**	**250412**	**137531**
北京	2222	8918	116972	30598	1431	13890	7409
天津	1487	4	—	2883	1177	1050	511
河北	2325	678	120542	28749	3112	7069	4243
山西	2916	5010	79680	43864	8580	11871	2767
内蒙古	2926	3027	328463	240494	1662	13702	2224
内蒙古集团	—	—	109030	155324	215	5005	333
辽宁	1345	599	290054	66294	16848	8924	5785
吉林	2937	884	162535	279845	2849	8025	2062
吉林集团	—	—	17497	65280	1556	3150	196
黑龙江	2053	2171	514135	1039119	12761	10391	1853
龙江集团	960	—	457651	968192	535	6285	690
上海	983	300	12998	8562	2605	320	834
江苏	3270	114145	91172	39670	13551	14296	5908
浙江	2423	4574	139117	40858	2193	6306	6065
安徽	2956	1928	58738	40488	23107	2745	2779
福建	2521	350	78878	62241	5042	4169	2283
江西	4911	4470	146948	73025	15626	12251	2662
山东	1716	11102	50194	118986	44963	18231	41969
河南	2532	477	252023	15591	2640	2979	2459
湖北	2399	2724	99619	40714	8898	5859	3384
湖南	5050	17756	129094	35344	4689	5048	3354
广东	2810	1683	115831	103753	4386	15948	7646
广西	73102	21074	360629	300934	34153	8085	1474
海南	1083	653	16916	7820	1646	846	1750
重庆	208	2459	140080	19767	2595	5853	6341
四川	4760	7459	515029	47714	5743	13250	3156
贵州	75	764	1662	10309	1490	3783	1736
云南	6171	6469	151365	78926	8047	20729	2368
西藏	12965	5676	61713	8801	917	3407	1274
陕西	2027	653	230197	17532	2561	1812	2025
甘肃	1198	1783	199802	65471	1484	4095	1953
青海	303	3533	74135	8752	1080	1036	891
宁夏	633	2550	103517	5967	1065	1776	1411
新疆	2978	2353	82431	51393	28599	2253	6414
新疆兵团	102	97	9633	26381	20398	348	2645
局直属单位	194	—	160175	72167	655	20413	541
大兴安岭	194	—	127620	41046	611	5409	453

与资金来源情况(二)

单位:万元

完成投资与保障		林业产业发展					
科技教育	其他	合计	特色经济林		花卉	林下经济	其他
			小计	其中:油茶示范基地建设			
60604	**2291929**	**5224114**	**401217**	**133535**	**273446**	**170329**	**4379122**
1378	6490	10028	413	—	4353	1088	4174
110	35	20	—	—	—	—	20
1403	12922	128932	6225	—	3379	19409	99919
1929	18717	5968	2841	—	510	130	2487
344	222562	7707	5976	—	—	254	1477
—	149771	—	—	—	—	—	—
718	34019	312425	7333	—	26039	3970	275083
1581	265328	41885	805	—	—	190	40890
1363	59015	37830	—	—	—	—	37830
541	1013573	17305	473	—	300	10558	5974
155	960527	—	—	—	—	—	—
1464	3339	556	556	—	—	—	—
674	5241	29465	19264	150	7015	855	2331
5625	20669	182704	16099	10298	551	1456	164598
1812	10045	35157	9589	4970	11867	4353	9348
2386	48361	1065262	7366	2500	2000	—	1055896
1597	40889	56133	34667	23591	10702	2908	7856
2456	11367	185347	18866	—	78094	58453	29934
2103	5410	272084	210	210	—	—	271874
2479	20094	61903	10479	4788	26151	1345	23928
3096	19157	73917	44275	35273	11141	2569	15932
1463	74310	44171	12323	10928	14449	—	17399
4301	252921	2069424	15868	9964	55385	38169	1960002
—	3578	4445	60	—	2042	350	1993
110	4868	13313	4780	2520	20	570	7943
1548	24017	397523	43052	377	17190	17200	320081
330	2970	4870	4870	810	—	—	—
2677	45105	59703	32328	6313	264	285	26826
396	2807	3597	468	—	—	—	3129
861	10273	31209	17432	843	180	25	13572
825	57114	6606	3353	—	—	—	3253
725	5020	13779	8363	—	1399	—	4017
1333	382	6156	4001	—	—	—	2155
815	13312	62347	48882	—	415	6192	6858
262	2728	48792	42002	—	30	5560	1200
13524	37034	20173	20000	20000	—	—	173
3436	31137	—	—	—	—	—	—

各地区林业投资完成

地　区	自年初累计完成投资			本年资金	
	其他				
	合计	其中:财政事业费	总计	上年末结余资金	合计
全国合计	**5070341**	**1292987**	**27444835**	**625988**	**26818847**
北　京	158302	63424	981583	25289	956294
天　津	3675	2576	87612	—	87612
河　北	74932	49424	615668	6489	609179
山　西	224777	73037	1040002	—	1040002
内蒙古	204325	124646	1222246	7588	1214658
内蒙古集团	—	—	315082	—	315082
辽　宁	132241	23199	1278858	30	1278828
吉　林	69769	29017	699774	56862	642912
吉林集团	27556	6140	189524	8627	180897
黑龙江	135390	12357	1892187	4015	1888172
龙江集团	—	—	1543317	3193	1540124
上　海	1686	1186	71604	1764	69840
江　苏	77453	2636	868033	608	867425
浙　江	92231	56857	650986	3980	647006
安　徽	120198	26432	300083	2299	297784
福　建	18489	16182	1689010	4964	1684046
江　西	150011	49077	570750	101	570649
山　东	82030	46615	1288269	763	1287506
河　南	19823	15865	974898	—	974898
湖　北	59278	19559	407316	1282	406034
湖　南	175101	69612	587045	8418	578627
广　东	115630	87271	473458	18849	454609
广　西	1642756	52701	5629588	83862	5545726
海　南	31980	12565	127689	21969	105720
重　庆	76737	30081	419328	46	419282
四　川	338573	76829	1539198	82985	1456213
贵　州	34057	29105	381500	—	381500
云　南	278943	90339	838488	91978	746510
西　藏	1313	—	191924	34473	157451
陕　西	81430	35553	498166	9663	488503
甘　肃	242452	111184	610611	5369	605242
青　海	21996	16976	209440	—	209440
宁　夏	41722	—	188696	—	188696
新　疆	102617	53421	512574	45342	467232
新疆兵团	3232	1984	120672	—	120672
局直属单位	260424	15261	598251	107000	491251
大兴安岭	202242	—	423567	41406	382161

与资金来源情况(三)

单位:万元

来源合计							
本年资金来源小计							
国家预算资金			国内贷款	债务	利用外资	自筹资金	其他
小计	中央资金	地方资金					
13021470	**7727568**	**5293902**	**2741753**	**9709**	**228403**	**7374184**	**3443328**
851235	18270	832965	—	—	492	88408	16159
80260	3009	77251	—	—	—	3291	4061
411553	271377	140176	60300	—	2279	100128	34919
376034	222371	153663	—	—	—	663968	—
1048171	867356	180815	23	—	1455	136176	28833
270369	255352	15017	—	—	—	44713	—
723087	145219	577868	—	—	—	252966	302775
421296	363636	57660	22300	2786	6388	120034	70108
94998	79374	15624	16300	—	—	32006	37593
1304110	1114156	189954	—	—	191	560604	23267
1032681	877098	155583	—	—	—	501656	5787
53652	729	52923	—	—	—	1970	14218
109701	12457	97244	1120	—	—	611664	144940
441195	39286	401909	117418	—	7501	48941	31951
149071	102018	47053	13011	—	1668	64163	69871
219790	122704	97086	1412889	—	—	46921	4446
373401	219800	153601	14585	—	7487	66893	108283
634455	78415	556040	22848	—	11016	176017	443170
297098	197198	99900	213000	—	4900	249900	210000
270000	220661	49339	2579	—	2524	67100	63831
353217	271311	81906	2127	3620	—	115301	104362
398125	63804	334321	—	—	4128	27802	24554
372637	235505	137132	585502	100	141824	3361852	1083811
93055	38497	54558	53	—	—	4225	8387
330060	226375	103685	43374	—	—	20085	25763
847452	673285	174167	51695	—	12015	201904	343147
381266	298853	82413	—	—	234	—	—
467812	277722	190090	74719	1331	2496	70707	129445
156634	131831	24803	—	—	—	817	—
421527	360898	60629	120	—	630	33521	32705
487233	377627	109606	53000	—	16000	8432	40577
167230	141867	25363	6570	1500	5125	25170	3845
158885	136172	22713	28862	—	—	949	—
324787	218447	106340	15658	372	50	93094	33271
37225	37080	145	2650	—	—	69484	11313
297441	276712	20729	—	—	—	151181	42629
236627	215898	20729	—	—	—	145376	158

林业固定资产投资完成情况

单位:万元

指　　标	总计
一、本年计划投资	**8994201**
二、自年初累计完成投资	**9173704**
其中:国家投资	1963530
按构成分	
1. 建筑工程	3684213
2. 安装工程	325802
3. 设备工器具购置	1303347
4. 其他	3860342
按性质分	
1. 新建	5901232
2. 扩建	1761319
3. 改建和技术改造	1066943
4. 单纯建造生活设施	117029
5. 迁建	31208
6. 恢复	59716
7. 单纯购置	236257
三、本年新增固定资产	**4734472**
四、房屋建筑面积及竣工价值	
本年房屋施工面积(平方米)	21153035
其中:住宅	18947132
本年房屋竣工面积(平方米)	13704944
其中:住宅	11865154
本年房屋竣工价值	1825275
其中:住宅	1508768
五、本年资金来源合计	**9373099**
1. 上年末结余资金	209306
1. 本年资金来源小计	9163793
(1)国家预算资金	2729029
①中央资金	1698168
②地方资金	1030861
(2)国内贷款	605251
(3)债券	255
(4)利用外资	144152
(5)自筹资金	4359017
(6)其他	1326089
六、本年各项应付款合计	**769237**
其中:工程款	326409

注:本表统计范围为按照项目管理的,且计划总投资在500万元以上的城镇林业固定资产投资项目和农村非农户林业固定资产投资项目。

各地区林业固定资产投资完成情况(一)

单位:万元

地　　区	本年计划投资	自年初累计完成投资					
		总计	其中:国家投资	按构成分			
				建筑工程	安装工程	设备、工具、器具购置	其他
全国合计	**8994201**	**9173704**	**1963530**	**3684213**	**325802**	**1303347**	**3860342**
北　京	244610	162619	66372	77988	—	1720	82911
天　津	—	—	—	—	—	—	—
河　北	35928	17884	3524	15985	—	—	1899
山　西	16906	8906	8784	—	—	8906	—
内蒙古	469253	322498	205312	223265	970	15607	82656
内蒙古集团	262178	155044	105254	131443	694	14080	8827
辽　宁	2551	9365	8106	2240	45	2105	4975
吉　林	254915	246524	73844	177759	10535	26651	31579
吉林集团	97735	75894	21710	52033	1291	22570	—
黑龙江	1178119	1154068	552320	896884	13299	9018	234867
龙江集团	1076378	1004827	476027	839904	13135	8685	143103
上　海	52504	54954	12903	—	—	372	54582
江　苏	24844	112444	9998	4086	620	2770	104968
浙　江	21476	23950	10930	3727	1048	38	19137
安　徽	105021	155834	41459	36170	22	6985	112657
福　建	72917	85512	19507	19450	—	16899	49163
江　西	26324	41735	23551	25803	880	—	15052
山　东	109120	310042	24136	20159	6652	4906	278325
河　南	—	732	—	732	—	—	—
湖　北	13034	13081	7361	9279	—	—	3802
湖　南	122805	208500	70988	80551	6774	7733	113442
广　东	1550	1550	—	1550	—	—	—
广　西	5127032	5046262	180753	1652982	270756	1128855	1993669
海　南	15225	21151	5727	10228	320	167	10436
重　庆	5096	5296	4406	5296	—	—	—
四　川	14409	13499	13144	6459	1286	5754	—
贵　州	381500	381500	298853	26326	3077	5278	346819
云　南	252113	311000	118034	84510	6100	38205	182185
西　藏	5000	6670	910	3430	—	1285	1955
陕　西	47476	41513	17967	18135	—	653	22725
甘　肃	36011	35605	22754	10844	—	150	24611
青　海	9514	21246	11506	11065	—	1540	8641
宁　夏	—	1500	1500	1500	—	—	—
新　疆	66417	85365	39304	7797	2762	778	74028
新疆兵团	—	—	—	—	—	—	—
局直属单位	282531	272899	109577	250013	656	16972	5258
大兴安岭	268129	228279	69398	217173	207	10899	—

各地区林业固定资产

地　区	自年初累计完成投资						
	按性质分						
	新建	扩建	改建和技术改造	单纯建造生活设施	迁建	恢复	单纯购置
全国合计	**5901232**	**1761319**	**1066943**	**117029**	**31208**	**59716**	**236257**
北　京	121839	34495	4565	—	—	—	1720
天　津	—	—	—	—	—	—	—
河　北	16915	906	—	63	—	—	—
山　西	8225	451	—	—	—	—	230
内蒙古	315603	2549	308	—	—	872	3166
内蒙古集团	155044	—	—	—	—	—	—
辽　宁	7885	—	—	—	—	50	1430
吉　林	182115	21614	34349	5462	—	—	2984
吉林集团	42539	8772	19121	5462	—	—	—
黑龙江	840066	171100	77743	36314	19520	8747	578
龙江集团	724284	164233	66855	21323	18990	8572	570
上　海	49155	—	4301	—	—	—	1498
江　苏	105326	642	3307	600	500	—	2069
浙　江	18483	4776	606	—	—	25	60
安　徽	128423	15470	9953	1318	—	75	595
福　建	64101	5675	11723	—	—	3896	117
江　西	40175	—	1560	—	—	—	—
山　东	274539	20335	9880	611	54	1229	3394
河　南	732	—	—	—	—	—	—
湖　北	13081	—	—	—	—	—	—
湖　南	117215	76343	12221	156	1250	938	377
广　东	1550	—	—	—	—	—	—
广　西	2695363	1230189	871449	27471	5191	22585	194014
海　南	19494	—	1488	65	—	64	40
重　庆	5296	—	—	—	—	—	—
四　川	5459	1000	1286	1754	500	—	3500
贵　州	295506	61500	5343	7149	1800	9503	699
云　南	218676	68382	7452	1037	2380	4934	8139
西　藏	6295	—	—	—	—	—	375
陕　西	27786	1799	667	10551	—	710	—
甘　肃	35455	—	—	—	—	—	150
青　海	21042	20	—	—	—	—	184
宁　夏	1454	—	46	—	—	—	—
新　疆	55200	26352	—	—	—	3638	175
新疆兵团	—	—	—	—	—	—	—
局直属单位	208778	17721	8696	24478	13	2450	10763
大兴安岭	172140	16430	5909	24268	—	—	9532

投资完成情况(二)

单位:万元

本年新增固定资产	房屋建筑面积及竣工价值					
	本年房屋施工面积(平方米)		本年房屋竣工面积(平方米)		本年房屋竣工价值	
	合计	其中:住宅	合计	其中:住宅	合计	其中:住宅
4734472	**21153035**	**18947132**	**13704944**	**11865154**	**1825275**	**1508768**
59634	73500	—	—	—	—	—
—	—	—	—	—	—	—
912	259505	236288	—	—	—	—
8906	—	—	—	—	—	—
179332	1835851	1794479	954752	829906	161841	94618
107601	964159	964159	503027	503027	57077	57077
2128	6000	—	6000	—	1121	—
88474	2006753	1896117	1800727	1697614	172806	171706
46835	561829	469279	552320	463793	41245	41245
759144	9634763	9416917	7186634	6703774	853788	847735
668401	8817102	8666380	6677794	6268612	790274	784984
7144	—	—	—	—	—	—
35219	33000	400	15000	15000	7500	7500
20154	18858	—	18858	—	3478	—
94305	280884	267588	224139	201213	19676	18369
17172	234602	209925	42420	39820	2722	2365
18261	300747	298000	15570	14170	3018	2368
208790	102821	96151	55686	50866	11046	2842
128	—	—	—	—	—	—
14714	244951	244361	109955	109365	7673	7617
68755	242986	230374	141375	139605	22783	14310
1550	23626	13262	6283	6283	1550	1550
2316175	1961873	732530	1385568	720805	291684	140268
4198	39149	39149	70579	66330	12552	3753
3896	20000	—	14000	—	2500	—
11544	681600	472177	307945	101654	48821	26045
381500	28681	20918	61369	58120	12887	12857
122904	271411	220713	219941	95086	38214	14165
6670	8851	6065	—	—	—	—
16876	349940	325540	62904	39704	8771	4957
27451	476100	465000	127410	125550	25110	25110
17623	70784	65844	51620	48240	9182	9150
1500	65000	65000	10000	10000	1500	1500
41378	138517	135317	6711	3511	1148	515
—	—	—	—	—	—	—
198035	1742282	1695017	809498	788538	103904	99468
194605	1717476	1676813	809498	788538	103904	99468

各地区林业固定资产

地区	本年资金					
			本年资金			
	总计	上年末结余资金	合计	国家预算资金		
				小计	中央资金	地方资金
全国合计	**9373099**	**209306**	**9163793**	**2729029**	**1698168**	**1030861**
北京	200194	14001	186193	171179	1914	169265
天津	—	—	—	—	—	—
河北	16915	2131	14784	487	208	279
山西	16906	—	16906	16784	10900	5884
内蒙古	348443	6651	341792	224062	188478	35584
内蒙古集团	150044	—	150044	105562	95545	10017
辽宁	2551	—	2551	2551	1430	1121
吉林	263065	27955	235110	99480	65341	34139
吉林集团	87486	4420	83066	34022	20920	13102
黑龙江	1175433	4015	1171418	605854	444456	161398
龙江集团	1031582	3193	1028389	521545	380347	141198
上海	6716	896	5820	2524	300	2224
江苏	6227	—	6227	3933	3503	430
浙江	20027	313	19714	12779	396	12383
安徽	131433	50	131383	67361	46572	20789
福建	84759	889	83870	31481	16736	14745
江西	41175	—	41175	24687	9430	15257
山东	311851	763	311088	225677	12200	213477
河南	851	—	851	732	732	—
湖北	13803	—	13803	8668	4853	3815
湖南	196833	—	196833	109717	89010	20707
广东	1550	—	1550	620	310	310
广西	5349161	78234	5270927	313454	197785	115669
海南	13773	72	13701	10666	3631	7035
重庆	4232	—	4232	3174	2753	421
四川	14409	—	14409	14409	13499	910
贵州	381500	—	381500	381266	298853	82413
云南	303064	41044	262020	156178	103116	53062
西藏	6670	—	6670	6670	5670	1000
陕西	48254	4614	43640	27770	21160	6610
甘肃	42024	5369	36655	36655	23310	13345
青海	22527	—	22527	5074	4087	987
宁夏	1500	—	1500	1500	1500	—
新疆	67391	974	66417	54927	38054	16873
新疆兵团	—	—	—	—	—	—
局直属单位	279862	21335	258527	108710	87981	20729
大兴安岭	249757	10091	239666	94290	73561	20729

投资完成情况(三)

单位:万元

来源合计					本年各项应付款	
来源						
国内贷款	债券	利用外资	自筹资金	其他	合计	其中:工程款
605251	**255**	**144152**	**4359017**	**1326089**	**769237**	**326409**
—	—	—	740	14274	28382	28382
—	—	—	—	—	—	—
—	—	—	10176	4121	2142	—
—	—	—	122	—	—	—
23	—	—	112267	5440	20401	19376
—	—	—	44482	—	—	—
—	—	—	—	—	—	—
22300	—	—	78624	34706	57470	26926
16300	—	—	12266	20478	50795	26926
—	—	—	549839	15725	1158	1060
—	—	—	501057	5787	—	—
—	—	—	1970	1326	5644	—
108	—	—	—	2186	17008	10900
—	—	—	6935	—	12031	12031
3871	—	381	33073	26697	38401	19372
22510	—	—	25433	4446	4381	216
—	—	—	15544	944	2649	680
3860	—	1460	14005	66086	51664	27202
—	—	—	119	—	—	—
—	—	—	1000	4135	—	—
1281	—	—	55764	30071	5025	936
—	—	—	930	—	—	—
540865	100	141755	3225420	1049333	379962	112045
53	—	—	2614	368	6528	341
168	—	—	890	—	1600	—
—	—	—	—	—	33000	2943
—	—	234	—	—	—	—
10204	155	322	47414	47747	55592	34827
—	—	—	—	—	6670	—
—	—	—	4624	11246	3945	2114
—	—	—	—	—	2240	—
—	—	—	17453	—	9414	9414
—	—	—	—	—	—	—
8	—	—	4244	7238	22668	17353
—	—	—	—	—	—	—
—	—	—	149817	—	1262	291
—	—	—	145376	—	—	—

林业利用外资基本情况

单位:万美元

指　　标	项目个数(个)	实际利用外资金额				协议利用外资金额			
		合计	国外借款	外商投资	无偿援助	合计	国外借款	外商投资	无偿援助
总　计	**272**	**169908**	**105297**	**54783**	**9828**	**101978**	**7480**	**91829**	**2669**
一、营造林	149	14364	10044	1490	2830	12074	7301	2403	2370
1. 公益林	103	8177	5481	11	2685	6477	4194	—	2283
2. 商品林	46	6187	4563	1479	145	5597	3107	2403	87
二、木竹材加工	24	36313	20893	12240	3180	11054	—	11054	—
其中:木家具制造	6	4665	3274	1391	—	3194	—	3194	—
人造板制造	4	9781	1001	6080	2700	1050	—	1050	—
木制品制造	11	13337	9188	3669	480	6810	—	6810	—
三、林纸一体化	4	31528	7620	23908	—	20908	—	20908	—
四、林产化工	4	14131	10151	2940	1040	6540	—	6540	—
五、非木质林产品加工	17	9323	5103	4220	—	2300	—	2300	—
六、花卉、种苗	8	5826	4002	1824	—	3844	—	3844	—
七、科学研究	4	238	—	—	238	238	—	—	238
八、其他	62	58185	47484	8161	2540	45020	179	44780	61

各地区林业利用外资项目个数

单位:个

地区	总计	营造林			木竹材加工				林纸一体化	林产化工	非木质林产品加工	花卉、种苗	科学研究	其他
		合计	公益林	商品林	合计	其中 木家具制造	其中 人造板制造	其中 木制品制造						
全国合计	**272**	**149**	**103**	**46**	**24**	**6**	**4**	**11**	**4**	**4**	**17**	**8**	**4**	**62**
北京	—	—	—	—	—	—	—	—	—	—	—	—	—	—
天津	—	—	—	—	—	—	—	—	—	—	—	—	—	—
河北	18	18	15	3	—	—	—	—	—	—	—	—	—	—
山西	—	—	—	—	—	—	—	—	—	—	—	—	—	—
内蒙古	2	2	2	—	—	—	—	—	—	—	—	—	—	—
内蒙古集团	—	—	—	—	—	—	—	—	—	—	—	—	—	—
辽宁	3	3	3	—	—	—	—	—	—	—	—	—	—	—
吉林	17	16	15	1	—	—	—	—	—	—	—	—	—	1
吉林集团	—	—	—	—	—	—	—	—	—	—	—	—	—	—
黑龙江	10	10	8	2	—	—	—	—	—	—	—	—	—	—
龙江集团	—	—	—	—	—	—	—	—	—	—	—	—	—	—
上海	—	—	—	—	—	—	—	—	—	—	—	—	—	—
江苏	6	1	—	1	4	—	3	—	—	—	1	—	—	—
浙江	7	5	1	4	2	2	—	—	—	—	—	—	—	—
安徽	8	8	4	4	—	—	—	—	—	—	—	—	—	—
福建	62	1	—	1	17	4	1	10	3	4	3	8	—	26
江西	5	5	2	3	—	—	—	—	—	—	—	—	—	—
山东	20	20	18	2	—	—	—	—	—	—	—	—	—	—
河南	14	14	13	1	—	—	—	—	—	—	—	—	—	—
湖北	8	7	4	3	—	—	—	—	—	—	—	—	—	1
湖南	2	2	—	2	—	—	—	—	—	—	—	—	—	—
广东	3	1	—	1	1	—	—	1	—	—	—	—	—	1
广西	20	16	—	16	—	—	—	—	1	—	—	—	—	3
海南	—	—	—	—	—	—	—	—	—	—	—	—	—	—
重庆	—	—	—	—	—	—	—	—	—	—	—	—	—	—
四川	39	3	2	1	—	—	—	—	—	—	13	—	—	23
贵州	1	1	1	—	—	—	—	—	—	—	—	—	—	—
云南	5	3	2	1	—	—	—	—	—	—	—	—	—	2
西藏	—	—	—	—	—	—	—	—	—	—	—	—	—	—
陕西	1	1	1	—	—	—	—	—	—	—	—	—	—	—
甘肃	15	11	11	—	—	—	—	—	—	—	—	—	4	—
青海	5	—	—	—	—	—	—	—	—	—	—	—	—	5
宁夏	—	—	—	—	—	—	—	—	—	—	—	—	—	—
新疆	1	1	1	—	—	—	—	—	—	—	—	—	—	—
新疆兵团	—	—	—	—	—	—	—	—	—	—	—	—	—	—
大兴安岭	—	—	—	—	—	—	—	—	—	—	—	—	—	—

各地区林业实际利用外资情况

单位:万美元

地区	总计	营造林			木竹材加工				林纸一体化	林产化工	非木质林产品加工	花卉、种苗	科学研究	其他
						其中								
		合计	公益林	商品林	合计	木家具制造	人造板制造	木制品制造						
全国合计	**169908**	**14364**	**8177**	**6187**	**36313**	**4665**	**9781**	**13337**	**31528**	**14131**	**9323**	**5826**	**238**	**58185**
北京	—	—	—	—	—	—	—	—	—	—	—	—	—	—
天津	—	—	—	—	—	—	—	—	—	—	—	—	—	—
河北	633	633	329	304	—	—	—	—	—	—	—	—	—	—
山西	—	—	—	—	—	—	—	—	—	—	—	—	—	—
内蒙古	209	209	209	—	—	—	—	—	—	—	—	—	—	—
内蒙古集团	—	—	—	—	—	—	—	—	—	—	—	—	—	—
辽宁	301	301	301	—	—	—	—	—	—	—	—	—	—	—
吉林	1436	1431	1422	9	—	—	—	—	—	—	—	—	—	5
吉林集团	—	—	—	—	—	—	—	—	—	—	—	—	—	—
黑龙江	50	50	16	34	—	—	—	—	—	—	—	—	—	—
龙江集团	—	—	—	—	—	—	—	—	—	—	—	—	—	—
上海	—	—	—	—	—	—	—	—	—	—	—	—	—	—
江苏	2930	30	—	30	2480	—	2380	—	—	—	420	—	—	—
浙江	1200	525	6	519	675	675	—	—	—	—	—	—	—	—
安徽	290	290	189	101	—	—	—	—	—	—	—	—	—	—
福建	128199	15	—	15	32868	3990	7401	13047	11368	14131	8898	5826	—	55093
江西	1673	1673	338	1335	—	—	—	—	—	—	—	—	—	—
山东	1735	1735	1707	28	—	—	—	—	—	—	—	—	—	—
河南	425	425	403	22	—	—	—	—	—	—	—	—	—	—
湖北	425	382	134	248	—	—	—	—	—	—	—	—	—	43
湖南	97	97	—	97	—	—	—	—	—	—	—	—	—	—
广东	654	122	—	122	290	—	—	290	—	—	—	—	—	242
广西	23334	2938	—	2938	—	—	—	—	20160	—	—	—	—	236
海南	—	—	—	—	—	—	—	—	—	—	—	—	—	—
重庆	—	—	—	—	—	—	—	—	—	—	—	—	—	—
四川	2246	809	729	80	—	—	—	—	—	—	5	—	—	1432
贵州	39	39	39	—	—	—	—	—	—	—	—	—	—	—
云南	1004	504	199	305	—	—	—	—	—	—	—	—	—	500
西藏	—	—	—	—	—	—	—	—	—	—	—	—	—	—
陕西	100	100	100	—	—	—	—	—	—	—	—	—	—	—
甘肃	2286	2048	2048	—	—	—	—	—	—	—	—	—	238	—
青海	634	—	—	—	—	—	—	—	—	—	—	—	—	634
宁夏	—	—	—	—	—	—	—	—	—	—	—	—	—	—
新疆	8	8	8	—	—	—	—	—	—	—	—	—	—	—
新疆兵团	—	—	—	—	—	—	—	—	—	—	—	—	—	—
大兴安岭	—	—	—	—	—	—	—	—	—	—	—	—	—	—

各地区林业协议利用外资情况

单位:万美元

地区	总计	营造林			木竹材加工				林纸一体化	林产化工	非木质林产品加工	花卉、种苗	科学研究	其他
		合计	公益林	商品林	合计	其中								
						木家具制造	人造板制造	木制品制造						
全国合计	**101978**	**12074**	**6477**	**5597**	**11054**	**3194**	**1050**	**6810**	**20908**	**6540**	**2300**	**3844**	**238**	**45020**
北　京	—	—	—	—	—	—	—	—	—	—	—	—	—	—
天　津	—	—	—	—	—	—	—	—	—	—	—	—	—	—
河　北	336	336	309	27	—	—	—	—	—	—	—	—	—	—
山　西	—	—	—	—	—	—	—	—	—	—	—	—	—	—
内蒙古	—	—	—	—	—	—	—	—	—	—	—	—	—	—
内蒙古集团	—	—	—	—	—	—	—	—	—	—	—	—	—	—
辽　宁	30	30	30	—	—	—	—	—	—	—	—	—	—	—
吉　林	462	462	453	9	—	—	—	—	—	—	—	—	—	—
吉林集团	—	—	—	—	—	—	—	—	—	—	—	—	—	—
黑龙江	7	7	7	—	—	—	—	—	—	—	—	—	—	—
龙江集团	—	—	—	—	—	—	—	—	—	—	—	—	—	—
上　海	—	—	—	—	—	—	—	—	—	—	—	—	—	—
江　苏	—	—	—	—	—	—	—	—	—	—	—	—	—	—
浙　江	896	221	6	215	675	675	—	—	—	—	—	—	—	—
安　徽	86	86	39	47	—	—	—	—	—	—	—	—	—	—
福　建	68355	—	—	—	10379	2519	1050	6810	748	6540	2300	3844	—	44544
江　西	632	632	49	583	—	—	—	—	—	—	—	—	—	—
山　东	1450	1450	1422	28	—	—	—	—	—	—	—	—	—	—
河　南	1152	1152	1152	—	—	—	—	—	—	—	—	—	—	—
湖　北	282	282	154	128	—	—	—	—	—	—	—	—	—	—
湖　南	1267	1267	—	1267	—	—	—	—	—	—	—	—	—	—
广　东	—	—	—	—	—	—	—	—	—	—	—	—	—	—
广　西	23609	3213	—	3213	—	—	—	—	20160	—	—	—	—	236
海　南	—	—	—	—	—	—	—	—	—	—	—	—	—	—
重　庆	—	—	—	—	—	—	—	—	—	—	—	—	—	—
四　川	1108	870	790	80	—	—	—	—	—	—	—	—	—	238
贵　州	—	—	—	—	—	—	—	—	—	—	—	—	—	—
云　南	20	18	18	—	—	—	—	—	—	—	—	—	—	2
西　藏	—	—	—	—	—	—	—	—	—	—	—	—	—	—
陕　西	—	—	—	—	—	—	—	—	—	—	—	—	—	—
甘　肃	2286	2048	2048	—	—	—	—	—	—	—	—	—	238	—
青　海	—	—	—	—	—	—	—	—	—	—	—	—	—	—
宁　夏	—	—	—	—	—	—	—	—	—	—	—	—	—	—
新　疆	—	—	—	—	—	—	—	—	—	—	—	—	—	—
新疆兵团	—	—	—	—	—	—	—	—	—	—	—	—	—	—
大兴安岭	—	—	—	—	—	—	—	—	—	—	—	—	—	—

国家林业局机关及直属单位

地　区	本年计划投资	总计	其中：国家投资	生态建设与保护		
				合计	造林	其他
总计	**520593**	**567084**	**356679**	**214319**	**838**	**213481**
国家林业局信息中心	1000	2000	2000	—	—	—
国家林业局国有林场和林木种苗工作总站	20000	20000	20000	—	—	—
国家林业局林业工作站管理总站	30	30	30	—	—	—
国家林业局林业基金管理总站	500	500	500	500	—	500
国家林业局宣传中心	21	21	21	—	—	—
国家林业局濒危物种进出口管理中心	—	—	—	—	—	—
国家林业局天然林保护工程管理中心	264	264	13	13	—	13
国家林业局西北华北东北防护林建设局	2713	2513	2513	570	570	—
国家林业局退耕还林（草）工程管理办公室	—	444	444	444	—	444
国家林业局防治荒漠化管理中心	—	—	—	—	—	—
国家林业局世界银行贷款项目管理中心	729	678	659	—	—	—
国家林业局科技发展中心	—	15	15	—	—	—
国家林业局森林资源监督管理办公室	—	—	—	—	—	—
国家林业局亚太森林网络管理中心	3031	2617	2617	—	—	—
国家林业局湿地保护管理中心	71	71	32	23	—	23
国家林业局经济发展研究中心	85	45	45	—	—	—
国家林业局人才开发交流中心	880	981	391	—	—	—
国家林业局对外合作项目中心	—	3	3	—	—	—
中国林业科学研究院	11115	12104	9645	1393	268	1125
国家林业局调查规划设计院	2286	2085	2085	—	—	—
国家林业局林产工业规划设计院	725	686	686	—	—	—
国家林业局管理干部学院	1117	5114	5114	—	—	—
中国绿色时报社	1350	1350	1350	—	—	—
中国林业出版社	—	—	—	—	—	—
国际竹藤网络中心	1459	9514	7687	—	—	—
中国林学会	50	50	50	—	—	—
中国野生动物保护协会	—	45	—	—	—	—
中国花卉协会	—	—	—	—	—	—
中国绿化基金会	5039	24945	654	—	—	—

林业投资完成与资金来源情况(一)

单位:万元

自年初累计完成投资								
林业支撑与保障							林业产业发展	
							特色经济林	
合计	林木种苗	森林防火	林业有害生物防治	科技教育	其他	合计	小计	其中:油茶示范基地建设
72167	**655**	**20413**	**541**	**13524**	**37034**	**20173**	**20000**	**20000**
2000	—	—	—	—	2000	—	—	—
—	—	—	—	—	—	20000	20000	20000
—	—	—	—	—	—	—	—	—
—	—	—	—	—	—	—	—	—
—	—	—	—	—	—	—	—	—
—	—	—	—	—	—	—	—	—
—	—	—	—	—	—	—	—	—
—	—	—	—	—	—	—	—	—
—	—	—	—	—	—	—	—	—
—	—	—	—	—	—	—	—	—
—	—	—	—	—	—	—	—	—
—	—	—	—	—	—	—	—	—
—	—	—	—	—	—	—	—	—
—	—	—	—	—	—	—	—	—
—	—	—	—	—	—	—	—	—
—	—	—	—	—	—	—	—	—
—	—	—	—	—	—	—	—	—
—	—	—	—	—	—	—	—	—
1948	44	—	—	92	1812	173	—	—
2085	—	—	—	—	2085	—	—	—
—	—	—	—	—	—	—	—	—
5114	—	—	—	5114	—	—	—	—
—	—	—	—	—	—	—	—	—
—	—	—	—	—	—	—	—	—
4882	—	—	—	4882	—	—	—	—
—	—	—	—	—	—	—	—	—
—	—	—	—	—	—	—	—	—
—	—	—	—	—	—	—	—	—
—	—	—	—	—	—	—	—	—

国家林业局机关及直属单位

地　　区	本年计划投资	总计	其中：国家投资	生态建设与保护		
				合计	造林	其他
国家林业局基建办	404	404	404	—	—	—
国家林业局离退休干部局	—	—	—	—	—	—
国家林业局招待所	—	—	—	—	—	—
国家林业局幼儿园	—	—	—	—	—	—
驻内蒙古自治区森林资源监督专员办事处	—	—	—	—	—	—
驻长春森林资源监督专员办事处	—	—	—	—	—	—
驻黑龙江省森林资源监督专员办事处	—	—	—	—	—	—
驻大兴安岭森林资源监督专员办事处	472	455	371	455	—	455
驻福州森林资源监督专员办事处	—	—	—	—	—	—
驻云南省森林资源监督专员办事处	—	—	—	—	—	—
驻成都森林资源监督专员办事处	—	—	—	—	—	—
驻西安森林资源监督专员办事处	—	—	—	—	—	—
驻武汉森林资源监督专员办事处	—	—	—	—	—	—
驻贵阳森林资源监督专员办事处	—	502	502	—	—	—
驻海口森林资源监督专员办事处	10	10	10	—	—	—
驻合肥森林资源监督专员办事处	220	220	220	—	—	—
驻乌鲁木齐森林资源监督专员办事处	280	259	259	—	—	—
国家林业局森林病虫害防治总站	15	88	88	—	—	—
国家林业局东北航空护林中心	—	89	89	—	—	—
国家林业局西南航空护林总站	18760	16442	15930	—	—	—
南京森林警察学院	2300	2300	210	—	—	—
国家林业局华东林业调查规划设计院	1347	1347	425	—	—	—
国家林业局中南林业调查规划设计院	5499	5424	5424	3358	—	3358
国家林业局西北林业调查规划设计院	170	556	556	—	—	—
国家林业局昆明勘察设计院	422	397	397	—	—	—
陕西佛坪国家级自然保护区管理局	663	638	638	638	—	638
甘肃白水江国家级自然保护区管理局	1148	1148	1148	—	—	—
国家林业局卧龙自然保护区管理局	766	26234	26234	25998	—	25998
国家林业局北戴河培训中心	280	280	280	—	—	—
大兴安岭林业集团公司	435371	424215	246938	180927	—	180927

林业投资完成与资金来源情况(二)

单位:万元

自年初累计完成投资								
林业支撑与保障						林业产业发展		
							特色经济林	
合计	林木种苗	森林防火	林业有害生物防治	科技教育	其他	合计	小计	其中:油茶示范基地建设
—	—	—	—	—	—	—	—	—
—	—	—	—	—	—	—	—	—
—	—	—	—	—	—	—	—	—
—	—	—	—	—	—	—	—	—
—	—	—	—	—	—	—	—	—
—	—	—	—	—	—	—	—	—
—	—	—	—	—	—	—	—	—
—	—	—	—	—	—	—	—	—
—	—	—	—	—	—	—	—	—
—	—	—	—	—	—	—	—	—
—	—	—	—	—	—	—	—	—
—	—	—	—	—	—	—	—	—
—	—	—	—	—	—	—	—	—
—	—	—	—	—	—	—	—	—
—	—	—	—	—	—	—	—	—
—	—	—	—	—	—	—	—	—
—	—	—	—	—	—	—	—	—
88	—	—	88	—	—	—	—	—
89	—	89	—	—	—	—	—	—
14679	—	14679	—	—	—	—	—	—
—	—	—	—	—	—	—	—	—
—	—	—	—	—	—	—	—	—
—	—	—	—	—	—	—	—	—
—	—	—	—	—	—	—	—	—
—	—	—	—	—	—	—	—	—
—	—	—	—	—	—	—	—	—
—	—	—	—	—	—	—	—	—
236	—	236	—	—	—	—	—	—
—	—	—	—	—	—	—	—	—
41046	611	5409	453	3436	31137	—	—	—

地区	自年初累计完成投资				
	林业产业发展	其他			
	其他	合计	其中:财政事业费	总计	上年末结余资金
总计	**173**	**260424**	**15261**	**598251**	**107000**
国家林业局信息中心	—	—	—	1000	—
国家林业局国有林场和林木种苗工作总站	—	—	—	—	—
国家林业局林业工作站管理总站	—	30	—	30	—
国家林业局林业基金管理总站	—	—	—	500	—
国家林业局宣传中心	—	21	21	21	—
国家林业局濒危物种进出口管理中心	—	—	—	—	—
国家林业局天然林保护工程管理中心	—	251	—	264	—
国家林业局西北华北东北防护林建设局	—	1943	1652	3470	950
国家林业局退耕还林(草)工程管理办公室	—	—	—	571	154
国家林业局防治荒漠化管理中心	—	—	—	—	—
国家林业局世界银行贷款项目管理中心	—	678	562	746	17
国家林业局科技发展中心	—	15	15	—	—
国家林业局森林资源监督管理办公室	—	—	—	—	—
国家林业局亚太森林网络管理中心	—	2617	—	3031	338
国家林业局湿地保护管理中心	—	48	9	71	—
国家林业局经济发展研究中心	—	45	—	136	51
国家林业局人才开发交流中心	—	981	391	1276	16
国家林业局对外合作项目中心	—	3	3	3	—
中国林业科学研究院	173	8590	6239	20007	6541
国家林业局调查规划设计院	—	—	—	5382	3096
国家林业局林产工业规划设计院	—	686	—	726	1
国家林业局管理干部学院	—	—	—	1484	367
中国绿色时报社	—	1350	1350	1350	287
中国林业出版社	—	—	—	—	—
国际竹藤网络中心	—	4632	392	15024	4154
中国林学会	—	50	—	50	—
中国野生动物保护协会	—	45	—	32372	24608
中国花卉协会	—	—	—	—	—
中国绿化基金会	—	24945	49	49587	17156

林业投资完成与资金来源情况(三)

单位:万元

本年资金来源合计								
本年资金来源小计								
合计	国家预算资金			国内贷款	债券	利用外资	自筹资金	其他资金来源
	小计	中央资金	地方资金					
491251	**297441**	**276712**	**20729**	**—**	**—**	**—**	**151182**	**42629**
1000	1000	1000	—	—	—	—	—	—
—	—	—	—	—	—	—	—	—
30	30	30	—	—	—	—	—	—
500	500	500	—	—	—	—	—	—
21	21	21	—	—	—	—	—	—
—	—	—	—	—	—	—	—	—
264	13	13	—	—	—	—	—	251
2520	2396	2396	—	—	—	—	—	124
417	416	416	—	—	—	—	—	1
—	—	—	—	—	—	—	—	—
729	690	690	—	—	—	—	—	39
—	—	—	—	—	—	—	—	—
—	—	—	—	—	—	—	—	—
2693	2693	2693	—	—	—	—	—	—
71	32	32	—	—	—	—	—	39
85	85	85	—	—	—	—	—	—
1260	375	375	—	—	—	—	875	11
3	3	3	—	—	—	—	—	—
13466	11115	11115	—	—	—	—	2351	—
2286	2286	2286	—	—	—	—	—	—
725	725	725	—	—	—	—	—	—
1117	1117	1117	—	—	—	—	—	—
1063	1063	1063	—	—	—	—	—	—
—	—	—	—	—	—	—	—	—
10870	8762	8762	—	—	—	—	—	2108
50	50	50	—	—	—	—	—	—
7764	397	397	—	—	—	—	—	7367
—	—	—	—	—	—	—	—	—
32431	654	654	—	—	—	—	—	31777

地　区	自年初累计完成投资				
	林业产业发展	其他			
	其他	合计	其中：财政事业费	总计	上年末结余资金
总计	**—**	**404**	**—**	**404**	**—**
国家林业局信息中心	—	—	—	—	—
国家林业局国有林场和林木种苗工作总站	—	—	—	—	—
国家林业局林业工作站管理总站	—	—	—	—	—
国家林业局林业基金管理总站	—	—	—	—	—
国家林业局宣传中心	—	—	—	—	—
国家林业局濒危物种进出口管理中心	—	—	—	—	—
国家林业局天然林保护工程管理中心	—	—	—	455	—
国家林业局西北华北东北防护林建设局	—	—	—	340	31
国家林业局退耕还林（草）工程管理办公室	—	—	—	—	—
国家林业局防治荒漠化管理中心	—	—	—	—	—
国家林业局世界银行贷款项目管理中心	—	—	—	—	—
国家林业局科技发展中心	—	—	—	143	2
国家林业局森林资源监督管理办公室	—	502	502	502	502
国家林业局亚太森林网络管理中心	—	10	10	10	—
国家林业局湿地保护管理中心	—	220	102	220	—
国家林业局经济发展研究中心	—	259	235	299	19
国家林业局人才开发交流中心	—	—	—	135	120
国家林业局对外合作项目中心	—	—	—	2531	2531
中国林业科学研究院	—	1763	1089	18760	3189
国家林业局调查规划设计院	—	2300	—	2300	—
国家林业局林产工业规划设计院	—	1347	—	1373	26
国家林业局管理干部学院	—	2066	1313	5549	50
中国绿色时报社	—	556	556	792	622
中国林业出版社	—	397	—	422	—
国际竹藤网络中心	—	—	—	663	—
中国林学会	—	1148	771	1148	—
中国野生动物保护协会	—	—	—	766	766
中国花卉协会	—	280	—	770	—
中国绿化基金会	—	202242	—	423567	41406

林业投资完成与资金来源情况(四)

单位:万元

本年资金来源合计								
	本年资金来源小计							
合计	国家预算资金			国内贷款	债券	利用外资	自筹资金	其他资金来源
	小计	中央资金	地方资金					
404	**404**	**404**	**—**	**—**	**—**	**—**	**—**	**—**
—	—	—	—	—	—	—	—	—
—	—	—	—	—	—	—	—	—
—	—	—	—	—	—	—	—	—
—	—	—	—	—	—	—	—	—
—	—	—	—	—	—	—	—	—
—	—	—	—	—	—	—	—	—
455	371	371	—	—	—	—	—	84
309	266	266	—	—	—	—	—	43
—	—	—	—	—	—	—	—	—
—	—	—	—	—	—	—	—	—
—	—	—	—	—	—	—	—	—
141	141	141	—	—	—	—	—	—
—	—	—	—	—	—	—	—	—
10	10	10	—	—	—	—	—	—
220	220	220	—	—	—	—	—	—
280	235	235	—	—	—	—	—	45
15	15	15	—	—	—	—	—	—
—	—	—	—	—	—	—	—	—
15571	14989	14989	—	—	—	—	—	582
2300	210	210	—	—	—	—	2090	—
1347	1347	1347	—	—	—	—	—	—
5499	5499	5499	—	—	—	—	—	—
170	170	170	—	—	—	—	—	—
422	422	422	—	—	—	—	—	—
663	663	663	—	—	—	—	—	—
1148	1148	1148	—	—	—	—	—	—
—	—	—	—	—	—	—	—	—
770	280	280	—	—	—	—	490	—
382161	236627	215898	20729	—	—	—	145376	158

6

林业教育

FORESTRY EDUCATION

中国
林业统计年鉴2011

2011～2012学年初普通高、中等林业院校和其他高、中等院校林科基本情况

单位：人

名　　称	涉林学校单位数（所、个）	毕业生数	招生数	在校学生数	毕业班学生数	教职工数	
						计	其中：专任教师
总计	**—**	**112727**	**164039**	**487987**	**150058**	**—**	**—**
一、研究生	**77**	**5554**	**7052**	**20676**	**7620**	**—**	**—**
1. 高等林业院校	6	3882	5215	15106	5689	11276	7289
2. 其他高等院校（林科）	63	1442	1549	4708	1610	—	—
3. 科研单位	8	230	288	862	321	—	—
二、普通本专科生	**366**	**55511**	**62873**	**213019**	**56281**	**—**	**—**
1. 高等林业院校	6	21988	25876	98514	23742		
2. 森林警察学院	1	1457	1503	1841	—	—	—
3. 其他高等院校（林科）	359	32066	35494	112664	32539	—	—
三、中专生	**451**	**51662**	**94114**	**254292**	**86157**	**—**	**—**
1. 中等林业（园林）职业学校	30	14306	17797	58221	28256	3143	1967
2. 其他中等职业学校（林科）	421	37356	76317	196071	57901	—	—

2011～2012 学年初普通高等林业院校教职工情况(一)

单位:人

学校名称	教职工数								
	合计	校本部教职工							
		计	专任教师						行政人员
			小计	正高级	副高级	中级	初级	无职称者	
总　计	**11276**	**10843**	**7289**	**1138**	**2362**	**3153**	**490**	**146**	**1755**
北京林业大学	1697	1603	1113	209	473	359	15	57	247
东北林业大学	2517	2347	1461	293	488	569	94	17	361
南京林业大学	1848	1738	1180	173	296	561	150	—	318
浙江农林大学	1465	1440	956	138	324	443	42	9	265
中南林业科技大学	2253	2240	1492	195	481	733	83	—	363
西南林业大学	1116	1108	815	104	226	355	67	63	140
南京森林警察学院	380	367	272	26	74	133	39	—	61

2011～2012 学年初普通高等林业院校教职工情况(二)

单位:人

学校名称	教职工数					另有其他人员			
	校本部教职工		科研机构人员	校办企业职工	其他附设机构人员	聘请校外教师	离退休人员	附属中小学幼儿园教职工	集体所有制人员
	教辅人员	工勤人员							
总计	**1017**	**782**	**87**	**105**	**241**	**1094**	**4503**	**33**	**199**
北京林业大学	159	84	—	57	37	296	756	33	—
东北林业大学	360	165	9	25	136	72	1088	—	160
南京林业大学	105	135	43	23	44	282	1010	—	39
浙江农林大学	145	74	9	—	16	76	3	—	—
中南林业科技大学	128	257	13	—	—	209	1081	—	—
西南林业大学	106	47	8	—	—	145	391	—	—
南京森林警察学院	14	20	5	—	8	14	174	—	—

2011～2012 学年初普通

学校名称	总　计	教学及辅助用房					
		计	教室	图书馆	实验室、实习场所	专用科研用房	体育馆
一、学校产权建筑面积	**3854232**	**1736362**	**533857**	**190631**	**778329**	**51127**	**150312**
北京林业大学	356938	134713	41038	22521	50379	11555	9220
东北林业大学	890798	362821	80126	41765	179948	10761	40845
南京林业大学	692600	305648	68360	31146	169503	—	26700
浙江农林大学	430139	204617	122693	18814	30899	18356	4933
中南林业科技大学	824405	404351	118185	34933	200845	9395	37124
西南林业大学	483936	245917	83761	29814	119203	1060	12079
南京森林警察学院	175416	78295	19694	11638	27552	—	19411
二、正在施工面积	**99232**	**53757**	**15433**	**3260**	**35064**	**—**	**—**
北京林业大学	68232	53757	15433	3260	35064	—	—
东北林业大学	—	—	—	—	—	—	—
南京林业大学	31000	—	—	—	—	—	—
浙江农林大学	—	—	—	—	—	—	—
中南林业科技大学	—	—	—	—	—	—	—
西南林业大学	—	—	—	—	—	—	—
南京森林警察学院	—	—	—	—	—	—	—
三、非学校产权建筑面积	**171712**	**154544**	**80317**	**601**	**72826**	**—**	**—**
北京林业大学	51350	49600	600	—	49000	—	—
东北林业大学	—	—	—	—	—	—	—
南京林业大学	—	—	—	—	—	—	—
浙江农林大学	—	—	—	—	—	—	—
中南林业科技大学	120362	104944	79717	601	23826	—	—
西南林业大学	—	—	—	—	—	—	—
南京森林警察学院	—	—	—	—	—	—	—

高等林业院校校舍情况

单位：平方米

	行政办公用房	生活用房						教工住宅	其他用房
会堂		计	学生宿舍	学生食堂	教工单身宿舍	教工食堂	生活福利及其他用房		
32106	**238037**	**1453962**	**1134175**	**136857**	**66375**	**16361**	**100194**	**397967**	**27904**
—	22343	185411	151567	7456	7153	—	19235	—	14471
9376	69875	207515	161719	24482	4806	—	16508	250587	—
9939	63425	254478	196587	22638	21622	9501	4130	55616	13433
8922	31303	194219	160078	22358	10724	—	1059	—	—
3869	33063	340101	284910	23573	3600	3857	24161	46890	—
—	8179	184966	130034	19774	8744	500	25914	44874	—
—	9849	87272	49280	16576	9726	2503	9187	—	—
—	**14475**	**31000**	**31000**	**—**	**—**	**—**	**—**	**—**	**—**
—	14475	—	—	—	—	—	—	—	—
—	—	—	—	—	—	—	—	—	—
—	—	31000	31000	—	—	—	—	—	—
—	—	—	—	—	—	—	—	—	—
—	—	—	—	—	—	—	—	—	—
—	—	—	—	—	—	—	—	—	—
—	—	—	—	—	—	—	—	—	—
800	**4950**	**12218**	**8200**	**1258**	**400**	**1258**	**1102**	**—**	**—**
—	150	1600	1600	—	—	—	—	—	—
—	—	—	—	—	—	—	—	—	—
—	—	—	—	—	—	—	—	—	—
—	—	—	—	—	—	—	—	—	—
800	4800	10618	6600	1258	400	1258	1102	—	—
—	—	—	—	—	—	—	—	—	—
—	—	—	—	—	—	—	—	—	—

2011～2012 学年初普通高等林业院校资产情况

学校名称	占地面积(平方米)			图书资料		拥有教学用计算机(台)	多媒体教室座位数(个)	语音实验室座位数(个)	固定资产总值(万元)	
	总面积	其中		合计(万册)	其中:当年新增(万册)				计	其中:教学、科研仪器设备资产
		绿化用地	运动场地							
一、学校产权	**9942090**	**4025728**	**495461**	**1028.47**	**40.03**	**47862**	**89256**	**7268**	**875573.02**	**183436.5**
北京林业大学	468796	124750	56505	156.15	7.03	8068	13892	658	171126.55	45777.51
东北林业大学	1359837	400000	100291	188.89	2.52	8921	17313	1400	157894.36	48203.52
南京林业大学	3730262	1492104	66475	155.10	5.50	7484	13958	1124	119672.27	33088.00
浙江农林大学	1547074	748044	64681	159.83	5.71	5706	15111	700	126032.33	18539.24
中南林业科技大学	1307246	586000	52175	179.70	—	10172	12931	2392	98800.00	19598.00
西南林业大学	802737	258628	70118	131.60	18.07	4595	10372	674	153281.51	13075.37
南京森林警察学院	726138	416202	85216	57.20	1.20	2916	5679	320	48766.00	5154.86
二、非学校产权	**1764575**	**586000**	**52175**	**179.70**	**—**	**—**	**1585**	**420**	**—**	**—**
北京林业大学	—	—	—	—	—	—	—	—	—	—
东北林业大学	—	—	—	—	—	—	—	—	—	—
南京林业大学	—	—	—	—	—	—	—	—	—	—
浙江农林大学	—	—	—	—	—	—	—	—	—	—
中南林业科技大学	1307246	586000	52175	179.70	—	—	1585	420	—	—
西南林业大学	437329	—	—	—	—	—	—	—	—	—
南京森林警察学院	20000	—	—	—	—	—	—	—	—	—

2011～2012学年初普通高等林业院校和其他高等院校、科研院所林科分单位研究生情况(一)

单位:人

学校名称	毕业生数	招生数	在校学生数	毕业班学生数
总计	**5554**	**7052**	**20676**	**7620**
一、博士生	**666**	**875**	**3587**	**1889**
1. 高等林业院校	489	626	2702	1472
北京林业大学	244	257	930	432
东北林业大学	129	196	912	523
南京林业大学	76	123	638	394
中南林业科技大学	40	50	222	123
2. 林业科研单位	75	110	360	154
中国林业科学研究院	75	110	360	154
3. 其他高等院校(林业学科)	102	139	525	263
二、硕士生	**4888**	**6177**	**17089**	**5731**
1. 高等林业院校	3393	4589	12404	4217
北京林业大学	940	1206	3230	1125
东北林业大学	859	1090	2877	849
南京林业大学	693	912	2498	947
浙江农林大学	278	406	1100	391
中南林业科技大学	424	577	1586	526
西南林业大学	199	398	1113	379
2. 其他高等院校(林业学科)	1340	1410	4183	1347
北京师范大学	6	7	18	7
中国农业大学	21	22	77	22
中国人民大学	2	1	5	2
北京农学院	29	18	77	28
天津科技大学	1	4	12	1
河北农业大学	63	50	165	63
山西大学	3	7	16	3
山西农业大学	14	21	53	14
内蒙古农业大学	87	66	237	85
沈阳农业大学	70	57	188	70
辽宁工程技术大学	6	5	18	6
东北师范大学	1	—	1	1
吉林农业大学	23	16	63	25
北华大学	13	10	36	13
东北农业大学	35	33	109	35
上海交通大学	15	11	41	15
上海财经大学	1	2	3	1
南京农业大学	32	32	74	32
苏州大学	8	16	38	8
浙江大学	8	6	19	8
安徽农业大学	48	66	175	48
福建农林大学	77	144	327	73
福建师范大学	1	2	5	1
江西农业大学	36	45	118	36
南昌大学	6	2	12	6
江西财经大学	2	6	8	2

2011～2012学年初普通高等林业院校和其他高等院校、科研院所林科分单位研究生情况(二)

单位:人

学校名称	毕业生数	招生数	在校学生数	毕业班学生数
山东建筑大学	7	6	20	7
山东轻工业学院	—	—	—	—
青岛农业大学	19	15	46	19
曲阜师范大学	4	—	5	4
山东农业大学	65	60	187	65
聊城大学	1	6	10	1
河南农业大学	17	31	77	17
华北水利水电学院	3	3	12	3
华中农业大学	100	88	263	101
湖北民族学院	1	4	6	1
长江大学	6	7	16	6
湖南师范大学	1	—	1	1
吉首大学	3	4	13	3
仲恺农业工程学院	4	18	27	4
华南农业大学	70	51	177	70
华南师范大学	7	8	25	7
广西大学	31	36	109	31
广西师范大学	—	2	6	2
海南大学	19	32	67	19
西南大学	55	52	166	56
西南交通大学	10	6	26	10
四川大学	10	7	27	10
西华师范大学	2	1	7	2
四川农业大学	89	64	244	89
贵州大学	27	33	101	27
云南农业大学	21	31	83	21
西藏大学	—	—	2	2
长安大学	—	—	1	1
西北农林科技大学	130	151	442	133
西安理工大学	2	3	8	2
陕西科技大学	1	—	1	1
陕西师范大学	—	—	3	—
甘肃农业大学	16	24	55	16
兰州交通大学	—	—	—	—
青海大学	—	5	10	—
新疆农业大学	11	13	45	11
3. 科研单位	155	178	502	167
中国林业科学研究院	137	155	442	150
中国农业科学院研究生院	2	2	5	1
中国科学院沈阳应用生态所	1	1	3	1
中国科学院南京土壤研究所	1	2	4	1
中国科学院华南植物研究所	6	6	18	6
武汉植物研究所	—	4	8	—
中国科学院新疆生态与地理研究所	8	8	22	8

2011～2012学年初普通高等林业院校和其他高等院校、科研院所林科分学科研究生情况(一)

单位:人

学科名称	毕业生数	招生数	在校学生数	毕业班学生数
总计	**5554**	**7052**	**20676**	**7620**
一、博士生	**666**	**875**	**3587**	**1889**
1. 林科类专业小计	620	807	3270	1702
林木遗传育种	23	50	176	75
森林培育	101	101	404	218
森林保护学	21	48	201	110
森林经理学	29	46	187	104
野生动植物保护与利用	18	27	111	56
园林植物与观赏园艺	40	57	235	119
水土保持与荒漠化防治	46	56	197	80
森林工程	24	61	250	134
木材科学与技术	34	63	230	117
林产化学加工工程	13	34	114	53
林业经济管理	82	67	368	238
其他	189	197	797	398
2. 林业院校和科研单位其他专业	46	68	317	187
草业科学	6	4	19	11
发育生物学	3	6	19	9
机械设计及理论	17	18	117	85
生物化学与分子生物学	2	8	33	14
微生物学	2	9	25	11
细胞生物学	—	6	22	11
食品科学与工程	—	3	4	—
遗传学	4	4	17	8
载运工具运用工程	6	1	17	11
制浆造纸工程	5	4	32	22
马克思主义理论与思想政治教育	1	5	12	5
二、硕士	**4888**	**6177**	**17089**	**5731**
1. 林业学科小计	3003	3411	9904	3425
森林工程	121	179	459	166
木材科学与技术	157	162	537	189
林产化工加工工程	80	108	270	96
林木遗传育种	117	137	399	143
森林培育	243	258	769	247
森林保护学	139	154	463	148
森林经理学	189	198	578	199
野生动植物保护与利用	77	88	289	77
园林植物与观赏园艺	980	1063	3108	1096
水土保持与荒漠化防治	229	314	840	287
林业经济管理	91	92	297	90
其他林业学科	580	658	1895	687
2. 林业院校和科研单位其他学科	1885	2766	7185	2306
材料加工工程	6	6	23	6

2011～2012学年初普通高等林业院校和其他高等院校、科研院所林科分学科研究生情况(二)

单位:人

学科名称	毕业生数	招生数	在校学生数	毕业班学生数
材料学	10	13	44	13
草业科学	16	19	58	17
测试计量技术及仪器	10	13	36	12
车辆工程	6	12	26	6
道路与铁道工程	22	30	90	33
地图学与地理信息系统	52	57	144	58
动物学	22	39	98	24
动物遗传育种与繁殖	2	3	11	2
发酵工程	3	2	9	3
发育生物学	17	16	55	19
法学理论	10	7	29	10
风景园林	130	290	446	280
高分子化学与物理	16	18	49	19
工业设计工程	—	33	66	—
管理科学与工程	41	55	165	48
国际贸易学	12	13	39	12
果树学	3	5	11	3
汉语言文字学	11	7	27	11
化学工程	—	5	5	—
化学工艺	15	18	50	15
环境工程	19	21	68	19
环境科学	79	96	299	109
环境与资源保护法学	86	88	286	121
会计学	21	32	83	21
机械电子工程	4	16	36	4
机械工程	12	8	20	12
机械设计及理论	22	44	119	22
机械制造及其自动化	3	25	55	3
计算机技术	—	8	8	—
计算机软件与理论	10	9	26	10
计算机应用技术	55	67	189	69
技术经济及管理	—	4	9	—
检测技术与自动化装置	9	18	50	9
建筑与土木工程	5	36	41	5
交通信息工程及控制	8	2	13	8
交通运输工程	—	13	14	—
交通运输规划与管理	12	8	33	12
结构工程	33	44	137	33
金融学	5	6	18	5
科学技术哲学	15	17	51	15
控制理论与控制工程	12	25	53	12
旅游管理	28	27	82	39
伦理学	10	15	40	10

2011～2012学年初普通高等林业院校和其他高等院校、科研院所林科分学科研究生情况(三)

单位:人

学科名称	毕业生数	招生数	在校学生数	毕业班学生数
马克思主义基本原理	8	13	32	8
马克思主义中国化研究	27	23	83	27
农产品加工及储藏工程	16	27	79	16
农村与区域发展	42	118	187	48
农业电气化与自动化	—	6	8	—
农业机械化工程	6	8	20	6
农业经济管理	3	22	48	3
农业生物环境与能源工程	10	6	22	10
农业信息化	23	15	38	23
企业管理	79	70	251	79
桥梁与隧道工程	11	27	61	11
轻工技术与工程	—	7	7	—
人口、资源与环境经济学	13	11	35	13
设计艺术学	201	267	771	278
生理学	8	8	24	8
生物化工	13	12	38	13
生物化学与分子生物学	52	45	165	52
生物物理学	15	19	49	15
生药学	11	21	66	11
食品加工与安全	—	25	25	—
食品科学	27	25	78	29
水生生物学	5	13	31	5
思想政治教育	25	37	92	25
特种经济动物饲养	5	5	16	5
统计学	11	11	37	11
外国语言学及应用语言学	23	44	109	27
微生物学	33	43	142	38
细胞生物学	23	24	87	23
行政管理	32	46	148	41
岩土工程	3	10	26	4
养殖	—	1	1	—
药物化学	5	10	25	5
遗传学	13	19	62	15
应用化学	14	16	47	15
应用数学	9	15	39	9
应用心理学	13	13	41	17
英语语言文学	32	40	109	36
园艺	—	1	1	—
载运工具运用工程	16	26	73	25
植物营养学	8	11	36	8
制浆造纸工程	31	38	127	39
自然地理学	7	7	23	7
其他专业	160	271	615	172

2011～2012学年初普通高等林业院校和其他高等院校林科分学校学生情况(一)

单位:人

学校名称	毕业生数			招生数			在校学生数			毕业班学生数		
	计	本科生	专科生	计	本科生	专科生	计	本科生	专科生	计	本科生	专科生
总　　计	**55511**	**35182**	**20329**	**61736**	**43383**	**18353**	**212815**	**157818**	**54997**	**55339**	**36343**	**18996**
一、普通高等林业院校	**21988**	**21468**	**520**	**25876**	**25105**	**771**	**98514**	**96035**	**2479**	**23742**	**22777**	**965**
北京林业大学	3053	3053	—	3337	3337	—	13219	13213	6	3263	3252	11
东北林业大学	4198	4198	—	4849	4849	—	19025	19025	—	4523	4523	—
南京林业大学	3653	3653	—	4150	4150	—	15762	15762	—	3896	3896	—
浙江农林大学	3016	3016	—	3383	3383	—	13469	13469	—	3238	3238	—
中南林业科技大学	5555	5035	520	6281	5510	771	21028	21028	—	4873	4873	—
西南林业大学	2513	2513	—	3876	3876	—	16011	13538	2473	3949	2995	954
二、南京森林警察学院	**1457**	**—**	**1457**	**1503**	**984**	**519**	**1841**	**1841**	**—**	**—**	**—**	**—**
三、其他高等院校(林科)	**32066**	**13714**	**18352**	**34357**	**17294**	**17063**	**112460**	**59942**	**52518**	**31597**	**13566**	**18031**
北京联合大学	14	—	14	13	—	13	42	—	42	15	—	15
北京城市学院	93	—	93	20	—	20	159	—	159	94	—	94
中国农业大学	63	63	—	34	34	—	197	197	—	53	53	—
北京农业职业学院	136	—	136	33	—	33	215	—	215	110	—	110
北京农学院	155	155	—	140	140	—	530	530	—	145	145	—
天津科技大学	61	61	—	70	70	—	249	249	—	50	50	—
天津滨海职业学院	29	—	29	26	—	26	82	—	82	29	—	29
天津城市建设学院	68	68	—	97	97	—	284	284	—	68	68	—
天津农学院	205	113	92	172	139	33	705	456	249	195	103	92
河北政法职业学院	257	—	257	112	—	112	414	—	414	239	—	239
唐山职业技术学院	99	—	99	108	—	108	300	—	300	99	—	99
河北科技师范学院	108	108	—	141	77	64	415	351	64	108	108	—
中国环境管理干部学院	57	—	57	58	—	58	215	—	215	57	—	57
河北工程大学	141	74	67	42	42	—	292	200	92	141	74	67
河北农业大学现代科技学院	71	71	—	70	70	—	267	267	—	71	71	—
保定职业技术学院	86	—	86	76	—	76	229	—	229	86	—	86
河北农业大学	487	311	176	353	233	120	1353	1044	309	446	294	152
河北北方学院	50	—	50	68	—	68	162	—	162	50	—	50
河北旅游职业学院	105	—	105	87	—	87	326	—	326	105	—	105
沧州职业技术学院	47	—	47	49	—	49	149	—	149	47	—	47
沧州师范学院	61	—	61	74	—	74	135	—	135	61	—	61
廊坊职业技术学院	142	—	142	108	—	108	302	—	302	107	—	107
廊坊师范学院	37	—	37	—	—	—	37	—	37	37	—	37
衡水学院	73	39	34	60	60	—	193	159	34	73	39	34
衡水职业技术学院	117	—	117	33	—	33	236	—	236	103	—	103
山西林业职业技术学院	487	—	487	436	—	436	1344	—	1344	439	—	439
长治职业技术学院	27	—	27	49	—	49	129	—	129	27	—	27
山西农业大学信息学院	97	97	—	150	150	—	423	423	—	97	97	—
山西运城农业职业技术学院	—	—	—	52	—	52	102	—	102	—	—	—
山西农业大学	187	187	—	258	258	—	723	723	—	180	180	—
运城学院	44	—	44	68	68	—	112	68	44	44	—	44
山西师范大学	—	—	—	83	83	—	159	159	—	—	—	—
吕梁学院	74	—	74	37	—	37	178	—	178	74	—	74
内蒙古农业大学	606	551	55	881	853	28	2794	2651	143	593	538	55
内蒙古民族大学	80	80	—	78	78	—	329	329	—	87	87	—
内蒙古商贸职业学院	—	—	—	26	—	26	27	—	27	—	—	—
乌兰察布职业学院	53	—	53	66	—	66	197	—	197	53	—	53

2011～2012学年初普通高等林业院校和其他高等院校林科分学校学生情况(二)

单位:人

学校名称	毕业生数			招生数			在校学生数			毕业班学生数		
	计	本科生	专科生	计	本科生	专科生	计	本科生	专科生	计	本科生	专科生
沈阳大学	66	31	35	63	32	31	228	130	98	66	31	35
辽宁林业职业技术学院	709	—	709	395	—	395	1564	—	1564	692	—	692
辽宁商贸职业学院	7	—	7	—	—	—	7	—	7	7	—	7
沈阳大学科技工程学院	30	30	—	—	—	—	81	81	—	30	30	—
沈阳建筑大学	30	30	—	22	22	—	99	99	—	30	30	—
沈阳化工大学	—	—	—	27	27	—	27	27	—	—	—	—
沈阳农业大学	172	137	35	210	165	45	863	742	121	183	148	35
沈阳农业大学科学技术学院	56	56	—	75	75	—	258	258	—	56	56	—
辽宁科技学院	59	—	59	—	—	—	111	—	111	59	—	59
辽东学院	109	—	109	83	—	83	298	—	298	104	—	104
辽宁农业职业技术学院	85	—	85	121	—	121	325	—	325	85	—	85
辽宁工程技术大学	52	52	—	47	47	—	202	202	—	52	52	—
阜新高等专科学校	21	—	21	24	—	24	77	—	77	21	—	21
辽宁职业学院	55	—	55	32	—	32	151	—	151	55	—	55
吉林农业大学	221	221	—	255	224	31	923	892	31	229	229	—
长春大学	83	83	—	76	76	—	298	298	—	83	83	—
吉林建筑工程学院	28	28	—	64	64	—	174	174	—	28	28	—
吉林农业大学发展学院	119	57	62	90	65	25	374	224	150	112	57	55
吉林农业科技学院	55	29	26	133	133	—	373	290	83	55	29	26
北华大学	206	206	—	195	195	—	790	790	—	206	206	—
松原职业技术学院	—	—	—	7	—	7	29	—	29	—	—	—
延边大学	35	35	—	68	68	—	212	212	—	35	35	—
哈尔滨师范大学	19	—	19	34	34	—	130	67	63	19	—	19
黑龙江林业职业技术学院	398	—	398	235	—	235	946	—	946	358	—	358
黑龙江农垦职业学院	—	—	—	47	—	47	47	—	47	—	—	—
齐齐哈尔职业学院	—	—	—	10	—	10	23	—	23	—	—	—
黑龙江大学	41	41	—	29	29	—	142	142	—	41	41	—
黑龙江生物科技职业学院	127	—	127	76	—	76	311	—	311	111	—	111
黑龙江农垦科技职业学院	—	—	—	—	—	—	1	—	1	—	—	—
黑龙江农业工程职业学院	44	—	44	61	—	61	149	—	149	44	—	44
东北农业大学	159	159	—	53	53	—	496	496	—	157	157	—
黑龙江生态工程职业学院	191	—	191	72	—	72	449	—	449	184	—	184
黑龙江畜牧兽医职业学院	89	—	89	26	—	26	195	—	195	80	—	80
伊春职业学院	—	—	—	54	—	54	152	—	152	—	—	—
齐齐哈尔大学	29	29	—	56	56	—	198	198	—	29	29	—
黑龙江八一农垦大学	101	101	—	61	61	—	289	289	—	101	101	—
佳木斯大学	34	34	—	38	38	—	113	113	—	34	34	—
黑龙江农业职业技术学院	57	—	57	27	—	27	119	—	119	57	—	57
牡丹江师范学院	54	54	—	68	68	—	186	186	—	54	54	—
黑龙江农业经济职业学院	121	—	121	69	—	69	284	—	284	119	—	119
黑龙江农垦林业职业技术学院	55	—	55	—	—	—	55	—	55	55	—	55
大兴安岭职业学院	83	—	83	35	—	35	173	—	173	83	—	83
上海交通大学	23	23	—	141	141	—	210	210	—	23	23	—
上海商学院	103	103	—	72	72	—	322	322	—	103	103	—
上海应用技术学院	49	49	—	77	77	—	283	283	—	49	49	—
上海海洋大学	38	38	—	37	37	—	125	125	—	38	38	—

2011～2012学年初普通高等林业院校和其他高等院校林科分学校学生情况(三)

单位:人

学校名称	毕业生数			招生数			在校学生数			毕业班学生数		
	计	本科生	专科生	计	本科生	专科生	计	本科生	专科生	计	本科生	专科生
上海农林职业技术学院	84	—	84	113	—	113	302	—	302	84	—	84
上海建桥学院	50	—	50	—	—	—	128	—	128	50	—	50
南京农业大学	77	77	—	34	34	—	236	236	—	78	78	—
江苏联合职业技术学院	121	—	121	—	—	—	244	—	244	121	—	121
三江学院	14	—	14	23	—	23	64	—	64	14	—	14
金陵科技学院	73	73	—	78	78	—	333	333	—	73	73	—
金陵科技学院龙蟠学院	74	74	—	126	126	—	279	279	—	74	74	—
南京交通职业技术学院	34	—	34	45	—	45	126	—	126	34	—	34
无锡城市职业技术学院	35	—	35	35	—	35	70	—	70	35	—	35
徐州工程学院	169	132	37	94	94	—	432	395	37	158	121	37
徐州师范大学	48	48	—	47	47	—	188	188	—	48	48	—
苏州大学	40	40	—	24	24	—	134	134	—	40	40	—
苏州农业职业技术学院	175	—	175	126	—	126	482	—	482	175	—	175
苏州科技学院	60	60	—	—	—	—	215	215	—	60	60	—
苏州科技学院天平学院	—	—	—	67	67	—	160	160	—	—	—	—
硅湖职业技术学院	47	—	47	14	—	14	100	—	100	47	—	47
南通农业职业技术学院	89	—	89	157	—	157	410	—	410	89	—	89
连云港师范高等专科学校	20	—	20	—	—	—	40	—	40	20	—	20
淮阴工学院	—	—	—	67	67	—	67	67	—	—	—	—
江汉大学	—	—	—	17	—	17	48	—	48	—	—	—
梧州学院	—	—	—	43	43	—	86	86	—	—	—	—
扬州大学	54	54	—	61	61	—	256	256	—	54	54	—
扬州环境资源职业技术学院	121	—	121	78	—	78	303	—	303	121	—	121
扬州大学广陵学院	65	65	—	91	91	—	250	250	—	65	65	—
江苏城市职业学院	—	—	—	34	—	34	34	—	34	—	—	—
江苏农林职业技术学院	244	—	244	405	—	405	1036	—	1036	244	—	244
南京林业大学南方学院	209	209	—	294	294	—	775	775	—	199	199	—
江苏畜牧兽医职业技术学院	140	—	140	157	—	157	465	—	465	140	—	140
宿迁学院	40	40	—	37	37	—	150	150	—	40	40	—
杭州职业技术学院	167	—	167	—	—	—	148	—	148	148	—	148
杭州万向职业技术学院	—	—	—	—	—	—	—	—	—	—	—	—
绍兴文理学院元培学院	—	—	—	37	37	—	37	37	—	—	—	—
浙江大学	17	17	—	—	—	—	40	40	—	17	17	—
浙江外国语学院	—	—	—	—	—	—	—	—	—	—	—	—
浙江农林大学天目学院	110	110	—	141	141	—	447	447	—	110	110	—
宁波城市职业技术学院	98	—	98	46	—	46	263	—	263	98	—	98
温州科技职业学院	168	—	168	188	—	188	522	—	522	168	—	168
温州职业技术学院	56	—	56	68	—	68	187	—	187	56	—	56
嘉兴职业技术学院	135	—	135	157	—	157	438	—	438	130	—	130
金华职业技术学院	124	—	124	41	—	41	268	—	268	124	—	124
台州科技职业学院	62	—	62	41	—	41	147	—	147	62	—	62
丽水学院	133	94	39	117	77	40	493	332	161	133	94	39
丽水职业技术学院	205	—	205	134	—	134	469	—	469	205	—	205
安徽城市管理职业学院	59	—	59	73	—	73	191	—	191	59	—	59
安徽林业职业技术学院	199	—	199	357	—	357	794	—	794	199	—	199
安徽农业大学	357	288	69	244	244	—	986	917	69	357	288	69
安徽建筑工业学院	61	61	—	—	—	—	61	61	—	61	61	—

2011~2012学年初普通高等林业院校和其他高等院校林科分学校学生情况(四)

单位:人

学校名称	毕业生数			招生数			在校学生数			毕业班学生数		
	计	本科生	专科生	计	本科生	专科生	计	本科生	专科生	计	本科生	专科生
芜湖职业技术学院	16	—	16	56	—	56	126	—	126	16	—	16
淮南师范学院	55	55	—	137	137	—	492	492	—	48	48	—
安庆职业技术学院	37	—	37	107	—	107	198	—	198	37	—	37
安徽农业大学经济技术学院	75	75	—	92	92	—	345	345	—	75	75	—
黄山学院	235	166	69	276	276	—	940	871	69	235	166	69
滁州学院	—	—	—	48	48	—	48	48	—	—	—	—
安徽科技学院	68	68	—	66	66	—	307	307	—	68	68	—
阜阳师范学院	54	54	—	83	83	—	236	236	—	54	54	—
宿州职业技术学院	61	—	61	97	—	97	249	—	249	61	—	61
巢湖职业技术学院	—	—	—	36	—	36	76	—	76	—	—	—
六安职业技术学院	71	—	71	62	—	62	230	—	230	71	—	71
皖西学院	87	—	87	—	—	—	87	—	87	87	—	87
池州职业技术学院	77	—	77	147	—	147	313	—	313	77	—	77
宣城职业技术学院	36	—	36	80	—	80	179	—	179	36	—	36
福州黎明职业技术学院	33	—	33	51	—	51	127	—	127	33	—	33
福建农林大学	477	477	—	668	668	—	2108	2108	—	477	477	—
福建农业职业技术学院	179	—	179	272	—	272	679	—	679	179	—	179
福建农林大学东方学院	50	50	—	46	46	—	203	203	—	50	50	—
三明学院	52	—	52	—	—	—	52	—	52	52	—	52
福建农林大学金山学院	—	—	—	148	148	—	186	186	—	—	—	—
武夷山职业学院	—	—	—	—	—	—	36	—	36	—	—	—
漳州城市职业学院	36	—	36	56	—	56	123	—	123	36	—	36
漳州师范学院	50	50	—	97	97	—	305	305	—	50	50	—
漳州职业技术学院	82	—	82	57	—	57	210	—	210	82	—	82
福建林业职业技术学院	189	—	189	154	—	154	540	—	540	189	—	189
龙岩学院	39	—	39	—	—	—	72	—	72	39	—	39
闽西职业技术学院	87	—	87	48	—	48	166	—	166	87	—	87
宁德职业技术学院	35	—	35	28	—	28	106	—	106	35	—	35
江西农业大学	197	165	32	246	213	33	899	798	101	197	165	32
南昌工程学院	88	56	32	94	62	32	361	268	93	88	56	32
江西生物科技职业学院	52	—	52	113	—	113	255	—	255	52	—	52
江西赣江职业技术学院	—	—	—	30	—	30	30	—	30	—	—	—
江西农业大学南昌商学院	72	72	—	85	85	—	348	348	—	72	72	—
江西财经大学	96	—	96	—	—	—	154	—	154	96	—	96
江西科技师范学院	56	—	56	89	—	89	256	—	256	56	—	56
景德镇高等专科学校	42	—	42	52	—	52	133	—	133	42	—	42
九江学院	—	—	—	23	23	—	61	61	—	—	—	—
江西渝州科技职业学院	12	—	12	—	—	—	12	—	12	12	—	12
江西环境工程职业学院	208	—	208	411	—	411	921	—	921	208	—	208
井冈山大学	—	—	—	45	45	—	147	147	—	—	—	—
宜春学院	65	33	32	88	60	28	295	205	90	65	33	32
山东建筑大学	74	74	—	69	69	—	276	276	—	74	74	—
山东省农业管理干部学院	129	—	129	65	—	65	300	—	300	129	—	129
山东轻工业学院	41	41	—	36	36	—	116	116	—	41	41	—
青岛农业大学	154	154	—	120	120	—	540	540	—	154	154	—
青岛求实职业技术学院	41	—	41	45	—	45	112	—	112	41	—	41
淄博职业学院	26	—	26	27	—	27	80	—	80	26	—	26

2011～2012学年初普通高等林业院校和其他高等院校林科分学校学生情况（五）

单位：人

学校名称	毕业生数			招生数			在校学生数			毕业班学生数		
	计	本科生	专科生	计	本科生	专科生	计	本科生	专科生	计	本科生	专科生
东营职业学院	41	—	41	25	—	25	133	—	133	41	—	41
山东大王职业学院	24	—	24	5	—	5	45	—	45	24	—	24
烟台职业学院	38	—	38	—	—	—	43	—	43	38	—	38
青岛农业大学海都学院	—	—	—	53	53	—	158	158	—	—	—	—
潍坊学院	34	34	—	40	40	—	147	147	—	34	34	—
潍坊职业学院	310	—	310	168	—	168	703	—	703	310	—	310
潍坊科技学院	87	—	87	50	—	50	206	—	206	87	—	87
济宁职业技术学院	60	—	60	9	—	9	131	—	131	60	—	60
山东农业大学	524	523	1	382	382	—	1472	1471	1	524	523	1
泰山职业技术学院	91	—	91	38	—	38	220	—	220	91	—	91
莱芜职业技术学院	40	—	40	16	—	16	63	—	63	40	—	40
临沂大学	79	65	14	100	78	22	398	346	52	79	65	14
山东现代职业学院	—	—	—	20	—	20	50	—	50	—	—	—
聊城大学	45	45	—	38	38	—	154	154	—	45	45	—
聊城职业技术学院	43	—	43	25	—	25	119	—	119	43	—	43
山东英才学院	40	—	40	21	—	21	91	—	91	40	—	40
滁州职业技术学院	48	—	48	79	—	79	171	—	171	48	—	48
德州学院	9	—	9	—	—	—	9	—	9	9	—	9
河南农业大学华豫学院	—	—	—	76	76	—	165	165	—	—	—	—
河南城建学院	—	—	—	38	38	—	38	38	—	—	—	—
商丘师范学院	—	—	—	44	44	—	44	44	—	—	—	—
滨州职业学院	100	—	100	30	—	30	160	—	160	100	—	100
菏泽学院	34	34	—	21	21	—	113	113	—	34	34	—
河南农业大学	266	266	—	216	216	—	722	722	—	266	266	—
河南农业职业学院	207	—	207	260	—	260	663	—	663	207	—	207
河南科技大学林业职业学院	404	—	404	—	—	—	404	—	404	404	—	404
河南科技大学	223	223	—	400	217	183	1198	720	478	223	223	—
安阳工学院	10	—	10	—	—	—	37	—	37	10	—	10
河南科技学院	58	58	—	127	127	—	560	560	—	58	58	—
新乡学院	94	—	94	119	—	119	348	—	348	94	—	94
濮阳职业技术学院	71	—	71	103	—	103	251	—	251	71	—	71
许昌职业技术学院	70	—	70	47	—	47	183	—	183	70	—	70
三门峡职业技术学院	63	—	63	78	—	78	214	—	214	63	—	63
商丘职业技术学院	45	—	45	110	—	110	265	—	265	45	—	45
信阳农业高等专科学校	343	—	343	323	—	323	1072	—	1072	343	—	343
周口职业技术学院	55	—	55	28	—	28	133	—	133	55	—	55
黄淮学院	155	65	90	156	156	—	505	415	90	155	65	90
武汉软件工程职业学院	33	—	33	36	—	36	101	—	101	33	—	33
湖北生物科技职业学院	76	—	76	116	—	116	291	—	291	76	—	76
华中农业大学	205	205	—	200	200	—	849	849	—	205	205	—
湖北民族学院科技学院	—	—	—	31	31	—	60	60	—	—	—	—
武汉民政职业学院	112	—	112	67	—	67	293	—	293	112	—	112
湖北生态工程职业技术学院	532	—	532	606	—	606	1656	—	1656	532	—	532
华中农业大学楚天学院	32	32	—	300	300	—	513	513	—	32	32	—
武汉科技大学中南分校	32	—	32	—	—	—	66	14	52	32	—	32
武汉生物工程学院	368	74	294	319	83	236	1015	286	729	368	74	294
湖北三峡职业技术学院	54	—	54	33	—	33	121	—	121	54	—	54

2011～2012学年初普通高等林业院校和其他高等院校林科分学校学生情况(六)

单位:人

学校名称	毕业生数			招生数			在校学生数			毕业班学生数		
	计	本科生	专科生	计	本科生	专科生	计	本科生	专科生	计	本科生	专科生
荆楚理工学院	85	—	85	86	—	86	252	—	252	85	—	85
长江大学	200	144	56	167	145	22	623	520	103	203	146	57
荆州职业技术学院	48	—	48	32	—	32	122	—	122	48	—	48
黄冈职业技术学院	26	—	26	82	—	82	192	—	192	26	—	26
咸宁职业技术学院	28	—	28	83	—	83	133	—	133	28	—	28
随州职业技术学院	21	—	21	—	—	—	39	—	39	21	—	21
恩施职业技术学院	69	—	69	23	—	23	133	—	133	69	—	69
湖北民族学院	18	18	—	80	80	—	213	213	—	18	18	—
仙桃职业学院	48	—	48	25	—	25	107	—	107	48	—	48
湖南农业大学	125	125	—	80	80	—	408	408	—	124	124	—
湖南城市学院	34	34	—	—	—	—	89	89	—	34	34	—
湖南农业大学东方科技学院	139	139	—	132	132	—	551	551	—	139	139	—
湖南生物机电职业技术学院	212	—	212	185	—	185	572	—	572	212	—	212
中南林业科技大学涉外学院	121	121	—	140	140	—	530	530	—	122	122	—
长沙职业技术学院	—	—	—	18	—	18	64	—	64	—	—	—
湖南科技大学	50	50	—	57	57	—	223	223	—	50	50	—
湖南环境生物职业技术学院	270	—	270	226	—	226	674	—	674	270	—	270
吉首大学张家界学院	—	—	—	58	58	—	82	82	—	—	—	—
邵阳学院	39	39	—	55	55	—	179	179	—	39	39	—
邵阳职业技术学院	2	—	2	—	—	—	2	—	2	2	—	2
岳阳职业技术学院	39	—	39	55	—	55	137	—	137	39	—	39
益阳职业技术学院	66	—	66	38	—	38	213	—	213	66	—	66
永州职业技术学院	32	—	32	28	—	28	88	—	88	32	—	32
怀化学院	44	44	—	72	72	—	264	264	—	44	44	—
娄底职业技术学院	65	—	65	90	—	90	218	—	218	65	—	65
吉首大学	53	53	—	68	68	—	196	196	—	53	53	—
湘西民族职业技术学院	—	—	—	16	—	16	32	—	32	—	—	—
仲恺农业工程学院	103	103	—	113	113	—	342	342	—	103	103	—
华南农业大学	297	297	—	373	373	—	1210	1210	—	297	297	—
私立华联学院	45	—	45	53	—	53	170	—	170	45	—	45
韶关学院	114	58	56	75	53	22	320	206	114	114	58	56
深圳职业技术学院	147	—	147	147	—	147	459	—	459	147	—	147
佛山科学技术学院	63	63	—	56	56	—	234	234	—	63	63	—
顺德职业技术学院	150	—	150	219	—	219	535	—	535	150	—	150
湛江师范学院	37	37	—	47	47	—	168	168	—	37	37	—
广东海洋大学	93	93	—	105	105	—	409	409	—	93	93	—
广东农工商职业技术学院	—	—	—	54	—	54	113	—	113	—	—	—
广东海洋大学寸金学院	—	—	—	109	109	—	212	212	—	—	—	—
长江大学文理学院	23	23	—	29	29	—	115	115	—	23	23	—
肇庆学院	26	26	—	47	47	—	152	152	—	26	26	—
惠州学院	31	31	—	71	71	—	183	183	—	31	31	—
嘉应学院	35	35	—	77	47	30	191	161	30	35	35	—
阳江职业技术学院	88	—	88	66	—	66	215	—	215	88	—	88
广西大学行健文理学院	—	—	—	35	35	—	118	118	—	—	—	—
广西职业技术学院	23	—	23	—	—	—	23	—	23	23	—	23
广西大学	244	244	—	249	249	—	875	875	—	244	244	—
桂林理工大学	26	26	—	—	—	—	26	26	—	26	26	—

2011～2012学年初普通高等林业院校和其他高等院校林科分学校学生情况(七)

单位:人

学校名称	毕业生数			招生数			在校学生数			毕业班学生数		
	计	本科生	专科生	计	本科生	专科生	计	本科生	专科生	计	本科生	专科生
玉林师范学院	—	—	—	54	—	54	54	—	54	—	—	—
广西农业职业技术学院	129	—	129	135	—	135	398	—	398	129	—	129
广西生态工程职业技术学院	235	—	235	352	—	352	818	—	818	235	—	235
北京航空航天大学北海学院	—	—	—	54	54	—	114	114	—	—	—	—
广西英华国际职业学院	14	—	14	8	—	8	40	—	40	14	—	14
贺州学院	20	—	20	12	—	12	58	—	58	20	—	20
广西城市职业学院	47	—	47	54	—	54	146	—	146	47	—	47
三峡旅游职业技术学院	53	—	53	23	—	23	129	—	129	53	—	53
海南师范大学	—	—	—	44	44	—	87	87	—	—	—	—
海南职业技术学院	69	—	69	84	—	84	235	—	235	69	—	69
海南大学	133	133	—	152	152	—	598	598	—	133	133	—
琼台师范高等专科学校	—	—	—	28	—	28	67	—	67	—	—	—
海南大学三亚学院	79	79	—	99	99	—	389	389	—	79	79	—
重庆三峡职业学院	223	—	223	301	—	301	742	—	742	223	—	223
重庆工贸职业技术学院	121	—	121	149	—	149	338	—	338	121	—	121
西南大学	162	162	—	408	408	—	1139	1139	—	162	162	—
重庆城市管理职业学院	98	—	98	167	—	167	383	—	383	98	—	98
西南大学育才学院	59	59	—	93	93	—	240	240	—	59	59	—
重庆文理学院	99	99	—	212	212	—	589	589	—	99	99	—
西南交通大学	34	34	—	—	—	—	34	34	—	34	34	—
四川大学	23	23	—	—	—	—	38	38	—	23	23	—
成都理工大学	31	31	—	52	52	—	179	179	—	31	31	—
成都学院	48	48	—	91	91	—	358	358	—	48	48	—
四川国际标榜职业学院	28	—	28	56	—	56	107	—	107	28	—	28
成都农业科技职业学院	150	—	150	182	—	182	471	—	471	150	—	150
绵阳师范学院	73	73	—	67	67	—	251	251	—	73	73	—
内江职业技术学院	52	—	52	44	—	44	133	—	133	52	—	52
南充职业技术学院	68	—	68	98	—	98	233	—	233	68	—	68
西华师范大学	37	37	—	126	56	70	332	176	156	37	37	—
眉山职业技术学院	40	—	40	28	—	28	101	—	101	40	—	40
广安职业技术学院	56	—	56	25	—	25	128	—	128	56	—	56
四川农业大学	875	758	117	1016	854	162	4122	3744	378	875	758	117
四川现代职业学院	—	—	—	63	—	63	63	—	63	—	—	—
西昌学院	88	55	33	55	20	35	237	148	89	88	55	33
贵州师范大学	96	50	46	61	61	—	261	215	46	96	50	46
贵州大学	242	242	—	227	227	—	972	972	—	242	242	—
贵州师范大学求是学院	61	61	—	—	—	—	98	98	—	61	61	—
安顺职业技术学院	37	—	37	20	—	20	103	—	103	37	—	37
铜仁学院	38	—	38	32	—	32	95	—	95	38	—	38
贵阳职业技术学院	—	—	—	107	—	107	107	—	107	—	—	—
贵阳学院	—	—	—	63	63	—	127	127	—	—	—	—
黔西南民族职业技术学院	12	—	12	15	—	15	41	—	41	12	—	12
黔东南民族职业技术学院	37	—	37	18	—	18	89	—	89	37	—	37
黔南民族职业技术学院	32	—	32	28	—	28	105	—	105	32	—	32
云南民族大学	47	47	—	85	85	—	271	271	—	47	47	—
云南农业职业技术学院	225	—	225	118	—	118	491	—	491	225	—	225
云南师范大学文理学院	52	52	—	69	69	—	347	347	—	52	52	—

2011～2012学年初普通高等林业院校和其他高等院校林科分学校学生情况(八)

单位:人

学校名称	毕业生数			招生数			在校学生数			毕业班学生数		
	计	本科生	专科生	计	本科生	专科生	计	本科生	专科生	计	本科生	专科生
云南林业职业技术学院	488	—	488	776	—	776	1843	—	1843	488	—	488
昆明学院	—	—	—	37	—	37	37	—	37	—	—	—
昆明理工大学	—	—	—	31	31	—	67	67	—	—	—	—
河西学院	62	—	62	25	—	25	87	—	87	62	—	62
云南农业大学	209	209	—	157	157	—	661	661	—	209	209	—
玉溪农业职业技术学院	48	—	48	69	—	69	177	—	177	48	—	48
思茅师范高等专科学校	46	—	46	37	—	37	104	—	104	46	—	46
云南热带作物职业学院	132	—	132	100	—	100	348	—	348	132	—	132
云南国防工业职业技术学院	—	—	—	62	—	62	62	—	62	—	—	—
西双版纳职业技术学院	—	—	—	16	—	16	16	—	16	—	—	—
西藏职业技术学院	48	—	48	98	—	98	239	—	239	48	—	48
藏大农学院	190	128	62	279	201	78	705	529	176	190	128	62
西北农林科技大学	363	363	—	523	523	—	1862	1862	—	337	337	—
西安外事学院	29	29	—	27	27	—	117	117	—	29	29	—
西安东方亚太职业技术学院	—	—	—	16	—	16	16	—	16	—	—	—
延安大学西安创新学院	40	40	—	61	61	—	165	165	—	40	40	—
咸阳职业技术学院	68	—	68	65	—	65	186	—	186	68	—	68
西安职业技术学院	—	—	—	—	—	—	13	—	13	—	—	—
杨凌职业技术学院	30	—	30	30	—	30	89	—	89	30	—	30
延安大学	59	59	—	40	40	—	198	198	—	54	54	—
汉中职业技术学院	3	—	3	21	—	21	40	—	40	3	—	3
榆林学院	50	—	50	60	35	25	186	83	103	50	—	50
安康学院	71	36	35	85	63	22	277	174	103	71	36	35
甘肃农业职业技术学院	63	—	63	45	—	45	148	—	148	63	—	63
甘肃农业大学	167	167	—	229	229	—	836	836	—	176	176	—
甘肃林业职业技术学院	601	—	601	671	—	671	1891	—	1891	575	—	575
青海大学	—	—	—	45	45	—	94	94	—	—	—	—
青海畜牧兽医职业技术学院	45	—	45	22	—	22	125	—	125	45	—	45
宁夏大学	68	68	—	—	—	—	186	186	—	68	68	—
宁夏职业技术学院	41	—	41	44	—	44	113	—	113	35	—	35
新疆农业大学	154	154	—	181	181	—	773	773	—	139	139	—
新疆农业大学科学技术学院	79	79	—	153	153	—	450	450	—	79	79	—
巴音郭楞职业技术学院	15	—	15	35	—	35	87	—	87	15	—	15
塔里木大学	132	132	—	100	100	—	419	419	—	100	100	—
伊犁师范学院	35	—	35	26	—	26	121	—	121	35	—	35
伊犁职业技术学院	31	—	31	15	—	15	84	—	84	31	—	31
石河子大学	144	144	—	173	173	—	615	615	—	144	144	—

2011～2012学年初普通高等林业院校和其他高等院校林科分专业学生情况（一）

单位：人

专业名称	毕业生数			招生数			在校学生数			毕业班学生数		
	计	本科生	专科生	计	本科生	专科生	计	本科生	专科生	计	本科生	专科生
总　计	**55511**	**35182**	**20329**	**62873**	**43981**	**18892**	**213019**	**158042**	**54977**	**56281**	**37449**	**18832**
一、林科专业	**34864**	**17066**	**17798**	**41206**	**22584**	**18622**	**125074**	**75574**	**49500**	**35729**	**18880**	**16849**
1. 林业工程类	3105	2564	541	4180	3444	736	14092	11847	2245	2503	2271	232
森林工程	485	267	218	574	479	95	1905	1473	432	275	275	—
木材科学与工程	2159	1870	289	3155	2585	570	10365	8705	1660	1821	1589	232
林产化工	461	427	34	635	553	82	1822	1669	153	396	396	—
2. 森林资源类	6220	3274	2946	8224	4295	3929	24154	14566	9588	21005	4388	16617
林学	4357	2230	2127	5893	2981	2912	17296	10317	6979	18135	3121	15014
森林资源保护与游憩	1240	687	553	1838	948	890	5297	3204	2093	1679	876	803
野生动物与自然保护区管理	623	357	266	493	366	127	1561	1045	516	512	391	121
森林资源类新专业	—	—	—	89	89	—	177	177	—	679	—	679
3. 环境生态类	25228	10917	14311	28412	14455	13957	85477	47810	37667	11969	11969	—
园林	24289	9978	14311	9441	12793	13957	80597	42930	37667	11082	11082	—
水土保持与荒漠化防治	785	785	—	1061	1061	—	3527	3527	—	784	784	—
环境生态类新专业	154	154	—	601	601	—	1353	1353	—	103	103	—
4. 农林经济管理类	311	311	—	390	390	—	1351	1351	—	252	252	—
农林经济管理	311	311	—	390	390	—	1351	1351	—	252	252	—
二、林业院校非林科专业	**20647**	**18116**	**2531**	**21667**	**21397**	**270**	**87945**	**82468**	**5477**	**20552**	**18569**	**1983**
安全工程	—	—	—	—	—	—	75	75	—	31	31	—
包装工程	157	157	—	197	197	—	679	679	—	131	131	—
保险	—	—	—	33	33	—	798	798	—	62	62	—
材料成型及控制工程	49	49	—	47	47	—	232	232	—	—	—	—
材料化学	56	56	—	154	154	—	467	467	—	54	54	—
财务管理	—	—	—	45	45	—	198	198	—	104	104	—
草业科学	27	27	—	58	58	—	259	259	—	62	62	—
测绘工程	98	98	—	151	151	—	580	580	—	104	104	—
测控技术与仪器	55	55	—	49	49	—	251	251	—	56	56	—
朝鲜语	26	26	—	28	28	—	176	176	—	24	24	—
车辆工程	57	57	—	233	233	—	643	643	—	64	64	—
城市管理	60	60	—	68	68	—	243	243	—	60	60	—
城市规划	278	278	—	314	314	—	1497	1497	—	285	285	—
道路桥梁工程技术	71	—	71	—	—	—	—	—	—	—	—	—
地理信息系统	218	218	—	224	224	—	988	988	—	218	218	—
电气工程及其自动化	132	132	—	219	219	—	743	743	—	132	132	—
电气信息工程	—	—	—	34	34	—	67	67	—	—	—	—
电子科学与技术	45	45	—	30	30	—	146	146	—	45	45	—
电子商务	161	114	47	131	59	72	647	399	248	155	114	41
电子信息工程	479	479	—	352	352	—	1890	1890	—	474	474	—
电子信息科学类	—	—	—	209	209	—	419	419	—	—	—	—
电子信息科学与技术	57	57	—	59	59	—	278	278	—	59	59	—
动画	21	21	—	174	174	—	352	352	—	24	24	—
动物科学	67	67	—	116	116	—	340	340	—	71	71	—
动物医学	56	56	—	42	42	—	212	212	—	57	57	—
俄语	33	33	—	67	67	—	282	282	—	33	33	—
法学	405	405	—	367	367	—	1552	1552	—	409	409	—
法语	48	48	—	114	114	—	252	252	—	51	51	—
高分子材料与工程	199	199	—	268	268	—	927	927	—	211	211	—
给水排水工程	58	58	—	58	58	—	223	223	—	59	59	—
工程管理	247	247	—	276	276	—	1113	1113	—	271	271	—

2011～2012学年初普通高等林业院校和其他高等院校林科分专业学生情况(二)

单位:人

专业名称	毕业生数			招生数			在校学生数			毕业班学生数		
	计	本科生	专科生	计	本科生	专科生	计	本科生	专科生	计	本科生	专科生
工程力学	29	29	—	—	—	—	80	80	—	39	39	—
工商管理	352	352	—	468	468	—	1473	1473	—	363	363	—
工业工程	53	53	—	75	75	—	264	264	—	55	55	—
工业设计	530	530	—	423	423	—	2075	2075	—	54	54	—
公安学类新专业	—	—	—	134	134	—	270	270	—	—	—	—
公共事业管理	84	84	—	183	183	—	496	496	—	84	84	—
广播电视新闻学	—	—	—	27	27	—	55	55	—	—	—	—
广告学	244	244	—	226	226	—	1013	1013	—	251	251	—
国际经济与贸易	479	479	—	502	502	—	1814	1814	—	488	488	—
国际商务	186	—	186	138	50	88	577	101	476	187	—	187
过程装备与控制工程	57	57	—	55	55	—	243	243	—	57	57	—
汉语言	27	27	—	28	28	—	114	114	—	27	27	—
汉语言文学	128	128	—	161	161	—	531	531	—	131	131	—
行政管理	30	30	—	39	39	—	169	169	—	30	30	—
化学	51	51	—	47	47	—	190	190	—	56	56	—
化学工程与工艺	239	239	—	258	258	—	1061	1061	—	245	245	—
环境工程	251	251	—	221	221	—	937	937	—	268	268	—
环境科学	322	322	—	196	196	—	1029	1029	—	333	333	—
环境科学类新专业	—	—	—	85	85	—	173	173	—	—	—	—
会计电算化	282	—	282	—	—		115	—	115	115	—	115
会计学	919	919	—	1194	1194	—	4278	4278	—	931	931	—
机电一体化技术	54	—	54	—	—	—	31	—	31	31	—	31
机械电子工程	—	—	—	141	141	—	269	269	—	—	—	—
机械类	—	—	—	239	239	—	239	239	—	—	—	—
机械设计制造及其自动化	916	916	—	944	944	—	3723	3723	—	996	996	—
计算机科学与技术	733	733	—	459	459	—	2611	2611	—	735	735	—
建筑环境与设备工程	63	63	—	63	63	—	309	309	—	67	67	—
建筑学	56	56	—	171	171	—	450	450	—	59	59	—
交通工程	145	145	—	57	57	—	310	310	—	131	131	—
交通运输	381	381	—	384	384	—	1781	1781	—	398	398	—
经济学	44	44	—	69	69	—	267	267	—	46	46	—
景观建筑设计	—	—	—	65	65	—	234	234	—	—	—	—
警察管理	115	—	115	63	—	63	299	—	299	119	—	119
警察指挥与战术	137	—	137	—	—	—	133	—	133	133	—	133
酒店管理	172	—	172	—	—	—	517	—	517	55	—	55
旅游管理	529	501	28	424	424	—	1879	1879	—	506	506	—
农村区域发展	—	—	—	47	47	—	199	199	—	—	—	—
农学	38	38	—	97	97	—	266	266	—	38	38	—
农业机械化及其自动化	23	23	—	—	—	—	125	125	—	23	23	—
农业资源与环境	86	86	—	74	74	—	286	286	—	86	86	—
汽车服务工程	—	—	—	44	44	—	154	154	—	—	—	—
汽车检测与维修技术	45	—	45	—	—	—	—	—	—	—	—	—
轻化工程	206	206	—	209	209	—	982	982	—	206	206	—
热能与动力工程	120	120	—	155	155	—	541	541	—	120	120	—
人力资源管理	124	124	—	153	153	—	547	547	—	125	125	—
日语	236	236	—	243	243	—	1045	1045	—	236	236	—
软件工程	62	62	—	101	101	—	378	378	—	62	62	—
森林消防	32	—	32	—	—	—	40	—	40	40	—	40
商务英语	34	—	34	—	—	—	79	—	79	—	—	—

2011～2012学年初普通高等林业院校和其他高等院校林科分专业学生情况(三)

单位:人

专业名称	毕业生数			招生数			在校学生数			毕业班学生数		
	计	本科生	专科生	计	本科生	专科生	计	本科生	专科生	计	本科生	专科生
社会工作	71	71	—	86	86	—	327	327	—	71	71	—
社会体育	35	35	—	32	32	—	126	126	—	35	35	—
摄影	42	42	—	—	—	—	132	132	—	42	42	—
生态学	74	74	—	125	125	—	347	347	—	74	74	—
生物工程	142	142	—	137	137	—	576	576	—	142	142	—
生物技术	307	307	—	323	323	—	1329	1329	—	521	521	—
生物科学	164	164	—	209	209	—	784	784	—	164	164	—
食品科学与工程	402	402	—	346	346	—	1541	1541	—	402	402	—
食品质量与安全	30	30	—	39	39	—	218	218	—	30	30	—
市场营销	317	317	—	224	224	—	1398	1398	—	427	427	—
室内设计技术	39	—	39	—	—	—	—	—	—	—	—	—
数学与应用数学	89	89	—	98	98	—	394	394	—	89	89	—
数字媒体艺术	61	61	—	61	61	—	294	294	—	61	61	—
体育教育	45	45	—	55	55	—	182	182	—	45	45	—
通信工程	200	200	—	158	158	—	644	644	—	200	200	—
统计学	154	154	—	87	87	—	501	501	—	154	154	—
统计学类新专业	—	—	—	90	90	—	90	90	—	—	—	—
土地资源管理	57	57	—	—	—	—	106	106	—	57	57	—
土木工程	967	967	—	1335	1335	—	4167	4167	—	970	970	—
网络工程	—	—	—	30	30	—	30	30	—	—	—	—
网络系统管理	3	—	3	—	—	—	—	—	—	—	—	—
文化产业管理	60	60	—	64	64	—	246	246	—	60	60	—
物理学	43	43	—	41	41	—	182	182	—	43	43	—
物流工程	178	178	—	150	150	—	731	731	—	178	178	—
物流管理	86	86	—	152	152	—	417	417	—	86	86	—
物业管理	130	108	22	123	123	—	462	462	—	108	108	—
消防工程	34	34	—	46	46	—	158	158	—	34	34	—
心理学	81	81	—	67	67	—	314	314	—	81	81	—
信息管理与信息系统	319	319	—	203	203	—	1213	1213	—	319	319	—
信息网络安全监察	150	—	150	—	—	—	255	—	255	126	—	126
信息与计算科学	212	212	—	205	205	—	941	941	—	212	212	—
刑事技术	222	—	222	—	—	—	402	—	402	192	—	192
艺术类	—	—	—	295	295	—	295	295	—	—	—	—
艺术设计	1157	1092	65	1135	1135	—	4659	4256	403	1267	1189	78
艺术设计学	191	191	—	—	—	—	540	540	—	199	199	—
音乐表演	64	64	—	43	43	—	192	192	—	78	78	—
印刷工程	50	50	—	54	54	—	187	187	—	53	53	—
英语	649	649	—	662	662	—	3269	3269	—	671	671	—
应用化学	147	147	—	166	166	—	635	635	—	155	155	—
应用物理学	—	—	—	—	—	—	52	52	—	—	—	—
园艺	243	243	—	281	281	—	1055	1055	—	249	249	—
侦查	394	—	394	47	—	47	1215	—	1215	433	—	433
侦查学	—	—	—	414	414	—	498	498	—	—	—	—
政治学与行政学	38	38	—	58	58	—	207	207	—	38	38	—
植物保护	62	62	—	100	100	—	344	344	—	62	62	—
治安管理	433	—	433	—	—		1264	—	1264	433	—	433
治安学	—	—	—	293	293	—	305	305	—	—	—	—
中药学	57	57	—	—	—	—	187	187	—	57	57	—
资源环境与城乡规划管理	138	138	—	238	238	—	799	799	—	143	143	—
自动化	232	232	—	282	282	—	1098	1098	—	256	256	—
其他专业	304	304	—	334	334	—	1457	1457	—	303	303	—

2011～2012 学年初普通高等林业院校分学科(专业)学生情况(一)

单位:人

学校	学科(专业)	毕业生数	招生数	在校学生数	毕业班学生数
北京林业大学	**学生总数**	**4237**	**4800**	**17373**	**4809**
	其中:林业学科专业学生	1264	1358	4897	1441
	占学生总数的比例(%)	29.83	28.3	28.2	29.9
	一、研究生合计	1184	1463	4160	1557
	(一)博士小计	244	257	930	432
	1. 林业学科	174	179	668	274
	林木遗传育种	6	12	33	11
	森林培育	14	17	49	15
	森林保护学	4	6	22	7
	森林经理学	9	11	34	16
	野生动植物保护与利用	4	6	26	13
	园林植物与观赏园艺	15	14	39	14
	水土保持与荒漠化防治	19	19	40	5
	森林工程	2	1	7	4
	木材科学与技术	6	8	19	6
	林产化学加工工程	3	10	23	7
	林业经济管理	25	14	64	39
	其他林业学科	67	61	312	137
	2. 其他学科	70	78	262	158
	(二)硕士小计	940	1206	3230	1125
	1. 林业学科	386	401	1161	419
	森林培育	32	31	96	33
	森林保护学	19	23	70	26
	森林经理学	28	22	71	25
	野生动植物保护与利用	14	17	47	16
	园林植物与观赏园艺	65	62	202	72
	水土保持与荒漠化防治	44	42	130	40
	森林工程	7	6	21	8
	木材科学与技术	35	35	116	41
	林产化学加工工程	16	17	56	19
	林业经济管理	17	10	35	12
	其他林业学科	126	146	352	139
	2. 其他学科	537	795	2069	706
	二、本科生合计	3053	3337	13213	3252
	1. 林科专业	687	768	3033	736
	林学	91	106	429	101
	森林资源保护与游憩	22	28	101	20
	野生动物与自然保护区管理	22	28	117	33
	园林	186	189	778	199
	水土保持与荒漠化防治	84	93	376	93
	木材科学与工程	123	158	590	141
	林产化工	94	78	323	82
	农林经济管理	65	88	319	67
	2. 其他专业	2366	2569	10180	2516
东北林业大学	**学生总数**	**5186**	**6135**	**22814**	**5895**
	其中:林业学科专业学生	963	1002	3935	1167
	占学生总数的比例(%)	40.7	16.33	17.2	19.79

2011～2012 学年初普通高等林业院校分学科(专业)学生情况(二)

单位:人

学校	学科(专业)	毕业生数	招生数	在校学生数	毕业班学生数
	一、研究生合计	988	1286	3789	1372
	(一)博士小计	129	196	912	523
	1. 林业学科	84	85	398	217
	林木遗传育种	3	3	7	—
	森林培育	2	2	15	9
	森林保护学	5	6	34	25
	森林经理学	1	1	16	13
	野生动植物保护与利用	6	7	33	19
	园林植物与观赏园艺	—	1	7	3
	水土保持与荒漠化防治	6	2	17	9
	森林工程	5	9	49	35
	木材科学与技术	6	11	33	13
	林产化学加工工程	3	6	14	4
	林业经济管理	44	17	116	71
	其他林业学科	3	20	57	16
	2. 其他学科	45	111	514	306
	(二)硕士小计	859	1090	2877	849
	1. 林业学科	187	242	669	176
	林木遗传育种	11	15	42	17
	森林培育	12	12	42	14
	森林保护学	13	33	99	26
	森林经理学	29	38	75	13
	野生动植物保护与利用	17	24	66	21
	园林植物与观赏园艺	28	25	98	31
	水土保持与荒漠化防治	13	13	42	13
	森林工程	17	12	28	5
	木材科学与技术	14	22	42	8
	林产化学加工工程	16	11	29	5
	林业经济管理	14	5	23	6
	其他林业学科	3	32	83	17
	2. 其他学科	672	848	2208	673
	二、本科生合计	4198	4849	19025	4523
	1. 林科专业	692	675	2868	774
	林学	69	88	411	112
	森林资源保护与游憩	53	56	206	50
	野生动物与自然保护区管理	97	81	325	91
	园林	183	96	425	147
	森林工程	66	92	414	108
	木材科学与工程	115	135	573	144
	林产化工	43	51	201	48
	农林经济管理	66	76	313	74
	2. 其他专业	3506	4174	16157	3749
南京林业大学	**学生总数**	**4422**	**5185**	**18898**	**5237**
	其中:林业学科专业学生	966	1097	4026	1138
	占学生总数的比例(%)	21.84	21.16	21.3	21.73
	一、研究生合计	769	1035	3136	1341
	(一)博士小计	76	123	638	394

2011～2012学年初普通高等林业院校分学科(专业)学生情况(三)

单位:人

学校	学科(专业)	毕业生数	招生数	在校学生数	毕业班学生数
	1. 林业学科	59	98	454	239
	林木遗传育种	3	7	33	18
	森林培育	5	9	40	24
	森林保护学	4	9	41	29
	森林经理学	1	2	19	16
	野生动植物保护与利用	1	2	5	2
	园林植物与观赏园艺	4	6	30	19
	水土保持与荒漠化防治	3	8	22	10
	森林工程	4	6	33	19
	木材科学与技术	2	10	54	32
	林产化学加工工程	1	4	21	10
	林业经济管理	12	9	59	41
	其他林业学科	19	26	97	19
	2. 其他学科	17	25	184	155
	(二)硕士小计	693	912	2498	947
	1. 林业学科	165	214	593	177
	林木遗传育种	16	14	45	10
	森林培育	17	31	76	23
	森林保护学	15	21	54	17
	森林经理学	8	18	52	18
	野生动植物保护与利用	1	2	6	3
	园林植物与观赏园艺	22	29	81	28
	水土保持与荒漠化防治	9	12	38	13
	森林工程	17	6	29	11
	木材科学与技术	33	21	73	20
	林产化学加工工程	11	16	40	9
	林业经济管理	13	10	26	7
	其他林业学科	3	34	73	18
	2. 其他学科	528	698	1905	770
	二、本科生合计	3653	4150	15762	3896
	1. 林科专业	742	785	2979	722
	林学	337	298	1241	327
	园林	110	113	365	64
	森林工程	22	27	106	26
	木材科学与工程	214	267	1001	242
	林产化工	28	52	142	30
	农林经济管理	31	28	124	33
	2. 其他专业	2911	3365	12783	3174
中南林业科技大学	**学生总数**	**6019**	**6908**	**25309**	**6476**
	其中:林业学科专业学生	588	663	2538	698
	占学生总数的比例(%)	9.77	9.6	19.85	10.78
	一、研究生合计	464	627	1808	649
	(一)博士小计	40	50	222	123
	1. 林业学科	20	16	61	20
	林木遗传育种	—	2	5	2
	森林培育	10	8	23	6
	森林保护学	—	2	5	2

2011～2012 学年初普通高等林业院校分学科（专业）学生情况（四）

单位：人

学校	学科（专业）	毕业生数	招生数	在校学生数	毕业班学生数
	森林经理学	1	—	3	1
	森林工程	4	3	9	3
	木材科学与技术	4	1	8	3
	林产化学加工工程	1	—	8	3
	2. 其他学科	20	34	161	103
	（二）硕士小计	424	577	1586	526
	1. 林业学科	23	45	144	55
	林木遗传育种	—	—	3	2
	森林培育	2	6	14	8
	森林保护学	—	—	1	—
	森林经理学	1	—	10	5
	野生动植物保护与利用	1	4	10	3
	园林植物与观赏园艺	—	—	1	—
	水土保持与荒漠化防治	—	2	16	11
	森林工程	—	—	1	—
	木材科学与技术	—	6	18	9
	林产化学加工工程	3	2	9	4
	林业经济管理	5	4	15	9
	其他林业专业	16	25	61	13
	2. 其他学科	401	532	1442	471
	二、本专科生合计	5555	6281	23501	5827
	（一）本科小计	5035	5510	21028	4873
	1. 林科专业	540	598	2318	614
	林学	110	137	538	109
	森林资源保护与游憩	40	35	147	47
	园林	178	129	625	185
	森林工程	21	77	218	59
	木材科学与工程	108	113	416	128
	林产化工	48	36	154	47
	农林经济管理	35	71	220	39
	2. 其他专业	4495	4912	18710	4259
	（二）专科小计	520	771	2473	954
	其他专业	520	771	2473	954
西南林业大学	**学生总数**	**2712**	**4274**	**14651**	**3374**
	其中：林业学科专业学生	684	830	3404	897
	占学生总数的比例（%）	25.22	19.42	23.23	26.59
	一、研究生合计	199	398	1113	379
	硕士小计	199	398	1113	379
	1. 林业学科	93	140	496	167
	林木遗传育种	5	8	29	9
	森林培育	10	11	43	17
	森林保护学	8	19	49	14
	森林经理学	18	15	73	27
	野生动植物保护与利用	18	26	83	29

2011～2012 学年初普通高等林业院校分学科(专业)学生情况(五)

单位:人

学校	学科(专业)	毕业生数	招生数	在校学生数	毕业班学生数
	园林植物与观赏园艺	22	30	103	24
	水土保持与荒漠化防治	—	10	10	—
	森林工程	4	5	18	10
	木材科学与技术	4	8	35	10
	林产化学加工工程	—	1	1	—
	林业经济管理	4	7	52	17
	2. 其他学科	106	258	617	212
	二、本科生合计	2513	3876	13538	2995
	1. 林科专业	591	690	2908	730
	林学	91	94	452	115
	森林资源保护与游憩	79	89	407	95
	野生动物与自然保护区管理	42	41	173	33
	园林	160	165	686	205
	水土保持与荒漠化防治	28	51	187	44
	森林工程	50	72	288	52
	木材科学与工程	55	92	364	87
	林产化工	32	35	147	33
	农林经济管理	54	51	204	66
	2. 其他专业	1922	3186	10630	2265
浙江农林大学	**学生总数**	**3294**	**3789**	**14569**	**3632**
	其中:林业学科专业学生	486	445	1702	469
	占学生总数的比例(%)	14.75	11.74	11.68	12.91
	一、研究生合计	278	406	1100	391
	硕士小计	278	406	1100	391
	1. 林业学科	37	91	237	54
	林木遗传育种	—	10	15	1
	森林培育	21	22	75	23
	森林保护学	6	11	30	12
	森林经理学	—	7	15	2
	园林植物与观赏园艺	—	23	56	6
	木材科学与技术	7	8	22	5
	林产化学加工工程	—	3	3	—
	林业经济管理	3	7	21	5
	2. 其他学科	241	315	863	337
	二、本科生合计	3016	3383	13469	3238
	1. 林科专业	449	354	1465	415
	林学	118	70	310	77
	园林	98	58	276	94
	木材科学与工程	177	165	635	198
	农林经济管理	56	61	244	46
	2. 其他专业	2567	3029	12004	2823

2011～2012学年初普通中等林业(园林)职业学校和其他中等职业学校林科分学校基本情况

单位:人

学校名称	毕业生数	招生数	在校学生数	毕业班学生数
总　　计	**51174**	**93705**	**252481**	**77162**
(一)中等林业(园林)职业学校	13818	17388	56410	19261
北京市园林学校	246	88	781	273
天津市园林学校	197	140	424	148
内蒙古扎兰屯林业学校	964	1557	5255	866
内蒙古大兴安岭林业学校	461	1010	2369	617
沈阳市园林学校	31	46	172	56
辽宁林业职业技术学院中专部	37	46	159	48
白山市林业职业高级中学	—	—	67	67
黑龙江省齐齐哈尔林业学校	559	546	1652	574
黑龙江省伊春林业学校	2106	1993	3948	1764
涿鹿县宝峰寺林业中学	60	280	496	120
黑龙江省林业卫生学校	1198	1811	7061	2377
黑龙江林业职业技术学院中专部	186	239	612	116
上海市园林学校	260	162	680	154
河南省林业学校	536	1101	3189	1323
朗乡林业局职业中学	33	16	68	32
河南省信阳林业学校	56	—	1071	1071
湖北省园林工程学校	731	326	1449	332
福建三明林业学校	1560	2086	6407	2465
福建林业职业技术学院中专部	107	—	171	—
广东省林业职业技术学校	1135	1660	4532	1276
广西壮族自治区桂林林业学校	435	718	2214	619
云南林业职业技术学院中专部	125	1179	2633	502
云南省普洱林业学校	105	255	1456	785
贵州省林业学校	1165	621	3124	1336
陕西省榆林林业学校	560	381	1371	388
陕西省林业广播电视学校	50	—	—	—
甘肃省庆阳林业学校	820	540	3249	1450
甘肃省庆阳市庆城县太白梁林业中学	95	587	1800	502
新疆林业学校	488	409	1811	995
(二)其他中等专业学校(林科)	37356	76317	196071	57901

2011～2012学年初普通中等林业(园林)职业学校和其他中等职业学校林科分专业基本情况(一)

单位:人

专业名称	毕业生数	招生数	在校学生数	毕业班学生数
总　　计	**51662**	**94114**	**254292**	**78157**
(一)林科专业	43528	84705	224268	67227
林业	5440	10950	33927	10445
园林	28175	60607	142456	33104
木材加工	3274	4640	10710	4642
森林资源保护与管理	1879	3240	8868	2715
生态环境保护	118	695	964	796
林产化工	62	—	28	28
农林类新专业	4580	4573	27315	15497
(二)非林科专业	8134	9409	30024	10930
保安	—	—	46	46
播音与节目主持	1	—	—	—
采矿技术	33	—	55	38
茶叶生产与加工	—	—	188	105
城市轨道交通运营管理	—	17	17	—
宠物养护与经营	—	10	10	—
畜禽生产与疾病防治	—	300	431	131
船舶电气技术	7	—	—	—
船舶制造与修理	24	—	2	2
道路与桥梁工程施工	21	163	455	158
地质调查与找矿	—	—	45	45
地质与测量	13	—	—	—
电气运行与控制	—	5	59	40
电子电器应用与维修	42	24	24	—
电子技术应用	119	—	252	252
电子商务	305	182	693	290
电子与信息技术	39	27	191	104
动漫游戏	—	—	21	—
法律事务	72	—	25	25
房地产营销与管理	18	17	68	32
服装设计与工艺	197	45	159	50
工程测量	—	91	95	4
工程造价	—	79	169	9
工艺美术	22	95	155	23
国际商务	—	9	36	14
果蔬花卉生产技术	—	6	40	19
焊接技术应用	19	13	97	46
航空服务	—	—	8	8
护理	1030	1763	6918	2304
化工机械与设备	2	—	—	—
化学工艺	114	37	137	34
会计	939	934	2666	952
会展服务与管理	—	2	9	—
机电技术应用	346	20	114	50
机电设备安装与维修	128	110	303	43
机械加工技术	89	8	161	134
计算机应用	1810	1608	4886	2581
计算机与数码产品维修	—	45	64	—

2011～2012 学年初普通中等林业(园林)职业学校和其他中等职业学校林科分专业基本情况(二)

单位:人

专业名称	毕业生数	招生数	在校学生数	毕业班学生数
家具设计与制作	48	208	337	67
建筑工程施工	95	191	545	137
金融事务	—	13	27	8
酒店服务与管理	38	91	470	91
口腔修复工艺	139	181	488	74
旅游服务与管理	227	275	719	333
美发与形象设计	—	37	75	—
美术设计与制作	38	53	129	38
模具制造技术	267	—	10	10
农村电气技术	4	111	726	1
农村经济综合管理	93	441	1218	331
农村医学	—	25	71	—
农业机械使用与维护	—	428	759	—
农业与农村用水	—	37	54	—
平面媒体印制技术	—	—	17	17
其他新专业	387	27	771	639
汽车电子技术应用	18	38	62	20
汽车美容与装潢	—	25	25	—
汽车运用与维修	106	623	1151	185
商品经营	—	4	25	13
商务俄语	17	1	12	11
商务英语	34	—	—	—
设施农业生产技术	50	—	—	—
生态环境保护	13	—	1	—
生物技术制药	—	—	13	4
石油天然气开采	—	34	34	—
市场营销	—	79	183	24
市政工程施工	88	153	344	9
数控技术应用	273	70	411	190
数字广播电视技术	37	—	—	—
水利水电工程施工	5	—	—	—
通信技术	—	75	166	51
通信运营服务	—	7	7	—
土木水利类新专业	3	—	16	16
微电子技术与器件制造	—	—	13	13
文秘	480	223	1098	312
物流服务与管理	40	—	22	—
物业管理	15	—	15	—
现代农艺技术	124	136	733	501
信息技术类新专业	—	—	—	—
学前教育	—	111	155	—
眼视光与配镜	—	35	121	41
药剂	—	27	94	29
营养与保健	29	—	54	54
影像与影视技术	—	3	4	—
中草药种植	1	20	38	2
中药制药	75	17	212	170

2011～2012学年初普通中等林业(园林)职业学校教职工基本情况(一)

单位:人

学校名称	教职工数总计	校本部职工数						
		合　计	专任教师					
			计	正高级	副高级	讲师	助理讲师
合　计	**3143**	**3134**	**1967**	**2**	**698**	**721**	**446**
天津市园林学校	67	67	37	—	11	17	7
广东省林业职业技术学校	230	230	137	—	61	52	21
韩家园林业局教师进修学校	12	12	12	—	1	6	5
黑龙江农垦林业职业技术学院	—	—	—	—	—	—	—
漠河县阿木尔林业局教师进修学校	21	21	18	1	7	10	—
河南省林业学校	239	237	160	—	58	52	50
普洱林业学校	62	57	45	—	18	15	10
北京市园林学校	110	110	65	1	20	27	16
双丰林业局教育教研室	25	25	17	—	4	11	2
沈阳市园林学校	41	41	36	—	6	20	10
铁力林业局教师进修学校	8	8	8	—	3	3	2
甘肃省庆阳林业学校	119	119	83	—	25	27	31
白山市林业职业高级中学	—	—	—	—	—	—	—
福建三明林业学校	150	150	117	—	40	32	33
上海市园林学校	161	161	69	—	12	35	22
黑龙江省齐齐哈尔林业学校	203	203	121	—	53	24	44
陕西省林业广播电视学校	—	—	—	—	—	—	—
新疆林业学校	196	196	98	—	32	46	14
黑龙江省林业卫生学校	167	167	96	—	33	24	26
黑龙江林业职业技术学院	—	—	—	—	—	—	—
朗乡林业局职业中学	42	42	35	—	6	20	9
陕西省榆林林业学校	198	198	111	—	43	48	20
朗乡林业局教师进修学校	19	19	10	—	4	4	1
湖北省园林工程学校	114	114	54	—	21	11	13
内蒙古扎兰屯林业学校	121	121	99	—	53	26	8
广西壮族自治区桂林林业学校	106	106	83	—	13	49	21
信阳林业学校	169	169	132	—	27	41	39
内蒙古大兴安岭林业学校	205	205	110	—	62	39	9
贵州省林业学校	157	157	88	—	27	43	15
黑龙江省伊春林业学校	150	148	78	—	47	9	11
涿鹿县宝峰寺林业中学	28	28	25	—	2	23	—
桃山林业局教育教研室	8	8	8	—	6	2	—
甘肃省庆阳市庆城县太白梁林业中学	15	15	15	—	3	5	7

2011～2012学年初普通中等林业(园林)职业学校教职工基本情况(二)

单位:人

学校名称	校本部职工数				校办厂(场)职工	附设机构人员	兼任教师(不在教职工数中)
	专任教师	教辅人员	行政人员	工勤人员			
	教员						
合　计	**101**	**381**	**331**	**455**	**4**	**5**	**416**
天津市园林学校	2	10	2	18	—	—	9
广东省林业职业技术学校	3	29	30	34	—	—	51
韩家园林业局教师进修学校	—	—	—	—	—	—	—
黑龙江农垦林业职业技术学院	—	—	—	—	—	—	—
漠河县阿木尔林业局教师进修学校	—	2	—	1	—	—	—
河南省林业学校	—	17	20	40	2	—	38
普洱林业学校	2	5	—	7	—	5	7
北京市园林学校	2	21	7	17	—	—	20
双丰林业局教育教研室	—	3	2	3	—	—	—
沈阳市园林学校	—	4	—	1	—	—	—
铁力林业局教师进修学校	—	—	—	—	—	—	—
甘肃省庆阳林业学校	—	8	17	11	—	—	—
白山市林业职业高级中学	—	—	—	—	—	—	—
福建三明林业学校	12	11	12	10	—	—	108
上海市园林学校	—	12	51	29	—	—	—
黑龙江省齐齐哈尔林业学校	—	23	9	50	—	—	—
陕西省林业广播电视学校	—	—	—	—	—	—	—
新疆林业学校	6	33	14	51	—	—	1
黑龙江省林业卫生学校	13	25	30	16	—	—	101
黑龙江林业职业技术学院	—	—	—	—	—	—	—
朗乡林业局职业中学	—	4	3	—	—	—	—
陕西省榆林林业学校	—	30	40	17	—	—	12
朗乡林业局教师进修学校	1	6	3	—	—	—	—
湖北省园林工程学校	9	27	8	25	—	—	—
内蒙古扎兰屯林业学校	12	1	8	13	—	—	46
广西壮族自治区桂林林业学校	—	11	9	3	—	—	6
信阳林业学校	25	26	7	4	—	—	—
内蒙古大兴安岭林业学校	—	18	21	56	—	—	—
贵州省林业学校	3	30	12	27	—	—	17
黑龙江省伊春林业学校	11	22	26	22	2	—	—
涿鹿县宝峰寺林业中学	—	3	—	—	—	—	—
桃山林业局教育教研室	—	—	—	—	—	—	—
甘肃省庆阳市庆城县太白梁林业中学	—	—	—	—	—	—	—

附录一

国有林区135个木材采运企业和20个重点营林局主要统计指标

ANNEX Ⅰ

国有林区营

指标名称	计量单位	合　计
一、荒山荒(沙)地造林面积	公顷	63133
1. 人工造林	公顷	16483
2. 飞播造林	公顷	—
3. 无林地和疏林地新封	公顷	46650
二、有林地造林面积	公顷	62664
1. 林冠下造林	公顷	45477
2. 飞播营林	公顷	—
3. 有林地和灌木林地新封	公顷	17187
三、更新造林	公顷	16662
四、低产低效林改造面积	公顷	6516
五、森林管护面积	公顷	40510063
六、幼林抚育实际面积	公顷	347309
七、幼林抚育作业面积	公顷次	494349
八、成林抚育面积	公顷	1397283
其中：中、幼龄林抚育面积	公顷	1362485
九、抚育改造出材量	立方米	2272997
十、年末实有育苗面积	公顷	2531
其中：本年新育	公顷	926

林生产情况

135 个木材采运企业	20 个重点营林局
48777	14356
8839	7644
—	—
39938	6712
53211	9453
44161	1316
—	—
9050	8137
16348	314
6287	229
34078635	6431428
300311	46998
439745	54604
1228583	168700
1201725	160760
1924259	348738
1343	1188
261	665

国有林区分企业的

企业名称	荒山荒(沙)地造林面积				有林地造林面积			
	合计	人工造林	飞播造林	无林地和疏林地新封	合计	林冠下造林	飞播营林	有林地和灌木林地新封
全国合计	**63133**	**16483**	**—**	**46650**	**62664**	**45477**	**—**	**17187**
135个木材采运企业小计	48777	8839	—	39938	53211	44161	—	9050
20个重点营林局小计	14356	7644	—	6712	9453	1316	—	8137
内蒙古	**9926**	**4392**	**—**	**5534**	**—**	**—**	**—**	**—**
内蒙古集团林管局	**1552**	**1552**	**—**	**—**	**—**	**—**	**—**	**—**
阿尔山	14	14	—	—	—	—	—	—
绰尔	133	133	—	—	—	—	—	—
绰源	175	175	—	—	—	—	—	—
乌尔旗汉	168	168	—	—	—	—	—	—
库都尔	241	241	—	—	—	—	—	—
图里河	87	87	—	—	—	—	—	—
伊图里河	24	24	—	—	—	—	—	—
克一河	278	278	—	—	—	—	—	—
甘河	110	110	—	—	—	—	—	—
吉文	20	20	—	—	—	—	—	—
阿里河	140	140	—	—	—	—	—	—
根河	30	30	—	—	—	—	—	—
金河	10	10	—	—	—	—	—	—
阿龙山	—	—	—	—	—	—	—	—
满归	8	8	—	—	—	—	—	—
得耳布尔	34	34	—	—	—	—	—	—
莫尔道嘎	80	80	—	—	—	—	—	—
内蒙古集团营林局	**173**	**173**	**—**	**—**	**—**	**—**	**—**	**—**
大杨树	109	109	—	—	—	—	—	—
毕拉河	64	64	—	—	—	—	—	—
内蒙古林业厅营林局	**8201**	**2667**	**—**	**5534**	**—**	**—**	**—**	**—**
免渡河	—	—	—	—	—	—	—	—
乌奴尔	—	—	—	—	—	—	—	—
巴林	—	—	—	—	—	—	—	—
南木	—	—	—	—	—	—	—	—
红花尔基	4534	2667	—	1867	—	—	—	—
柴河	—	—	—	—	—	—	—	—
五岔沟	2000	—	—	2000	—	—	—	—
白狼	1667	—	—	1667	—	—	—	—
吉林	**73**	**73**	**—**	**—**	**31870**	**31870**	**—**	**—**
吉林集团林管局	**4**	**4**	**—**	**—**	**20564**	**20564**	**—**	**—**
临江	—	—	—	—	2216	2216	—	—
三岔子	—	—	—	—	—	—	—	—
湾沟	—	—	—	—	97	97	—	—
松江河	—	—	—	—	3130	3130	—	—

营林生产情况(一)

单位:公顷

更新造林	低产低效林改造面积	森林管护面积	幼林抚育面积		成林抚育面积		抚育改造出材量（立方米）	年末实有育苗面积	
			实际面积	作业面积（公顷次）	合计	其中:中、幼龄林抚育面积		合计	其中:本年新育
16662	**6516**	**40510063**	**347309**	**494349**	**1397283**	**1362485**	**2272997**	**2531**	**926**
16348	6287	34078635	300311	439745	1228583	1201725	1924259	1343	261
314	229	6431428	46998	54604	168700	160760	348738	1188	665
2898	**29**	**11163713**	**20144**	**25228**	**430716**	**430716**	**714780**	**1138**	**644**
2614	**—**	**7397844**	**18742**	**22976**	**328495**	**328495**	**526306**	**87**	**17**
1813	—	482676	5553	7366	22000	22000	45680	7	3
—	—	422014	233	367	20000	20000	52467	21	3
—	—	299786	380	553	9987	9987	33154	5	2
—	—	577017	4178	4346	18493	18493	40995	2	—
—	—	483600	785	1026	20008	20008	32595	6	1
—	—	356234	180	267	18052	18052	28790	1	—
—	—	410549	107	213	20002	20002	20366	3	1
—	—	363300	345	623	27224	27224	39223	—	—
—	—	357258	266	376	24476	24476	43423	1	—
—	—	362438	146	166	21447	21447	26950	9	2
—	—	451958	428	567	22751	22751	39811	13	1
801	—	627885	3479	4280	22670	22670	39204	10	1
—	—	623593	2089	2100	12000	12000	14915	1	—
—	—	357427	126	126	16676	16676	15063	1	1
—	—	390295	213	221	14706	14706	15946	1	1
—	—	254367	114	179	14669	14669	21578	5	1
—	—	577447	120	200	23334	23334	16146	1	—
—	**—**	**1319615**	**581**	**635**	**6669**	**6669**	**9178**	**3**	**3**
—	—	786560	467	467	3334	3334	4429	3	3
—	—	533055	114	168	3335	3335	4749	—	—
284	**29**	**2446254**	**821**	**1617**	**95552**	**95552**	**179296**	**1048**	**624**
284	—	278733	646	1289	10000	10000	30000	—	—
—	29	215200	175	328	17900	17900	31962	2	2
—	—	288000	—	—	11333	11333	4109	11	1
—	—	330200	—	—	13327	13327	8996	—	—
—	—	598067	—	—	10000	10000	42647	1	1
—	—	369867	—	—	10527	10527	27693	—	—
—	—	286484	—	—	15478	15478	28889	867	600
—	—	79703	—	—	6987	6987	5000	167	20
1749	**652**	**3697140**	**202088**	**304228**	**143315**	**118591**	**823603**	**527**	**128**
839	**46**	**1297275**	**87535**	**144432**	**36257**	**35026**	**240275**	**383**	**96**
43	—	171549	6395	6395	5050	4320	34605	253	61
384	17	223438	14774	22530	7974	7974	40830	43	11
11	—	89017	1027	1581	2674	2674	48400	2	—
97	29	161000	25402	42314	6251	6251	33080	19	7

国有林区分企业的

企业名称	荒山荒(沙)地造林面积				有林地造林面积			
	合计	人工造林	飞播造林	无林地和疏林地新封	合计	林冠下造林	飞播营林	有林地和灌木林地新封
泉阳	—	—	—	—	1725	1725	—	—
露水河	—	—	—	—	4276	4276	—	—
白石山	—	—	—	—	2396	2396	—	—
红石	4	4	—	—	6724	6724	—	—
延边林管局	**69**	**69**	**—**	**—**	**9990**	**9990**	**—**	**—**
黄泥河	—	—	—	—	568	568	—	—
敦化	—	—	—	—	—	—	—	—
大石头	39	39	—	—	615	615	—	—
八家子	—	—	—	—	1893	1893	—	—
和龙	—	—	—	—	667	667	—	—
汪清	30	30	—	—	2077	2077	—	—
大兴沟	—	—	—	—	1091	1091	—	—
天桥岭	—	—	—	—	—	—	—	—
白河	—	—	—	—	505	505	—	—
珲春	—	—	—	—	2574	2574	—	—
吉林省林业厅营林局	**—**	**—**	**—**	**—**	**1316**	**1316**	**—**	**—**
上营	—	—	—	—	504	504	—	—
辉南	—	—	—	—	—	—	—	—
长白	—	—	—	—	338	338	—	—
安图	—	—	—	—	474	474	—	—
长白山 *	—	—	—	—	—	—	—	—
龙江集团	**—**	**—**	**—**	**—**	**13242**	**13242**	**—**	**—**
牡丹江林业管理局	**—**	**—**	**—**	**—**	**3511**	**3511**	**—**	**—**
大海林	—	—	—	—	—	—	—	—
柴河	—	—	—	—	414	414	—	—
东京城	—	—	—	—	1046	1046	—	—
穆棱	—	—	—	—	379	379	—	—
绥阳	—	—	—	—	637	637	—	—
海林	—	—	—	—	672	672	—	—
林口	—	—	—	—	—	—	—	—
八面通	—	—	—	—	363	363	—	—
合江林业管理局	**—**	**—**	**—**	**—**	**3473**	**3473**	**—**	**—**
桦南	—	—	—	—	387	387	—	—
双鸭山	—	—	—	—	446	446	—	—
鹤立	—	—	—	—	456	456	—	—
鹤北	—	—	—	—	786	786	—	—
东方红	—	—	—	—	725	725	—	—
迎春	—	—	—	—	472	472	—	—
清河	—	—	—	—	201	201	—	—
伊春林业管理局	**—**	**—**	**—**	**—**	**3981**	**3981**	**—**	**—**

注:标 * 的单位已改为从事管护工作的事业性质单位或划归地方管理,下同。

营林生产情况(二)

单位:公顷

更新造林	低产低效林改造面积	森林管护面积	幼林抚育面积		成林抚育面积		抚育改造出材量(立方米)	年末实有育苗面积	
			实际面积	作业面积(公顷次)	合计	其中:中、幼龄林抚育面积		合计	其中:本年新育
91	—	103038	8403	11805	5383	5383	18576	7	3
81	—	121227	12839	20155	5606	5105	9415	16	6
58	—	128835	9764	25020	2229	2229	43451	24	4
74	—	299171	8931	14632	1090	1090	11918	19	4
880	**606**	**2143852**	**102290**	**140788**	**92969**	**74340**	**456856**	**130**	**26**
11	—	196596	9087	9588	13689	10001	35231	27	3
—	—	230678	14400	19193	3398	3398	31468	13	2
3	—	257503	2683	4415	11889	11889	101075	6	3
84	171	152000	9921	15447	6422	6422	25831	6	1
1	380	170143	20252	26061	9786	9786	33053	12	6
—	55	300090	5944	11889	13406	13406	90900	18	1
40	—	122604	1500	2400	8900	5003	35657	—	—
738	—	194106	6072	7763	10580	—	60890	7	1
—	—	190470	22956	29673	8899	8435	24415	31	6
3	—	329662	9475	14359	6000	6000	18336	10	3
30	**—**	**256013**	**12263**	**19008**	**14089**	**9225**	**126472**	**14**	**6**
—	—	—	4330	9300	2000	—	—	5	2
10	—	56530	2111	2571	3558	857	23299	1	—
20	—	90753	2530	3044	3444	3444	51786	4	2
—	—	108730	3292	4093	5087	4924	51387	4	2
—	—	—	—	—	—	—	—	—	—
11589	**533**	**7983885**	**84282**	**120457**	**462100**	**457435**	**46132**	**375**	**69**
1449	**—**	**2121481**	**24190**	**35947**	**101341**	**101341**	**9088**	**76**	**15**
859	—	188988	3467	5040	13335	13335	4228	16	2
2	—	321808	2207	3140	10000	10000	279	7	3
12	—	375021	5317	7258	18667	18667	2616	16	2
39	—	243333	2899	3833	8000	8000	1120	8	2
—	—	476567	3523	6707	19333	19333	284	6	1
—	—	146778	2395	4193	12000	12000	508	11	3
503	—	217943	2349	3005	13333	13333	53	4	1
34	—	151043	2033	2771	6673	6673	—	8	1
150	**—**	**1359689**	**18043**	**25022**	**76016**	**76016**	**7565**	**81**	**16**
13	—	158667	1580	2402	13333	13333	487	8	2
—	—	134000	1275	2113	10000	10000	587	13	3
—	—	70597	3054	4640	6667	6667	1562	13	2
—	—	361630	4319	5647	13333	13333	736	19	2
—	—	352706	3667	4837	16667	16667	1544	13	4
—	—	152667	2579	3400	9335	9335	648	8	2
137	—	129422	1569	1983	6681	6681	2001	7	1
7764	**—**	**2089464**	**22038**	**28929**	**173657**	**169725**	**23751**	**147**	**31**

国有林区分企业的

企业名称	荒山荒(沙)地造林面积				有林地造林面积			
	合计	人工造林	飞播造林	无林地和疏林地新封	合计	林冠下造林	飞播营林	有林地和灌木林地新封
双丰	—	—	—	—	—	—	—	—
铁力	—	—	—	—	—	—	—	—
桃山	—	—	—	—	353	353	—	—
朗乡	—	—	—	—	443	443	—	—
南岔	—	—	—	—	272	272	—	—
金山屯	—	—	—	—	572	572	—	—
美溪	—	—	—	—	340	340	—	—
乌马河	—	—	—	—	1867	1867	—	—
翠峦	—	—	—	—	—	—	—	—
友好	—	—	—	—	—	—	—	—
上甘岭	—	—	—	—	134	134	—	—
五营	—	—	—	—	—	—	—	—
红星	—	—	—	—	—	—	—	—
新青	—	—	—	—	—	—	—	—
汤旺河	—	—	—	—	—	—	—	—
乌伊岭	—	—	—	—	—	—	—	—
松花江林业管理局	**—**	**—**	**—**	**—**	**2277**	**2277**	**—**	**—**
山河屯	—	—	—	—	—	—	—	—
苇河	—	—	—	—	477	477	—	—
亚布力	—	—	—	—	250	250	—	—
方正	—	—	—	—	613	613	—	—
兴隆	—	—	—	—	—	—	—	—
绥棱	—	—	—	—	468	468	—	—
通北	—	—	—	—	—	—	—	—
沾河	—	—	—	—	469	469	—	—
总局直属单位	**—**	**—**	**—**	**—**	**—**	**—**	**—**	**—**
带岭实验局	—	—	—	—	—	—	—	—
大兴安岭	**—**	**—**	**—**	**—**	**—**	**—**	**—**	**—**
大兴安岭林管局	**—**	**—**	**—**	**—**	**—**	**—**	**—**	**—**
松岭	—	—	—	—	—	—	—	—
新林	—	—	—	—	—	—	—	—
塔河	—	—	—	—	—	—	—	—
呼中	—	—	—	—	—	—	—	—
阿木尔	—	—	—	—	—	—	—	—
图强	—	—	—	—	—	—	—	—
西林吉	—	—	—	—	—	—	—	—
十八站	—	—	—	—	—	—	—	—
韩家园	—	—	—	—	—	—	—	—
大兴安岭营林局	**—**	**—**	**—**	**—**	**—**	**—**	**—**	**—**
加格达奇	—	—	—	—	—	—	—	—

营林生产情况(三)

单位:公顷

更新造林	低产低效林改造面积	森林管护面积	幼林抚育面积		成林抚育面积		抚育改造出材量(立方米)	年末实有育苗面积	
			实际面积	作业面积(公顷次)	合计	其中:中、幼龄林抚育面积		合计	其中:本年新育
317	—	115429	883	1376	10667	10667	4999	12	—
372	—	—	874	1547	—	—	—	11	3
353	—	131546	852	1343	10667	10667	3813	3	2
443	—	—	1632	2196	17333	17333	5000	21	—
376	—	—	—	—	13336	13336	2820	3	—
37	—	—	2344	3947	13333	13333	130	13	4
353	—	199998	1071	1572	12000	12000	—	—	—
1867	—	117154	1403	2090	5933	5933	—	9	5
345	—	—	1705	2502	12000	12000	—	6	1
620	—	246641	2407	3887	22664	18732	—	8	3
194	—	139478	759	1007	9333	9333	—	6	1
540	—	119625	1747	1165	9333	9333	4989	8	3
809	—	266526	1034	1745	13333	13333	—	—	—
354	—	271852	2451	—	1400	1400	—	22	6
353	—	200206	1326	2253	12000	12000	—	8	2
431	—	281009	1550	2299	10325	10325	2000	17	1
1835	**533**	**2318929**	**18646**	**28549**	**111086**	**110353**	**5728**	**65**	**6**
551	—	192185	2026	3165	10333	10333	713	10	1
—	—	186290	2174	3467	14000	14000	—	9	2
21	—	267613	697	1135	16667	16667	3403	5	—
5	—	183679	1667	4000	14667	14667	700	10	—
800	—	277659	3982	5393	15333	15333	—	14	—
—	—	179300	1993	2687	13353	13353	912	5	2
200	—	280920	1094	1595	13333	13333	—	1	—
258	533	751283	5013	7107	13400	12667	—	11	1
391	**—**	**94322**	**1365**	**2010**	**—**	**—**	**—**	**6**	**1**
391	—	94322	1365	2010	—	—	—	6	1
—	**2067**	**7293321**	**—**	**—**	**292417**	**292417**	**593213**	**45**	**27**
—	**2000**	**6436630**	**—**	**—**	**260317**	**260317**	**590644**	**29**	**18**
—	—	674233	—	—	34300	34300	75113	4	2
—	—	859619	—	—	22687	22687	82644	1	1
—	533	909954	—	—	41525	41525	20771	3	2
—	533	761188	—	—	23970	23970	78577	4	2
—	—	546751	—	—	25866	25866	54665	4	3
—	467	500670	—	—	24455	24455	56103	5	5
—	467	717818	—	—	25401	25401	81014	1	1
—	—	672545	—	—	27333	27333	62608	6	2
—	—	793852	—	—	34780	34780	79149	1	—
—	**67**	**856691**	**—**	**—**	**32100**	**32100**	**2569**	**16**	**9**
—	67	856691	—	—	32100	32100	2569	16	9

国有林区分企业的

企业名称	荒山荒(沙)地造林面积				有林地造林面积			
	合计	人工造林	飞播造林	无林地和疏林地新封	合计	林冠下造林	飞播营林	有林地和灌木林地新封
四川	**20790**	**786**	**—**	**20004**	**1000**	**—**	**—**	**1000**
阿坝州林管局	**7669**	**—**	**—**	**7669**	**—**	**—**	**—**	**—**
川西	667	—	—	667	—	—	—	—
黑水	1000	—	—	1000	—	—	—	—
马尔康	1002	—	—	1002	—	—	—	—
小金	1000	—	—	1000	—	—	—	—
观音桥	1000	—	—	1000	—	—	—	—
松潘	1000	—	—	1000	—	—	—	—
南坪	1000	—	—	1000	—	—	—	—
壤塘	1000	—	—	1000	—	—	—	—
甘孜州林管局	**3335**	**—**	**—**	**3335**	**—**	**—**	**—**	**—**
道孚	—	—	—	—	—	—	—	—
新龙	667	—	—	667	—	—	—	—
丹巴	667	—	—	667	—	—	—	—
炉霍	667	—	—	667	—	—	—	—
白玉	—	—	—	—	—	—	—	—
力邱河	667	—	—	667	—	—	—	—
翁达	667	—	—	667	—	—	—	—
其他地、州林管局	**9786**	**786**	**—**	**9000**	**1000**	**—**	**—**	**1000**
川南	5666	333	—	5333	—	—	—	—
雷波	87	87	—	—	1000	—	—	1000
凉北	667	—	—	667	—	—	—	—
夹金山	1000	—	—	1000	—	—	—	—
木里	333	333	—	—	—	—	—	—
普威	1033	33	—	1000	—	—	—	—
盐边	1000	—	—	1000	—	—	—	—
云南	**4361**	**1028**	**—**	**3333**	**2717**	**—**	**—**	**2717**
云南省林管局	**4361**	**1028**	**—**	**3333**	**2717**	**—**	**—**	**2717**
华坪	—	—	—	—	—	—	—	—
碧泉	186	186	—	—	50	—	—	50
黑白水	—	—	—	—	667	—	—	667
中甸 *	—	—	—	—	—	—	—	—
巨甸	—	—	—	—	—	—	—	—
红旗	2000	—	—	2000	—	—	—	—
云台山	533	533	—	—	2000	—	—	2000
漾江	—	—	—	—	—	—	—	—
景东	—	—	—	—	—	—	—	—
墨江	242	242	—	—	—	—	—	—

营林生产情况（四）

单位：公顷

更新造林	低产低效林改造面积	森林管护面积	幼林抚育面积		成林抚育面积		抚育改造出材量（立方米）	年末实有育苗面积	
			实际面积	作业面积（公顷次）	合计	其中：中、幼龄林抚育面积		合计	其中：本年新育
—	**3102**	**3296558**	**6795**	**11092**	**20867**	**20534**	**975**	**22**	**6**
—	**—**	**1382493**	**5874**	**8330**	**7401**	**7401**	**—**	**11**	**2**
—	—	114642	—	—	1000	1000	—	—	—
—	—	255881	—	—	1333	1333	—	1	—
—	—	223612	—	—	1068	1068	—	—	—
—	—	119070	2467	4923	1333	1333	—	2	—
—	—	227064	1374	1374	1333	1333	—	2	1
—	—	110768	—	—	667	667	—	2	—
—	—	191538	2033	2033	667	667	—	2	1
—	—	139918	—	—	—	—	—	2	—
—	**3102**	**1157729**	**—**	**—**	**6334**	**6334**	**—**	**9**	**4**
—	467	210817	—	—	1000	1000	—	1	—
—	467	270537	—	—	1000	1000	—	3	2
—	467	135304	—	—	1000	1000	—	—	—
—	467	78198	—	—	1000	1000	—	1	1
—	467	310897	—	—	1000	1000	—	2	1
—	400	96385	—	—	867	867	—	—	—
—	367	55591	—	—	467	467	—	2	—
—	**—**	**756336**	**921**	**2762**	**7132**	**6799**	**975**	**2**	**—**
—	—	73559	—	—	1600	1600	—	—	—
—	—	123439	—	—	—	—	—	—	—
—	—	51246	—	—	1333	1333	—	—	—
—	—	160170	921	2762	1200	1200	975	2	—
—	—	242042	—	—	1333	1333	—	—	—
—	—	59653	—	—	1333	1333	—	—	—
—	—	46227	—	—	333	—	—	—	—
426	**—**	**2347970**	**667**	**—**	**6500**	**4500**	**15274**	**18**	**4**
426	**—**	**2347970**	**667**	**—**	**6500**	**4500**	**15274**	**18**	**4**
—	—	53164	—	—	667	667	4266	2	2
—	—	204299	—	—	2000	—	3580	—	—
—	—	204758	—	—	333	333	1445	—	—
—	—	—	—	—	—	—	—	—	—
—	—	150875	—	—	—	—	2788	2	—
—	—	109334	667	—	—	—	—	—	—
—	—	458897	—	—	1333	1333	—	—	—
—	—	110553	—	—	—	—	—	—	—
—	—	251733	—	—	—	—	—	—	—
—	—	207205	—	—	—	—	—	—	—

国有林区分企业的

企业名称	荒山荒(沙)地造林面积				有林地造林面积			
	合计	人工造林	飞播造林	无林地和疏林地新封	合计	林冠下造林	飞播营林	有林地和灌木林地新封
卫国	—	—	—	—	—	—	—	—
江边 *	—	—	—	—	—	—	—	—
清水江 *	—	—	—	—	—	—	—	—
南盘江 *	—	—	—	—	—	—	—	—
新平	1400	67	—	1333	—	—	—	—
宁蒗	—	—	—	—	—	—	—	—
陕西	**7802**	**134**	**—**	**7668**	**—**	**—**	**—**	**—**
陕西省林管局	**7134**	**—**	**—**	**7134**	**—**	**—**	**—**	**—**
宁西	1000	—	—	1000	—	—	—	—
太白	1200	—	—	1200	—	—	—	—
长青	1333	—	—	1333	—	—	—	—
宁东	2267	—	—	2267	—	—	—	—
汉西	667	—	—	667	—	—	—	—
龙草坪	667	—	—	667	—	—	—	—
陕西省营林局	**668**	**134**	**—**	**534**	**—**	**—**	**—**	**—**
马头滩	334	67	—	267	—	—	—	—
辛家山	334	67	—	267	—	—	—	—
甘肃	**20181**	**10070**	**—**	**10111**	**4358**	**—**	**—**	**4358**
甘肃省林管局	**14867**	**5400**	**—**	**9467**	**—**	**—**	**—**	**—**
舟曲	2934	667	—	2267	—	—	—	—
迭部	5600	2400	—	3200	—	—	—	—
洮河	3666	1333	—	2333	—	—	—	—
白水江	2667	1000	—	1667	—	—	—	—
甘肃省营林局	**5314**	**4670**	**—**	**644**	**4358**	**—**	**—**	**4358**
小陇山	5314	4670	—	644	4358	—	—	4358
青海	**—**	**—**	**—**	**—**	**—**	**—**	**—**	**—**
青海省林管局	**—**	**—**	**—**	**—**	**—**	**—**	**—**	**—**
玛可河 *	—	—	—	—	—	—	—	—
新疆	**—**	**—**	**—**	**—**	**9477**	**365**	**—**	**9112**
新疆自治区林管局	**—**	**—**	**—**	**—**	**5698**	**365**	**—**	**5333**
天山西部	—	—	—	—	—	—	—	—
阿尔泰山	—	—	—	—	5698	365	—	5333
新疆自治区营林局	**—**	**—**	**—**	**—**	**3779**	**—**	**—**	**3779**
天山中东部	—	—	—	—	3779	—	—	3779

营林生产情况(五)

单位:公顷

更新造林	低产低效林改造面积	森林管护面积	幼林抚育面积		成林抚育面积		抚育改造出材量(立方米)	年末实有育苗面积	
			实际面积	作业面积(公顷次)	合计	其中:中、幼龄林抚育面积		合计	其中:本年新育
426	—	309285	—	—	667	667	783	—	—
—	—	—	—	—	—	—	—	—	—
—	—	—	—	—	—	—	—	—	—
—	—	—	—	—	—	—	—	—	—
—	—	65067	—	—	—	—	—	—	—
—	—	222800	—	—	1500	1500	2412	14	2
—	**—**	**534708**	**—**	**—**	**16140**	**16140**	**50970**	**43**	**2**
—	**—**	**475268**	**—**	**—**	**13334**	**13334**	**47797**	**41**	**2**
—	—	117160	—	—	2667	2667	12656	21	—
—	—	146927	—	—	2667	2667	4857	4	1
—	—	34020	—	—	667	667	—	4	1
—	—	103647	—	—	4000	4000	19383	12	—
—	—	38847	—	—	2000	2000	6879	—	—
—	—	34667	—	—	1333	1333	4022	—	—
—	**—**	**59440**	**—**	**—**	**2806**	**2806**	**3173**	**2**	**—**
—	—	34380	—	—	2140	2140	2493	2	—
—	—	25060	—	—	666	666	680	—	—
—	**133**	**1326694**	**33333**	**33344**	**7411**	**6668**	**28050**	**230**	**30**
—	**—**	**681827**	**—**	**—**	**—**	**—**	**—**	**195**	**17**
—	—	99800	—	—	—	—	—	19	3
—	—	234200	—	—	—	—	—	70	6
—	—	283887	—	—	—	—	—	79	5
—	—	63940	—	—	—	—	—	27	3
—	**133**	**644867**	**33333**	**33344**	**7411**	**6668**	**28050**	**35**	**13**
—	133	644867	33333	33344	7411	6668	28050	35	13
—	**—**	**—**	**—**	**—**	**—**	**—**	**—**	**—**	**—**
—	**—**	**—**	**—**	**—**	**—**	**—**	**—**	**—**	**—**
—	—	—	—	—	—	—	—	—	—
—	**—**	**2866074**	**—**	**—**	**17817**	**15484**	**—**	**133**	**16**
—	**—**	**2017526**	**—**	**—**	**7744**	**7744**	**—**	**63**	**6**
—	—	769187	—	—	2800	2800	—	61	6
—	—	1248339	—	—	4944	4944	—	2	—
—	**—**	**848548**	**—**	**—**	**10073**	**7740**	**—**	**70**	**10**
—	—	848548	—	—	10073	7740	—	70	10

国有林区企业总产值

（按现行价

指标名称	计量单位	合　计
一、企业总产值	**万元**	**5755432**
1. 第一产业	万元	2581645
（1）涉林产业	万元	1737152
①林木的培育和种植	万元	412436
②木、竹材采运	万元	736502
③经济林产品的种植与采集	万元	467018
④陆生野生动物繁育与利用	万元	40048
⑤其他	万元	81148
（2）非林产业	万元	844493
2. 第二产业	万元	2092016
（1）涉林产业	万元	908211
①非木质林产品加工	万元	11651
②锯材木片加工	万元	173661
③人造板制造	万元	205585
④木制品制造	万元	330718
⑤木质家具	万元	79251
⑥其他	万元	107345
（2）非林产业	万元	1183805
3. 第三产业	万元	1081771
其中：非林产业	万元	687199
二、企业销售产值	**万元**	**3589146**

和销售产值

格计算)

135 个木材采运企业	20 个重点营林局
5567637	**187795**
2441887	139758
1615960	121192
342490	69946
696343	40159
461273	5745
36542	3506
79312	1836
825927	18566
2073373	18643
904706	3505
11559	92
171963	1698
204271	1314
330320	398
79251	—
107342	3
1168667	15138
1052377	29394
674432	12767
3550675	**38471**

国有林区分企业的

（按现行价

企业名称	总计	企业总							
		第一产业							
		合计	涉林产业						非林产业
			小计	林木的培育和种植	木、竹材采运	经济林产品的种植与采集	陆生野生动物繁育与利用	其他	
全国合计	**5755432**	**2581645**	**1737152**	**412436**	**736502**	**467018**	**40048**	**81148**	**844493**
135 个木材采运企业小计	5567637	2441887	1615960	342490	696343	461273	36542	79312	825927
20 个重点营林局小计	187795	139758	121192	69946	40159	5745	3506	1836	18566
内蒙古	**357543**	**244383**	**228319**	**93041**	**132859**	**998**	**417**	**1004**	**16064**
内蒙古集团林管局	**277690**	**181585**	**180095**	**62307**	**117727**	**—**	**—**	**61**	**1490**
阿尔山	21257	9159	9159	3961	5198	—	—	—	—
绰尔	25162	9756	9756	2129	7627	—	—	—	—
绰源	11023	8404	8404	2628	5776	—	—	—	—
乌尔旗汉	24510	15717	15717	5746	9950	—	—	21	—
库都尔	10997	10690	10690	4741	5949	—	—	—	—
图里河	11392	8874	7384	3092	4292	—	—	—	1490
伊图里河	7147	3829	3829	1370	2459	—	—	—	—
克一河	15784	7131	7131	2545	4586	—	—	—	—
甘河	14388	11351	11351	4615	6736	—	—	—	—
吉文	8745	5878	5878	1686	4192	—	—	—	—
阿里河	24217	14536	14536	7542	6994	—	—	—	—
根河	20420	17368	17368	6499	10869	—	—	—	—
金河	15774	13016	13016	2886	10130	—	—	—	—
阿龙山	15636	9623	9623	3224	6359	—	—	40	—
满归	16383	11731	11731	3560	8171	—	—	—	—
得耳布尔	13652	8947	8947	3115	5832	—	—	—	—
莫尔道嘎	21203	15575	15575	2968	12607	—	—	—	—
内蒙古集团营林局	**12359**	**8847**	**8847**	**7912**	**935**	**—**	**—**	**—**	**—**
大杨树	5767	4911	4911	4527	384	—	—	—	—
毕拉河	6592	3936	3936	3385	551	—	—	—	—
内蒙古林业厅营林局	**67494**	**53951**	**39377**	**22822**	**14197**	**998**	**417**	**943**	**14574**
免渡河	10169	8946	6402	3871	2404	77	—	50	2544
乌奴尔	9124	8356	7122	3376	3581	105	—	60	1234
巴林	5514	4886	4208	3541	537	45	64	21	678
南木	5733	4816	4293	2894	720	151	—	528	523
红花尔基	10606	8924	7425	5221	1808	165	—	231	1499
柴河	6462	5784	5121	2363	2661	60	—	37	663
五岔沟	16376	10204	3431	620	2311	131	353	16	6773
白狼	3510	2035	1375	936	175	264	—	—	660
吉林	**920639**	**435500**	**416594**	**40311**	**296028**	**45626**	**16162**	**18467**	**18906**
吉林集团林管局	**494754**	**234598**	**219073**	**21805**	**133963**	**35447**	**11267**	**16591**	**15525**
临江	70851	33822	33822	3218	14590	11740	3123	1151	—
三岔子	85423	36334	36334	6596	21903	1778	806	5251	—
湾沟	55910	22542	9042	676	5457	1181	1500	228	13500

企业总产值和销售产值(一)

格计算)

单位:万元

产值											企业销售产值
第二产业									第三产业		
合计	涉林产业							非林产业	合计	其中:非林产业	
	小计	非木质林产品加工	锯材木片加工	人造板制造	木制品制造	木质家具	其他				
2092016	**908211**	**11651**	**173661**	**205585**	**330718**	**79251**	**107345**	**1183805**	**1081771**	**687199**	**3589146**
2073373	904706	11559	171963	204271	330320	79251	107342	1168667	1052377	674432	3550675
18643	3505	92	1698	1314	398	—	3	15138	29394	12767	38471
43303	**1469**	**77**	**621**	**718**	**50**	**—**	**3**	**41834**	**69857**	**60189**	**139524**
41889	**125**	**77**	**48**	**—**	**—**	**—**	**—**	**41764**	**54216**	**54216**	**128576**
412	—	—	—	—	—	—	—	412	11686	11686	4968
15320	—	—	—	—	—	—	—	15320	86	86	6314
—	—	—	—	—	—	—	—	—	2619	2619	5051
5444	—	—	—	—	—	—	—	5444	3349	3349	10675
—	—	—	—	—	—	—	—	—	307	307	5949
2455	125	77	48	—	—	—	—	2330	63	63	4747
1758	—	—	—	—	—	—	—	1758	1560	1560	2690
5638	—	—	—	—	—	—	—	5638	3015	3015	6185
—	—	—	—	—	—	—	—	—	3037	3037	6185
—	—	—	—	—	—	—	—	—	2867	2867	5926
4266	—	—	—	—	—	—	—	4266	5415	5415	8061
223	—	—	—	—	—	—	—	223	2829	2829	10313
—	—	—	—	—	—	—	—	—	2758	2758	13126
3821	—	—	—	—	—	—	—	3821	2192	2192	8391
—	—	—	—	—	—	—	—	—	4652	4652	8814
2552	—	—	—	—	—	—	—	2552	2153	2153	7671
—	—	—	—	—	—	—	—	—	5628	5628	13510
—	**—**	**—**	**—**	**—**	**—**	**—**	**—**	**—**	**3512**	**3512**	**891**
—	—	—	—	—	—	—	—	—	856	856	384
—	—	—	—	—	—	—	—	—	2656	2656	507
1414	**1344**	**—**	**573**	**718**	**50**	**—**	**3**	**70**	**12129**	**2461**	**10057**
370	300	—	300	—	—	—	—	70	853	703	3294
418	418	—	—	368	50	—	—	—	350	—	2640
350	350	—	—	350	—	—	—	—	278	34	537
—	—	—	—	—	—	—	—	—	917	127	—
49	49	—	46	—	—	—	3	—	1633	828	928
—	—	—	—	—	—	—	—	—	678	57	2658
102	102	—	102	—	—	—	—	—	6070	—	—
125	125	—	125	—	—	—	—	—	1350	712	—
300383	**128004**	**1071**	**28418**	**34922**	**45817**	**2007**	**15769**	**172379**	**184756**	**143663**	**698920**
145277	**44072**	**50**	**18326**	**18887**	**1345**	**435**	**5029**	**101205**	**114879**	**89381**	**373559**
18452	3452	—	—	—	—	—	3452	15000	18577	—	14932
25050	16401	—	14354	790	—	—	1257	8649	24039	23393	84568
28733	1037	50	197	75	715	—	—	27696	4635	2892	12684

国有林区分企业的

（按现行价

企业名称	企业总								
	总计	第一产业							
		合计	涉林产业						非林产业
			小计	林木的培育和种植	木、竹材采运	经济林产品的种植与采集	陆生野生动物繁育与利用	其他	
松江河	84416	26616	26574	4292	16869	1638	400	3375	42
泉阳	22657	11799	11799	1441	9368	990	—	—	—
露水河	47654	39385	39385	2057	17196	14081	—	6051	—
白石山	32308	20118	20118	1290	18828	—	—	—	—
红石	95535	43982	41999	2235	29752	4039	5438	535	1983
延边林管局	**370897**	**166623**	**164464**	**14763**	**139656**	**6808**	**1846**	**1391**	**2159**
黄泥河	46835	15670	15670	2471	10568	2631	—	—	—
敦化	47728	26281	26281	709	25572	—	—	—	—
大石头	35110	17022	17022	1644	15360	—	18	—	—
八家子	20288	14237	14075	495	13483	—	—	97	162
和龙	41840	22210	22210	—	22210	—	—	—	—
汪清	40859	16156	16156	—	16156	—	—	—	—
大兴沟	9154	5657	5657	1428	4229	—	—	—	—
天桥岭	26472	10071	10071	2419	7652	—	—	—	—
白河	86350	30150	28153	3410	17838	4177	1828	900	1997
珲春	16261	9169	9169	2187	6588	—	—	394	—
吉林省林业厅营林局	**54988**	**34279**	**33057**	**3743**	**22409**	**3371**	**3049**	**485**	**1222**
上营	19590	11740	11620	1040	8500	940	1040	100	120
辉南	6823	3977	3754	158	2098	319	972	207	223
长白	7973	5259	5259	1359	3900	—	—	—	—
安图	20602	13303	12424	1186	7911	2112	1037	178	879
长白山 *	—	—	—	—	—	—	—	—	—
龙江集团	**3631573**	**1477047**	**714787**	**88653**	**219192**	**360647**	**8410**	**37885**	**762260**
牡丹江林业管理局	**724494**	**294638**	**232292**	**20444**	**77123**	**134436**	**88**	**201**	**62346**
大海林	93546	33423	27397	3766	13524	10107	—	—	6026
柴河	133145	40631	31730	2354	19256	10100	12	8	8901
东京城	142861	66188	52793	3925	20336	28532	—	—	13395
穆棱	106549	45938	36491	2100	14380	19910	76	25	9447
绥阳	102816	54924	52858	3783	4572	44490	—	13	2066
海林	67589	21145	16440	2507	3886	9892	—	155	4705
林口	41670	21734	12297	1409	584	10304	—	—	9437
八面通	36318	10655	2286	600	585	1101	—	—	8369
合江林业管理局	**499723**	**241538**	**112668**	**16934**	**36947**	**50344**	**7373**	**1070**	**128870**
桦南	67975	36696	5997	2723	1847	1427	—	—	30699
双鸭山	60172	27600	5093	2060	614	2238	—	181	22507
鹤立	31673	17334	4624	1863	835	1926	—	—	12710
鹤北	77178	36347	19421	3056	7615	8290	—	460	16926
东方红	90487	55004	41967	3908	21902	8784	7373	—	13037
迎春	42238	22193	5449	1726	1504	2219	—	—	16744

企业总产值和销售产值(二)

格计算)

单位:万元

产值											企业销售产值
	第二产业								第三产业		
合计	涉林产业							非林产业	合计	其中:非林产业	
	小计	非木质林产品加工	锯材木片加工	人造板制造	木制品制造	木质家具	其他				
13868	—	—	—	—	—	—	—	13868	43932	43932	85348
9560	—	—	—	—	—	—	—	9560	1298	1298	20495
5094	414	—	94	—	—	—	320	4680	3175	1832	47910
7490	7490	—	—	7490	—	—	—	—	4700	4700	28338
37030	15278	—	3681	10532	630	435	—	21752	14523	11334	79284
139747	**81791**	**929**	**8967**	**15459**	**44124**	**1572**	**10740**	**57956**	**64527**	**51256**	**303333**
17405	650	—	—	—	—	—	650	16755	13760	12827	44962
15259	8491	—	1742	—	5178	1571	—	6768	6188	5678	42143
11864	—	—	—	—	—	—	—	11864	6224	5008	33919
4576	446	—	—	—	—	—	446	4130	1475	1193	13675
19130	15700	—	1228	2001	12471	—	—	3430	500	—	37479
24703	23703	—	833	4042	12791	—	6037	1000	—	—	39225
2904	2080	—	283	1479	—	—	318	824	593	71	8147
6475	3647	247	—	—	3400	—	—	2828	9926	9926	16217
30563	22206	682	4687	7937	8899	1	—	8357	25637	16387	52670
6868	4868	—	194	—	1385	—	3289	2000	224	166	14896
15359	**2141**	**92**	**1125**	**576**	**348**	**—**	**—**	**13218**	**5350**	**3026**	**22028**
7600	—	—	—	—	—	—	—	7600	250	250	—
132	—	—	—	—	—	—	—	132	2714	961	5009
2646	440	92	—	—	348	—	—	2206	68	68	6246
4981	1701	—	1125	576	—	—	—	3280	2318	1747	10773
—	—	—	—	—	—	—	—	—	—	—	—
1446045	**541663**	**10503**	**98677**	**100069**	**196249**	**74265**	**61900**	**904382**	**708481**	**445326**	**2292868**
290610	**87323**	**1817**	**17356**	**8958**	**56747**	**—**	**2445**	**203287**	**139246**	**103830**	**983809**
33478	11038	—	4461	194	6383	—	—	22440	26645	18920	751568
67294	14912	1817	4137	2232	6692	—	34	52382	25220	11807	23019
53523	9513	—	1802	921	6790	—	—	44010	23150	19982	13283
33440	22413	—	4611	5229	10162	—	2411	11027	27171	24081	85532
39323	9782	—	1210	—	8572	—	—	29541	8569	4764	5056
33848	12881	—	10	—	12871	—	—	20967	12596	12596	47312
13922	1722	—	1125	382	215	—	—	12200	6014	2500	31124
15782	5062	—	—	—	5062	—	—	10720	9881	9180	26915
181670	**49908**	**4316**	**22251**	**4994**	**8663**	**3379**	**6305**	**131762**	**76515**	**64746**	**239806**
22721	2513	—	1251	1102	160	—	—	20208	8558	7450	7438
22472	1151	—	751	—	400	—	—	21321	10100	8500	60743
11017	5800	—	1205	625	1700	—	2270	5217	3322	2039	5989
29448	3865	198	1724	72	360	1066	445	25583	11383	9625	44855
21134	14121	4118	8545	636	822	—	—	7013	14349	12049	87577
9420	1408	—	67	90	1251	—	—	8012	10625	9925	3570

国有林区分企业的

（按现行价

企业名称	企业总								
	总计	第一产业							
		合计	涉林产业						非林产业
			小计	林木的培育和种植	木、竹材采运	经济林产品的种植与采集	陆生野生动物繁育与利用	其他	
清河	130000	46364	30117	1598	2630	25460	—	429	16247
伊春林业管理局	**1652913**	**610591**	**228881**	**34407**	**34257**	**128587**	**949**	**30681**	**381710**
双丰	73542	36019	12658	2091	510	9108	949	—	23361
铁力	123235	41585	3782	484	3298	—	—	—	37803
桃山	67031	43094	3075	743	328	2004	—	—	40019
朗乡	156183	45188	14122	3493	5176	5453	—	—	31066
南岔	66401	22049	9179	—	240	5543	—	3396	12870
金山屯	137604	33566	7798	3100	2441	2245	—	12	25768
美溪	108045	24805	11947	8902	3045	—	—	—	12858
乌马河	87356	27225	27225	282	—	—	—	26943	—
翠峦	112665	23876	9704	2209	—	7495	—	—	14172
友好	197994	92590	21769	2650	5077	13712	—	330	70821
上甘岭	55802	26096	16526	1738	—	14788	—	—	9570
五营	117233	29565	18804	635	748	17421	—	—	10761
红星	70801	35329	15205	389	1800	13016	—	—	20124
新青	106005	50676	21286	3208	5875	12203	—	—	29390
汤旺河	130717	53257	14269	2294	3950	8025	—	—	38988
乌伊岭	42299	25671	21532	2189	1769	17574	—	—	4139
松花江林业管理局	**628623**	**307282**	**132568**	**16188**	**68946**	**41556**	**—**	**5878**	**174714**
山河屯	65255	21999	11157	795	8220	2142	—	—	10842
苇河	81410	50910	7839	443	6791	605	—	—	43071
亚布力	104782	56291	42747	276	20274	22197	—	—	13544
方正	79340	35657	18471	3410	10556	4152	—	353	17186
兴隆	77388	48429	14705	2910	11320	475	—	—	33724
绥棱	86839	27055	8655	3091	4712	852	—	—	18400
通北	61637	33299	9583	2288	1770	—	—	5525	23716
沾河	71972	33642	19411	2975	5303	11133	—	—	14231
总局直属单位	**125820**	**22998**	**8378**	**680**	**1919**	**5724**	**—**	**55**	**14620**
带岭实验局	125820	22998	8378	680	1919	5724	—	55	14620
大兴安岭	**686018**	**316024**	**272973**	**108172**	**80794**	**59200**	**15019**	**9788**	**43051**
大兴安岭林管局	**670637**	**300916**	**260123**	**97110**	**80324**	**57882**	**15019**	**9788**	**40793**
松岭	88766	29805	25613	9939	10163	2990	850	1671	4192
新林	134912	68623	56887	12968	13007	24500	1292	5120	11736
塔河	76561	35852	29354	13370	9417	4504	323	1740	6498
呼中	62507	33482	30919	14422	9215	6854	352	76	2563
阿木尔	28019	17526	15688	7813	5810	1728	337	—	1838
图强	45446	26596	23586	7047	5472	5221	5846	—	3010
西林吉	125881	37580	30641	10824	11036	5537	3131	113	6939
十八站	54008	19051	16874	8269	5835	2760	—	10	2177

企业总产值和销售产值(三)

格计算)

单位:万元

产值											企业销售产值
第二产业									第三产业		
合计	涉林产业							非林产业	合计	其中:非林产业	
	小计	非木质林产品加工	锯材木片加工	人造板制造	木制品制造	木质家具	其他				
65458	21050	—	8708	2469	3970	2313	3590	44408	18178	15158	29634
681932	**293545**	**3840**	**21562**	**67884**	**100676**	**65072**	**34511**	**388387**	**360390**	**188403**	**929031**
30390	24485	—	2080	2380	—	19960	65	5905	7133	3963	1171
51593	10643	—	806	300	9180	357	—	40950	30057	12757	113577
19731	8636	—	—	—	8636	—	—	11095	4206	1506	60998
93975	54414	3840	2250	22324	26000	—	—	39561	17020	13460	—
32660	10769	—	315	412	425	9617	—	21891	11692	10972	—
63057	22959	—	300	561	—	11000	11098	40098	40981	14799	71014
49577	13323	—	6521	—	6080	722	—	36254	33663	7163	331648
25959	15415	—	—	7857	5238	2320	—	10544	34172	32362	13103
71836	14626	—	710	5440	7860	616	—	57210	16953	12423	24960
88753	24795	—	—	1989	12087	10719	—	63958	16651	—	172276
21136	11086	—	2317	1958	5500	—	1311	10050	8570	1670	—
20670	4503	—	650	—	996	1281	1576	16167	66998	27103	—
21562	10032	—	—	1106	—	—	8926	11530	13910	13910	—
41947	28974	—	4151	5493	1130	8480	9720	12973	13382	9694	34275
39085	34755	—	382	16894	17479	—	—	4330	38375	20000	106009
10001	4130	—	1080	1170	65	—	1815	5871	6627	6621	—
221596	**84633**	**—**	**26278**	**15669**	**18957**	**5090**	**18639**	**136963**	**99745**	**70922**	**128899**
20639	20639	—	1000	—	—	1000	18639	—	22617	11017	8497
22404	5124	—	3847	1277	—	—	—	17280	8096	5272	8376
28228	7516	—	1516	139	5861	—	—	20712	20263	13643	22932
26872	6271	—	4269	392	1610	—	—	20601	16811	14453	11365
24952	10836	—	7588	—	2828	420	—	14116	4007	2407	30051
51450	18298	—	1481	13741	3076	—	—	33152	8334	7073	21510
13046	4385	—	525	—	3860	—	—	8661	15292	14042	6334
34005	11564	—	6052	120	1722	3670	—	22441	4325	3015	19834
70237	**26254**	**530**	**11230**	**2564**	**11206**	**724**	**—**	**43983**	**32585**	**17425**	**11323**
70237	26254	530	11230	2564	11206	724	—	43983	32585	17425	11323
278244	**227054**	**—**	**45877**	**60088**	**88575**	**2979**	**29535**	**51190**	**91750**	**29980**	**435513**
278244	**227054**	**—**	**45877**	**60088**	**88575**	**2979**	**29535**	**51190**	**91477**	**29980**	**431467**
48555	27194	—	12783	1249	8262	—	4900	21361	10406	3158	60205
55791	46057	—	8743	15889	20279	—	1146	9734	10498	6218	85497
28666	27097	—	4308	9624	10215	2950	—	1569	12043	6797	48234
19373	19230	—	1994	10459	6487	29	261	143	9652	2625	35157
8269	6760	—	115	325	5913	—	407	1509	2224	2224	15769
16774	16061	—	2259	2598	8581	—	2623	713	2076	1110	35007
46745	41723	—	7573	2266	15181	—	16703	5022	41556	5737	65880
33806	22667	—	6960	4995	7217	—	3495	11139	1151	440	44583

国有林区分企业的

（按现行价

企业名称	企业总								
	总计	第一产业							
		合计	涉林产业						非林产业
			小计	林木的培育和种植	木、竹材采运	经济林产品的种植与采集	陆生野生动物繁育与利用	其他	
韩家园	54537	32401	30561	12458	10369	3788	2888	1058	1840
大兴安岭营林局	**15381**	**15108**	**12850**	**11062**	**470**	**1318**	**—**	**—**	**2258**
加格达奇	15381	15108	12850	11062	470	1318	—	—	2258
四川	**36137**	**34297**	**33380**	**21238**	**291**	**—**	**—**	**11851**	**917**
阿坝州林管局	**14729**	**14042**	**13125**	**4058**	**224**	**—**	**—**	**8843**	**917**
川西	1943	1582	1582	250	—	—	—	1332	—
黑水	1459	1434	1434	345	—	—	—	1089	—
马尔康	1989	1727	1727	—	224	—	—	1503	—
小金	1850	1826	1826	1826	—	—	—	—	—
观音桥	2796	2781	2077	345	—	—	—	1732	704
松潘	1361	1361	1148	842	—	—	—	306	213
南坪	1950	1950	1950	225	—	—	—	1725	—
壤塘	1381	1381	1381	225	—	—	—	1156	—
甘孜州林管局	**9871**	**9172**	**9172**	**8159**	**—**	**—**	**—**	**1013**	**—**
道孚	1475	1422	1422	1247	—	—	—	175	—
新龙	1713	1697	1697	1506	—	—	—	191	—
丹巴	2079	1747	1747	1585	—	—	—	162	—
炉霍	1277	1247	1247	1089	—	—	—	158	—
白玉	1500	1352	1352	1239	—	—	—	113	—
力邱河	1072	1047	1047	913	—	—	—	134	—
翁达	755	660	660	580	—	—	—	80	—
其他地、州林管局	**11537**	**11083**	**11083**	**9021**	**67**	**—**	**—**	**1995**	**—**
川南	3043	2880	2880	2880	—	—	—	—	—
雷波	1127	1122	1122	1122	—	—	—	—	—
凉北	795	795	795	795	—	—	—	—	—
夹金山	1903	1617	1617	1550	67	—	—	—	—
木里	2308	2308	2308	2308	—	—	—	—	—
普威	2361	2361	2361	366	—	—	—	1995	—
盐边	—	—	—	—	—	—	—	—	—
云南	**18303**	**8448**	**8448**	**4535**	**3083**	**234**	**—**	**596**	**—**
云南省林管局	**18303**	**8448**	**8448**	**4535**	**3083**	**234**	**—**	**596**	**—**
华坪	244	244	244	—	144	—	—	100	—
碧泉	—	—	—	—	—	—	—	—	—
黑白水	71	71	71	—	1	—	—	70	—
中甸 *	—	—	—	—	—	—	—	—	—
巨甸	229	229	229	180	49	—	—	—	—
红旗	—	—	—	—	—	—	—	—	—
云台山	1161	1161	1161	735	—	—	—	426	—

企业总产值和销售产值（四）

格计算）

单位：万元

产值											
第二产业									第三产业		企业销售产值
合计	涉林产业							非林产业	合计	其中：非林产业	
	小计	非木质林产品加工	锯材木片加工	人造板制造	木制品制造	木质家具	其他				
20265	20265	—	1142	12683	6440	—	—	—	1871	1671	41135
—	**—**	**—**	**—**	**—**	**—**	**—**	**—**	**—**	**273**	**—**	**4046**
—	—	—	—	—	—	—	—	—	273	—	4046
327	**—**	**—**	**—**	**—**	**—**	**—**	**—**	**327**	**1513**	**1164**	**1522**
327	**—**	**—**	**—**	**—**	**—**	**—**	**—**	**327**	**360**	**360**	**534**
310	—	—	—	—	—	—	—	310	51	51	310
17	—	—	—	—	—	—	—	17	8	8	—
—	—	—	—	—	—	—	—	—	262	262	224
—	—	—	—	—	—	—	—	—	24	24	—
—	—	—	—	—	—	—	—	—	15	15	—
—	—	—	—	—	—	—	—	—	—	—	—
—	—	—	—	—	—	—	—	—	—	—	—
—	—	—	—	—	—	—	—	—	—	—	—
—	**—**	**—**	**—**	**—**	**—**	**—**	**—**	**—**	**699**	**591**	**767**
—	—	—	—	—	—	—	—	—	53	—	—
—	—	—	—	—	—	—	—	—	16	16	767
—	—	—	—	—	—	—	—	—	332	332	—
—	—	—	—	—	—	—	—	—	30	—	—
—	—	—	—	—	—	—	—	—	148	148	—
—	—	—	—	—	—	—	—	—	25	—	—
—	—	—	—	—	—	—	—	—	95	95	—
—	**—**	**—**	**—**	**—**	**—**	**—**	**—**	**—**	**454**	**213**	**221**
—	—	—	—	—	—	—	—	—	163	163	—
—	—	—	—	—	—	—	—	—	5	—	221
—	—	—	—	—	—	—	—	—	—	—	—
—	—	—	—	—	—	—	—	—	286	50	—
—	—	—	—	—	—	—	—	—	—	—	—
—	—	—	—	—	—	—	—	—	—	—	—
—	—	—	—	—	—	—	—	—	—	—	—
9836	**9836**	**—**	**68**	**9768**	**—**	**—**	**—**	**—**	**19**	**19**	**12178**
9836	**9836**	**—**	**68**	**9768**	**—**	**—**	**—**	**—**	**19**	**19**	**12178**
—	—	—	—	—	—	—	—	—	—	—	144
—	—	—	—	—	—	—	—	—	—	—	64
—	—	—	—	—	—	—	—	—	—	—	1
—	—	—	—	—	—	—	—	—	—	—	—
—	—	—	—	—	—	—	—	—	—	—	64
—	—	—	—	—	—	—	—	—	—	—	—
—	—	—	—	—	—	—	—	—	—	—	—

国有林区分企业的

（按现行价

企业名称	企业总								
	总 计	第一产业							
		合计	涉林产业						非林产业
			小计	林木的培育和种植	木、竹材采运	经济林产品的种植与采集	陆生野生动物繁育与利用	其他	
漾江	1787	1787	1787	1787	—	—	—	—	—
景东	1660	1660	1660	1137	523	—	—	—	—
墨江	1298	1091	1091	288	803	—	—	—	—
卫国	11622	1977	1977	188	1555	234	—	—	—
江边 *	—	—	—	—	—	—	—	—	—
清水江 *	—	—	—	—	—	—	—	—	—
南盘江 *	—	—	—	—	—	—	—	—	—
新平	223	220	220	220	—	—	—	—	—
宁蒗	8	8	8	—	8	—	—	—	—
陕西	**12911**	**5395**	**5335**	**3891**	**1010**	**—**	**—**	**434**	**60**
陕西省林管局	**9349**	**4332**	**4272**	**3114**	**844**	**—**	**—**	**314**	**60**
宁西	3419	923	923	525	390	—	—	8	—
太白	1007	855	855	738	107	—	—	10	—
长青	1725	257	257	257	—	—	—	—	—
宁东	1493	1328	1268	954	28	—	—	286	60
汉西	1326	590	590	370	215	—	—	5	—
龙草坪	379	379	379	270	104	—	—	5	—
陕西省营林局	**3562**	**1063**	**1063**	**777**	**166**	**—**	**—**	**120**	**—**
马头滩	2364	865	865	719	146	—	—	—	—
辛家山	1198	198	198	58	20	—	—	120	—
甘肃	**69913**	**41257**	**41220**	**38423**	**1904**	**58**	**—**	**835**	**37**
甘肃省林管局	**46080**	**23993**	**23993**	**23158**	**—**	**—**	**—**	**835**	**—**
舟曲	11127	3605	3605	3588	—	—	—	17	—
迭部	14865	8544	8544	8166	—	—	—	378	—
洮河	15271	9115	9115	8675	—	—	—	440	—
白水江	4817	2729	2729	2729	—	—	—	—	—
甘肃省营林局	**23833**	**17264**	**17227**	**15265**	**1904**	**58**	**—**	**—**	**37**
小陇山	23833	17264	17227	15265	1904	58	—	—	37
青海	**—**	**—**	**—**	**—**	**—**	**—**	**—**	**—**	**—**
青海省林管局	**—**	**—**	**—**	**—**	**—**	**—**	**—**	**—**	**—**
玛可河 *	—	—	—	—	—	—	—	—	—
新疆	**22395**	**19294**	**16096**	**14172**	**1341**	**255**	**40**	**288**	**3198**
新疆自治区林管局	**12217**	**10048**	**7325**	**5807**	**1263**	**255**	**—**	**—**	**2723**
天山西部	9864	8197	6136	4886	1023	227	—	—	2061
阿尔泰山	2353	1851	1189	921	240	28	—	—	662
新疆自治区营林局	**10178**	**9246**	**8771**	**8365**	**78**	**—**	**40**	**288**	**475**
天山中东部	10178	9246	8771	8365	78	—	40	288	475

企业总产值和销售产值（五）

格计算）

单位:万元

产值											
第二产业									第三产业		企业销售产值
合计	涉林产业							非林产业	合计	其中:非林产业	
	小计	非木质林产品加工	锯材木片加工	人造板制造	木制品制造	木质家具	其他				
—	—	—	—	—	—	—	—	—	—	—	—
—	—	—	—	—	—	—	—	—	—	—	980
196	196	—	68	128	—	—	—	—	11	11	68
9640	9640	—	—	9640	—	—	—	—	5	5	10849
—	—	—	—	—	—	—	—	—	—	—	—
—	—	—	—	—	—	—	—	—	—	—	—
—	—	—	—	—	—	—	—	—	—	—	—
—	—	—	—	—	—	—	—	—	3	3	—
—	—	—	—	—	—	—	—	—	—	—	8
5294	**—**	**—**	**—**	**—**	**—**	**—**	**—**	**5294**	**2222**	**635**	**6488**
3444	**—**	**—**	**—**	**—**	**—**	**—**	**—**	**3444**	**1573**	**515**	**6149**
2366	—	—	—	—	—	—	—	2366	130	130	2886
118	—	—	—	—	—	—	—	118	34	34	269
410	—	—	—	—	—	—	—	410	1058	—	1400
44	—	—	—	—	—	—	—	44	121	121	539
506	—	—	—	—	—	—	—	506	230	230	951
—	—	—	—	—	—	—	—	—	—	—	104
1850	**—**	**—**	**—**	**—**	**—**	**—**	**—**	**1850**	**649**	**120**	**339**
1150	—	—	—	—	—	—	—	1150	349	—	339
700	—	—	—	—	—	—	—	700	300	120	—
8584	**185**	**—**	**—**	**20**	**27**	**—**	**138**	**8399**	**20072**	**5185**	**—**
8564	**165**	**—**	**—**	**—**	**27**	**—**	**138**	**8399**	**13523**	**2230**	**—**
4834	164	—	—	—	26	—	138	4670	2688	795	—
1426	1	—	—	—	1	—	—	1425	4895	1279	—
1489	—	—	—	—	—	—	—	1489	4667	122	—
815	—	—	—	—	—	—	—	815	1273	34	—
20	**20**	**—**	**—**	**20**	**—**	**—**	**—**	**—**	**6549**	**2955**	**—**
20	20	—	—	20	—	—	—	—	6549	2955	—
—	—	—	—	—	—	—	—	—	—	—	—
—	—	—	—	—	—	—	—	—	—	—	—
—	—	—	—	—	—	—	—	—	—	—	—
—	**—**	**—**	**—**	**—**	**—**	**—**	**—**	**—**	**3101**	**1038**	**2133**
—	**—**	**—**	**—**	**—**	**—**	**—**	**—**	**—**	**2169**	**345**	**1023**
—	—	—	—	—	—	—	—	—	1667	68	1023
—	—	—	—	—	—	—	—	—	502	277	—
—	**—**	**—**	**—**	**—**	**—**	**—**	**—**	**—**	**932**	**693**	**1110**
—	—	—	—	—	—	—	—	—	932	693	1110

国有林区主要

指标名称	计量单位	合　计
一、木材产量	**立方米**	**6180310**
1. 原木	立方米	6102293
2. 薪材	立方米	78017
二、木材销售量	**立方米**	**6645514**
其中:胶合板材	立方米	202310
三、木材实际库存量	**立方米**	**2426085**
四、锯材产量	**立方米**	**734142**
五、人造板产量	**立方米**	**1116798**
其中:胶合板	立方米	63969
纤维板	立方米	535836
刨花板	立方米	255645
六、木片、木粒加工产品产量	**实积立方米**	**435052**
七、木地板	**平方米**	**2767630**
八、卫生筷子	**标准箱**	**2147265**

产品产量

135 个木材采运企业	20 个重点营林局
5755708	**424602**
5688499	413794
67209	10808
6280054	**365460**
202310	—
2206630	**219455**
693873	**40269**
1112060	**4738**
62731	1238
535836	—
252145	3500
433552	**1500**
2767630	**—**
2147265	**—**

国有林区分企业

<table>
<tr><th rowspan="2">企业名称</th><th colspan="3">木材产量</th><th colspan="2">木材销售量</th><th rowspan="2">木材实际库存量</th></tr>
<tr><th>合　计</th><th>原　木</th><th>薪　材</th><th>合　计</th><th>其中：胶合板材</th></tr>
<tr><td>全国合计</td><td>6180310</td><td>6102293</td><td>78017</td><td>6645514</td><td>202310</td><td>2426085</td></tr>
<tr><td>135 个木材采运企业小计</td><td>5755708</td><td>5688499</td><td>67209</td><td>6280054</td><td>202310</td><td>2206630</td></tr>
<tr><td>20 个重点营林局小计</td><td>424602</td><td>413794</td><td>10808</td><td>365460</td><td>—</td><td>219455</td></tr>
<tr><td>内蒙古</td><td>1321253</td><td>1291875</td><td>29378</td><td>1409453</td><td>—</td><td>473340</td></tr>
<tr><td>内蒙古集团林管局</td><td>1131664</td><td>1102286</td><td>29378</td><td>1265759</td><td>—</td><td>373268</td></tr>
<tr><td>阿尔山</td><td>50553</td><td>50553</td><td>—</td><td>48323</td><td>—</td><td>3044</td></tr>
<tr><td>绰尔</td><td>67439</td><td>67439</td><td>—</td><td>55828</td><td>—</td><td>32662</td></tr>
<tr><td>绰源</td><td>41408</td><td>41408</td><td>—</td><td>39205</td><td>—</td><td>7589</td></tr>
<tr><td>乌尔旗汉</td><td>93354</td><td>86260</td><td>7094</td><td>98923</td><td>—</td><td>20239</td></tr>
<tr><td>库都尔</td><td>49016</td><td>49016</td><td>—</td><td>60144</td><td>—</td><td>21872</td></tr>
<tr><td>图里河</td><td>43227</td><td>43227</td><td>—</td><td>45635</td><td>—</td><td>14765</td></tr>
<tr><td>伊图里河</td><td>25768</td><td>25118</td><td>650</td><td>29853</td><td>—</td><td>8182</td></tr>
<tr><td>克一河</td><td>45753</td><td>45733</td><td>20</td><td>61706</td><td>—</td><td>7419</td></tr>
<tr><td>甘河</td><td>59623</td><td>56388</td><td>3235</td><td>55679</td><td>—</td><td>10166</td></tr>
<tr><td>吉文</td><td>42017</td><td>42017</td><td>—</td><td>59403</td><td>—</td><td>16494</td></tr>
<tr><td>阿里河</td><td>67643</td><td>64654</td><td>2989</td><td>77956</td><td>—</td><td>30225</td></tr>
<tr><td>根河</td><td>114230</td><td>114230</td><td>—</td><td>116264</td><td>—</td><td>52191</td></tr>
<tr><td>金河</td><td>104005</td><td>104005</td><td>—</td><td>134737</td><td>—</td><td>54655</td></tr>
<tr><td>阿龙山</td><td>66653</td><td>62846</td><td>3807</td><td>87964</td><td>—</td><td>10474</td></tr>
<tr><td>满归</td><td>78713</td><td>75345</td><td>3368</td><td>84909</td><td>—</td><td>33063</td></tr>
<tr><td>得耳布尔</td><td>57063</td><td>57063</td><td>—</td><td>75061</td><td>—</td><td>9185</td></tr>
<tr><td>莫尔道嘎</td><td>125199</td><td>116984</td><td>8215</td><td>134169</td><td>—</td><td>41043</td></tr>
<tr><td>内蒙古集团营林局</td><td>10293</td><td>10293</td><td>—</td><td>10583</td><td>—</td><td>579</td></tr>
<tr><td>大杨树</td><td>5544</td><td>5544</td><td>—</td><td>5341</td><td>—</td><td>420</td></tr>
<tr><td>毕拉河</td><td>4749</td><td>4749</td><td>—</td><td>5242</td><td>—</td><td>159</td></tr>
<tr><td>内蒙古林业厅营林局</td><td>179296</td><td>179296</td><td>—</td><td>133111</td><td>—</td><td>99493</td></tr>
<tr><td>免渡河</td><td>30000</td><td>30000</td><td>—</td><td>35283</td><td>—</td><td>18263</td></tr>
<tr><td>乌奴尔</td><td>31962</td><td>31962</td><td>—</td><td>14002</td><td>—</td><td>17960</td></tr>
<tr><td>巴林</td><td>4109</td><td>4109</td><td>—</td><td>6920</td><td>—</td><td>—</td></tr>
<tr><td>南木</td><td>8996</td><td>8996</td><td>—</td><td>—</td><td>—</td><td>8996</td></tr>
<tr><td>红花尔基</td><td>42647</td><td>42647</td><td>—</td><td>17556</td><td>—</td><td>25091</td></tr>
<tr><td>柴河</td><td>27693</td><td>27693</td><td>—</td><td>27661</td><td>—</td><td>294</td></tr>
<tr><td>五岔沟</td><td>28889</td><td>28889</td><td>—</td><td>28889</td><td>—</td><td>28889</td></tr>
<tr><td>白狼</td><td>5000</td><td>5000</td><td>—</td><td>2800</td><td>—</td><td>—</td></tr>
<tr><td>吉林</td><td>2221037</td><td>2207157</td><td>13880</td><td>2189770</td><td>109229</td><td>682925</td></tr>
<tr><td>吉林集团林管局</td><td>928219</td><td>920945</td><td>7274</td><td>908515</td><td>16630</td><td>174581</td></tr>
<tr><td>临江</td><td>106666</td><td>106391</td><td>275</td><td>109166</td><td>—</td><td>25119</td></tr>
<tr><td>三岔子</td><td>155666</td><td>151047</td><td>4619</td><td>155666</td><td>—</td><td>14256</td></tr>
<tr><td>湾沟</td><td>48400</td><td>48400</td><td>—</td><td>41808</td><td>—</td><td>10238</td></tr>
</table>

的主要产品产量(一)

单位:立方米

锯材产量	人造板产量				木片、木粒加工产品产量(实积立方米)	木地板(平方米)	卫生筷子(标准箱)
	合 计	其 中					
		胶合板	纤维板	刨花板			
734142	**1116798**	**63969**	**535836**	**255645**	**435052**	**2767630**	**2147265**
693873	1112060	62731	535836	252145	433552	2767630	2147265
40269	4738	1238	—	3500	1500	—	—
4703	**3500**	**—**	**—**	**3500**	**1500**	**—**	**—**
—	**—**	**—**	**—**	**—**	**—**	**—**	**—**
—	—	—	—	—	—	—	—
—	—	—	—	—	—	—	—
—	—	—	—	—	—	—	—
—	—	—	—	—	—	—	—
—	—	—	—	—	—	—	—
—	—	—	—	—	—	—	—
—	—	—	—	—	—	—	—
—	—	—	—	—	—	—	—
—	—	—	—	—	—	—	—
—	—	—	—	—	—	—	—
—	—	—	—	—	—	—	—
—	—	—	—	—	—	—	—
—	—	—	—	—	—	—	—
—	—	—	—	—	—	—	—
—	—	—	—	—	—	—	—
—	—	—	—	—	—	—	—
—	—	—	—	—	—	—	—
—	**—**	**—**	**—**	**—**	**—**	**—**	**—**
—	—	—	—	—	—	—	—
—	—	—	—	—	—	—	—
4703	**3500**	**—**	**—**	**3500**	**1500**	**—**	**—**
—	—	—	—	—	1500	—	—
2768	—	—	—	—	—	—	—
—	3500	—	—	3500	—	—	—
—	—	—	—	—	—	—	—
425	—	—	—	—	—	—	—
—	—	—	—	—	—	—	—
510	—	—	—	—	—	—	—
1000	—	—	—	—	—	—	—
120198	**245587**	**5836**	**168427**	**60724**	**23904**	**1379127**	**—**
38789	**140632**	**—**	**133447**	**—**	**—**	**—**	**—**
—	—	—	—	—	—	—	—
21952	7185	—	—	—	—	—	—
—	—	—	—	—	—	—	—

企业名称	木材产量			木材销售量		木材实际库存量
	合　计	原　木	薪　材	合　计	其中：胶合板材	
松江河	104290	101978	2312	110196	—	30574
泉阳	80234	80203	31	73377	—	19667
露水河	106384	106384	—	108033	—	21835
白石山	110653	110616	37	101170	16630	13427
红石	215926	215926	—	209099	—	39465
延边林管局	**1092011**	**1089996**	**2015**	**1080681**	**92599**	**410749**
黄泥河	81295	81295	—	122733	—	34155
敦化	182660	182660	—	144918	46030	109027
大石头	105589	105457	132	98864	—	63767
八家子	92971	92971	—	91165	—	15999
和龙	157094	157094	—	154889	39299	22994
汪清	172407	172407	—	130191	—	58077
大兴沟	36846	36846	—	35068	—	27950
天桥岭	82547	82547	—	86990	—	38156
白河	132491	130608	1883	139193	7270	24815
珲春	48111	48111	—	76670	—	15809
吉林省林业厅营林局	**200807**	**196216**	**4591**	**200574**	**—**	**97595**
上营	72953	68362	4591	63685	—	—
辉南	23299	23299	—	25029	—	11196
长白	53168	53168	—	48492	—	46702
安图	51387	51387	—	63368	—	39697
长白山 *	—	—	—	—	—	—
龙江集团	**1648710**	**1625216**	**23494**	**1861996**	**78487**	**672590**
牡丹江林业管理局	**521653**	**515433**	**6220**	**540598**	**20233**	**147619**
大海林	104902	104902	—	122498	—	21664
柴河	111927	111927	—	133672	16313	—
东京城	136980	132521	4459	90035	2815	71852
穆棱	89896	89896	—	85152	1105	32248
绥阳	38000	36383	1617	42531	—	890
海林	27000	27000	—	24017	—	15004
林口	6798	6798	—	20753	—	2052
八面通	6150	6006	144	21940	—	3909
合江林业管理局	**261114**	**261114**	**—**	**378601**	**26276**	**158500**
桦南	15992	15992	—	19799	—	6948
双鸭山	5351	5351	—	10315	—	2711
鹤立	7000	7000	—	13326	—	4001
鹤北	54997	54997	—	106475	957	34303
东方红	137000	137000	—	120149	14511	49407
迎春	18799	18799	—	42523	7773	4647

的主要产品产量(二)

单位:立方米

锯材产量	人造板产量				木片、木粒加工产品产量(实积立方米)	木地板(平方米)	卫生筷子(标准箱)
	合计	其中					
		胶合板	纤维板	刨花板			
—	—	—	—	—	—	—	—
—	—	—	—	—	—	—	—
597	—	—	—	—	—	—	—
—	55115	—	55115	—	—	—	—
16240	78332	—	78332	—	—	—	—
45843	**103717**	**4598**	**34980**	**60724**	**23904**	**1379127**	**—**
—	—	—	—	—	—	—	—
8454	—	—	—	—	—	—	—
—	—	—	—	—	—	—	—
—	—	—	—	—	—	—	—
3508	4598	4598	—	—	—	—	—
218	34980	—	34980	—	22546	1200000	—
1710	1705	—	—	—	—	—	—
4304	—	—	—	—	—	20307	—
27362	62434	—	—	60724	—	158820	—
287	—	—	—	—	1358	—	—
35566	**1238**	**1238**	**—**	**—**	**—**	**—**	**—**
30000	—	—	—	—	—	—	—
—	—	—	—	—	—	—	—
—	—	—	—	—	—	—	—
5566	1238	1238	—	—	—	—	—
—	—	—	—	—	—	—	—
452420	**496705**	**39677**	**176073**	**188339**	**130292**	**1383050**	**1202933**
110969	**60534**	**5163**	**200**	**41360**	**8590**	**184212**	**673322**
32349	650	450	200	—	—	—	81022
27580	13774	1863	—	—	—	—	10200
7510	4750	2850	—	—	—	—	89500
31280	41110	—	—	41110	7920	144212	145400
6050	—	—	—	—	—	—	330000
—	—	—	—	—	270	—	—
6200	250	—	—	250	400	40000	17200
—	—	—	—	—	—	—	—
87958	**16390**	**12540**	**—**	**—**	**20389**	**105000**	**194073**
9525	1800	1800	—	—	1111	—	18273
5000	—	—	—	—	1000	—	10000
9000	5000	5000	—	—	800	—	—
8500	200	—	—	—	1273	—	30000
35105	2590	2590	—	—	13200	—	85800
—	600	600	—	—	3005	—	50000

企业名称	木材产量			木材销售量		木材实际库存量
	合　计	原　木	薪　材	合　计	其中：胶合板材	
清河	21975	21975	—	66014	3035	56483
伊春林业管理局	**353247**	**337798**	**15449**	**333932**	**2082**	**210316**
双丰	4999	4259	740	14483	—	4999
铁力	35587	32127	3460	13743	—	27156
桃山	3813	3782	31	5887	—	3812
朗乡	59369	49661	9708	52516	622	18331
南岔	2820	2820	—	13445	—	2820
金山屯	24802	24464	338	29004	—	1039
美溪	21000	21000	—	21000	—	—
乌马河	—	—	—	8022	—	—
翠峦	—	—	—	—	—	—
友好	47968	47968	—	32963	—	47968
上甘岭	—	—	—	2207	—	—
五营	4989	4989	—	4579	—	4989
红星	20000	20000	—	18106	—	18606
新青	63002	63002	—	50254	—	36861
汤旺河	44992	44400	592	40567	1460	25726
乌伊岭	19906	19326	580	27156	—	18009
松花江林业管理局	**491746**	**491446**	**300**	**580370**	**28652**	**150139**
山河屯	54765	54765	—	56609	—	—
苇河	46777	46777	—	45753	11735	18206
亚布力	141515	141515	—	153074	14116	29620
方正	84265	84265	—	90705	—	18944
兴隆	76879	76879	—	130506	—	45756
绥棱	33998	33698	300	23086	2801	12015
通北	13617	13617	—	14992	—	9599
沾河	39930	39930	—	65645	—	15999
总局直属单位	**20950**	**19425**	**1525**	**28495**	**1244**	**6016**
带岭实验局	20950	19425	1525	28495	1244	6016
大兴安岭	**847926**	**847926**	**—**	**1046013**	**—**	**552911**
大兴安岭林管局	**845357**	**845357**	**—**	**1040827**	**—**	**552911**
松岭	88846	88846	—	74162	—	35395
新林	120324	120324	—	112329	—	81229
塔河	109000	109000	—	91662	—	103891
呼中	96439	96439	—	138697	—	59097
阿木尔	72437	72437	—	47062	—	52448
图强	70511	70511	—	87442	—	92296
西林吉	107057	107057	—	108952	—	49251
十八站	78049	78049	—	261392	—	40156

的主要产品产量(三)

单位:立方米

锯材产量	人造板产量				木片、木粒加工产品产量(实积立方米)	木地板(平方米)	卫生筷子(标准箱)
	合　计	其　中					
		胶合板	纤维板	刨花板			
20828	6200	2550	—	—	—	105000	—
61897	**353849**	**18910**	**114706**	**146979**	**56305**	**943086**	**92008**
13000	6450	2450	—	—	—	—	—
5210	2000	2000	—	—	—	408258	3500
—	—	—	—	—	—	—	—
—	150500	—	73000	77500	—	530000	—
—	2748	2748	—	—	—	—	—
—	—	—	—	—	—	—	—
4592	—	—	—	—	—	4828	46508
—	58793	—	38464	20329	—	—	—
—	—	—	—	—	18205	—	—
—	7493	4251	3242	—	—	—	—
11300	10871	7461	—	—	—	—	—
5000	—	—	—	—	—	—	—
—	5532	—	—	—	—	—	—
22795	33850	—	—	10000	—	—	—
—	75612	—	—	39150	38100	—	42000
—	—	—	—	—	—	—	—
111144	**65932**	**3064**	**61167**	**—**	**45008**	**143922**	**204530**
2000	—	—	—	—	—	—	—
14233	889	548	341	—	—	—	—
5200	535	535	—	—	7500	—	38530
24050	2606	1705	—	—	11141	—	35000
20600	—	—	—	—	11667	—	35000
5961	61102	276	60826	—	6400	143922	—
3500	—	—	—	—	—	—	—
35600	800	—	—	—	8300	—	96000
80452	**—**	**—**	**—**	**—**	**—**	**6830**	**39000**
80452	—	—	—	—	—	6830	39000
156266	**305273**	**5070**	**155242**	**3082**	**279356**	**5453**	**944332**
156266	**305273**	**5070**	**155242**	**3082**	**279356**	**5453**	**944332**
15218	4956	563	—	—	100920	3720	106402
52801	95094	—	88271	—	—	—	278955
10646	52684	—	40000	—	94108	—	35083
1059	54953	180	26971	3082	30327	—	17994
82	1709	—	—	—	2500	1733	29583
2852	3991	—	—	—	11351	—	44444
29080	7093	1564	—	—	20108	—	26334
38545	26758	2763	—	—	14154	—	249149

企业名称	木材产量			木材销售量		木材实际库存量
	合　计	原　木	薪　材	合　计	其中：胶合板材	
韩家园	102694	102694	—	119129	—	39148
大兴安岭营林局	**2569**	**2569**	**—**	**5186**	**—**	**—**
加格达奇	2569	2569	—	5186	—	—
四川	**5637**	**5637**	**—**	**—**	**—**	**—**
阿坝州林管局	**4662**	**4662**	**—**	**—**	**—**	**—**
川西	—	—	—	—	—	—
黑水	—	—	—	—	—	—
马尔康	4662	4662	—	—	—	—
小金	—	—	—	—	—	—
观音桥	—	—	—	—	—	—
松潘	—	—	—	—	—	—
南坪	—	—	—	—	—	—
壤塘	—	—	—	—	—	—
甘孜州林管局	**—**	**—**	**—**	**—**	**—**	**—**
道孚	—	—	—	—	—	—
新龙	—	—	—	—	—	—
丹巴	—	—	—	—	—	—
炉霍	—	—	—	—	—	—
白玉	—	—	—	—	—	—
力邱河	—	—	—	—	—	—
翁达	—	—	—	—	—	—
其他地、州林管局	**975**	**975**	**—**	**—**	**—**	**—**
川南	—	—	—	—	—	—
雷波	—	—	—	—	—	—
凉北	—	—	—	—	—	—
夹金山	975	975	—	—	—	—
木里	—	—	—	—	—	—
普威	—	—	—	—	—	—
盐边	—	—	—	—	—	—
云南	**48696**	**43648**	**5048**	**65863**	**14594**	**22426**
云南省林管局	**48696**	**43648**	**5048**	**65863**	**14594**	**22426**
华坪	4266	3075	1191	4266	—	—
碧泉	3580	3580	—	3580	—	—
黑白水	1445	—	1445	1445	—	—
中甸＊	—	—	—	—	—	—
巨甸	2788	2788	—	2788	—	—
红旗	—	—	—	—	—	—
云台山	—	—	—	—	—	—

的主要产品产量(四)

单位:立方米

锯材产量	人造板产量				木片、木粒加工产品产量(实积立方米)	木地板(平方米)	卫生筷子(标准箱)
	合 计	其 中					
		胶合板	纤维板	刨花板			
5983	58035	—	—	—	5888	—	156388
—	—	—	—	—	—	—	—
—	—	—	—	—	—	—	—
—	—	—	—	—	—	—	—
—	—	—	—	—	—	—	—
—	—	—	—	—	—	—	—
—	—	—	—	—	—	—	—
—	—	—	—	—	—	—	—
—	—	—	—	—	—	—	—
—	—	—	—	—	—	—	—
—	—	—	—	—	—	—	—
—	—	—	—	—	—	—	—
—	—	—	—	—	—	—	—
—	—	—	—	—	—	—	—
—	—	—	—	—	—	—	—
—	—	—	—	—	—	—	—
—	—	—	—	—	—	—	—
—	—	—	—	—	—	—	—
—	—	—	—	—	—	—	—
—	—	—	—	—	—	—	—
—	—	—	—	—	—	—	—
—	—	—	—	—	—	—	—
—	—	—	—	—	—	—	—
—	—	—	—	—	—	—	—
—	—	—	—	—	—	—	—
—	—	—	—	—	—	—	—
—	—	—	—	—	—	—	—
—	—	—	—	—	—	—	—
—	—	—	—	—	—	—	—
555	**65733**	**13386**	**36094**	—	—	—	—
555	**65733**	**13386**	**36094**	—	—	—	—
—	—	—	—	—	—	—	—
—	—	—	—	—	—	—	—
—	—	—	—	—	—	—	—
—	—	—	—	—	—	—	—
—	—	—	—	—	—	—	—
—	—	—	—	—	—	—	—
—	—	—	—	—	—	—	—

企业名称	木材产量			木材销售量		木材实际库存量
	合　计	原　木	薪　材	合　计	其中：胶合板材	
漾江	—	—	—	—	—	—
景东	8746	8746	—	16329	—	8710
墨江	6543	6543	—	7344	—	—
卫国	18916	18916	—	26535	14594	13716
江边＊	—	—	—	—	—	—
清水江＊	—	—	—	—	—	—
南盘江＊	—	—	—	—	—	—
新平	—	—	—	—	—	—
宁蒗	2412	—	2412	3576	—	—
陕西	**50290**	**50290**	**—**	**47797**	**—**	**2493**
陕西省林管局	**47797**	**47797**	**—**	**47797**	**—**	**—**
宁西	12656	12656	—	12656	—	—
太白	4857	4857	—	4857	—	—
长青	—	—	—	—	—	—
宁东	19383	19383	—	19383	—	—
汉西	6879	6879	—	6879	—	—
龙草坪	4022	4022	—	4022	—	—
陕西省营林局	**2493**	**2493**	**—**	**—**	**—**	**2493**
马头滩	2493	2493	—	—	—	2493
辛家山	—	—	—	—	—	—
甘肃	**28050**	**21833**	**6217**	**14849**	**—**	**19072**
甘肃省林管局	**—**	**—**	**—**	**—**	**—**	**—**
舟曲	—	—	—	—	—	—
迭部	—	—	—	—	—	—
洮河	—	—	—	—	—	—
白水江	—	—	—	—	—	—
甘肃省营林局	**28050**	**21833**	**6217**	**14849**	**—**	**19072**
小陇山	28050	21833	6217	14849	—	19072
青海	**—**	**—**	**—**	**—**	**—**	**—**
青海省林管局	**—**	**—**	**—**	**—**	**—**	**—**
玛可河＊	—	—	—	—	—	—
新疆	**8711**	**8711**	**—**	**9773**	**—**	**328**
新疆自治区林管局	**7617**	**7617**	**—**	**8616**	**—**	**105**
天山西部	7617	7617	—	8616	—	105
阿尔泰山	—	—	—	—	—	—
新疆自治区营林局	**1094**	**1094**	**—**	**1157**	**—**	**223**
天山中东部	1094	1094	—	1157	—	223

的主要产品产量(五)

单位:立方米

锯材产量	人造板产量				木片、木粒加工产品产量(实积立方米)	木地板(平方米)	卫生筷子(标准箱)
	合　计	其　中					
		胶合板	纤维板	刨花板			
—	—	—	—	—	—	—	—
—	—	—	—	—	—	—	—
555	670	670	—	—	—	—	—
—	65063	12716	36094	—	—	—	—
—	—	—	—	—	—	—	—
—	—	—	—	—	—	—	—
—	—	—	—	—	—	—	—
—	—	—	—	—	—	—	—
—	—	—	—	—	—	—	—
—	—	—	—	—	—	—	—
—	—	—	—	—	—	—	—
—	—	—	—	—	—	—	—
—	—	—	—	—	—	—	—
—	—	—	—	—	—	—	—
—	—	—	—	—	—	—	—
—	—	—	—	—	—	—	—
—	—	—	—	—	—	—	—
—	—	—	—	—	—	—	—
—	—	—	—	—	—	—	—
—	—	—	—	—	—	—	—
—	—	—	—	—	—	—	—
—	—	—	—	—	—	—	—
—	—	—	—	—	—	—	—
—	—	—	—	—	—	—	—
—	—	—	—	—	—	—	—
—	—	—	—	—	—	—	—
—	—	—	—	—	—	—	—
—	—	—	—	—	—	—	—
—	—	—	—	—	—	—	—
—	—	—	—	—	—	—	—
—	—	—	—	—	—	—	—
—	—	—	—	—	—	—	—
—	—	—	—	—	—	—	—
—	—	—	—	—	—	—	—
—	—	—	—	—	—	—	—
—	—	—	—	—	—	—	—
—	—	—	—	—	—	—	—

国有林区非木材产品产量

指标名称	单　位	合　计	135 个木材采运企业	20 个重点营林局
一、各类经济林产品产量合计	吨	87966	87173	793
二、中药材	吨	26934	26748	186
三、食用菌	吨	88765	88089	676
四、山野菜	吨	39427	38738	689
五、年末大牲畜存栏头数	万只	48	40	8
六、年末家禽存栏头数	万只	718	702	16
七、森林旅游人数	人次	6799628	6338891	460737

国有林区主要经济效益指标

指标名称	单　位	合　计	135 个木材采运企业	20 个重点营林局
一、总资产贡献率	%	2.7	2.8	2.0
二、资本保值增值率	%	101.7	101.4	104.0
三、资产负债率	%	63.1	63.9	55.7
四、流动资产周转率	次	0.6	0.7	0.3
五、成本费用利润率	%	13.6	13.4	20.7
六、全员劳动生产率	元/人	20582	21512	3142
七、产品销售率	%	86.9	88.0	53.6

国有林区分企业的非木材产品产量(一)

企业名称	各类经济林产品产量合计(吨)	中药材(吨)	食用菌(吨)	山野菜(吨)	年末大牲畜存栏头数(万只)	年末家禽存栏头数(万只)	森林旅游人数(人次)
全国合计	**87966**	**26934**	**88765**	**39427**	**48**	**718**	**6799628**
135 个木材采运企业小计	87173	26748	88089	38738	40	702	6338891
20 个重点营林局小计	793	186	676	689	8	16	460737
内蒙古	**39**	**15**	**131**	**73**	**7**	**3**	**442500**
内蒙古集团林管局	**—**	**—**	**—**	**—**	**—**	**—**	**322000**
阿尔山	—	—	—	—	—	—	158000
绰尔	—	—	—	—	—	—	—
绰源	—	—	—	—	—	—	28000
乌尔旗汉	—	—	—	—	—	—	9000
库都尔	—	—	—	—	—	—	—
图里河	—	—	—	—	—	—	—
伊图里河	—	—	—	—	—	—	—
克一河	—	—	—	—	—	—	13200
甘河	—	—	—	—	—	—	—
吉文	—	—	—	—	—	—	—
阿里河	—	—	—	—	—	—	23400
根河	—	—	—	—	—	—	—
金河	—	—	—	—	—	—	—
阿龙山	—	—	—	—	—	—	—
满归	—	—	—	—	—	—	11900
得耳布尔	—	—	—	—	—	—	—
莫尔道嘎	—	—	—	—	—	—	78500
内蒙古集团营林局	**—**	**—**	**—**	**—**	**—**	**—**	**32500**
大杨树	—	—	—	—	—	—	—
毕拉河	—	—	—	—	—	—	32500
内蒙古林业厅营林局	**39**	**15**	**131**	**73**	**7**	**3**	**88000**
免渡河	—	—	1	10	—	—	—
乌奴尔	—	—	1	20	—	—	—
巴林	—	—	12	—	—	—	30000
南木	13	—	2	11	—	—	2000
红花尔基	—	6	65	4	1	1	30000
柴河	—	—	4	3	—	—	—
五岔沟	26	9	24	1	5	1	5000
白狼	—	—	22	24	1	1	21000
吉林	**15647**	**3115**	**13816**	**5530**	**9**	**171**	**496091**
吉林集团林管局	**8572**	**2036**	**2692**	**2226**	**3**	**133**	**137200**
临江	960	700	412	530	—	116	26300
三岔子	727	12	10	11	—	1	—
湾沟	147	16	3	128	—	—	1000

国有林区分企业的非木材产品产量(二)

企业名称	各类经济林产品产量合计(吨)	中药材(吨)	食用菌(吨)	山野菜(吨)	年末大牲畜存栏头数(万只)	年末家禽存栏头数(万只)	森林旅游人数(人次)
松江河	—	757	6	588	—	—	48000
泉阳	580	11	19	40	—	—	1200
露水河	5458	474	100	283	—	—	22000
白石山	700	34	2100	300	3	16	500
红石	—	32	42	346	—	—	38200
延边林管局	**6767**	**1068**	**10654**	**2745**	**5**	**26**	**243891**
黄泥河	82	180	1000	358	—	2	—
敦化	450	176	613	77	1	6	17650
大石头	710	171	988	17	—	3	—
八家子	511	49	150	402	2	2	—
和龙	470	111	568	168	1	—	—
汪清	2530	24	1702	272	1	3	—
大兴沟	300	158	1602	235	—	2	—
天桥岭	250	9	3610	300	—	2	—
白河	564	125	352	350	—	3	220000
珲春	900	65	69	566	—	3	6241
吉林省林业厅营林局	**308**	**11**	**470**	**559**	**1**	**12**	**115000**
上营	—	—	120	500	1	10	15000
辉南	—	—	—	—	—	—	100000
长白	—	—	—	—	—	—	—
安图	308	11	350	59	—	2	—
长白山 *	—	—	—	—	—	—	—
龙江集团	**51427**	**23351**	**66193**	**32019**	**29**	**507**	**4650852**
牡丹江林业管理局	**9704**	**1904**	**15226**	**2872**	**8**	**42**	**703406**
大海林	1413	537	2886	710	1	15	185000
柴河	527	16	2050	820	—	2	115000
东京城	1035	—	4950	450	1	5	130000
穆棱	3858	1237	2550	380	3	8	120000
绥阳	—	—	—	—	—	—	51000
海林	1550	100	703	80	—	—	—
林口	752	14	1650	300	2	3	51200
八面通	569	—	437	132	1	9	51206
合江林业管理局	**9538**	**2375**	**5993**	**1816**	**1**	**21**	**638800**
桦南	262	54	60	202	—	6	56000
双鸭山	420	87	120	225	—	2	100000
鹤立	920	93	815	105	1	1	51000
鹤北	1704	109	1008	104	—	4	108200
东方红	1618	1246	650	820	—	6	122600
迎春	564	156	100	300	—	—	50000

国有林区分企业的非木材产品产量(三)

企业名称	各类经济林产品产量合计(吨)	中药材(吨)	食用菌(吨)	山野菜(吨)	年末大牲畜存栏头数(万只)	年末家禽存栏头数(万只)	森林旅游人数(人次)
清河	4050	630	3240	60	—	2	151000
伊春林业管理局	**28127**	**12806**	**30049**	**23596**	**9**	**340**	**2453844**
双丰	—	200	235	1400	—	93	47028
铁力	1305	465	190	685	1	2	255878
桃山	320	1660	525	660	2	25	36000
朗乡	—	1979	6840	1371	2	20	130000
南岔	—	3850	1450	1100	—	—	115000
金山屯	1270	40	2800	230	—	30	295000
美溪	376	325	4895	1020	1	34	291000
乌马河	—	329	450	1970	—	—	210000
翠峦	5254	593	726	653	—	2	71500
友好	2610	70	2250	1200	1	102	45100
上甘岭	—	194	27	280	1	10	123000
五营	5226	156	2769	1930	—	10	450000
红星	3706	—	230	576	—	—	—
新青	1080	60	1588	755	—	7	145838
汤旺河	—	1575	4154	5016	—	2	230000
乌伊岭	6980	1310	920	4750	1	3	8500
松花江林业管理局	**4058**	**5766**	**13867**	**2575**	**11**	**44**	**673812**
山河屯	250	185	5	250	1	15	20
苇河	160	384	5926	359	—	1	91230
亚布力	—	—	3982	602	1	—	216000
方正	1552	580	252	720	5	4	146362
兴隆	—	64	1524	52	—	6	90000
绥棱	1088	20	821	155	2	11	50000
通北	—	4281	62	428	1	6	30000
沾河	1008	252	1295	9	1	1	50200
总局直属单位	**—**	**500**	**1058**	**1160**	**—**	**60**	**180990**
带岭实验局	—	500	1058	1160	—	60	180990
大兴安岭	**20672**	**453**	**8625**	**1680**	**1**	**33**	**815532**
大兴安岭林管局	**20297**	**293**	**8550**	**1635**	**1**	**32**	**806632**
松岭	520	—	400	—	—	13	74300
新林	7135	4	3510	183	—	3	9550
塔河	1918	108	290	20	1	7	10200
呼中	3541	24	3039	196	—	5	66549
阿木尔	832	21	99	10	—	—	—
图强	2781	4	512	—	—	1	8720
西林吉	1744	10	32	410	—	2	628763
十八站	943	122	305	366	—	1	3550

国有林区分企业的非木材产品产量(四)

企业名称	各类经济林产品产量合计(吨)	中药材(吨)	食用菌(吨)	山野菜(吨)	年末大牲畜存栏头数(万只)	年末家禽存栏头数(万只)	森林旅游人数(人次)
韩家园	883	—	363	450	—	—	5000
大兴安岭营林局	**375**	**160**	**75**	**45**	**—**	**1**	**8900**
加格达奇	375	160	75	45	—	1	8900
四川	**—**	**—**	**—**	**—**	**—**	**3**	**6200**
阿坝州林管局	**—**	**—**	**—**	**—**	**—**	**—**	**—**
川西	—	—	—	—	—	—	—
黑水	—	—	—	—	—	—	—
马尔康	—	—	—	—	—	—	—
小金	—	—	—	—	—	—	—
观音桥	—	—	—	—	—	—	—
松潘	—	—	—	—	—	—	—
南坪	—	—	—	—	—	—	—
壤塘	—	—	—	—	—	—	—
甘孜州林管局	**—**	**—**	**—**	**—**	**—**	**—**	**3200**
道孚	—	—	—	—	—	—	—
新龙	—	—	—	—	—	—	—
丹巴	—	—	—	—	—	—	—
炉霍	—	—	—	—	—	—	—
白玉	—	—	—	—	—	—	—
力邱河	—	—	—	—	—	—	3200
翁达	—	—	—	—	—	—	—
其他地、州林管局	**—**	**—**	**—**	**—**	**—**	**3**	**3000**
川南	—	—	—	—	—	—	—
雷波	—	—	—	—	—	—	—
凉北	—	—	—	—	—	—	—
夹金山	—	—	—	—	—	—	—
木里	—	—	—	—	—	—	—
普威	—	—	—	—	—	3	3000
盐边	—	—	—	—	—	—	—
云南	**—**	**—**	**—**	**—**	**—**	**—**	**—**
云南省林管局	**—**	**—**	**—**	**—**	**—**	**—**	**—**
华坪	—	—	—	—	—	—	—
碧泉	—	—	—	—	—	—	—
黑白水	—	—	—	—	—	—	—
中甸 *	—	—	—	—	—	—	—
巨甸	—	—	—	—	—	—	—
红旗	—	—	—	—	—	—	—
云台山	—	—	—	—	—	—	—

国有林区分企业的非木材产品产量(五)

企业名称	各类经济林产品产量合计(吨)	中药材(吨)	食用菌(吨)	山野菜(吨)	年末大牲畜存栏头数(万只)	年末家禽存栏头数(万只)	森林旅游人数(人次)
漾江	—	—	—	—	—	—	—
景东	—	—	—	—	—	—	—
墨江	—	—	—	—	—	—	—
卫国	—	—	—	—	—	—	—
江边 *	—	—	—	—	—	—	—
清水江 *	—	—	—	—	—	—	—
南盘江 *	—	—	—	—	—	—	—
新平	—	—	—	—	—	—	—
宁蒗	—	—	—	—	—	—	—
陕西	**—**	**—**	**—**	**—**	**—**	**—**	**87440**
陕西省林管局	**—**	**—**	**—**	**—**	**—**	**—**	**1440**
宁西	—	—	—	—	—	—	—
太白	—	—	—	—	—	—	—
长青	—	—	—	—	—	—	—
宁东	—	—	—	—	—	—	1440
汉西	—	—	—	—	—	—	—
龙草坪	—	—	—	—	—	—	—
陕西省营林局	**—**	**—**	**—**	**—**	**—**	**—**	**86000**
马头滩	—	—	—	—	—	—	56000
辛家山	—	—	—	—	—	—	30000
甘肃	**71**	**—**	**—**	**125**	**—**	**—**	**139121**
甘肃省林管局	**—**	**—**	**—**	**113**	**—**	**—**	**111234**
舟曲	—	—	—	113	—	—	200
迭部	—	—	—	—	—	—	7200
洮河	—	—	—	—	—	—	91734
白水江	—	—	—	—	—	—	12100
甘肃省营林局	**71**	**—**	**—**	**12**	**—**	**—**	**27887**
小陇山	71	—	—	12	—	—	27887
青海	**—**	**—**	**—**	**—**	**—**	**—**	**—**
青海省林管局	**—**	**—**	**—**	**—**	**—**	**—**	**—**
玛可河 *	—	—	—	—	—	—	—
新疆	**110**	**—**	**—**	**—**	**2**	**1**	**161892**
新疆自治区林管局	**110**	**—**	**—**	**—**	**2**	**1**	**59442**
天山西部	110	—	—	—	—	—	59442
阿尔泰山	—	—	—	—	2	1	—
新疆自治区营林局	**—**	**—**	**—**	**—**	**—**	**—**	**102450**
天山中东部	—	—	—	—	—	—	102450

国有林区分企业的

企业名称	总资产贡献率			资本保值增值率			资产负债率		
	指标（%）	子项（万元）	母项（万元）	指标（%）	子项（万元）	母项（万元）	指标（%）	子项（万元）	母项（万元）
全国合计	**2.7**	**117653**	**4294262**	**101.7**	**1758531**	**1728515**	**63.1**	**3047056**	**4825251**
135 个木材采运企业小计	2.8	108773	3843462	101.4	1522526	1501518	63.9	2785818	4356266
20 个重点营林局小计	2.0	8880	450800	104.0	236005	226997	55.7	261238	468985
内蒙古	**0.9**	**10893**	**1160898**	**105.8**	**360330**	**340713**	**69.9**	**838937**	**1200998**
内蒙古集团林管局	**0.9**	**7880**	**920517**	**105.6**	**249087**	**235930**	**74.3**	**719206**	**968303**
阿尔山	3.8	2238	58791	137.3	17924	13056	71.7	45322	63246
绰尔	0.7	319	46295	93.5	7138	7633	87.0	47602	54741
绰源	2.4	845	35698	138.4	4011	2898	89.4	33765	37776
乌尔旗汉	2.5	1415	56929	103.5	23501	22711	61.8	37949	61451
库都尔	-2.7	-1754	65579	94.0	9379	9973	86.4	59557	68937
图里河	-1.8	-776	42182	106.6	14569	13667	68.4	31560	46129
伊图里河	3.8	1041	27688	110.8	6701	6048	74.1	19185	25887
克一河	2.5	916	36301	106.7	10646	9982	74.3	30739	41386
甘河	-5.0	-2328	46305	84.5	8281	9803	84.4	44750	53032
吉文	-1.1	-341	30839	106.7	6460	6054	79.7	25339	31800
阿里河	3.2	1825	56846	121.8	19644	16123	64.5	35681	55325
根河	1.9	1602	82614	101.7	36960	36337	56.7	48460	85421
金河	1.6	1284	82398	100.9	22387	22187	74.1	63943	86330
阿龙山	1.0	585	58221	102.4	13923	13596	78.6	51149	65073
满归	0.6	408	66564	105.0	13479	12841	78.8	50214	63693
得耳布尔	-1.0	-498	48990	86.9	6741	7761	83.9	35080	41821
莫尔道嘎	1.4	1099	78277	108.2	27343	25260	68.3	58911	86255
内蒙古集团营林局	**—**	**10**	**43178**	**126.4**	**15503**	**12266**	**69.0**	**34512**	**50017**
大杨树	—	-5	28542	119.4	8318	6968	74.8	24652	32971
毕拉河	0.1	15	14636	135.6	7185	5298	57.8	9860	17046
内蒙古林业厅营林局	**1.5**	**3003**	**197203**	**103.5**	**95740**	**92517**	**46.6**	**85219**	**182678**
免渡河	—	-3	30771	108.9	18939	17390	34.9	10162	29101
乌奴尔	2.6	1037	39393	101.3	14132	13957	32.0	6658	20791
巴林	0.6	100	16977	99.1	6772	6836	6.8	1426	21096
南木	17.9	201	1120	103.9	5678	5466	533.7	6773	1269
红花尔基	0.5	240	51882	100.1	23741	23723	54.2	28141	51882
柴河	0.4	78	20167	106.1	10975	10340	49.6	10786	21762
五岔沟	9.4	1807	19321	110.8	11750	10609	39.2	7570	19321
白狼	-2.6	-457	17572	89.4	3753	4196	78.5	13703	17456
吉林	**7.3**	**74997**	**1030425**	**109.9**	**375278**	**341500**	**68.9**	**775619**	**1125417**
吉林集团林管局	**13.2**	**60409**	**457873**	**115.6**	**151954**	**131400**	**69.4**	**344679**	**496634**
临江	17.2	5818	33815	117.6	15758	13400	56.8	20690	36448
三岔子	21.0	8658	41213	111.7	16986	15204	61.8	27520	44506
湾沟	7.5	2231	29940	100.1	15355	15343	50.1	15427	30782

主要经济效益指标(一)

流动资产周转率			成本费用利润率			全员劳动生产率			产品销售率		
指标（次）	子项（万元）	母项（万元）	指标（%）	子项（万元）	母项（万元）	指标（元/人·年）	子项（元）	母项（人）	指标（%）	子项（万元）	母项（万元）
0.6	**1183529**	**1908828**	**13.6**	**146323**	**1072028**	**20582**	**5969477101**	**290035**	**86.9**	**1160604**	**1336151**
0.7	1134929	1723499	13.4	140113	1042077	21512	5923343507	275354	88.0	1136157	1290550
0.3	48600	185329	20.7	6210	29951	3142	46133594	14681	53.6	24447	45601
0.3	**170910**	**549612**	**4.0**	**7218**	**181549**	**11993**	**716250370**	**59722**	**99.4**	**138436**	**139259**
0.3	**154656**	**451710**	**3.0**	**5138**	**168646**	**12636**	**676080000**	**53504**	**109.2**	**128576**	**117727**
0.4	9104	24969	22.0	2081	9439	11724	35560000	3033	95.6	4968	5198
0.5	9900	21911	2.9	271	9375	15802	50660000	3206	82.8	6314	7627
0.3	6054	18375	11.3	708	6255	13825	25300000	1830	87.4	5051	5776
0.4	11260	28754	11.5	1405	12184	21154	70550000	3335	107.3	10675	9950
0.2	7353	40945	-20.1	-1938	9636	8544	29350000	3435	100.0	5949	5949
0.3	7049	23153	-10.2	-873	8575	9414	27770000	2950	110.6	4747	4292
0.3	3579	14220	21.8	1098	5041	6213	14500000	2334	109.4	2690	2459
0.4	7057	17950	12.1	832	6860	9308	27020000	2903	134.9	6185	4586
0.3	6450	22336	-28.2	-2380	8441	11031	43030000	3901	91.8	6185	6736
0.4	7021	18603	-5.8	-480	8246	9739	27610000	2835	141.4	5926	4192
0.3	8170	29577	20.7	1742	8409	13369	47620000	3562	115.3	8061	6994
0.3	12806	41164	9.0	1258	13904	13932	62430000	4481	94.9	10313	10869
0.4	14760	40271	8.5	1241	14548	15441	50200000	3251	129.6	13126	10130
0.3	9451	34411	-0.5	-44	9568	11304	29390000	2600	132.0	8391	6359
0.3	10711	31100	2.8	319	11531	11611	34380000	2961	107.9	8814	8171
0.5	8939	19690	-9.9	-1049	10583	8904	23490000	2638	131.5	7671	5832
0.6	14992	24281	5.9	947	16051	18174	77220000	4249	107.2	13510	12607
0.2	**2897**	**15070**	**—**	**—**	**1362**	**4535**	**7220000**	**1592**	**241.0**	**2253**	**935**
0.2	1573	9660	—	—	151	4347	3630000	835	100.0	384	384
0.2	1324	5410	—	—	1211	4742	3590000	757	339.2	1869	551
0.2	**13357**	**82832**	**18.0**	**2080**	**11541**	**7123**	**32950370**	**4626**	**36.9**	**7607**	**20597**
0.2	3294	15542	6.0	72	1204	878	1050000	1196	118.7	3294	2774
0.4	3182	7399	44.3	1006	2272	38075	30650000	805	66.0	2640	3999
0.1	537	8715	6.9	47	683	1	350	498	9.7	537	5512
—	—	—	30.8	191	621	—	—	—	—	—	—
—	905	20231	0.7	18	2611	—	20	997	11.2	896	8012
0.3	2658	8494	2.8	72	2585	—	—	—	—	—	—
0.2	2201	10444	211.6	1117	528	—	—	—	—	—	—
—	580	12007	-42.7	-443	1037	1106	1250000	1130	80.0	240	300
0.9	**542342**	**577200**	**24.8**	**113172**	**456776**	**29522**	**1676123984**	**56776**	**95.4**	**307669**	**322639**
1.4	**331711**	**245163**	**15.1**	**45732**	**302236**	**56548**	**1331360000**	**23544**	**97.8**	**201038**	**205492**
2.5	54582	21431	7.8	4102	52290	36471	87020000	2386	102.3	14932	14590
1.5	31594	21529	27.9	7372	26423	72245	223380000	3092	100.0	31594	31594
1.2	17833	15468	16.6	2093	12635	38317	53950000	1408	92.0	12684	13788

国有林区分企业的

企业名称	总资产贡献率			资本保值增值率			资产负债率		
	指标（%）	子项（万元）	母项（万元）	指标（%）	子项（万元）	母项（万元）	指标（%）	子项（万元）	母项（万元）
松江河	15.5	19218	124171	159.7	44795	28044	69.5	101997	146792
泉阳	11.1	2877	25907	90.9	9340	10279	67.3	19256	28596
露水河	6.6	3872	59050	95.6	19208	20086	69.7	44104	63312
白石山	8.3	3072	37124	97.9	11324	11569	70.0	26400	37725
红石	13.7	14663	106653	109.8	19188	17475	82.3	89285	108473
延边林管局	**2.2**	**9075**	**418273**	**108.1**	**137164**	**126929**	**68.7**	**311001**	**452664**
黄泥河	2.5	1133	45043	122.9	12625	10272	74.2	36252	48877
敦化	2.3	1256	55642	113.0	13257	11730	78.4	48066	61323
大石头	1.1	527	46721	116.9	15056	12877	70.2	35450	50506
八家子	1.9	675	34650	106.1	11492	10829	56.2	20541	36533
和龙	2.2	1155	53369	101.2	26877	26549	53.6	31086	57963
汪清	2.4	1108	45225	103.9	18044	17360	62.5	30093	48136
大兴沟	1.1	183	15917	106.6	5193	4873	72.0	13330	18523
天桥岭	2.4	783	32595	116.1	11211	9657	68.5	24344	35555
白河	2.5	1360	53803	102.2	14954	14633	73.7	41901	56855
珲春	2.5	895	35308	103.8	8455	8149	78.0	29938	38393
吉林省林业厅营林局	**3.6**	**5513**	**154279**	**103.6**	**86160**	**83171**	**68.1**	**119939**	**176119**
上营	2.1	1682	79603	104.2	47730	45819	45.0	38991	86722
辉南	0.9	261	29516	99.7	20649	20707	129.8	46619	35928
长白	10.3	2514	24337	108.1	11062	10237	63.2	19811	31331
安图	5.1	1056	20823	104.9	6719	6408	65.6	14518	22138
长白山 *	—	—	—	—	—	—	—	—	—
龙江集团	**0.3**	**4051**	**1179102**	**98.5**	**637460**	**646852**	**54.7**	**843796**	**1543200**
牡丹江林业管理局	**2.6**	**9121**	**345503**	**105.4**	**173866**	**164965**	**52.8**	**195556**	**370334**
大海林	8.3	3157	38185	122.4	21412	17488	46.0	18973	41288
柴河	6.5	5768	88432	105.4	57624	54674	37.0	33875	91498
东京城	0.8	602	75478	99.2	29426	29675	66.9	59489	88915
穆棱	1.0	422	41528	107.2	21312	19888	46.9	18799	40111
绥阳	1.3	532	40697	111.4	20598	18489	54.2	24393	44991
海林	0.6	165	28173	108.3	12264	11327	58.8	17514	29788
林口	-1.0	-213	20768	99.5	12232	12292	45.3	10120	22352
八面通	-10.7	-1312	12242	-88.5	-1002	1132	108.8	12393	11391
合江林业管理局	**1.0**	**2618**	**259296**	**94.5**	**121997**	**129138**	**63.4**	**316346**	**498889**
桦南	-0.5	-133	26002	101.4	20500	20220	21.8	5729	26230
双鸭山	-0.9	-191	20735	92.0	7578	8233	109.6	13414	12244
鹤立	-2.4	-538	22801	97.9	7699	7867	71.1	189690	266682
鹤北	4.7	2634	55759	103.8	24561	23665	57.0	32593	57154
东方红	-6.9	-4199	60918	65.0	19484	29956	67.3	40012	59496
迎春	3.6	1190	33004	99.2	21630	21814	39.5	14148	35778

主要经济效益指标（二）

流动资产周转率			成本费用利润率			全员劳动生产率			产品销售率		
指标（次）	子项（万元）	母项（万元）	指标（%）	子项（万元）	母项（万元）	指标（元/人·年）	子项（元）	母项（人）	指标（%）	子项（万元）	母项（万元）
1.4	86300	61988	14.6	13176	90142	36149	119690000	3311	105.4	17783	16869
2.0	17415	8505	17.8	2718	15296	28348	51820000	1828	—	—	—
0.7	29589	43832	11.1	3094	27964	105715	352560000	3335	100.5	47909	47654
1.4	26392	18563	14.4	2553	17776	55140	169060000	3066	89.8	23638	26318
1.3	68006	53847	17.8	10624	59710	53513	273880000	5118	96.0	52498	54679
0.7	**178771**	**256259**	**46.2**	**63659**	**137703**	**12381**	**338800760**	**27365**	**98.9**	**92044**	**93078**
0.6	19050	29879	22.4	1052	4703	1422	4030000	2834	96.1	1158	1205
1.2	38506	32502	3.4	1218	35341	8978	44790000	4989	97.8	13458	13759
0.4	14681	37962	10.0	763	7666	2156	7120000	3302	100.0	1980	1980
0.6	12844	22647	6.8	872	12739	805	1610000	1999	100.0	446	446
0.8	24266	29160	6.0	1105	18511	33200	59660760	1797	99.2	15580	15700
0.6	17922	30385	6.2	960	15587	26199	85330000	3257	102.4	24264	23703
0.5	4025	8344	7.7	121	1579	6704	10740000	1602	96.0	2788	2904
0.6	12337	21475	533.9	55447	10385	8352	18950000	2269	96.1	4781	4975
0.9	23084	25738	5.6	1269	22464	30521	92510000	3031	97.2	23044	23720
0.7	12056	18167	9.8	852	8728	6153	14060000	2285	97.0	4545	4686
0.4	**31860**	**75778**	**22.5**	**3781**	**16837**	**1016**	**5963224**	**5867**	**60.6**	**14587**	**24069**
0.3	12178	35725	26.9	1411	5240	4	10750	2589	52.1	10211	19590
0.3	5009	16714	3.0	105	3555	1	1065	1283	98.5	130	132
0.7	5543	7459	35.4	1458	4113	1	1409	958	99.1	2621	2646
0.6	9130	15880	20.5	807	3929	5738	5950000	1037	95.5	1625	1701
—	—	—	—	—	—	—	—	—	—	—	—
0.6	**334671**	**527399**	**0.7**	**2085**	**312782**	**21206**	**2464625399**	**116222**	**77.7**	**451247**	**580690**
0.9	**115152**	**126175**	**15.1**	**13150**	**86996**	**11663**	**398130399**	**34135**	**79.3**	**184229**	**232246**
1.5	17824	11952	19.0	3261	17136	8	42096	5221	80.0	74837	93546
0.7	29096	39919	21.3	6026	28281	20122	115523021	5741	113.9	21928	19256
1.0	23064	22675	19.5	924	4732	21456	111848000	5213	65.3	13283	20336
0.9	14123	16055	80.8	3989	4934	22653	97090138	4286	77.6	13164	16963
1.0	14001	14296	3.3	441	13524	7790	27430000	3521	110.6	5056	4572
0.8	7575	9135	3.2	127	3970	7	27144	3970	70.0	47312	67598
1.0	5754	5534	-4.0	-306	7569	4917	16210000	3297	77.8	2522	3242
0.6	3715	6609	-19.2	-1312	6850	10381	29960000	2886	91.0	6127	6733
0.8	**78713**	**101567**	**2.4**	**2258**	**94599**	**11047**	**317255000**	**28719**	**107.2**	**72502**	**67601**
1.9	20730	11080	-1.2	-269	22587	2204	9215000	4181	47.6	2802	5892
0.5	3812	7719	-4.0	-235	5837	6131	24310000	3965	107.0	8674	8103
0.7	5288	7096	-7.1	-540	7596	12789	59890000	4683	58.9	1589	2698
0.6	15054	25111	13.1	2348	17869	6803	37532000	5517	184.0	14057	7639
0.8	21730	26878	-17.9	-3942	21965	31075	163670000	5267	92.1	33902	36812
0.1	1055	10640	9.0	1054	11652	2995	8018000	2677	90.0	1805	2005

国有林区分企业的

企业名称	总资产贡献率			资本保值增值率			资产负债率		
	指标（%）	子项（万元）	母项（万元）	指标（%）	子项（万元）	母项（万元）	指标（%）	子项（万元）	母项（万元）
清河	9.6	3855	40077	118.2	20545	17383	50.3	20760	41305
伊春林业管理局	**-5.5**	**-1535**	**27799**	**83.0**	**10885**	**13119**	**60.1**	**16398**	**27283**
双丰	—	—	—	—	—	—	—	—	—
铁力	—	—	—	—	—	—	—	—	—
桃山	—	—	—	—	—	—	—	—	—
朗乡	—	—	—	—	—	—	—	—	—
南岔	—	—	—	—	—	—	—	—	—
金山屯	—	—	—	—	—	—	—	—	—
美溪	—	—	—	—	—	—	—	—	—
乌马河	—	—	—	—	—	—	—	—	—
翠峦	—	—	—	—	—	—	—	—	—
友好	—	—	—	—	—	—	—	—	—
上甘岭	—	—	—	—	—	—	—	—	—
五营	—	—	—	—	—	—	—	—	—
红星	-5.5	-1535	27799	83.0	10885	13119	60.1	16398	27283
新青	—	—	—	—	—	—	—	—	—
汤旺河	—	—	—	—	—	—	—	—	—
乌伊岭	—	—	—	—	—	—	—	—	—
松花江林业管理局	**4.6**	**12390**	**268443**	**102.6**	**191431**	**186576**	**48.0**	**176977**	**368894**
山河屯	18.0	6736	37332	120.1	22752	18946	41.4	16256	39251
苇河	3.0	889	29556	101.0	21106	20905	31.6	9765	30871
亚布力	10.0	5923	59155	116.6	26683	22893	58.5	37664	64347
方正	0.5	154	32604	97.6	15364	15748	52.4	16903	32267
兴隆	18.0	6736	37332	120.1	22752	18946	41.4	16256	39251
绥棱	0.1	34	42920	107.6	32919	30586	29.0	13429	46348
通北	-3.4	-714	21023	95.9	5033	5247	76.7	16528	21561
沾河	-86.5	-7368	8521	84.1	44822	53305	52.8	50176	94998
总局直属单位	**-6.7**	**-18543**	**278061**	**91.0**	**139281**	**153054**	**49.9**	**138519**	**277800**
带岭实验局	-6.7	-18543	278061	91.0	139281	153054	49.9	138519	277800
大兴安岭	**3.1**	**25183**	**802930**	**96.6**	**352022**	**364252**	**59.5**	**489547**	**823156**
大兴安岭林管局	**3.4**	**25086**	**746992**	**96.2**	**313363**	**325741**	**61.4**	**468251**	**763200**
松岭	1.3	736	58485	95.3	31876	33462	44.8	25883	57759
新林	1.6	2099	131232	94.2	34854	36996	74.9	103989	138844
塔河	1.1	1121	98647	92.7	48177	51996	51.2	50470	98647
呼中	1.7	1841	105802	100.8	46171	45785	58.1	63897	110069
阿木尔	3.0	1699	56326	96.0	37234	38775	35.8	20737	57971
图强	8.3	5712	69191	100.4	41619	41459	38.2	25774	67393
西林吉	3.1	3098	98930	96.4	39368	40846	90.9	93986	103355
十八站	2.4	1795	74718	98.5	16065	16317	64.4	47644	73924

主要经济效益指标(三)

流动资产周转率			成本费用利润率			全员劳动生产率			产品销售率		
指标（次）	子项（万元）	母项（万元）	指标（%）	子项（万元）	母项（万元）	指标（元/人·年）	子项（元）	母项（人）	指标（%）	子项（万元）	母项（万元）
0.8	11044	13043	54.2	3842	7093	6019	14620000	2429	217.3	9673	4452
0.2	**1576**	**7446**	**-116.9**	**-1933**	**1653**	**21389**	**132780000**	**6208**	**94.5**	**36685**	**38840**
—	—	—	—	—	—	—	—	—	—	—	—
—	—	—	—	—	—	—	—	—	—	—	—
—	—	—	—	—	—	—	—	—	—	—	—
—	—	—	—	—	—	—	—	—	—	—	—
—	—	—	—	—	—	—	—	—	—	—	—
—	—	—	—	—	—	—	—	—	—	—	—
—	—	—	—	—	—	—	—	—	—	—	—
—	—	—	—	—	—	—	—	—	—	—	—
—	—	—	—	—	—	—	—	—	—	—	—
—	—	—	—	—	—	—	—	—	—	—	—
—	—	—	—	—	—	—	—	—	—	—	—
—	—	—	—	—	—	—	—	—	—	—	—
0.2	1576	7446	-116.9	-1933	1653	21389	132780000	6208	94.5	36685	38840
—	—	—	—	—	—	—	—	—	—	—	—
—	—	—	—	—	—	—	—	—	—	—	—
—	—	—	—	—	—	—	—	—	—	—	—
0.6	**95422**	**155429**	**9.7**	**8689**	**89233**	**32324**	**1346380000**	**41652**	**57.0**	**101243**	**177699**
0.6	13785	21483	58.0	5036	8680	66144	278600000	4212	103.4	8497	8220
0.5	6967	13849	8.0	969	12072	10189	69380000	6809	102.0	8376	8209
1.6	23739	14801	31.6	5711	18075	117627	445570000	3788	21.9	22932	104782
1.0	14789	14701	0.7	97	14692	10344	61040000	5901	146.2	16827	11510
0.6	13785	21483	58.0	5036	8680	66144	278600000	4212	103.4	8497	8220
0.6	7672	13730	0.2	30	12635	14922	72490000	4858	93.5	21510	23010
0.8	6415	7569	-10.7	-680	6330	7300	45200000	6192	75.0	6334	8443
0.2	8270	47813	-93.1	-7510	8069	16813	95500000	5680	155.9	8270	5305
0.3	**43808**	**136782**	**-49.8**	**-20079**	**40301**	**49034**	**270080000**	**5508**	**88.0**	**56588**	**64304**
0.3	43808	136782	-49.8	-20079	40301	49034	270080000	5508	88.0	56588	64304
0.6	**119028**	**207113**	**22.4**	**23245**	**103619**	**21069**	**1049296000**	**49802**	**89.5**	**250277**	**279680**
0.6	**118562**	**195666**	**22.4**	**23153**	**103430**	**22001**	**1049296000**	**47694**	**89.5**	**250277**	**279680**
0.6	13252	21111	4.3	392	9193	31685	160039000	5051	100.7	48873	48555
0.9	17857	20416	26.4	1762	6678	32737	244052000	7455	65.7	36637	55790
0.4	7938	22050	5.0	376	7562	12475	94910000	7608	97.7	28015	28667
0.3	13621	46650	27.0	1718	6357	11725	72001000	6141	103.0	19956	19373
0.5	4442	8665	10.8	1261	11661	6884	32251000	4685	110.5	9142	8270
0.6	9275	14684	60.0	5280	8801	14993	62627000	4177	93.3	15656	16774
0.6	13470	21628	12.4	1618	12997	27488	171363000	6234	89.0	41603	46744
0.8	23629	30674	18.1	4540	25026	35551	133318000	3750	85.1	28767	33807

国有林区分企业的

企业名称	总资产贡献率			资本保值增值率			资产负债率		
	指标（%）	子项（万元）	母项（万元）	指标（%）	子项（万元）	母项（万元）	指标（%）	子项（万元）	母项（万元）
韩家园	13.0	6985	53661	89.5	17999	20105	64.9	35871	55238
大兴安岭营林局	**0.2**	**97**	**55938**	**100.4**	**38659**	**38511**	**35.5**	**21296**	**59956**
加格达奇	0.2	97	55938	100.4	38659	38511	35.5	21296	59956
四川	**1.0**	**289**	**29577**	**91.4**	**3561**	**3897**	**88.1**	**26422**	**29983**
阿坝州林管局	**2.9**	**433**	**14784**	**83.2**	**1883**	**2262**	**87.2**	**12820**	**14702**
川西	8.4	310	3700	68.2	732	1073	79.8	2887	3618
黑水	—	—	—	—	—	—	—	—	—
马尔康	1.1	123	11084	96.8	1151	1189	89.6	9933	11084
小金	—	—	—	—	—	—	—	—	—
观音桥	—	—	—	—	—	—	—	—	—
松潘	—	—	—	—	—	—	—	—	—
南坪	—	—	—	—	—	—	—	—	—
壤塘	—	—	—	—	—	—	—	—	—
甘孜州林管局	**—**	**—**	**—**	**—**	**—**	**—**	**—**	**—**	**—**
道孚	—	—	—	—	—	—	—	—	—
新龙	—	—	—	—	—	—	—	—	—
丹巴	—	—	—	—	—	—	—	—	—
炉霍	—	—	—	—	—	—	—	—	—
白玉	—	—	—	—	—	—	—	—	—
力邱河	—	—	—	—	—	—	—	—	—
翁达	—	—	—	—	—	—	—	—	—
其他地、州林管局	**-1.0**	**-144**	**14793**	**102.6**	**1678**	**1635**	**89.0**	**13602**	**15281**
川南	-1.0	-144	14793	102.6	1678	1635	89.0	13602	15281
雷波	—	—	—	—	—	—	—	—	—
凉北	—	—	—	—	—	—	—	—	—
夹金山	—	—	—	—	—	—	—	—	—
木里	—	—	—	—	—	—	—	—	—
普威	—	—	—	—	—	—	—	—	—
盐边	—	—	—	—	—	—	—	—	—
云南	**2.5**	**1420**	**56316**	**93.7**	**23130**	**24690**	**62.9**	**39148**	**62268**
云南省林管局	**2.5**	**1420**	**56316**	**93.7**	**23130**	**24690**	**62.9**	**39148**	**62268**
华坪	-5.1	-200	3934	85.1	1367	1606	67.3	2809	4176
碧泉	-0.2	-13	6428	99.8	4194	4202	34.5	2212	6406
黑白水	-8.5	-384	4533	86.4	2788	3225	35.8	1553	4341
中甸 *	—	—	—	—	—	—	—	—	—
巨甸	8.9	195	2202	113.7	1465	1289	33.5	737	2202
红旗	—	—	—	—	—	—	—	—	—
云台山	1.5	122	8360	75.5	982	1300	88.4	7458	8441

主要经济效益指标(四)

流动资产周转率			成本费用利润率			全员劳动生产率			产品销售率		
指标(次)	子项(万元)	母项(万元)	指标(%)	子项(万元)	母项(万元)	指标(元/人·年)	子项(元)	母项(人)	指标(%)	子项(万元)	母项(万元)
1.5	15078	9788	41.0	6206	15155	30364	78735000	2593	99.7	21628	21700
—	**466**	**11447**	**48.7**	**92**	**189**	**—**	**—**	**2108**	**—**	**—**	**—**
—	466	11447	48.7	92	189	—	—	2108	—	—	—
0.1	**838**	**5667**	**-33.3**	**-450**	**1352**	**—**	**245**	**661**	**100.0**	**310**	**310**
0.1	**838**	**5667**	**-33.3**	**-450**	**1352**	**—**	**245**	**661**	**100.0**	**310**	**310**
0.3	310	1233	-47.7	-341	715	1	245	183	100.0	310	310
—	—	—	—	—	—	—	—	—	—	—	—
0.1	528	4434	-17.1	-109	637	—	—	478	—	—	—
—	—	—	—	—	—	—	—	—	—	—	—
—	—	—	—	—	—	—	—	—	—	—	—
—	—	—	—	—	—	—	—	—	—	—	—
—	—	—	—	—	—	—	—	—	—	—	—
—	—	—	—	—	—	—	—	—	—	—	—
—	**—**	**—**	**—**	**—**	**—**	**—**	**—**	**—**	**—**	**—**	**—**
—	—	—	—	—	—	—	—	—	—	—	—
—	—	—	—	—	—	—	—	—	—	—	—
—	—	—	—	—	—	—	—	—	—	—	—
—	—	—	—	—	—	—	—	—	—	—	—
—	—	—	—	—	—	—	—	—	—	—	—
—	—	—	—	—	—	—	—	—	—	—	—
—	—	—	—	—	—	—	—	—	—	—	—
—	**—**	**—**	**—**	**—**	**—**	**—**	**—**	**—**	**—**	**—**	**—**
—	—	—	—	—	—	—	—	—	—	—	—
—	—	—	—	—	—	—	—	—	—	—	—
—	—	—	—	—	—	—	—	—	—	—	—
—	—	—	—	—	—	—	—	—	—	—	—
—	—	—	—	—	—	—	—	—	—	—	—
—	—	—	—	—	—	—	—	—	—	—	—
—	—	—	—	—	—	—	—	—	—	—	—
0.5	**11092**	**24200**	**-1.8**	**-214**	**11732**	**18932**	**60581103**	**3200**	**94.1**	**9528**	**10129**
0.5	**11092**	**24200**	**-1.8**	**-214**	**11732**	**18932**	**60581103**	**3200**	**94.1**	**9528**	**10129**
—	21	2047	-90.9	-200	220	—	—	300	—	—	—
—	64	1413	-37.1	-13	35	—	64	322	100.0	64	64
—	8	2064	-92.6	-437	472	—	—	161	—	—	—
—	—	—	—	—	—	—	—	—	—	—	—
1.0	206	209	1772.7	195	11	—	—	117	—	—	—
—	—	—	—	—	—	—	—	—	—	—	—
—	135	3194	-57.3	-320	558	2	300	163	—	—	—

国有林区分企业的

企业名称	总资产贡献率			资本保值增值率			资产负债率		
	指标（%）	子项（万元）	母项（万元）	指标（%）	子项（万元）	母项（万元）	指标（%）	子项（万元）	母项（万元）
漾江	-0.4	-8	2149	98.4	503	511	77.4	1726	2229
景东	5.5	205	3721	70.9	714	1007	81.8	3212	3926
墨江	0.8	38	4661	59.5	894	1503	81.3	3892	4786
卫国	10.8	1647	15202	103.3	10448	10111	40.5	7123	17571
江边＊	—	—	—	—	—	—	—	—	—
清水江＊	—	—	—	—	—	—	—	—	—
南盘江＊	—	—	—	—	—	—	—	—	—
新平	—	—	—	100.5	565	562	80.9	2346	2900
宁蒗	-3.6	-182	5126	126.2	-790	-626	114.9	6080	5290
陕西	**1.6**	**563**	**34812**	**112.0**	**6807**	**6079**	**83.3**	**33315**	**40014**
陕西省林管局	**1.6**	**563**	**34812**	**112.0**	**6807**	**6079**	**83.3**	**33315**	**40014**
宁西	3.0	163	5464	104.3	3931	3770	64.0	6997	10928
太白	4.6	285	6152	112.4	2218	1973	66.5	4399	6618
长青	-1.5	-68	4482	91.3	-1135	-1243	126.2	5987	4744
宁东	5.3	768	14539	191.8	1707	890	87.4	11791	13498
汉西	-3.2	-72	2244	83.8	379	452	84.2	2027	2406
龙草坪	-26.6	-513	1931	-123.6	-293	237	116.2	2114	1820
陕西省营林局	**—**	**—**	**—**	**—**	**—**	**—**	**—**	**—**	**—**
马头滩	—	—	—	—	—	—	—	—	—
辛家山	—	—	—	—	—	—	—	—	—
甘肃	**127.2**	**257**	**202**	**-10.7**	**-57**	**532**	**126.5**	**272**	**215**
甘肃省林管局	**—**	**—**	**—**	**—**	**—**	**—**	**—**	**—**	**—**
舟曲	—	—	—	—	—	—	—	—	—
迭部	—	—	—	—	—	—	—	—	—
洮河	—	—	—	—	—	—	—	—	—
白水江	—	—	—	—	—	—	—	—	—
甘肃省营林局	**127.2**	**257**	**202**	**-10.7**	**-57**	**532**	**126.5**	**272**	**215**
小陇山	127.2	257	202	-10.7	-57	532	126.5	272	215
青海	**—**	**—**	**—**	**—**	**—**	**—**	**—**	**—**	**—**
青海省林管局	**—**	**—**	**—**	**—**	**—**	**—**	**—**	**—**	**—**
玛可河＊	—	—	—	—	—	—	—	—	—
新疆	**—**	**—**	**—**	**—**	**—**	**—**	**—**	**—**	**—**
新疆自治区林管局	**—**	**—**	**—**	**—**	**—**	**—**	**—**	**—**	**—**
天山西部	—	—	—	—	—	—	—	—	—
阿尔泰山	—	—	—	—	—	—	—	—	—
新疆自治区营林局	**—**	**—**	**—**	**—**	**—**	**—**	**—**	**—**	**—**
天山中东部	—	—	—	—	—	—	—	—	—

主要经济效益指标（五）

流动资产周转率			成本费用利润率			全员劳动生产率			产品销售率		
指标（次）	子项（万元）	母项（万元）	指标（%）	子项（万元）	母项（万元）	指标（元/人·年）	子项（元）	母项（人）	指标（%）	子项（万元）	母项（万元）
—	—	947	100.0	-8	-8	25712	7148000	278	—	—	—
0.4	1090	2967	17.4	205	1178	—	—	319	—	—	—
0.1	425	3236	4.4	28	635	11	2739	243	23.5	100	425
1.5	9135	5950	3.9	336	8631	65238	53430000	819	97.1	9364	9640
—	—	—	—	—	—	—	—	—	—	—	—
—	—	—	—	—	—	—	—	—	—	—	—
—	—	—	—	—	—	—	—	—	—	—	—
—	—	—	—	—	—	—	—	—	—	—	—
—	8	2173	—	—	—	—	—	478	—	—	—
0.3	**4628**	**17435**	**24.1**	**1010**	**4196**	**822**	**2600000**	**3164**	**91.1**	**3137**	**3444**
0.3	**4628**	**17435**	**24.1**	**1010**	**4196**	**822**	**2600000**	**3164**	**91.1**	**3137**	**3444**
1.2	1864	1592	10.2	162	1589	1225	1230000	1004	88.8	2100	2366
0.2	569	2946	26.2	246	938	17	20000	1188	100.0	118	118
0.4	758	1946	-12.4	-108	870	5400	1080000	200	92.7	380	410
0.1	1437	9790	119.7	783	654	35	20000	579	100.0	44	44
—	—	1161	-50.3	-73	145	1295	250000	193	97.8	495	506
—	—	—	—	—	—	—	—	—	—	—	—
—	—	—	—	—	—	—	—	—	—	—	—
—	—	—	—	—	—	—	—	—	—	—	—
—	—	—	—	—	—	—	—	—	—	—	—
0.1	**20**	**202**	**1168.2**	**257**	**22**	—	—	**488**	—	—	—
—	—	—	—	—	—	—	—	—	—	—	—
—	—	—	—	—	—	—	—	—	—	—	—
—	—	—	—	—	—	—	—	—	—	—	—
—	—	—	—	—	—	—	—	—	—	—	—
—	—	—	—	—	—	—	—	—	—	—	—
0.1	**20**	**202**	**1168.2**	**257**	**22**	—	—	**488**	—	—	—
0.1	20	202	1168.2	257	22	—	—	488	—	—	—
—	—	—	—	—	—	—	—	—	—	—	—
—	—	—	—	—	—	—	—	—	—	—	—
—	—	—	—	—	—	—	—	—	—	—	—
—	—	—	—	—	—	—	—	—	—	—	—
—	—	—	—	—	—	—	—	—	—	—	—
—	—	—	—	—	—	—	—	—	—	—	—
—	—	—	—	—	—	—	—	—	—	—	—
—	—	—	—	—	—	—	—	—	—	—	—
—	—	—	—	—	—	—	—	—	—	—	—

国有林区从业人员和劳动报酬情况

指标名称	计量单位	合　计	135个木材采运企业	20个重点营林局
一、年末全部在册职工人数	人	**666989**	**639179**	**27810**
其中：混岗职工人数	人	96191	95132	1059
1. 在岗职工人数	人	445980	421404	24576
其中：混岗职工人数	人	19159	18385	774
①长期职工	人	419667	395630	24037
②临时职工	人	26313	25774	539
2. 下岗待安置职工人数	人	104059	102712	1347
其中：领取生活费职工人数	人	1799	1799	—
3. 离开本单位仍保留劳动关系人员	人	116950	115063	1887
二、其他从业人员	人	**3490**	**3486**	**4**
三、在岗职工平均人数	人	**411824**	**386957**	**24867**
四、在岗职工工资总额	千元	**6975418**	**6508515**	**466903**
五、工程实施以来累计一次性安置人数	人	**517054**	**490826**	**26228**
其中：本年一次性安置人数	人	84	2	82
六、本年一次性安置费	万元	**74**	**1**	**73**
七、年末参加基本养老保险人数	人	**708483**	**682488**	**25995**
八、年末参加基本医疗保险人数	人	**929598**	**896278**	**33320**
九、年末离退休人员人数	人	**502428**	**486752**	**15676**
十、离退休人员年生活费	千元	**7858063**	**7576737**	**281326**

国有林区分企业的从业人员和劳动报酬情况(一)

单位:人

企业名称	年末全部在册职工人数								
	总计	其中:混岗职工人数	在岗职工人数				下岗待安置职工人数		离开本单位仍保留劳动关系人员
			合计	其中:混岗职工人数	长期职工	临时职工	合计	其中:领取生活费职工人数	
全国合计	**666989**	**96191**	**445980**	**19159**	**419667**	**26313**	**104059**	**1799**	**116950**
135 个木材采运企业小计	639179	95132	421404	18385	395630	25774	102712	1799	115063
20 个重点营林局小计	27810	1059	24576	774	24037	539	1347	—	1887
内蒙古	**139289**	**44066**	**63299**	**774**	**63299**	**—**	**70719**	**—**	**5271**
内蒙古集团林管局	**127466**	**43007**	**53504**	**—**	**53504**	**—**	**69423**	**—**	**4539**
阿尔山	6850	2860	3033	—	3033	—	3498	—	319
绰尔	5919	1640	3206	—	3206	—	2362	—	351
绰源	4505	1625	1830	—	1830	—	2622	—	53
乌尔旗汉	7906	2584	3335	—	3335	—	4453	—	118
库都尔	7684	1864	3435	—	3435	—	4217	—	32
图里河	8895	4222	2950	—	2950	—	4798	—	1147
伊图里河	5961	2168	2334	—	2334	—	3627	—	—
克一河	7583	2928	2903	—	2903	—	4641	—	39
甘河	10832	4559	3901	—	3901	—	6333	—	598
吉文	7977	3304	2835	—	2835	—	5107	—	35
阿里河	8256	2954	3562	—	3562	—	3790	—	904
根河	10250	3318	4481	—	4481	—	5440	—	329
金河	7526	2309	3251	—	3251	—	4275	—	—
阿龙山	5049	510	2600	—	2600	—	2303	—	146
满归	8157	3426	2961	—	2961	—	5196	—	—
得耳布尔	7026	2337	2638	—	2638	—	4071	—	317
莫尔道嘎	7090	399	4249	—	4249	—	2690	—	151
内蒙古集团营林局	**2953**	**285**	**1592**	**—**	**1592**	**—**	**1056**	**—**	**305**
大杨树	1350	40	835	—	835	—	472	—	43
毕拉河	1603	245	757	—	757	—	584	—	262
内蒙古林业厅营林局	**8870**	**774**	**8203**	**774**	**8203**	**—**	**240**	**—**	**427**
免渡河	1392	196	1196	196	1196	—	196	—	—
乌奴尔	858	—	789	—	789	—	—	—	69
巴林	537	—	498	—	498	—	—	—	39
南木	585	—	585	—	585	—	—	—	—
红花尔基	1071	—	997	—	997	—	—	—	74
柴河	917	44	873	44	873	—	44	—	—
五岔沟	2380	534	2380	534	2380	—	—	—	—
白狼	1130	—	885	—	885	—	—	—	245
吉林	**87078**	**3246**	**61481**	**1451**	**59563**	**1918**	**6996**	**1553**	**18601**
吉林集团林管局	**35346**	**1403**	**26464**	**1350**	**26464**	**—**	**1680**	**306**	**7202**
临江	3528	—	2524	—	2524	—	—	—	1004
三岔子	5995	856	5553	803	5553	—	442	306	—
湾沟	2785	—	1485	—	1485	—	—	—	1300

国有林区分企业的从业人员和劳动报酬情况(二)

单位:人

企业名称	其他从业人员	在岗职工		工程实施以来累计一次性安置人数	本年一次性安置		年末参加基本养老保险人数	年末参加基本医疗保险人数	年末离退休人员人数	离退休人员年生活费(千元)
		平均人数	工资总额(千元)		安置人数	安置费(万元)				
全国合计	**3490**	**411824**	**6975418**	**517054**	**84**	**74**	**708483**	**929598**	**502428**	**7858063**
135个木材采运企业小计	3486	386957	6508515	490826	2	1	682488	896278	486752	7576737
20个重点营林局小计	4	24867	466903	26228	82	73	25995	33320	15676	281326
内蒙古	**12**	**63168**	**1430508**	**76980**	**79**	**67**	**103978**	**106849**	**71342**	**1481665**
内蒙古集团林管局	**12**	**53063**	**1241231**	**65743**	**—**	**—**	**92680**	**92680**	**63959**	**1306116**
阿尔山	—	2895	65328	3095	—	—	3990	3990	3901	78605
绰尔	—	3278	75427	4128	—	—	4479	4479	2295	54214
绰源	—	1812	39320	1949	—	—	2980	2980	1380	30880
乌尔旗汉	—	3667	82288	2292	—	—	6322	6322	3851	71268
库都尔	—	3492	75117	3737	—	—	6320	6320	5183	116488
图里河	12	2805	67784	4757	—	—	4999	4999	3340	73875
伊图里河	—	2334	52657	3323	—	—	3893	3893	3108	66000
克一河	—	2812	60658	4980	—	—	5055	5055	3090	63551
甘河	—	3882	83739	5671	—	—	7173	7173	7378	113523
吉文	—	2895	62037	2180	—	—	4873	4873	3223	67145
阿里河	—	3150	68003	3129	—	—	5802	5802	4556	84030
根河	—	4397	124326	5228	—	—	8532	8532	7009	154498
金河	—	3251	87901	4349	—	—	5617	5617	3779	91216
阿龙山	—	2425	52386	5611	—	—	5039	5039	2933	63861
满归	—	3054	89016	3563	—	—	5231	5231	2962	60143
得耳布尔	—	2669	60199	4530	—	—	4984	4984	2622	55122
莫尔道嘎	—	4245	95045	3221	—	—	7391	7391	3349	61697
内蒙古集团营林局	**—**	**1614**	**38960**	**1775**	**—**	**—**	**2668**	**2668**	**2404**	**48584**
大杨树	—	857	22716	1266	—	—	1310	1310	1948	37310
毕拉河	—	757	16244	509	—	—	1358	1358	456	11274
内蒙古林业厅营林局	**—**	**8491**	**150317**	**9462**	**79**	**67**	**8630**	**11501**	**4979**	**126965**
免渡河	—	1191	25331	1139	18	18	1196	2336	1140	25883
乌奴尔	—	805	19264	1545	—	—	858	1719	861	18590
巴林	—	498	17217	1001	—	—	537	537	666	14066
南木	—	558	20326	809	—	—	585	1175	590	18190
红花尔基	—	1056	35593	53	—	—	1071	1071	411	9861
柴河	—	873	24108	652	61	49	873	1153	286	5875
五岔沟	—	2380	—	3382	—	—	2380	2380	598	23721
白狼	—	1130	8478	881	—	—	1130	1130	427	10779
吉林	**—**	**58639**	**1189247**	**112090**	**5**	**7**	**85085**	**98890**	**74353**	**1028491**
吉林集团林管局	**—**	**25408**	**544649**	**49587**	**2**	**1**	**33276**	**39843**	**35376**	**480090**
临江	—	2386	56839	7268	—	—	3528	3528	7180	11680
三岔子	—	3092	95438	5700	2	1	5995	5995	7136	132688
湾沟	—	1408	47168	5998	—	—	2785	5598	2813	46450

国有林区分企业的从业人员和劳动报酬情况(三)

单位:人

企业名称	年末全部在册职工人数								
	总计	其中:混岗职工人数	在岗职工人数				下岗待安置职工人数		离开本单位仍保留劳动关系人员
			合计	其中:混岗职工人数	长期职工	临时职工	合计	其中:领取生活费职工人数	
松江河	5619	265	5079	265	5079	—	—	—	540
泉阳	3610	—	2044	—	2044	—	—	—	1566
露水河	4503	282	2673	282	2673	—	1238	—	592
白石山	3888	—	3107	—	3107	—	—	—	781
红石	5418	—	3999	—	3999	—	—	—	1419
延边林管局	**44638**	**1843**	**29122**	**101**	**27743**	**1379**	**5265**	**1247**	**10251**
黄泥河	4106	—	2827	—	2827	—	651	—	628
敦化	8431	987	5360	—	5360	—	2248	440	823
大石头	4293	—	3365	—	3365	—	51	—	877
八家子	4345	548	3018	—	2039	979	—	—	1327
和龙	2847	122	2120	82	1987	133	—	—	727
汪清	4847	—	3279	—	3279	—	764	363	804
大兴沟	3278	186	1602	19	1602	—	759	—	917
天桥岭	4623	—	2301	—	2301	—	—	—	2322
白河	5032	—	2981	—	2981	—	792	444	1259
珲春	2836	—	2269	—	2002	267	—	—	567
吉林省林业厅营林局	**7094**	**—**	**5895**	**—**	**5356**	**539**	**51**	**—**	**1148**
上营	2550	—	2357	—	2357	—	—	—	193
辉南	1590	—	1537	—	998	539	51	—	2
长白	1592	—	958	—	958	—	—	—	634
安图	1362	—	1043	—	1043	—	—	—	319
长白山 *	—	—	—	—	—	—	—	—	—
龙江集团	**344218**	**36409**	**237092**	**11643**	**213553**	**23539**	**25490**	**103**	**81636**
牡丹江林业管理局	**44638**	**—**	**40035**	**—**	**36011**	**4024**	**1925**	**—**	**2678**
大海林	5619	—	5137	—	5137	—	—	—	482
柴河	6211	—	5805	—	4225	1580	406	—	—
东京城	7685	—	7079	—	7079	—	303	—	303
穆棱	6700	—	5885	—	3441	2444	—	—	815
绥阳	5374	—	5148	—	5148	—	—	—	226
海林	4526	—	3891	—	3891	—	240	—	395
林口	3555	—	3330	—	3330	—	—	—	225
八面通	4968	—	3760	—	3760	—	976	—	232
合江林业管理局	**41394**	**369**	**33349**	**55**	**31064**	**2285**	**4737**	**103**	**3308**
桦南	6946	—	4255	—	4255	—	—	—	2691
双鸭山	4681	247	3971	6	3932	39	630	—	80
鹤立	4844	—	4734	—	3408	1326	110	—	—
鹤北	7317	54	6713	—	6713	—	578	—	26
东方红	7909	68	6455	49	5946	509	1320	103	134
迎春	5365	—	3033	—	3033	—	2099	—	233

国有林区分企业的从业人员和劳动报酬情况(四)

单位:人

企业名称	其他从业人员	在岗职工		工程实施以来累计一次性安置人数	本年一次性安置		年末参加基本养老保险人数	年末参加基本医疗保险人数	年末离退休人员人数	离退休人员年生活费(千元)
		平均人数	工资总额(千元)		安置人数	安置费(万元)				
松江河	—	4850	113425	9998	—	—	3549	3682	6360	96930
泉阳	—	3515	41723	7102	—	—	3610	3610	3464	56687
露水河	—	3335	68080	4228	—	—	4503	8124	3621	60046
白石山	—	3066	51198	5569	—	—	3888	3888	2799	43446
红石	—	3756	70778	3724	—	—	5418	5418	2003	32163
延边林管局	**—**	**27364**	**553127**	**53712**	**—**	**—**	**46001**	**51011**	**35490**	**505879**
黄泥河	—	2834	52403	7639	—	—	4106	4106	3972	65726
敦化	—	4989	95189	10225	—	—	6789	12866	6269	106868
大石头	—	3302	68696	7181	—	—	4069	4069	5186	6174
八家子	—	2669	55160	5453	—	—	2505	2697	3025	51224
和龙	—	1820	45081	5488	—	—	2484	2484	2995	50764
汪清	—	3257	55331	5978	—	—	9604	9604	4757	78418
大兴沟	—	1479	22515	1678	—	—	4887	3199	1609	24577
天桥岭	—	2269	41635	2627	—	—	4260	4689	3039	48604
白河	—	3031	76751	6068	—	—	5032	5032	3798	59467
珲春	—	1714	40366	1375	—	—	2265	2265	840	14057
吉林省林业厅营林局	**—**	**5867**	**91471**	**8791**	**3**	**6**	**5808**	**8036**	**3487**	**42522**
上营	—	2589	36984	948	—	—	2550	4023	1473	20689
辉南	—	1283	17140	2539	3	6	938	1693	693	11088
长白	—	958	12167	3482	—	—	958	958	567	9809
安图	—	1037	25180	1822	—	—	1362	1362	754	936
长白山 *	—	—	—	—	—	—	—	—	—	—
龙江集团	**2472**	**211682**	**2602372**	**222581**	**—**	**—**	**393946**	**541802**	**241998**	**3463347**
牡丹江林业管理局	**4**	**33976**	**567725**	**55796**	**—**	**—**	**73687**	**94480**	**46079**	**774018**
大海林	—	5221	58416	11947	—	—	12534	23433	6964	113529
柴河	4	5741	124778	11710	—	—	11188	10273	8982	139325
东京城	—	5213	99500	9182	—	—	14221	21175	8870	164364
穆棱	—	4286	83595	7812	—	—	9507	8827	6169	100091
绥阳	—	3521	58613	7987	—	—	9984	9504	5039	91519
海林	—	3811	64941	3102	—	—	6340	8566	4105	68383
林口	—	3297	41447	2168	—	—	6083	6660	3133	52295
八面通	—	2886	36435	1888	—	—	3830	6042	2817	44512
合江林业管理局	**2468**	**28940**	**421875**	**24704**	**—**	**—**	**79701**	**65153**	**30741**	**506891**
桦南	2318	4181	62442	3678	—	—	12919	9080	6088	94733
双鸭山	87	3966	48036	4099	—	—	11631	7375	3782	60972
鹤立	—	4683	37500	1942	—	—	6704	6176	2536	38818
鹤北	8	5688	81662	2452	—	—	12654	11759	4067	66496
东方红	—	5316	101721	7178	—	—	17711	16833	7273	131624
迎春	55	2677	58092	1703	—	—	8581	5192	2699	50428

国有林区分企业的从业人员和劳动报酬情况（五）

单位：人

企业名称	年末全部在册职工人数								
	总计	其中：混岗职工人数	在岗职工人数				下岗待安置职工人数		离开本单位仍保留劳动关系人员
			合计	其中：混岗职工人数	长期职工	临时职工	合计	其中：领取生活费职工人数	
清河	4332	—	4188	—	3777	411	—	—	144
伊春林业管理局	**186903**	**31980**	**106582**	**836**	**103659**	**2923**	**16900**	**—**	**63421**
双丰	15425	6257	7409	—	7029	380	357	—	7659
铁力	8904	2096	5959	—	5959	—	849	—	2096
桃山	21631	11992	4553	—	4553	—	15694	—	1384
朗乡	11261	—	9607	—	9607	—	—	—	1654
南岔	15733	—	9644	—	9644	—	—	—	6089
金山屯	15296	1048	6548	—	6217	331	—	—	8748
美溪	9542	798	6142	798	6142	—	—	—	3400
乌马河	15686	7908	5902	—	5902	—	—	—	9784
翠峦	12006	1881	6484	38	6484	—	—	—	5522
友好	14069	—	11579	—	9899	1680	—	—	2490
上甘岭	6281	—	4366	—	4366	—	—	—	1915
五营	7595	—	5638	—	5638	—	—	—	1957
红星	7280	—	6208	—	6208	—	—	—	1072
新青	10467	—	6716	—	6716	—	—	—	3751
汤旺河	8806	—	5437	—	4905	532	—	—	3369
乌伊岭	6921	—	4390	—	4390	—	—	—	2531
松花江林业管理局	**62807**	**4060**	**51328**	**6288**	**37021**	**14307**	**1928**	**—**	**9551**
山河屯	7825	—	4725	—	3421	1304	1819	—	1281
苇河	9207	1515	7121	—	7121	—	—	—	2086
亚布力	8780	473	6045	—	3864	2181	109	—	2626
方正	6810	—	5643	—	5255	388	—	—	1167
兴隆	8698	196	7516	—	5873	1643	—	—	1182
绥棱	6400	1382	6288	6288	4906	1382	—	—	112
通北	5318	—	5318	—	2790	2528	—	—	—
沾河	9769	494	8672	—	3791	4881	—	—	1097
总局直属单位	**8476**	**—**	**5798**	**4464**	**5798**	**—**	**—**	**—**	**2678**
带岭实验局	8476	—	5798	4464	5798	—	—	—	2678
大兴安岭	**64827**	**12361**	**53447**	**5243**	**52609**	**838**	**534**	**143**	**10846**
大兴安岭林管局	**62719**	**12361**	**51339**	**5243**	**50501**	**838**	**534**	**143**	**10846**
松岭	7163	993	5892	993	5892	—	—	—	1271
新林	11607	5540	7420	2702	6582	838	534	143	3653
塔河	11992	4126	7866	—	7866	—	—	—	4126
呼中	7602	—	7153	—	7153	—	—	—	449
阿木尔	5117	695	4705	541	4705	—	—	—	412
图强	5216	1007	5216	1007	5216	—	—	—	—
西林吉	6744	—	6744	—	6744	—	—	—	—
十八站	3750	—	3750	—	3750	—	—	—	—

国有林区分企业的从业人员和劳动报酬情况(六)

单位:人

企业名称	其他从业人员	在岗职工		工程实施以来累计一次性安置人数	本年一次性安置		年末参加基本养老保险人数	年末参加基本医疗保险人数	年末离退休人员人数	离退休人员年生活费(千元)
		平均人数	工资总额(千元)		安置人数	安置费(万元)				
清河	—	2429	32422	3652	—	—	9501	8738	4296	63820
伊春林业管理局	**—**	**101332**	**1097735**	**93963**	**—**	**—**	**152937**	**268622**	**111166**	**1532384**
双丰	—	7120	41393	3253	—	—	6482	19219	8043	112726
铁力	—	7283	80691	18492	—	—	21949	13700	8103	125249
桃山	—	4553	71485	3463	—	—	9639	14206	7766	110215
朗乡	—	9642	107508	8676	—	—	—	21845	10392	159481
南岔	—	9541	—	8104	—	—	10381	53897	7222	11575
金山屯	—	6578	75948	5377	—	—	13540	14657	8035	123779
美溪	—	6067	59968	7646	—	—	8744	8744	3809	60248
乌马河	—	5900	67579	3333	—	—	8263	12022	6081	9270
翠峦	—	6481	90207	6468	—	—	8502	11400	12211	176260
友好	—	7624	103442	7218	—	—	8604	38288	6656	106671
上甘岭	—	2724	55970	3044	—	—	5763	8400	3854	65706
五营	—	5629	93240	5292	—	—	7817	5661	5320	83170
红星	—	6208	63069	3424	—	—	7374	6208	6792	106515
新青	—	6827	62146	4971	—	—	17629	14753	7872	136479
汤旺河	—	5143	61619	3092	—	—	11329	16671	4860	79683
乌伊岭	—	4012	63470	2110	—	—	6921	8951	4150	65357
松花江林业管理局	**—**	**41926**	**451078**	**45266**	**—**	**—**	**78671**	**95017**	**48064**	**562714**
山河屯	—	4227	39358	5303	—	—	11510	14834	5855	81763
苇河	—	5589	74388	7400	—	—	11501	13358	5963	80175
亚布力	—	4025	67419	2950	—	—	10421	16410	5673	84581
方正	—	5879	57591	3680	—	—	19532	13034	4638	66921
兴隆	—	5707	58894	4685	—	—	5670	6732	6229	95524
绥棱	—	4907	30806	8417	—	—	4143	4906	6528	91143
通北	—	5170	32742	7978	—	—	7547	13408	9597	11589
沾河	—	6422	89880	4853	—	—	8347	12335	3581	51018
总局直属单位	**—**	**5508**	**63959**	**2852**	**—**	**—**	**8950**	**18530**	**5948**	**87340**
带岭实验局	—	5508	63959	2852	—	—	8950	18530	5948	87340
大兴安岭	**—**	**49802**	**1107843**	**79374**	**—**	**—**	**65859**	**88838**	**48888**	**808620**
大兴安岭林管局	**—**	**47694**	**1060358**	**74812**	**—**	**—**	**63751**	**85393**	**46694**	**776999**
松岭	—	5051	108497	7380	—	—	5437	5660	6536	93088
新林	—	7455	164200	18886	—	—	11607	15631	8740	146730
塔河	—	7608	169861	11434	—	—	11515	12336	8093	163636
呼中	—	6141	145305	13213	—	—	8612	15975	8572	148907
阿木尔	—	4685	90059	5186	—	—	4830	8247	3375	57358
图强	—	4177	86212	5561	—	—	5216	7194	3345	53837
西林吉	—	6234	141000	5858	—	—	7877	11587	4843	62880
十八站	—	3750	85635	5104	—	—	5437	5648	2547	41836

国有林区分企业的从业人员和劳动报酬情况（七）

单位：人

企业名称	年末全部在册职工人数								
	总计	其中：混岗职工人数	在岗职工人数				下岗待安置职工人数		离开本单位仍保留劳动关系人员
			合计	其中：混岗职工人数	长期职工	临时职工	合计	其中：领取生活费职工人数	
韩家园	3528	—	2593	—	2593	—	—	—	935
大兴安岭营林局	**2108**	**—**	**2108**	**—**	**2108**	**—**	**—**	**—**	**—**
加格达奇	2108	—	2108	—	2108	—	—	—	—
四川	**7421**	**—**	**7236**	**—**	**7236**	**—**	**—**	**—**	**185**
阿坝州林管局	**2366**	**—**	**2303**	**—**	**2303**	**—**	**—**	**—**	**63**
川西	246	—	183	—	183	—	—	—	63
黑水	348	—	348	—	348	—	—	—	—
马尔康	481	—	481	—	481	—	—	—	—
小金	209	—	209	—	209	—	—	—	—
观音桥	290	—	290	—	290	—	—	—	—
松潘	278	—	278	—	278	—	—	—	—
南坪	372	—	372	—	372	—	—	—	—
壤塘	142	—	142	—	142	—	—	—	—
甘孜州林管局	**1335**	**—**	**1291**	**—**	**1291**	**—**	**—**	**—**	**44**
道孚	279	—	255	—	255	—	—	—	24
新龙	226	—	206	—	206	—	—	—	20
丹巴	297	—	297	—	297	—	—	—	—
炉霍	190	—	190	—	190	—	—	—	—
白玉	125	—	125	—	125	—	—	—	—
力邱河	144	—	144	—	144	—	—	—	—
翁达	74	—	74	—	74	—	—	—	—
其他地、州林管局	**3720**	**—**	**3642**	**—**	**3642**	**—**	**—**	**—**	**78**
川南	1582	—	1582	—	1582	—	—	—	—
雷波	243	—	174	—	174	—	—	—	69
凉北	238	—	229	—	229	—	—	—	9
夹金山	509	—	509	—	509	—	—	—	—
木里	684	—	684	—	684	—	—	—	—
普威	331	—	331	—	331	—	—	—	—
盐边	133	—	133	—	133	—	—	—	—
云南	**3886**	**61**	**3749**	**—**	**3749**	**—**	**—**	**—**	**137**
云南省林管局	**3886**	**61**	**3749**	**—**	**3749**	**—**	**—**	**—**	**137**
华坪	305	—	300	—	300	—	—	—	5
碧泉	322	—	322	—	322	—	—	—	—
黑白水	156	—	156	—	156	—	—	—	—
中甸 *	—	—	—	—	—	—	—	—	—
巨甸	117	—	117	—	117	—	—	—	—
红旗	177	—	177	—	177	—	—	—	—
云台山	584	61	571	—	571	—	—	—	13

国有林区分企业的从业人员和劳动报酬情况(八)

单位:人

企业名称	其他从业人员	在岗职工		工程实施以来累计一次性安置人数	本年一次性安置		年末参加基本养老保险人数	年末参加基本医疗保险人数	年末离退休人员人数	离退休人员年生活费(千元)
		平均人数	工资总额(千元)		安置人数	安置费(万元)				
韩家园	—	2593	69589	2190	—	—	3220	3115	643	8727
大兴安岭营林局	**—**	**2108**	**47485**	**4562**	**—**	**—**	**2108**	**3445**	**2194**	**31621**
加格达奇	—	2108	47485	4562	—	—	2108	3445	2194	31621
四川	**355**	**7295**	**193677**	**4314**	**—**	**—**	**27112**	**51622**	**45264**	**753406**
阿坝州林管局	**326**	**2300**	**71098**	**381**	**—**	**—**	**5795**	**24406**	**23103**	**368769**
川西	1	186	7828	84	—	—	246	1834	1588	31760
黑水	—	336	10617	88	—	—	348	5212	4864	10238
马尔康	—	492	11523	98	—	—	481	5454	4973	87120
小金	—	204	8477	37	—	—	2188	2188	1979	38758
观音桥	325	292	8454	38	—	—	290	4528	4238	67300
松潘	—	280	8934	36	—	—	278	1833	1555	31100
南坪	—	369	11295	—	—	—	372	1765	2456	58993
壤塘	—	141	3970	—	—	—	1592	1592	1450	43500
甘孜州林管局	**—**	**1312**	**48817**	**1408**	**—**	**—**	**9559**	**9559**	**8224**	**167082**
道孚	—	255	8849	499	—	—	2004	2004	1725	41160
新龙	—	223	7800	331	—	—	2075	2075	1849	37230
丹巴	—	297	8230	128	—	—	1839	1839	1542	30200
炉霍	—	190	8450	265	—	—	1669	1669	1479	28400
白玉	—	125	6430	97	—	—	941	941	816	14520
力邱河	—	148	5642	49	—	—	652	652	508	8422
翁达	—	74	3416	39	—	—	379	379	305	7150
其他地、州林管局	**29**	**3683**	**73762**	**2525**	**—**	**—**	**11758**	**17657**	**13937**	**217555**
川南	—	1609	24512	878	—	—	1582	5349	3767	58765
雷波	29	174	4443	203	—	—	2182	2182	1939	35890
凉北	—	229	4861	194	—	—	238	1818	1580	30720
夹金山	—	517	11052	150	—	—	509	1061	552	9605
木里	—	684	20047	313	—	—	4711	4711	4027	65334
普威	—	336	5789	708	—	—	1513	1513	1182	—
盐边	—	134	3058	79	—	—	1023	1023	890	17241
云南	**517**	**3897**	**81390**	**4641**	**—**	**—**	**6766**	**9724**	**6690**	**88947**
云南省林管局	**517**	**3897**	**81390**	**4641**	**—**	**—**	**6766**	**9724**	**6690**	**88947**
华坪	—	300	8200	281	—	—	305	815	510	8520
碧泉	180	322	5411	369	—	—	264	1011	689	12564
黑白水	—	161	—	644	—	—	585	585	429	8635
中甸 *	—	—	—	—	—	—	—	—	—	—
巨甸	88	117	2989	166	—	—	293	293	176	3690
红旗	—	177	3225	492	—	—	510	510	333	423
云台山	98	573	9783	1637	—	—	916	1110	1374	12470

国有林区分企业的从业人员和劳动报酬情况(九)

单位:人

企业名称	年末全部在册职工人数								离开本单位仍保留劳动关系人员
	总计	其中:混岗职工人数	在岗职工人数				下岗待安置职工人数		
			合计	其中:混岗职工人数	长期职工	临时职工	合计	其中:领取生活费职工人数	
漾江	277	—	277	—	277	—	—	—	—
景东	313	—	290	—	290	—	—	—	23
墨江	243	—	243	—	243	—	—	—	—
卫国	815	—	720	—	720	—	—	—	95
江边*	—	—	—	—	—	—	—	—	—
清水江*	—	—	—	—	—	—	—	—	—
南盘江*	—	—	—	—	—	—	—	—	—
新平	99	—	98	—	98	—	—	—	1
宁蒗	478	—	478	—	478	—	—	—	—
陕西	**4395**	**48**	**3814**	**48**	**3814**	**—**	**320**	**—**	**261**
陕西省林管局	**3881**	**48**	**3300**	**48**	**3300**	**—**	**320**	**—**	**261**
宁西	1092	48	1004	48	1004	—	—	—	88
太白	1304	—	1188	—	1188	—	97	—	19
长青	293	—	203	—	203	—	90	—	—
宁东	632	—	579	—	579	—	53	—	—
汉西	291	—	193	—	193	—	9	—	89
龙草坪	269	—	133	—	133	—	71	—	65
陕西省营林局	**514**	**—**	**514**	**—**	**514**	**—**	**—**	**—**	**—**
马头滩	248	—	248	—	248	—	—	—	—
辛家山	266	—	266	—	266	—	—	—	—
甘肃	**13207**	**—**	**13207**	**—**	**13207**	**—**	**—**	**—**	**—**
甘肃省林管局	**7784**	**—**	**7784**	**—**	**7784**	**—**	**—**	**—**	**—**
舟曲	1369	—	1369	—	1369	—	—	—	—
迭部	2750	—	2750	—	2750	—	—	—	—
洮河	2795	—	2795	—	2795	—	—	—	—
白水江	870	—	870	—	870	—	—	—	—
甘肃省营林局	**5423**	**—**	**5423**	**—**	**5423**	**—**	**—**	**—**	**—**
小陇山	5423	—	5423	—	5423	—	—	—	—
青海	**—**	**—**	**—**	**—**	**—**	**—**	**—**	**—**	**—**
青海省林管局	**—**	**—**	**—**	**—**	**—**	**—**	**—**	**—**	**—**
玛可河*	—	—	—	—	—	—	—	—	—
新疆	**2668**	**—**	**2655**	**—**	**2637**	**18**	**—**	**—**	**13**
新疆自治区林管局	**1820**	**—**	**1814**	**—**	**1796**	**18**	**—**	**—**	**6**
天山西部	1085	—	1080	—	1062	18	—	—	5
阿尔泰山	735	—	734	—	734	—	—	—	1
新疆自治区营林局	**848**	**—**	**841**	**—**	**841**	**—**	**—**	**—**	**7**
天山中东部	848	—	841	—	841	—	—	—	7

国有林区分企业的从业人员和劳动报酬情况(十)

单位:人

企业名称	其他从业人员	在岗职工		工程实施以来累计一次性安置人数	本年一次性安置		年末参加基本养老保险人数	年末参加基本医疗保险人数	年末离退休人员人数	离退休人员年生活费(千元)
		平均人数	工资总额(千元)		安置人数	安置费(万元)				
漾江	151	278	3568	275	—	—	682	679	405	6311
景东	—	319	6308	132	—	—	313	1072	759	12445
墨江	—	254	5334	—	—	—	243	769	524	8574
卫国	—	819	17657	242	—	—	1518	1518	703	1459
江边 *	—	—	—	—	—	—	—	—	—	—
清水江 *	—	—	—	—	—	—	—	—	—	—
南盘江 *	—	—	—	—	—	—	—	—	—	—
新平	—	99	2796	112	—	—	99	324	228	3557
宁蒗	—	478	16119	291	—	—	1038	1038	560	10299
陕西	**87**	**3812**	**57730**	**4879**	**—**	**—**	**4391**	**8189**	**4493**	**65875**
陕西省林管局	**87**	**3298**	**51678**	**4879**	**—**	**—**	**3881**	**7679**	**4331**	**62819**
宁西	—	1004	14082	1673	—	—	1092	2449	1357	1847
太白	—	1188	13597	1142	—	—	1304	2659	1355	28170
长青	87	200	5076	234	—	—	293	293	533	10792
宁东	—	580	11395	564	—	—	632	1092	460	9519
汉西	—	193	3828	521	—	—	291	557	266	5411
龙草坪	—	133	3700	745	—	—	269	629	360	7080
陕西省营林局	**—**	**514**	**6052**	**—**	**—**	**—**	**510**	**510**	**162**	**3056**
马头滩	—	248	3032	—	—	—	248	248	77	1568
辛家山	—	266	3020	—	—	—	262	262	85	1488
甘肃	**—**	**10880**	**206660**	**7582**	**—**	**—**	**18783**	**18783**	**6932**	**107106**
甘肃省林管局	**—**	**5445**	**108595**	**7212**	**—**	**—**	**13360**	**13360**	**5576**	**103994**
舟曲	—	940	19160	1520	—	—	2876	2876	1507	28171
迭部	—	1875	42090	2305	—	—	5077	5077	2327	40990
洮河	—	2034	34022	2470	—	—	4004	4004	1209	24218
白水江	—	596	13323	917	—	—	1403	1403	533	10615
甘肃省营林局	**—**	**5435**	**98065**	**370**	**—**	**—**	**5423**	**5423**	**1356**	**3112**
小陇山	—	5435	98065	370	—	—	5423	5423	1356	3112
青海	**—**	**—**	**—**	**—**	**—**	**—**	**—**	**—**	**—**	**—**
青海省林管局	**—**	**—**	**—**	**—**	**—**	**—**	**—**	**—**	**—**	**—**
玛可河 *	—	—	—	—	—	—	—	—	—	—
新疆	**47**	**2649**	**105991**	**4613**	**—**	**—**	**2563**	**4901**	**2468**	**60606**
新疆自治区林管局	**43**	**1811**	**71438**	**3345**	**—**	**—**	**1715**	**3164**	**1374**	**35140**
天山西部	2	1077	42936	2637	—	—	981	1841	785	21074
阿尔泰山	41	734	28502	708	—	—	734	1323	589	14066
新疆自治区营林局	**4**	**838**	**34553**	**1268**	**—**	**—**	**848**	**1737**	**1094**	**25466**
天山中东部	4	838	34553	1268	—	—	848	1737	1094	25466

国有林区林业投资完成情况与资金来源

指标名称	计量单位	合　计	135 个木材采运企业	20 个重点营林局
一、本年计划投资	**万元**	**2944677**	**2732709**	**211968**
二、自年初累计完成投资	**万元**	**2661447**	**2481050**	**180397**
其中:国家投资	万元	1728625	1606097	122528
1. 生态建设与保护	万元	1034855	935282	99573
(1)造林	万元	18578	11820	6758
(2)更新	万元	3647	3167	480
(3)森林抚育	万元	235388	206109	29279
(4)野生动植物保护及自然保护区	万元	1285	1015	270
(5)湿地恢复与保护	万元	100	—	100
(6)其他	万元	775857	713171	62686
2. 林业支撑与保障	万元	1198707	1160522	38185
(1)林木种苗	万元	3610	3164	446
(2)森林防火	万元	17801	16652	1149
(3)林业有害生物防治	万元	1585	1064	521
(4)科技教育	万元	270	257	13
(5)其他	万元	1175441	1139385	36056
3. 林业产业发展	万元	43666	37784	5882
(1)特色经济林	万元	140	140	—
其中:油茶示范基地建设	万元	—	—	—
(2)花卉	万元	100	—	100
(3)林下经济	万元	169	1	168
(4)其他	万元	43257	37643	5614
4. 其他	万元	384219	347462	36757
其中:财政事业费	万元	13397	9996	3401
三、本年房屋竣工面积	**平方米**	**8983472**	**8506984**	**476488**
本年房屋竣工价值	万元	943257	907393	35864
四、本年新增公路里程	**千米**	**260**	**154**	**106**
五、本年资金来源合计	**万元**	**2751129**	**2533410**	**217719**
1. 上年末结余资金	万元	115961	95961	20000
2. 本年资金来源小计	万元	2635168	2437449	197719
(1)国家预算资金	万元	1826880	1672615	154265
①中央资金	万元	1606843	1464630	142213
②地方资金	万元	220037	207985	12052
(2)国内贷款	万元	6000	—	6000
(3)债券	万元	—	—	—
(4)利用外资	万元	445	445	—
(5)自筹资金	万元	742840	709373	33467
(6)其他	万元	59003	55016	3987

国有林区分企业的林业投资

企业名称	本年计划投资	自年初累计							
		总　计	其中：国家投资	生态建设与保护					
				合计	造林	更新	森林抚育	野生动植物保护及自然保护区	湿地恢复与保护
全国合计	**2944677**	**2661447**	**1728625**	**1034855**	**18578**	**3647**	**235388**	**1285**	**100**
135 个木材采运企业小计	2732709	2481050	1606097	935282	11820	3167	206109	1015	—
20 个重点营林局小计	211968	180397	122528	99573	6758	480	29279	270	100
内蒙古	**482671**	**369686**	**322462**	**198959**	**2920**	**—**	**67433**	**270**	**—**
内蒙古集团林管局	**359321**	**282262**	**247724**	**153449**	**—**	**—**	**48793**	**—**	**—**
阿尔山	24554	16856	12504	10392	—	—	3208	—	—
绰尔	23496	18941	17599	9456	—	—	2916	—	—
绰源	14420	12399	10850	6329	—	—	2138	—	—
乌尔旗汉	23851	11910	11229	7120	—	—	2916	—	—
库都尔	18469	14281	13182	9848	—	—	2916	—	—
图里河	23201	17832	14917	8464	—	—	2624	—	—
伊图里河	14956	13794	12987	8686	—	—	2916	—	—
克一河	23860	17201	16403	8347	—	—	3305	—	—
甘河	28544	20317	18886	10410	—	—	3305	—	—
吉文	18690	17867	16562	6769	—	—	3110	—	—
阿里河	19828	19891	19148	9710	—	—	3110	—	—
根河	21849	19975	14694	14750	—	—	3305	—	—
金河	21268	14276	13192	7332	—	—	2916	—	—
阿龙山	19171	12433	10913	7092	—	—	2430	—	—
满归	19163	14149	12145	7315	—	—	2138	—	—
得耳布尔	17495	14187	13454	9045	—	—	2138	—	—
莫尔道嘎	26506	25953	19059	12384	—	—	3402	—	—
内蒙古集团营林局	**19590**	**16347**	**12117**	**6278**	**—**	**—**	**1934**	**—**	**—**
大杨树	11844	10696	8669	3755	—	—	972	—	—
毕拉河	7746	5651	3448	2523	—	—	962	—	—
内蒙古林业厅营林局	**103760**	**71077**	**62621**	**39232**	**2920**	**—**	**16706**	**270**	**—**
免渡河	15863	5954	5954	4748	—	—	1895	—	—
乌奴尔	15430	6630	6630	4301	—	—	2082	—	—
巴林	13336	5790	5790	4641	—	—	2137	—	—
南木	11289	10499	6994	5160	—	—	2231	—	—
红花尔基	17860	15595	11653	10634	1376	—	3475	270	—
柴河	10550	5076	5076	4304	—	—	986	—	—
五岔沟	14980	16699	15690	3852	1270	—	2582	—	—
白狼	4452	4834	4834	1592	274	—	1318	—	—
吉林	**301994**	**267269**	**155602**	**76377**	**4065**	**1652**	**15146**	**—**	**100**
吉林集团林管局	**151127**	**131992**	**72899**	**36439**	**3546**	**1652**	**12346**	**—**	**—**
临江	30622	25095	14573	2475	526	—	1872	—	—
三岔子	27203	28840	15558	8093	—	—	1529	—	—
湾沟	5937	10035	4546	4278	469	—	1310	—	—

完成情况与资金来源(一)

单位:万元

完成投资											
	林业支撑与保障						林业产业发展				
								特色经济林			
其他	合计	林木种苗	森林防火	林业有害生物防治	科技教育	其他	合计	计	其中:油茶示范基地建设	花卉	林下经济
775857	**1198707**	**3610**	**17801**	**1585**	**270**	**1175441**	**43666**	**140**	**—**	**100**	**169**
713171	1160522	3164	16652	1064	257	1139385	37784	140	—	—	1
62686	38185	446	1149	521	13	36056	5882	—	—	100	168
128336	**29929**	**317**	**3559**	**22**	**—**	**26031**	**34236**	**—**	**—**	**—**	**160**
104656	**13319**	**—**	**3188**	**—**	**—**	**10131**	**29425**	**—**	**—**	**—**	**—**
7184	1099	—	714	—	—	385	3967	—	—	—	—
6540	2332	—	520	—	—	1812	870	—	—	—	—
4191	744	—	384	—	—	360	1198	—	—	—	—
4204	711	—	—	—	—	711	628	—	—	—	—
6932	629	—	—	—	—	629	630	—	—	—	—
5840	1132	—	—	—	—	1132	2436	—	—	—	—
5770	420	—	58	—	—	362	465	—	—	—	—
5042	975	—	464	—	—	511	287	—	—	—	—
7105	815	—	—	—	—	815	1202	—	—	—	—
3659	699	—	—	—	—	699	1207	—	—	—	—
6600	320	—	—	—	—	320	5197	—	—	—	—
11445	160	—	—	—	—	160	827	—	—	—	—
4416	457	—	—	—	—	457	677	—	—	—	—
4662	87	—	—	—	—	87	1433	—	—	—	—
5177	459	—	459	—	—	—	2004	—	—	—	—
6907	437	—	157	—	—	280	453	—	—	—	—
8982	1843	—	432	—	—	1411	5944	—	—	—	—
4344	**881**	**—**	**—**	**—**	**—**	**881**	**3802**	**—**	**—**	**—**	**—**
2783	484	—	—	—	—	484	1783	—	—	—	—
1561	397	—	—	—	—	397	2019	—	—	—	—
19336	**15729**	**317**	**371**	**22**	**—**	**15019**	**1009**	**—**	**—**	**—**	**160**
2853	28	—	—	—	—	28	—	—	—	—	—
2219	58	—	—	—	—	58	—	—	—	—	—
2504	63	—	—	—	—	63	—	—	—	—	—
2929	41	—	—	—	—	41	—	—	—	—	—
5513	431	85	231	17	—	98	—	—	—	—	—
3318	28	—	—	—	—	28	—	—	—	—	—
—	11838	120	—	3	—	11715	1009	—	—	—	160
—	3242	112	140	2	—	2988	—	—	—	—	—
55414	**147796**	**1556**	**3831**	**409**	**100**	**141900**	**8973**	**—**	**—**	**—**	**—**
18895	**61139**	**1556**	**3150**	**196**	**—**	**56237**	**8010**	**—**	**—**	**—**	**—**
77	16820	140	200	—	—	16480	—	—	—	—	—
6564	17061	202	1667	62	—	15130	50	—	—	—	—
2499	5148	—	313	—	—	4835	—	—	—	—	—

国有林区分企业的林业投资

企业名称	本年计划投资	自年初累计							
		总计	其中:国家投资	生态建设与保护					
				合计	造林	更新	森林抚育	野生动植物保护及自然保护区	湿地恢复与保护
松江河	24140	17361	8730	4193	908	—	2876	—	—
泉阳	14411	14411	7691	5000	260	—	2549	—	—
露水河	15580	1443	1443	960	—	—	960	—	—
白石山	15966	17539	8954	3352	931	194	893	—	—
红石	17268	17268	11404	8088	452	1458	357	—	—
延边林管局	**119113**	**99395**	**61877**	**31627**	**—**	**—**	**982**	**—**	**—**
黄泥河	28347	23697	15879	6004	—	—	720	—	—
敦化	37814	38283	28621	7203	—	—	—	—	—
大石头	26419	21218	2995	7364	—	—	262	—	—
八家子	—	—	—	—	—	—	—	—	—
和龙	9982	6398	6328	6213	—	—	—	—	—
汪清	—	—	—	—	—	—	—	—	—
大兴沟	—	—	—	—	—	—	—	—	—
天桥岭	15765	9149	7404	4843	—	—	—	—	—
白河	—	—	—	—	—	—	—	—	—
珲春	786	650	650	—	—	—	—	—	—
吉林省林业厅营林局	**31754**	**35882**	**20826**	**8311**	**519**	**—**	**1818**	**—**	**100**
上营	8219	7913	6200	478	182	—	296	—	—
辉南	3950	3620	3620	2004	140	—	443	—	100
长白	13433	12508	4688	2352	197	—	503	—	—
安图	6152	11841	6318	3477	—	—	576	—	—
长白山 *	—	—	—	—	—	—	—	—	—
龙江集团	**1553810**	**1419400**	**880224**	**455455**	**—**	**—**	**88320**	**960**	**—**
牡丹江林业管理局	**338664**	**294162**	**209665**	**91167**	**—**	**—**	**18240**	**944**	**—**
大海林	28141	28141	19811	12518	—	—	2400	—	—
柴河	91772	76252	46369	12227	—	—	1800	—	—
东京城	57651	57651	36612	15607	—	—	3360	—	—
穆棱	23288	22173	16557	10863	—	—	1440	944	—
绥阳	70325	44078	42224	13980	—	—	3480	—	—
海林	27109	25489	18929	10076	—	—	2160	—	—
林口	23459	23459	17108	9098	—	—	2400	—	—
八面通	16919	16919	12055	6798	—	—	1200	—	—
合江林业管理局	**217464**	**217464**	**130841**	**65732**	**—**	**—**	**13680**	**—**	**—**
桦南	26731	26731	17282	10288	—	—	2400	—	—
双鸭山	20520	20520	13634	7561	—	—	1800	—	—
鹤立	22971	22971	14048	6569	—	—	1200	—	—
鹤北	33866	33866	20740	12246	—	—	2400	—	—
东方红	68825	68825	36828	14134	—	—	3000	—	—
迎春	29988	29988	17772	7493	—	—	1680	—	—

完成情况与资金来源(二)

单位:万元

完成投资											
	林业支撑与保障						林业产业发展				
								特色经济林			
其他	合计	林木种苗	森林防火	林业有害生物防治	科技教育	其他	合计	计	其中:油茶示范基地建设	花卉	林下经济
409	6606	852	51	30	—	5673	—	—	—	—	—
2191	7842	—	218	—	—	7624	40	—	—	—	—
—	483	362	121	—	—	—	—	—	—	—	—
1334	299	—	249	50	—	—	7920	—	—	—	—
5821	6880	—	331	54	—	6495	—	—	—	—	—
30645	**67118**	**—**	**203**	**113**	**100**	**66702**	**—**	**—**	**—**	**—**	**—**
5284	17693	—	—	22	—	17671	—	—	—	—	—
7203	31080	—	—	2	—	31078	—	—	—	—	—
7102	13854	—	—	45	—	13809	—	—	—	—	—
—	—	—	—	—	—	—	—	—	—	—	—
6213	185	—	71	44	—	70	—	—	—	—	—
—	—	—	—	—	—	—	—	—	—	—	—
—	—	—	—	—	—	—	—	—	—	—	—
4843	4306	—	132	—	100	4074	—	—	—	—	—
—	—	—	—	—	—	—	—	—	—	—	—
—	—	—	—	—	—	—	—	—	—	—	—
5874	**19539**	**—**	**478**	**100**	**—**	**18961**	**963**	**—**	**—**	**—**	**—**
—	7435	—	123	22	—	7290	—	—	—	—	—
1321	1536	—	173	25	—	1338	80	—	—	—	—
1652	3087	—	51	53	—	2983	—	—	—	—	—
2901	7481	—	131	—	—	7350	883	—	—	—	—
—	—	—	—	—	—	—	—	—	—	—	—
366175	**963945**	**535**	**5174**	**549**	**155**	**957532**	**—**	**—**	**—**	**—**	**—**
71983	**202995**	**80**	**—**	**237**	**—**	**202678**	**—**	**—**	**—**	**—**	**—**
10118	15623	—	—	14	—	15609	—	—	—	—	—
10427	64025	—	—	8	—	64017	—	—	—	—	—
12247	42044	—	—	14	—	42030	—	—	—	—	—
8479	11310	—	—	9	—	11301	—	—	—	—	—
10500	30098	80	—	13	—	30005	—	—	—	—	—
7916	15413	—	—	157	—	15256	—	—	—	—	—
6698	14361	—	—	11	—	14350	—	—	—	—	—
5598	10121	—	—	11	—	10110	—	—	—	—	—
52052	**151732**	**—**	**1141**	**65**	**—**	**150526**	**—**	**—**	**—**	**—**	**—**
7888	16443	—	—	8	—	16435	—	—	—	—	—
5761	12959	—	—	12	—	12947	—	—	—	—	—
5369	16402	—	516	8	—	15878	—	—	—	—	—
9846	21620	—	—	8	—	21612	—	—	—	—	—
11134	54691	—	—	13	—	54678	—	—	—	—	—
5813	22495	—	—	8	—	22487	—	—	—	—	—

国有林区分企业的林业投资

企业名称	本年计划投资	自年初累计							
		总计	其中：国家投资	生态建设与保护					
				合计	造林	更新	森林抚育	野生动植物保护及自然保护区	湿地恢复与保护
清河	14563	14563	10537	7441	—	—	1200	—	—
伊春林业管理局	**507745**	**455562**	**280953**	**195713**	**—**	**—**	**36000**	**16**	**—**
双丰	14275	14275	10752	9222	—	—	1920	—	—
铁力	50342	25977	23094	13398	—	—	2400	—	—
桃山	38455	27655	17822	11489	—	—	1920	—	—
朗乡	26924	26924	18762	15613	—	—	3120	—	—
南岔	40716	23698	21294	17869	—	—	2400	—	—
金山屯	46941	46941	21937	12808	—	—	2400	—	—
美溪	32204	32204	19006	12368	—	—	2160	—	—
乌马河	45590	45590	19929	10202	—	—	1800	16	—
翠峦	45779	45779	22125	12409	—	—	2160	—	—
友好	32844	32844	20264	15222	—	—	2640	—	—
上甘岭	18221	18221	11965	8685	—	—	1680	—	—
五营	16591	16591	12623	10688	—	—	1680	—	—
红星	22099	22099	14064	10573	—	—	2400	—	—
新青	38322	38322	20353	13571	—	—	2520	—	—
汤旺河	20981	20981	14015	10961	—	—	2160	—	—
乌伊岭	17461	17461	12948	10635	—	—	2640	—	—
松花江林业管理局	**477225**	**439500**	**248302**	**94445**	**—**	**—**	**19440**	**—**	**—**
山河屯	48915	48915	26516	10291	—	—	1800	—	—
苇河	86843	86843	44183	12144	—	—	2520	—	—
亚布力	25755	25755	18448	12717	—	—	3000	—	—
方正	59980	47360	30088	11899	—	—	2280	—	—
兴隆	43886	32642	23864	12639	—	—	2760	—	—
绥棱	54508	54508	27845	10372	—	—	2400	—	—
通北	85004	72254	40239	11083	—	—	2400	—	—
沾河	72334	71223	37119	13300	—	—	2280	—	—
总局直属单位	**12712**	**12712**	**10463**	**8398**	**—**	**—**	**960**	**—**	**—**
带岭实验局	12712	12712	10463	8398	—	—	960	—	—
大兴安岭	**402614**	**392882**	**230401**	**166530**	**—**	**1900**	**51015**	**—**	**—**
大兴安岭林管局	**388717**	**376915**	**217456**	**154029**	**—**	**1420**	**45345**	**—**	**—**
松岭	41939	35912	31912	16790	—	160	4800	—	—
新林	40026	52302	27350	20645	—	170	5850	—	—
塔河	44937	50435	24113	24064	—	160	5850	—	—
呼中	47063	55542	36750	19893	—	160	5730	—	—
阿木尔	27759	26015	17756	12986	—	140	4200	—	—
图强	26434	19870	18885	13565	—	140	4260	—	—
西林吉	68235	55740	24746	17657	—	140	4260	—	—
十八站	50379	42129	14078	13518	—	160	4995	—	—

完成情况与资金来源(三)

单位:万元

完成投资												
	林业支撑与保障						林业产业发展					
								特色经济林				
其他	合计	林木种苗	森林防火	林业有害生物防治	科技教育	其他	合计	计	其中:油茶示范基地建设	花卉	林下经济
6241	7122	—	625	8	—	6489	—	—	—	—	—
159697	**259849**	**250**	**3284**	**154**	**155**	**256006**	**—**	**—**	**—**	**—**	**—**
7302	5053	—	—	12	—	5041	—	—	—	—	—
10998	12579	70	—	8	—	12501	—	—	—	—	—
9569	16166	—	—	8	—	16158	—	—	—	—	—
12493	11311	—	—	13	—	11298	—	—	—	—	—
15469	5829	—	—	9	—	5820	—	—	—	—	—
10408	34133	—	—	8	—	34125	—	—	—	—	—
10208	19836	—	978	8	—	18850	—	—	—	—	—
8386	35388	180	—	8	—	35200	—	—	—	—	—
10249	33370	—	—	8	—	33362	—	—	—	—	—
12582	17622	—	558	10	—	17054	—	—	—	—	—
7005	9536	—	475	10	—	9051	—	—	—	—	—
9008	5903	—	334	9	—	5560	—	—	—	—	—
8173	11526	—	469	10	155	10892	—	—	—	—	—
11051	24751	—	—	9	—	24742	—	—	—	—	—
8801	10020	—	—	10	—	10010	—	—	—	—	—
7995	6826	—	470	14	—	6342	—	—	—	—	—
75005	**345055**	**205**	**749**	**85**	**—**	**344016**	**—**	**—**	**—**	**—**	**—**
8491	38624	205	—	13	—	38406	—	—	—	—	—
9624	74699	—	—	9	—	74690	—	—	—	—	—
9717	13038	—	—	9	—	13029	—	—	—	—	—
9619	35461	—	—	11	—	35450	—	—	—	—	—
9879	20003	—	749	15	—	19239	—	—	—	—	—
7972	44136	—	—	8	—	44128	—	—	—	—	—
8683	61171	—	—	9	—	61162	—	—	—	—	—
11020	57923	—	—	11	—	57912	—	—	—	—	—
7438	**4314**	**—**	**—**	**8**	**—**	**4306**	**—**	**—**	**—**	**—**	**—**
7438	4314	—	—	8	—	4306	—	—	—	—	—
113615	**24477**	**635**	**3704**	**—**	**—**	**20138**	**—**	**—**	**—**	**—**	**—**
107264	**24177**	**635**	**3404**	**—**	**—**	**20138**	**—**	**—**	**—**	**—**	**—**
11830	3022	—	67	—	—	2955	—	—	—	—	—
14625	4771	—	300	—	—	4471	—	—	—	—	—
18054	2163	—	580	—	—	1583	—	—	—	—	—
14003	170	85	—	—	—	85	—	—	—	—	—
8646	4091	500	530	—	—	3061	—	—	—	—	—
9165	1690	—	321	—	—	1369	—	—	—	—	—
13257	4746	—	661	—	—	4085	—	—	—	—	—
8363	1515	—	700	—	—	815	—	—	—	—	—

国有林区分企业的林业投资

企业名称	本年计划投资	自年初累计							
		总计	其中：国家投资	生态建设与保护					
				合计	造林	更新	森林抚育	野生动植物保护及自然保护区	湿地恢复与保护
韩家园	41945	38970	21866	14911	—	190	5400	—	—
大兴安岭营林局	**13897**	**15967**	**12945**	**12501**	**—**	**480**	**5670**	**—**	**—**
加格达奇	13897	15967	12945	12501	—	480	5670	—	—
四川	**56678**	**58166**	**36768**	**44793**	**2780**	**—**	**3613**	**—**	**—**
阿坝州林管局	**19802**	**20252**	**5693**	**14385**	**864**	**—**	**1341**	**—**	**—**
川西	1947	1947	—	1463	70	—	180	—	—
黑水	3560	3560	—	1852	105	—	240	—	—
马尔康	5343	3438	—	3438	—	—	131	—	—
小金	1970	1955	1597	1437	269	—	190	—	—
观音桥	2473	3454	2382	2294	105	—	240	—	—
松潘	1714	1715	1714	225	105	—	120	—	—
南坪	2795	2795	—	2295	105	—	120	—	—
壤塘	—	1388	—	1381	105	—	120	—	—
甘孜州林管局	**13334**	**12664**	**12664**	**11711**	**350**	**—**	**1140**	**—**	**—**
道孚	2772	2436	2436	2250	—	—	180	—	—
新龙	2313	2190	2190	2071	70	—	180	—	—
丹巴	2503	2503	2503	2399	70	—	180	—	—
炉霍	1836	1736	1736	1594	70	—	180	—	—
白玉	1640	1529	1529	1378	—	—	180	—	—
力邱河	1375	1375	1375	1256	70	—	156	—	—
翁达	895	895	895	763	70	—	84	—	—
其他地、州林管局	**23542**	**25250**	**18411**	**18697**	**1566**	**—**	**1132**	**—**	**—**
川南	5899	5452	5448	4579	710	—	136	—	—
雷波	3166	3362	1783	2071	145	—	—	—	—
凉北	1435	3434	1672	1274	70	—	240	—	—
夹金山	4180	4180	2904	4178	105	—	216	—	—
木里	5076	5036	4243	4242	185	—	240	—	—
普威	2361	2361	2361	1645	246	—	240	—	—
盐边	1425	1425	—	708	105	—	60	—	—
云南	**14754**	**22300**	**9310**	**10510**	**1123**	**95**	**1497**	**—**	**—**
云南省林管局	**14754**	**22300**	**9310**	**10510**	**1123**	**95**	**1497**	**—**	**—**
华坪	3533	2396	1619	589	—	—	94	—	—
碧泉	1993	2112	—	1254	353	—	50	—	—
黑白水	—	4665	—	229	—	—	147	—	—
中甸 *	—	—	—	—	—	—	—	—	—
巨甸	963	963	641	156	109	—	47	—	—
红旗	753	621	621	621	31	—	106	—	—
云台山	1546	1546	1387	1546	180	95	94	—	—

完成情况与资金来源(四)

单位:万元

完成投资											
	林业支撑与保障						林业产业发展				
								特色经济林			
其他	合计	林木种苗	森林防火	林业有害生物防治	科技教育	其他	合计	计	其中:油茶示范基地建设	花卉	林下经济
9321	2009	50	245	—	—	1714	—	—	—	—	—
6351	**300**	**—**	**300**	**—**	**—**	**—**	**—**	**—**	**—**	**—**	**—**
6351	300	—	300	—	—	—	—	—	—	—	—
38400	**5342**	**16**	**1264**	**27**	**—**	**4035**	**1**	**—**	**—**	**—**	**1**
12180	**3521**	**16**	**425**	**14**	**—**	**3066**	**1**	**—**	**—**	**—**	**1**
1213	144	—	144	—	—	—	—	—	—	—	—
1507	1708	16	8	—	—	1684	—	—	—	—	—
3307	—	—	—	—	—	—	—	—	—	—	—
978	98	—	91	7	—	—	—	—	—	—	—
1949	—	—	—	—	—	—	—	—	—	—	—
—	1473	—	91	—	—	1382	1	—	—	—	1
2070	91	—	91	—	—	—	—	—	—	—	—
1156	7	—	—	7	—	—	—	—	—	—	—
10221	**655**	**—**	**491**	**11**	**—**	**153**	**—**	**—**	**—**	**—**	**—**
2070	142	—	118	—	—	24	—	—	—	—	—
1821	75	—	58	7	—	10	—	—	—	—	—
2149	60	—	56	4	—	—	—	—	—	—	—
1344	98	—	98	—	—	—	—	—	—	—	—
1198	107	—	98	—	—	9	—	—	—	—	—
1030	75	—	33	—	—	42	—	—	—	—	—
609	98	—	30	—	—	68	—	—	—	—	—
15999	**1166**	**—**	**348**	**2**	**—**	**816**	**—**	**—**	**—**	**—**	**—**
3733	873	—	77	—	—	796	—	—	—	—	—
1926	176	—	156	—	—	20	—	—	—	—	—
964	15	—	15	—	—	—	—	—	—	—	—
3857	2	—	—	2	—	—	—	—	—	—	—
3817	100	—	100	—	—	—	—	—	—	—	—
1159	—	—	—	—	—	—	—	—	—	—	—
543	—	—	—	—	—	—	—	—	—	—	—
7795	**5794**	**—**	**115**	**1**	**2**	**5676**	**188**	**—**	**—**	**—**	**—**
7795	**5794**	**—**	**115**	**1**	**2**	**5676**	**188**	**—**	**—**	**—**	**—**
495	1807	—	—	—	—	1807	—	—	—	—	—
851	12	—	10	—	2	—	—	—	—	—	—
82	3372	—	—	—	—	3372	—	—	—	—	—
—	—	—	—	—	—	—	—	—	—	—	—
—	322	—	—	—	—	322	—	—	—	—	—
484	—	—	—	—	—	—	—	—	—	—	—
1177	—	—	—	—	—	—	—	—	—	—	—

国有林区分企业的林业投资

企业名称	本年计划投资	自年初累计							
		总计	其中：国家投资	生态建设与保护					
				合计	造林	更新	森林抚育	野生动植物保护及自然保护区	湿地恢复与保护
漾江	1037	984	984	127	—	—	—	—	—
景东	2662	2662	1679	964	89	—	—	—	—
墨江	2267	1248	1248	1160	288	—	25	—	—
卫国	—	3585	—	3397	—	—	840	—	—
江边 *	—	—	—	—	—	—	—	—	—
清水江 *	—	—	—	—	—	—	—	—	—
南盘江 *	—	—	—	—	—	—	—	—	—
新平	—	300	—	300	—	—	—	—	—
宁蒗	—	1218	1131	167	73	—	94	—	—
陕西	**27615**	**30908**	**24866**	**12981**	**865**	**—**	**2455**	**43**	**—**
陕西省林管局	**24775**	**27143**	**21959**	**11629**	**749**	**—**	**2000**	**43**	**—**
宁西	5951	5697	4752	2692	105	—	400	4	—
太白	6936	6641	5562	3168	126	—	400	5	—
长青	1002	3208	2317	731	140	—	100	—	—
宁东	6117	6273	5049	3043	238	—	600	30	—
汉西	2177	2849	2291	1112	70	—	300	2	—
龙草坪	2592	2475	1988	883	70	—	200	2	—
陕西省营林局	**2840**	**3765**	**2907**	**1352**	**116**	**—**	**455**	**—**	**—**
马头滩	1862	2207	2108	783	58	—	335	—	—
辛家山	978	1558	799	569	58	—	120	—	—
甘肃	**62671**	**64048**	**37558**	**42952**	**6048**	**—**	**3642**	**10**	**—**
甘肃省林管局	**37322**	**38699**	**37558**	**20506**	**3423**	**—**	**1878**	**10**	**—**
舟曲	7767	9680	9680	3366	531	—	439	—	—
迭部	13019	12632	11491	7548	1440	—	701	—	—
洮河	12472	12251	12251	7141	835	—	518	10	—
白水江	4064	4136	4136	2451	617	—	220	—	—
甘肃省营林局	**25349**	**25349**	**—**	**22446**	**2625**	**—**	**1764**	**—**	**—**
小陇山	25349	25349	—	22446	2625	—	1764	—	—
青海	**—**	**—**	**—**	**—**	**—**	**—**	**—**	**—**	**—**
青海省林管局	**—**	**—**	**—**	**—**	**—**	**—**	**—**	**—**	**—**
玛可河 *	—	—	—	—	—	—	—	—	—
新疆	**41870**	**36788**	**31434**	**26298**	**777**	**—**	**2267**	**2**	**—**
新疆自治区林管局	**27092**	**24778**	**20322**	**16845**	**199**	**—**	**1335**	**2**	**—**
天山西部	14016	13409	10683	7812	97	—	733	2	—
阿尔泰山	13076	11369	9639	9033	102	—	602	—	—
新疆自治区营林局	**14778**	**12010**	**11112**	**9453**	**578**	**—**	**932**	**—**	**—**
天山中东部	14778	12010	11112	9453	578	—	932	—	—

完成情况与资金来源(五)

单位:万元

完成投资											
	林业支撑与保障						林业产业发展				
								特色经济林			
其他	合计	林木种苗	森林防火	林业有害生物防治	科技教育	其他	合计	计	其中:油茶示范基地建设	花卉	林下经济
127	—	—	—	—	—	—	—	—	—	—	—
875	18	—	18	—	—	—	—	—	—	—	—
847	88	—	87	1	—	—	—	—	—	—	—
2557	—	—	—	—	—	—	188	—	—	—	—
—	—	—	—	—	—	—	—	—	—	—	—
—	—	—	—	—	—	—	—	—	—	—	—
—	—	—	—	—	—	—	—	—	—	—	—
300	—	—	—	—	—	—	—	—	—	—	—
—	175	—	—	—	—	175	—	—	—	—	—
9618	**1799**	**260**	**—**	**46**	**—**	**1493**	**140**	**140**	**—**	**—**	**—**
8837	**604**	**260**	**—**	**46**	**—**	**298**	**140**	**140**	**—**	**—**	**—**
2183	164	60	—	4	—	100	—	—	—	—	—
2637	65	60	—	5	—	—	—	—	—	—	—
491	1	—	—	1	—	—	—	—	—	—	—
2175	298	120	—	30	—	148	140	140	—	—	—
740	73	20	—	3	—	50	—	—	—	—	—
611	3	—	—	3	—	—	—	—	—	—	—
781	**1195**	**—**	**—**	**—**	**—**	**1195**	**—**	**—**	**—**	**—**	**—**
390	1195	—	—	—	—	1195	—	—	—	—	—
391	—	—	—	—	—	—	—	—	—	—	—
33252	**16998**	**100**	**—**	**290**	**13**	**16595**	**—**	**—**	**—**	**—**	**—**
15195	**16615**	**—**	**—**	**20**	**—**	**16595**	**—**	**—**	**—**	**—**	**—**
2396	6002	—	—	2	—	6000	—	—	—	—	—
5407	4479	—	—	8	—	4471	—	—	—	—	—
5778	4584	—	—	10	—	4574	—	—	—	—	—
1614	1550	—	—	—	—	1550	—	—	—	—	—
18057	**383**	**100**	**—**	**270**	**13**	**—**	**—**	**—**	**—**	**—**	**—**
18057	383	100	—	270	13	—	—	—	—	—	—
—	**—**	**—**	**—**	**—**	**—**	**—**	**—**	**—**	**—**	**—**	**—**
—	**—**	**—**	**—**	**—**	**—**	**—**	**—**	**—**	**—**	**—**	**—**
—	—	—	—	—	—	—	—	—	—	—	—
23252	**2627**	**191**	**154**	**241**	**—**	**2041**	**128**	**—**	**—**	**100**	**8**
15309	**2469**	**162**	**154**	**112**	**—**	**2041**	**20**	**—**	**—**	**—**	**—**
6980	133	—	122	11	—	—	20	—	—	—	—
8329	2336	162	32	101	—	2041	—	—	—	—	—
7943	**158**	**29**	**—**	**129**	**—**	**—**	**108**	**—**	**—**	**100**	**8**
7943	158	29	—	129	—	—	108	—	—	100	8

国有林区分企业的林业投资

企业名称	自年初累计完成投资			本年房屋竣工面积（平方米）	本年房屋竣工价值	本年新增公路里程（千米）	
	林业产业发展	其他					总计
	其他	合计	其中:财政事业费				
全国合计	**43257**	**384219**	**13397**	**8983472**	**943257**	**260**	**2751129**
135个木材采运企业小计	37643	347462	9996	8506984	907393	154	2533410
20个重点营林局小计	5614	36757	3401	476488	35864	106	217719
内蒙古	**34076**	**106562**	**881**	**622765**	**64096**	**—**	**397292**
内蒙古集团林管局	**29425**	**86069**	**—**	**402087**	**47037**	**—**	**282271**
阿尔山	3967	1398	—	—	—	—	16856
绰尔	870	6283	—	280	28	—	18941
绰源	1198	4128	—	46680	4320	—	12399
乌尔旗汉	628	3451	—	24315	3382	—	11910
库都尔	630	3174	—	—	—	—	14281
图里河	2436	5800	—	—	—	—	17832
伊图里河	465	4223	—	9000	1201	—	13794
克一河	287	7592	—	109600	7592	—	17201
甘河	1202	7890	—	23064	2893	—	20317
吉文	1207	9192	—	45980	9192	—	17867
阿里河	5197	4664	—	20645	6502	—	19891
根河	827	4238	—	—	—	—	19975
金河	677	5810	—	90772	6114	—	14276
阿龙山	1433	3821	—	15070	878	—	12433
满归	2004	4371	—	3434	683	—	14158
得耳布尔	453	4252	—	13247	4252	—	14187
莫尔道嘎	5944	5782	—	—	—	—	25953
内蒙古集团营林局	**3802**	**5386**	**—**	**76178**	**6755**	**—**	**16347**
大杨树	1783	4674	—	69612	5566	—	10696
毕拉河	2019	712	—	6566	1189	—	5651
内蒙古林业厅营林局	**849**	**15107**	**881**	**144500**	**10304**	**—**	**98674**
免渡河	—	1178	65	—	—	—	15863
乌奴尔	—	2271	65	—	—	—	8460
巴林	—	1086	262	—	—	—	13286
南木	—	5298	37	29400	4549	—	12327
红花尔基	—	4530	416	—	—	—	17664
柴河	—	744	36	—	—	—	10550
五岔沟	849	—	—	115100	5755	—	15690
白狼	—	—	—	—	—	—	4834
吉林	**8973**	**34123**	**3699**	**912966**	**55204**	**122**	**315782**
吉林集团林管局	**8010**	**26404**	**3699**	**283099**	**20452**	**2**	**157061**
临江	—	5800	3649	—	—	—	29324
三岔子	50	3636	50	97200	10692	—	28840
湾沟	—	609	—	—	—	—	10035

完成情况与资金来源（六）

单位：万元

上年末结余资金	本年资金来源合计								
	本年资金来源小计								
	合计	国家预算资金			国内贷款	债券	利用外资	自筹资金	其他
		小计	中央资金	地方资金					
115961	**2635168**	**1826880**	**1606843**	**220037**	**6000**	**—**	**445**	**742840**	**59003**
95961	2437449	1672615	1464630	207985	—	—	445	709373	55016
20000	197719	154265	142213	12052	6000	—	—	33467	3987
4549	**392743**	**332377**	**323169**	**9208**	**—**	**—**	**—**	**60366**	**—**
—	**282271**	**247733**	**247733**	**—**	**—**	**—**	**—**	**34538**	**—**
—	16856	12504	12504	—	—	—	—	4352	—
—	18941	17599	17599	—	—	—	—	1342	—
—	12399	10850	10850	—	—	—	—	1549	—
—	11910	11229	11229	—	—	—	—	681	—
—	14281	13182	13182	—	—	—	—	1099	—
—	17832	14917	14917	—	—	—	—	2915	—
—	13794	12987	12987	—	—	—	—	807	—
—	17201	16403	16403	—	—	—	—	798	—
—	20317	18886	18886	—	—	—	—	1431	—
—	17867	16562	16562	—	—	—	—	1305	—
—	19891	14694	14694	—	—	—	—	5197	—
—	19975	19148	19148	—	—	—	—	827	—
—	14276	13192	13192	—	—	—	—	1084	—
—	12433	10913	10913	—	—	—	—	1520	—
—	14158	12154	12154	—	—	—	—	2004	—
—	14187	13454	13454	—	—	—	—	733	—
—	25953	19059	19059	—	—	—	—	6894	—
—	**16347**	**12117**	**12117**	**—**	**—**	**—**	**—**	**4230**	**—**
—	10696	8669	8669	—	—	—	—	2027	—
—	5651	3448	3448	—	—	—	—	2203	—
4549	**94125**	**72527**	**63319**	**9208**	**—**	**—**	**—**	**21598**	**—**
—	15863	8957	7663	1294	—	—	—	6906	—
—	8460	8460	7192	1268	—	—	—	—	—
—	13286	7740	6650	1090	—	—	—	5546	—
4549	7778	7778	6963	815	—	—	—	—	—
—	17664	11653	10414	1239	—	—	—	6011	—
—	10550	7415	6785	630	—	—	—	3135	—
—	15690	15690	13388	2302	—	—	—	—	—
—	4834	4834	4264	570	—	—	—	—	—
36438	**279344**	**176104**	**153888**	**22216**	**6000**	**—**	**—**	**53456**	**43784**
8627	**148434**	**91259**	**79246**	**12013**	**—**	**—**	**—**	**24452**	**32723**
2842	26482	17003	13203	3800	—	—	—	5307	4172
—	28840	15558	13564	1994	—	—	—	2440	10842
4098	5937	4546	4385	161	—	—	—	405	986

国有林区分企业的林业投资

企业名称	自年初累计完成投资			本年房屋竣工面积（平方米）	本年房屋竣工价值	本年新增公路里程（千米）	
	林业产业发展	其他					总计
	其他	合计	其中:财政事业费				
松江河	—	6562	—	61774	3400	2	24110
泉阳	40	1529	—	16951	1680	—	14411
露水河	—	—	—	107174	4680	—	15534
白石山	7920	5968	—	—	—	—	17539
红石	—	2300	—	—	—	—	17268
延边林管局	**—**	**650**	**—**	**402467**	**21865**	**75**	**119363**
黄泥河	—	—	—	163787	—	—	26748
敦化	—	—	—	238680	21865	75	41765
大石头	—	—	—	—	—	—	26852
八家子	—	—	—	—	—	—	—
和龙	—	—	—	—	—	—	11326
汪清	—	—	—	—	—	—	—
大兴沟	—	—	—	—	—	—	—
天桥岭	—	—	—	—	—	—	11886
白河	—	—	—	—	—	—	—
珲春	—	650	—	—	—	—	786
吉林省林业厅营林局	**963**	**7069**	**—**	**227400**	**12887**	**45**	**39358**
上营	—	—	—	—	—	—	8219
辉南	80	—	—	400	54	—	5865
长白	—	7069	—	94000	2515	—	13433
安图	883	—	—	133000	10318	45	11841
长白山 *	—	—	—	—	—	—	—
龙江集团	**—**	**—**	**—**	**6433776**	**692596**	**18**	**1401462**
牡丹江林业管理局	**—**	**—**	**—**	**1248030**	**128855**	**—**	**296926**
大海林	—	—	—	130200	14980	—	28141
柴河	—	—	—	296694	32043	—	76252
东京城	—	—	—	400000	41821	—	57651
穆棱	—	—	—	84936	10868	—	23928
绥阳	—	—	—	—	—	—	44078
海林	—	—	—	141600	16876	—	26498
林口	—	—	—	120100	12267	—	23459
八面通	—	—	—	74500	—	—	16919
合江林业管理局	**—**	**—**	**—**	**942956**	**103989**	**—**	**217464**
桦南	—	—	—	97033	10878	—	26731
双鸭山	—	—	—	100485	12028	—	20520
鹤立	—	—	—	83936	8098	—	22971
鹤北	—	—	—	77271	7324	—	33866
东方红	—	—	—	329269	35066	—	68825
迎春	—	—	—	254962	30595	—	29988

完成情况与资金来源(七)

单位:万元

上年末结余资金	本年资金来源合计								
	本年资金来源小计								
	合计	国家预算资金			国内贷款	债券	利用外资	自筹资金	其他
		小计	中央资金	地方资金					
65	24045	13444	12394	1050	—	—	—	4443	6158
—	14411	7641	7641	—	—	—	—	4641	2129
322	15212	9791	8413	1378	—	—	—	2996	2425
1300	16239	9766	8242	1524	—	—	—	4220	2253
—	17268	13510	11404	2106	—	—	—	—	3758
18836	**100527**	**67819**	**58728**	**9091**	**—**	**—**	**—**	**24401**	**8307**
—	26748	15879	13179	2700	—	—	—	10468	401
13394	28371	17341	13924	3417	—	—	—	6926	4104
2909	23943	15085	13195	1890	—	—	—	6376	2482
—	—	—	—	—	—	—	—	—	—
1923	9403	9333	9106	227	—	—	—	40	30
—	—	—	—	—	—	—	—	—	—
—	—	—	—	—	—	—	—	—	—
—	11886	10141	9324	817	—	—	—	455	1290
—	—	—	—	—	—	—	—	—	—
610	176	40	—	40	—	—	—	136	—
8975	**30383**	**17026**	**15914**	**1112**	**6000**	**—**	**—**	**4603**	**2754**
—	8219	6200	5254	946	—	—	—	2019	—
1917	3948	3620	3620	—	—	—	—	328	—
3295	10138	2736	2621	115	6000	—	—	1402	—
3763	8078	4470	4419	51	—	—	—	854	2754
—	—	—	—	—	—	—	—	—	—
3193	**1398269**	**907734**	**761808**	**145926**	**—**	**—**	**—**	**484748**	**5787**
3193	**293733**	**209421**	**167983**	**41438**	**—**	**—**	**—**	**84312**	**—**
—	28141	19811	17060	2751	—	—	—	8330	—
—	76252	46369	35701	10668	—	—	—	29883	—
—	57651	36612	29046	7566	—	—	—	21039	—
3193	20735	16557	14649	1908	—	—	—	4178	—
—	44078	42243	32327	9916	—	—	—	1835	—
—	26498	18666	15278	3388	—	—	—	7832	—
—	23459	17108	14052	3056	—	—	—	6351	—
—	16919	12055	9870	2185	—	—	—	4864	—
—	**217464**	**130806**	**113158**	**17648**	**—**	**—**	**—**	**86658**	**—**
—	26731	17282	15557	1725	—	—	—	9449	—
—	20520	13634	11939	1695	—	—	—	6886	—
—	22971	14048	11888	2160	—	—	—	8923	—
—	33866	20740	19066	1674	—	—	—	13126	—
—	68825	36808	30013	6795	—	—	—	32017	—
—	29988	17757	14858	2899	—	—	—	12231	—

国有林区分企业的林业投资

企业名称	自年初累计完成投资			本年房屋竣工面积（平方米）	本年房屋竣工价值	本年新增公路里程（千米）	总计
	林业产业发展	其他					
	其他	合计	其中:财政事业费				
清河	—	—	—	—	—	—	14563
伊春林业管理局	**—**	**—**	**—**	**1391230**	**127023**	**18**	**410699**
双丰	—	—	—	—	—	—	14275
铁力	—	—	—	160000	11835	—	25977
桃山	—	—	—	—	—	—	28854
朗乡	—	—	—	85000	10200	—	26924
南岔	—	—	—	74585	4708	—	23698
金山屯	—	—	—	289350	12951	—	46602
美溪	—	—	—	15000	1800	—	32204
乌马河	—	—	—	—	—	—	—
翠峦	—	—	—	290810	31297	—	45639
友好	—	—	—	147235	16792	—	32843
上甘岭	—	—	—	81500	8150	—	18230
五营	—	—	—	35000	4200	—	16590
红星	—	—	—	80000	9600	18	22099
新青	—	—	—	18650	2238	—	38322
汤旺河	—	—	—	88600	9232	—	20981
乌伊岭	—	—	—	25500	4020	—	17461
松花江林业管理局	**—**	**—**	**—**	**2821560**	**329129**	**—**	**463741**
山河屯	—	—	—	310633	36940	—	48915
苇河	—	—	—	655000	73600	—	86843
亚布力	—	—	—	99924	12420	—	25755
方正	—	—	—	242753	28373	—	59246
兴隆	—	—	—	215000	18756	—	43886
绥棱	—	—	—	358250	42990	—	54508
通北	—	—	—	630000	59250	—	72254
沾河	—	—	—	310000	56800	—	72334
总局直属单位	**—**	**—**	**—**	**30000**	**3600**	**—**	**12632**
带岭实验局	—	—	—	30000	3600	—	12632
大兴安岭	**—**	**201875**	**—**	**803116**	**102772**	**63**	**390939**
大兴安岭林管局	**—**	**198709**	**—**	**802196**	**102653**	**2**	**374972**
松岭	—	16100	—	123200	16100	—	37552
新林	—	26886	—	31028	1396	—	53231
塔河	—	24208	—	125085	23173	—	50540
呼中	—	35479	—	298533	35479	—	49512
阿木尔	—	8938	—	54400	4862	—	30964
图强	—	4615	—	—	—	—	25843
西林吉	—	33337	—	121586	15435	—	44169
十八站	—	27096	—	10000	1000	—	44191

完成情况与资金来源(八)

单位:万元

上年末结余资金	本年资金来源合计								
	本年资金来源小计								
	合计	国家预算资金			国内贷款	债券	利用外资	自筹资金	其他
		小计	中央资金	地方资金					
—	14563	10537	9837	700	—	—	—	4026	—
—	**410699**	**300937**	**261024**	**39913**	**—**	**—**	**—**	**103975**	**5787**
—	14275	11825	10752	1073	—	—	—	2450	—
—	25977	25974	23094	2880	—	—	—	3	—
—	28854	22125	17822	4303	—	—	—	6729	—
—	26924	20971	18762	2209	—	—	—	5953	—
—	23698	23276	21294	1982	—	—	—	422	—
—	46602	21937	21937	—	—	—	—	18878	5787
—	32204	22509	19006	3503	—	—	—	9695	—
—	—	—	—	—	—	—	—	—	—
—	45639	28936	22125	6811	—	—	—	16703	—
—	32843	23539	20264	3275	—	—	—	9304	—
—	18230	13565	11965	1600	—	—	—	4665	—
—	16590	14003	12623	1380	—	—	—	2587	—
—	22099	16311	14064	2247	—	—	—	5788	—
—	38322	25264	20353	4911	—	—	—	13058	—
—	20981	16179	14015	2164	—	—	—	4802	—
—	17461	14523	12948	1575	—	—	—	2938	—
—	**463741**	**256107**	**209780**	**46327**	**—**	**—**	**—**	**207634**	**—**
—	48915	26516	22066	4450	—	—	—	22399	—
—	86843	44183	34207	9976	—	—	—	42660	—
—	25755	18448	16822	1626	—	—	—	7307	—
—	59246	32097	26337	5760	—	—	—	27149	—
—	43886	28549	22549	6000	—	—	—	15337	—
—	54508	27845	23291	4554	—	—	—	26663	—
—	72254	40239	33589	6650	—	—	—	32015	—
—	72334	38230	30919	7311	—	—	—	34104	—
—	**12632**	**10463**	**9863**	**600**	**—**	**—**	**—**	**2169**	**—**
—	12632	10463	9863	600	—	—	—	2169	—
41289	**349650**	**215374**	**195468**	**19906**	**—**	**—**	**—**	**134118**	**158**
39219	**335753**	**204499**	**184593**	**19906**	**—**	**—**	**—**	**131096**	**158**
1800	35752	25101	23113	1988	—	—	—	10651	—
6389	46842	21885	20885	1000	—	—	—	24957	—
4662	45878	30066	28518	1548	—	—	—	15726	86
15759	33753	15000	9000	6000	—	—	—	18753	—
1440	29524	18657	17957	700	—	—	—	10867	—
2749	23094	17911	16919	992	—	—	—	5111	72
2025	42144	28230	26142	2088	—	—	—	13914	—
2595	41596	24193	21893	2300	—	—	—	17403	—

国有林区分企业的林业投资

企业名称	自年初累计完成投资			本年房屋竣工面积（平方米）	本年房屋竣工价值	本年新增公路里程（千米）	
	林业产业发展	其他					
	其他	合计	其中:财政事业费				总计
韩家园	—	22050	—	38364	5208	2	38970
大兴安岭营林局	**—**	**3166**	**—**	**920**	**119**	**61**	**15967**
加格达奇	—	3166	—	920	119	61	15967
四川	**—**	**8030**	**—**	**21007**	**3175**	**12**	**64237**
阿坝州林管局	**—**	**2345**	**—**	**10861**	**1146**	**12**	**24485**
川西	—	340	—	—	—	—	1839
黑水	—	—	—	—	—	—	3560
马尔康	—	—	—	10861	1146	—	5343
小金	—	420	—	—	—	—	3266
观音桥	—	1160	—	—	—	—	4208
松潘	—	16	—	—	—	12	1714
南坪	—	409	—	—	—	—	2795
壤塘	—	—	—	—	—	—	1760
甘孜州林管局	**—**	**298**	**—**	**—**	**—**	**—**	**13334**
道孚	—	44	—	—	—	—	2772
新龙	—	44	—	—	—	—	2313
丹巴	—	44	—	—	—	—	2503
炉霍	—	44	—	—	—	—	1836
白玉	—	44	—	—	—	—	1640
力邱河	—	44	—	—	—	—	1375
翁达	—	34	—	—	—	—	895
其他地、州林管局	**—**	**5387**	**—**	**10146**	**2029**	**—**	**26418**
川南	—	—	—	—	—	—	5856
雷波	—	1115	—	—	—	—	3934
凉北	—	2145	—	10146	2029	—	3434
夹金山	—	—	—	—	—	—	4180
木里	—	694	—	—	—	—	5228
普威	—	716	—	—	—	—	2361
盐边	—	717	—	—	—	—	1425
云南	**188**	**5808**	**2425**	**49700**	**7095**	**45**	**30227**
云南省林管局	**188**	**5808**	**2425**	**49700**	**7095**	**45**	**30227**
华坪	—	—	—	—	—	—	3533
碧泉	—	846	—	—	—	—	2112
黑白水	—	1064	1064	21704	3949	—	4665
中甸 *	—	—	—	—	—	—	—
巨甸	—	485	485	9470	1195	—	1133
红旗	—	—	—	—	—	—	753
云台山	—	—	—	—	—	—	2250

完成情况与资金来源(九)

单位:万元

上年末结余资金	本年资金来源合计								
	本年资金来源小计								
	合计	国家预算资金			国内贷款	债券	利用外资	自筹资金	其他
		小计	中央资金	地方资金					
1800	37170	23456	20166	3290	—	—	—	13714	—
2070	**13897**	**10875**	**10875**	**—**	**—**	**—**	**—**	**3022**	**—**
2070	13897	10875	10875	—	—	—	—	3022	—
5370	**58867**	**54452**	**47698**	**6754**	**—**	**—**	**—**	**2790**	**1625**
3257	**21228**	**20325**	**16595**	**3730**	**—**	**—**	**—**	**—**	**903**
—	1839	1839	1476	363	—	—	—	—	—
—	3560	3560	2738	822	—	—	—	—	—
1063	4280	4280	3213	1067	—	—	—	—	—
1440	1826	1826	1467	359	—	—	—	—	—
754	3454	2781	2690	91	—	—	—	—	673
—	1714	1714	1416	298	—	—	—	—	—
—	2795	2795	2214	581	—	—	—	—	—
—	1760	1530	1381	149	—	—	—	—	230
—	**13334**	**13334**	**12305**	**1029**	**—**	**—**	**—**	**—**	**—**
—	2772	2772	2495	277	—	—	—	—	—
—	2313	2313	2162	151	—	—	—	—	—
—	2503	2503	2296	207	—	—	—	—	—
—	1836	1836	1657	179	—	—	—	—	—
—	1640	1640	1530	110	—	—	—	—	—
—	1375	1375	1319	56	—	—	—	—	—
—	895	895	846	49	—	—	—	—	—
2113	**24305**	**20793**	**18798**	**1995**	**—**	**—**	**—**	**2790**	**722**
—	5856	5852	5139	713	—	—	—	4	—
934	3000	2511	2254	257	—	—	—	267	222
786	2648	1279	1200	79	—	—	—	1243	126
—	4180	2904	2904	—	—	—	—	1276	—
393	4835	4461	4167	294	—	—	—	—	374
—	2361	2361	1995	366	—	—	—	—	—
—	1425	1425	1139	286	—	—	—	—	—
4770	**25457**	**16819**	**15279**	**1540**	**—**	**—**	**445**	**4796**	**3397**
4770	**25457**	**16819**	**15279**	**1540**	**—**	**—**	**445**	**4796**	**3397**
—	3533	1619	1207	412	—	—	—	1914	—
119	1993	1600	1374	226	—	—	—	12	381
-294	4959	1667	1404	263	—	—	—	2175	1117
—	—	—	—	—	—	—	—	—	—
457	676	384	384	—	—	—	—	—	292
—	753	733	618	115	—	—	—	20	—
818	1432	1411	1371	40	—	—	—	—	21

国有林区分企业的林业投资

企业名称	自年初累计完成投资			本年房屋竣工面积（平方米）	本年房屋竣工价值	本年新增公路里程（千米）	总计
	林业产业发展	其他					
	其他	合计	其中：财政事业费				
漾江	—	857	—	—	—	—	1057
景东	—	1680	—	7560	810	—	2662
墨江	—	—	—	7635	865	—	4106
卫国	188	—	—	239	101	45	6295
江边 *	—	—	—	—	—	—	—
清水江 *	—	—	—	—	—	—	—
南盘江 *	—	—	—	—	—	—	—
新平	—	—	—	—	—	—	300
宁蒗	—	876	876	3092	175	—	1361
陕西	**—**	**15988**	**2935**	**32534**	**1485**	**—**	**33700**
陕西省林管局	**—**	**14770**	**2935**	**21198**	**785**	**—**	**28740**
宁西	—	2841	499	—	—	—	5863
太白	—	3408	659	21198	785	—	6807
长青	—	2476	251	—	—	—	3462
宁东	—	2792	852	—	—	—	7519
汉西	—	1664	291	—	—	—	2497
龙草坪	—	1589	383	—	—	—	2592
陕西省营林局	**—**	**1218**	**—**	**11336**	**700**	**—**	**4960**
马头滩	—	229	—	—	—	—	3282
辛家山	—	989	—	11336	700	—	1678
甘肃	**—**	**4098**	**2520**	**101705**	**15368**	**—**	**66288**
甘肃省林管局	**—**	**1578**	**—**	**87943**	**11220**	**—**	**40939**
舟曲	—	312	—	—	—	—	11920
迭部	—	605	—	74083	9111	—	12632
洮河	—	526	—	10860	1629	—	12251
白水江	—	135	—	3000	480	—	4136
甘肃省营林局	**—**	**2520**	**2520**	**13762**	**4148**	**—**	**25349**
小陇山	—	2520	2520	13762	4148	—	25349
青海	**—**	**—**	**—**	**—**	**—**	**—**	**—**
青海省林管局	**—**	**—**	**—**	**—**	**—**	**—**	**—**
玛可河 *	—	—	—	—	—	—	—
新疆	**20**	**7735**	**937**	**5903**	**1466**	**—**	**51202**
新疆自治区林管局	**20**	**5444**	**937**	**3511**	**515**	**—**	**34138**
天山西部	20	5444	937	—	—	—	21062
阿尔泰山	—	—	—	3511	515	—	13076
新疆自治区营林局	**—**	**2291**	**—**	**2392**	**951**	**—**	**17064**
天山中东部	—	2291	—	2392	951	—	17064

完成情况与资金来源(十)

单位:万元

本年资金来源合计									
上年末结余资金	本年资金来源小计								
	合计	国家预算资金			国内贷款	债券	利用外资	自筹资金	其他
		小计	中央资金	地方资金					
—	1057	1057	1057	—	—	—	—	—	—
—	2662	1679	1375	304	—	—	—	386	597
1991	2115	1670	1577	93	—	—	445	—	—
1679	4616	3338	3338	—	—	—	—	289	989
—	—	—	—	—	—	—	—	—	—
—	—	—	—	—	—	—	—	—	—
—	—	—	—	—	—	—	—	—	—
—	300	300	300	—	—	—	—	—	—
—	1361	1361	1274	87	—	—	—	—	—
6490	**27210**	**27210**	**23141**	**4069**	**—**	**—**	**—**	**—**	**—**
4370	**24370**	**24370**	**20459**	**3911**	**—**	**—**	**—**	**—**	**—**
—	5863	5863	4918	945	—	—	—	—	—
—	6807	6807	5750	1057	—	—	—	—	—
2460	1002	1002	1001	1	—	—	—	—	—
1541	5978	5978	4797	1181	—	—	—	—	—
369	2128	2128	1920	208	—	—	—	—	—
—	2592	2592	2073	519	—	—	—	—	—
2120	**2840**	**2840**	**2682**	**158**	**—**	**—**	**—**	**—**	**—**
1420	1862	1862	1763	99	—	—	—	—	—
700	978	978	919	59	—	—	—	—	—
4530	**61758**	**59721**	**54003**	**5718**	**—**	**—**	**—**	**1141**	**896**
4530	**36409**	**34372**	**28654**	**5718**	**—**	**—**	**—**	**1141**	**896**
4295	7625	7411	6523	888	—	—	—	—	214
—	12632	11258	9315	1943	—	—	—	1141	233
—	12251	11837	9592	2245	—	—	—	—	414
235	3901	3866	3224	642	—	—	—	—	35
—	**25349**	**25349**	**25349**	**—**	**—**	**—**	**—**	**—**	**—**
—	25349	25349	25349	—	—	—	—	—	—
—	—	—	—	—	—	—	—	—	—
—	—	—	—	—	—	—	—	—	—
—	—	—	—	—	—	—	—	—	—
9332	**41870**	**37089**	**32389**	**4700**	**—**	**—**	**—**	**1425**	**3356**
7046	**27092**	**23558**	**20432**	**3126**	**—**	**—**	**—**	**1411**	**2123**
7046	14016	11893	8767	3126	—	—	—	—	2123
—	13076	11665	11665	—	—	—	—	1411	—
2286	**14778**	**13531**	**11957**	**1574**	**—**	**—**	**—**	**14**	**1233**
2286	14778	13531	11957	1574	—	—	—	14	1233

附录二

林业工作站和乡村林场基本情况

ANNEX Ⅱ

中国
林业统计年鉴 2011

各地区基层林业

地　区	至本年底实有工作站个数					本年新建站数	已加挂野保站牌子站数	已加挂仲裁委员会牌子站数	至本年底已核定编制数(人)
	总站个数		派出机构	双重领导	乡镇管理				
	合计	片站							
全国总计	**27943**	**3197**	**9514**	**7011**	**11418**	**413**	**10615**	**1620**	**116922**
北　京	186	2	40	63	83	—	1	—	868
天　津	147	29	14	29	104	—	3	2	446
河　北	1069	625	594	197	278	92	77	22	3339
山　西	1171	64	159	416	596	2	224	33	2452
内蒙古	669	188	414	190	65	18	90	4	2786
辽　宁	792	—	18	308	466	18	540	6	4353
吉　林	701	—	210	474	17	—	371	39	3776
黑龙江	866	21	366	239	261	2	188	45	2468
上　海	104	—	—	—	104	—	—	—	353
江　苏	1031	10	7	46	978	—	—	—	3218
浙　江	1220	100	89	477	654	—	81	40	3767
安　徽	788	162	336	236	216	70	291	43	3172
福　建	938	49	707	172	59	—	747	17	3900
江　西	940	282	872	33	35	—	739	14	4562
山　东	1707	—	50	440	1217	2	64	—	6472
河　南	1937	109	120	202	1615	40	317	47	5253
湖　北	865	33	693	119	53	11	406	21	3586
湖　南	1955	158	815	475	665	7	1528	75	11995
广　东	1048	34	504	—	544	44	213	—	5519
广　西	1066	39	322	263	481	55	14	—	3910
海　南	17	—	17	—	—	—	—	—	58
重　庆	915	55	18	218	679	23	473	107	2672
四　川	1613	718	1429	—	184	—	1241	235	10093
贵　州	1459	32	375	565	519	—	1188	—	6437
云　南	1350	10	208	480	662	2	690	17	8476
西　藏	137	11	41	40	56	—	—	—	—
陕　西	1034	160	160	667	207	—	625	762	3792
甘　肃	980	180	224	399	357	23	87	—	3276
青　海	262	8	29	66	167	—	40	75	511
宁　夏	110	102	42	65	3	3	30	4	695
新　疆	788	7	616	102	70	1	343	12	3681
新疆兵团	78	9	25	30	23	—	4	—	1036

注:1. 总站数中的“片站”是指管理两个以上乡镇林业工作的林业站。

2. 人、财、物三权属县林业主管部门的站为派出机构;三权属乡镇的为乡镇管理;介于二者之间的为双重领导。三者

3. 已加挂野保站牌子站数指截至本年底加挂“野生动植物保护管理站”牌子的林业站总数。

4. 已加挂仲裁委员会牌子站数指截至本年底加挂“林业承包合同仲裁委员会”牌子的林业站总数。

5. 林业站“在岗职工”是指在林业站工作并在林业站开支的人员,不包括林业站临时聘用的后勤服务人员及其所办经以及新分配的大中专毕业生。

6. 有交通工具的站数指配备机动交通工具的站数,该栏目下“本年新增”指本年新增加机动交通工具的站数。

7. 有通讯设备的站数指配备电话或无线通讯设备的站数,本栏“本年新增”与第6条“本年新增”意思相同。

工作站基本情况

单位:个

年末在岗职工总数（人）		经费渠道（人）				至本年底自有办公用房站数		至本年底有交通工具站数		至本年底有通讯设备站数	
合计	其中：长期职工	财政全额	财政差额	林业经费	自收自支	合计	本年新建	合计	本年新增	合计	本年新增
129314	**126606**	**99830**	**10069**	**9062**	**10353**	**17645**	**866**	**14475**	**1314**	**20915**	**1106**
1087	1014	575	71	41	400	81	17	138	18	148	1
346	346	248	45	1	52	99	—	65	—	82	—
3916	3866	2408	618	41	849	786	60	350	71	705	106
2674	2575	2227	299	23	125	868	2	467	58	397	1
2827	2827	2522	235	58	12	519	—	480	—	539	—
4912	4617	3115	439	130	1228	526	31	398	86	771	94
4234	4184	3310	151	121	652	360	44	322	15	419	14
2772	2762	1874	88	419	391	325	14	200	9	380	3
305	305	125	134	—	46	97	1	54	—	104	—
3894	3706	2212	897	83	702	240	51	221	67	818	119
3365	3213	2661	583	103	18	717	—	450	—	1346	—
3191	3183	2510	212	121	348	515	20	824	418	1270	44
3972	3916	3241	302	265	164	825	31	496	62	773	16
5205	5054	3835	447	298	625	623	35	584	31	649	53
6129	6008	4813	1136	12	168	677	2	1706	14	1706	26
6200	6189	5029	313	366	492	1215	137	728	44	1160	42
5057	4782	2396	920	324	1417	511	22	355	24	592	33
14053	13911	10622	1702	1324	405	1168	33	629	32	1217	219
5742	5625	5429	97	67	149	743	2	1048	—	1048	
4453	4338	3364	192	768	129	690	32	424	13	608	31
58	58	58	—	—	—	17	—	17	—	17	—
3009	3009	2898	88	—	23	626	22	569	98	687	6
10883	10796	7032	432	2637	782	1298	65	1161	92	1791	15
5470	5470	5142	54	26	248	1293	21	1093	94	1310	41
8559	8505	8508	23	4	24	1083	17	874	16	1195	27
233	233	72	—	161	—	23	1	9	—	15	—
4253	4113	3583	70	518	82	475	—	274	—	500	—
3719	3663	3426	111	97	85	525	5	107	1	205	198
741	711	687	—	54	—	107	5	92	5	47	5
682	682	682	—	—	—	15	—	45	29	61	—
4088	3884	3814	97	121	56	482	187	236	12	249	11
3285	3061	1412	313	879	681	116	9	59	5	106	1

之和为总站数。

济实体中聘用的人员。“长期职工”是指“在岗职工”中用工期限在一年（含一年）以上的职工，包括正式职工和合同制职工

各地区地、县林业

地 区	地(市)								
	林业站个数	管理人员							
		文化程度				专业技术人员			
		合计	大专以上学历	中专学历	高中以下文化	合计	高级	中级	初级
全国总计	**282**	**2473**	**2027**	**283**	**163**	**1914**	**547**	**772**	**595**
北 京	—	—	—	—	—	—	—	—	—
天 津	—	—	—	—	—	—	—	—	—
河 北	11	123	101	17	5	101	56	25	20
山 西	11	107	93	12	2	95	22	45	28
内蒙古	14	421	221	124	76	340	66	108	166
辽 宁	14	93	84	7	2	67	15	40	12
吉 林	9	81	71	8	2	67	20	31	16
黑龙江	13	61	59	2	—	49	7	30	12
上 海	—	—	—	—	—	—	—	—	—
江 苏	13	55	54	—	1	53	21	25	7
浙 江	11	43	38	5	—	43	18	19	6
安 徽	9	71	66	5	—	58	17	27	14
福 建	3	44	35	7	2	38	16	14	8
江 西	8	50	46	3	1	25	8	11	6
山 东	16	178	169	6	3	171	72	63	36
河 南	18	251	228	13	10	197	53	79	65
湖 北	—	—	—	—	—	—	—	—	—
湖 南	8	53	35	5	13	12	5	6	1
广 东	—	—	—	—	—	—	—	—	—
广 西	10	65	54	9	2	57	9	29	19
海 南	—	—	—	—	—	—	—	—	—
重 庆	40	108	99	5	4	59	12	32	15
四 川	8	49	44	5	—	31	11	13	7
贵 州	—	—	—	—	—	—	—	—	—
云 南	—	—	—	—	—	—	—	—	—
西 藏	7	13	13	—	—	—	—	—	—
陕 西	10	76	67	4	5	53	21	19	13
甘 肃	14	208	174	21	13	140	20	64	56
青 海	8	88	73	5	10	73	24	27	22
宁 夏	5	85	74	4	7	62	26	20	16
新 疆	9	106	95	6	5	80	17	28	35
新疆兵团	13	44	34	10	—	43	11	17	15

注:1.“管理人员”指从事林业站管理工作的专兼职人员。

2. 有林业站的既统计站数又统计管理人员,无林业站的只统计管理人员。

工作站及管理人员情况

单位:个、人

县(市、区)								
林业站个数	管理人员							
	文化程度				专业技术人员			
	合计	大专以上学历	中专学历	高中以下文化	合计	高级	中级	初级
2009	**20852**	**13767**	**4807**	**2278**	**15580**	**1630**	**6514**	**7436**
13	376	315	42	19	182	15	84	83
12	100	90	7	3	68	15	30	23
145	1548	1084	336	128	1260	227	629	404
106	1552	804	440	308	1182	68	429	685
94	1508	693	479	336	1129	98	422	609
166	813	641	131	41	675	71	330	274
63	748	451	231	66	580	104	267	209
100	605	495	100	10	522	58	296	168
9	214	170	20	24	181	29	64	88
93	470	379	69	22	434	102	212	120
78	571	472	66	33	488	67	256	165
82	405	323	76	6	376	68	201	107
36	203	173	27	3	241	25	128	88
81	402	228	113	61	236	14	112	110
142	1357	1036	263	58	1202	255	458	489
171	2172	1266	606	300	1402	91	509	802
—	—	—	—	—	—	—	—	—
39	616	426	150	40	438	20	224	194
2	345	222	106	17	271	—	89	182
71	441	343	63	35	349	8	195	146
17	58	15	13	30	58	1	12	45
—	—	—	—	—	—	—	—	—
110	871	516	206	149	584	37	270	277
3	492	407	62	23	353	6	142	205
	199	143	39	17	40	4	20	16
45	108	54	52	2	2	—	—	2
104	1282	809	301	172	863	64	324	475
84	1038	670	224	144	728	50	299	379
39	573	427	83	63	430	52	193	185
21	359	305	26	28	290	42	132	116
83	1426	810	476	140	1016	39	187	790
—	—	—	—	—	—	—	—	—

各地区基层林业工作站

地　区	林业站长期职工人数	文化程度情况				专业技术人员					
									林业大专班		
		大专以上学历人数	中专学历人数	高中文化人数	初中以下文化人数	高级	中级	初级	本年毕业生数	在校生人数	本年入学人数
全国总计	**126606**	**61508**	**33372**	**22518**	**9208**	**2318**	**23395**	**49112**	**1322**	**2074**	**562**
北　京	1014	688	142	116	68	23	106	116	2	8	3
天　津	346	217	91	31	7	65	96	87	9	2	3
河　北	3866	2330	988	482	66	228	1212	1189	34	45	12
山　西	2575	700	1008	701	166	163	340	839	4	18	5
内蒙古	2827	1195	1076	469	87	106	480	1207	36	64	—
辽　宁	4617	3057	852	403	305	182	1316	1888	126	181	15
吉　林	4184	1605	1653	740	186	77	837	1405	16	41	—
黑龙江	2762	1620	850	145	147	85	932	1143	26	35	9
上　海	305	137	89	53	26	9	101	147	—	—	—
江　苏	3706	1776	866	759	305	59	1009	1703	19	12	3
浙　江	3213	1739	622	671	181	19	1469	1626	—	—	—
安　徽	3183	1850	958	299	76	121	1005	1431	7	28	11
福　建	3916	2165	873	728	150	113	1091	1507	128	83	10
江　西	5054	1585	1301	1586	582	99	545	1690	94	113	39
山　东	6008	2825	2498	580	105	231	1396	3358	37	43	39
河　南	6189	2617	1973	1406	193	96	961	2097	35	62	7
湖　北	4782	1985	1436	927	434	81	1212	1653	87	54	2
湖　南	13911	5500	3394	3648	1369	129	1795	3579	248	426	200
广　东	5625	1925	1560	1557	583	42	311	2210	42	98	5
广　西	4338	2479	1048	664	147	11	789	1947	24	55	8
海　南	58	15	13	30	—	1	12	45	—	—	—
重　庆	3009	1757	646	486	120	38	269	1154	1	25	—
四　川	10796	5172	2248	2045	1331	122	1830	3477	18	147	26
贵　州	5470	3511	1237	487	235	2	511	3043	13	175	10
云　南	8505	5597	1586	663	659	64	1737	4071	204	228	79
西　藏	233	57	68	52	56	—	4	38	1	—	—
陕　西	4113	1708	1395	871	139	37	528	1714	—	—	—
甘　肃	3663	1823	1222	482	136	33	518	1620	46	70	58
青　海	711	427	128	114	42	16	127	332	—	4	3
宁　夏	682	512	102	56	12	7	146	370	13	47	9
新　疆	3884	2153	1176	477	78	34	492	1974	9	7	6
新疆兵团	3061	781	273	790	1217	25	218	452	43	3	—

注:1.“林业中专班”指在林业学校学习的,不包括在农广校参加学习的林业中专人数。

2.正在接受学历教育的人员按原学历统计。

人员素质和培训情况

单位:人

学历教育情况									岗位培训情况			
林业中专班			农广校中专班			专业证书班			截至本年底已完成培训量		其中本年完成的培训量	
本年毕业生数	在校生总数	本年入学人数	本年毕业生数	在校生总数	本年入学人数	本年毕业生数	在校生总数	本年入学人数	站长	站员	站长	站员
162	**181**	**40**	**285**	**245**	**115**	**402**	**258**	**140**	**50282**	**146457**	**15948**	**47763**
—	—	—	—	—	—	15	4	15	1417	1705	236	652
—	—	—	—	—	—	—	1	1	802	951	182	267
6	7	4	12	17	5	2	10	1	1591	3356	392	741
7	4	1	11	29	4	6	2	1	5150	5071	544	735
—	—	—	—	—	—	—	—	—	569	1205	130	—
—	—	—	13	15	4	18	—	2	939	1791	612	1222
—	10	—	—	39	—	—	14	—	2605	8641	435	1529
2	—	—	8	—	—	—	—	2	1977	3320	675	1194
—	—	—	—	—	—	—	—	—	115	70	15	21
—	—	—	4	—	—	29	27	19	653	3516	187	289
—	—	—	—	—	—	—	—	—	1401	2496	395	—
—	—	—	20	—	20	—	—	—	990	1945	343	853
3	5	—	17	—	—	98	—	—	825	2243	283	812
—	33	—	—	13	—	—	27	2	1951	8423	702	2481
23	—	—	14	25	—	17	23	15	1600	3807	829	1397
39	10	—	49	38	21	20	—	—	2484	3918	888	1330
5	60	—	2	—	—	7	8	21	1656	5961	622	2416
15	—	—	45	—	—	118	33	21	4765	18836	2093	9994
2	1	—	—	—	—	—	—	—	2045	16146	256	1848
—	—	—	—	—	—	12	8	—	2031	4226	559	1488
—	—	—	—	—	—	—	—	—	—	—	—	—
16	4	—	22	36	22	—	—	10	2695	7021	852	2586
—	4	—	3	2	—	4	1	—	3498	11496	901	2876
2	9	—	6	—	—	—	30	—	1642	4687	624	1507
2	6	—	45	5	2	7	42	1	1831	7546	1016	4239
—	—	—	1	—	—	—	—	—	—	—	—	—
—	—	—	—	—	—	—	—	—	—	—	216	—
25	23	35	13	26	7	27	26	26	1487	4212	759	2143
—	5	—	—	—	—	—	—	—	149	302	105	33
—	—	—	—	—	—	—	—	—	141	503	59	254
3	—	—	—	—	—	11	2	3	3141	10708	932	2784
12	—	—	—	—	30	11	—	—	132	2355	106	2072

各地区基层林业工作

地　区	至本年底累计完成投资						
	合计	国家投资			地方投资		
		计	国家林业局投资	其他	计	省(区、市)	地(市)、县、乡
全国总计	**446118**	**94350**	**65446**	**28904**	**351768**	**52859**	**298909**
北　京	11679	2233	1462	771	9446	546	8900
天　津	1462	982	982	—	480	—	480
河　北	21943	2908	2489	419	19035	4592	14443
山　西	9103	2226	1945	281	6877	2487	4390
内蒙古	3263	2246	2246	—	1017	10	1007
辽　宁	12907	3170	2954	216	9737	1558	8179
吉　林	15054	4109	1695	2414	10945	3416	7529
黑龙江	4734	2483	2409	74	2251	136	2115
上　海	916	645	592	53	271	—	271
江　苏	10616	2806	1803	1003	7810	3222	4588
浙　江	19377	2973	1929	1044	16404	3707	12697
安　徽	17415	2483	2483	—	14932	939	13993
福　建	15798	2771	2771	—	13027	734	12293
江　西	30325	2935	1828	1107	27390	1912	25478
山　东	20108	2475	2392	83	17633	85	17548
河　南	13362	2363	2363	—	10999	1655	9344
湖　北	15529	2930	2790	140	12599	820	11779
湖　南	23329	3432	2747	685	19897	1631	18266
广　东	32559	1921	1896	25	30638	2163	28475
广　西	16344	3165	3137	28	13179	4895	8284
海　南	3593	982	982	—	2611	458	2153
重　庆	5152	1882	1828	54	3270	510	2760
四　川	59126	11801	3417	8384	47325	607	46718
贵　州	17142	3279	3243	36	13863	3594	10269
云　南	19952	2986	2527	459	16966	3143	13823
西　藏	986	986	986	—	—	—	—
陕　西	9509	3068	1944	1124	6441	1361	5080
甘　肃	14594	11698	2235	9463	2896	294	2602
青　海	2626	1208	1112	96	1418	1069	349
宁　夏	2783	998	836	162	1785	1494	291
新　疆	12788	2852	2074	778	9936	5821	4115
新疆兵团	2045	1355	1350	5	690	—	690

站建设完成投资情况

单位:万元

本年完成投资						
合　计	国家投资			地方投资		
	计	国家林业局投资	其他	计	省(区、市)	地(市)、县、乡
69470	**12237**	**6000**	**6237**	**57233**	**19678**	**39136**
370	150	150	—	220	60	160
445	130	130	—	315	—	315
11122	180	180	—	10942	756	10186
560	180	180	—	380	200	180
240	240	240	—	—	—	—
670	280	280	—	390	—	390
1801	280	280	—	1521	513	1008
279	240	240	—	39	—	39
40	40	40	—	—	—	—
192	120	120	—	72	—	72
420	180	180	—	240	—	240
1834	220	220	—	1614	60	1554
3228	242	220	22	2986	110	2876
2732	240	240	—	2492	300	2192
11050	420	200	220	10630	9060	1724
1224	240	240	—	984	63	921
3052	300	300	—	2752	258	2494
4328	317	200	117	4011	237	4889
2062	140	140	—	1922	—	1922
1744	214	200	14	1530	811	716
110	110	110	—	—	—	—
180	180	180	—	—	—	—
3187	1163	200	963	2024	61	1963
1348	160	160	—	1188	266	922
3354	235	220	15	3119	1100	1863
100	100	100	—	—	—	—
305	250	250	—	55	—	55
5395	5123	240	4883	272	67	205
120	120	120	—	—	—	—
286	140	140	—	146	146	—
7465	220	220	—	7245	5610	1635
227	83	80	3	144	—	615

各地区基层林业工作站

地区	营林情况						森林病虫鼠害防治面积
	本年新造林面积		本年新封山育林面积	本年育苗面积	本年抚育作业面积	四旁植树株数（万株）	
	计	其中:林业重点工程造林面积					
全国总计	**4102791**	**2004244**	**1236083**	**328932**	**8812664**	**197734**	**8958214**
北　京	6198	5684	14286	12015	74302	257	384726
天　津	56403	7401	—	8280	87412	585	229799
河　北	173362	144744	61530	18016	755740	10357	1083284
山　西	216853	135491	30335	30192	52396	7384	86851
内蒙古	421607	268800	150900	8400	204760	4498	223850
辽　宁	129279	64455	64824	19356	210343	9777	1043
吉　林	39190	31150	2334	8370	129200	1490	135360
黑龙江	79205	65572	21309	6657	121741	1820	117146
上　海	1020	1020	—	52	1766	25	3360
江　苏	85130	27942	—	17760	186177	9476	71330
浙　江	35507	13595	3937	8157	122629	1677	60868
安　徽	67859	36124	22256	6068	227491	9098	280975
福　建	372114	46288	—	1522	396741	2861	163643
江　西	199101	52890	22828	10891	355283	10871	460741
山　东	250912	35503	1699	73349	1268623	17476	1242360
河　南	235664	99952	44240	19666	127657	20394	327053
湖　北	216006	102892	48743	11450	16757	9143	688223
湖　南	239017	70093	166612	6042	492897	10107	180584
广　东	166687	30285	3836	3598	319100	6402	132002
广　西	135294	45592	15929	1285	386133	3902	324152
海　南	44	44	—	156	85	14	14
重　庆	1669	1669	659	356	948	6381	1009
四　川	105096	105096	120292	8988	305151	27648	892265
贵　州	134107	51241	103685	2667	87506	3414	200608
云　南	15869	15869	35633	1055	4238	1060	6932
西　藏	—	—	—	—	—	—	—
陕　西	215092	215092	85601	11442	452336	11441	—
甘　肃	204772	104991	66607	16302	81334	5429	646194
青　海	30906	21884	75454	800	3932	1330	62667
宁　夏	58984	40698	17552	7186	287253	1942	134909
新　疆	186113	138456	44602	6646	1641271	1323	592347
新疆兵团	23731	23731	10401	2208	411462	152	223919

注:1. 本表只统计本年基层林业工作站所单独或参与完成的主要工作。
2. “林业重点工程造林面积”指林业站当年所完成的各项国家级林业重点工程面积的总和。
3. “本年抚育作业面积”指幼林抚育作业面积与成林抚育作业面积之和。
4. “本年推广面积”指林业站当年所完成的林业科技推广面积总和,不包括站办科技推广示范基地的面积。
5. “受委托行使林业行政执法权站数”指截止到本年底的总站数。

职能作用主要指标情况

单位：公顷、个

采伐设计面积	受委托行使林业行政执法权站数	受理林政案件(件)	参与调处林权纠纷(件)	受理林业承包合同纠纷(件)	科技推广	
					站办示范基地面积	本年推广面积
1695081	**12744**	**89934**	**80511**	**39417**	**1010789**	**1819597**
6915	7	276	88	3	412	854
2201	53	109	55	17	10758	10946
42357	252	2022	1402	366	28238	121656
1642	262	276	814	157	3517	8076
22421	596	1359	506	281	37920	86526
55174	434	1899	1315	541	48010	34823
62230	621	10317	3783	342	1700	7600
15662	335	585	388	413	192	8983
—	—	—	—	—	165	775
6870	222	1786	1410	987	13060	122430
231436	240	5833	766	207	14928	67520
45240	319	4809	3120	448	59095	56758
64705	514	6009	1643	408	72466	45211
168276	804	4965	4701	1021	17392	33718
10388	145	1692	417	187	4967	100259
28727	228	2546	1257	560	4383	58127
98067	573	8217	4436	932	36222	70943
270791	1953	16562	14043	24638	33673	68003
151805	457	2881	13268	555	8603	15596
119718	517	3846	8653	1770	1719	16980
70	55	47	28	54	—	—
127	534	1605	1042	378	187	208
204549	1427	4609	4073	437	477318	479624
55885	1035	4237	8511	3423	610	13211
1696	57	370	212	45	709	1341
—	—	—	—	—	—	—
19571	520	1689	3414	855	34042	122707
963	219	415	831	228	22831	121025
20	38	11	6	1	1400	400
38	57	115	112	2	333	7359
5196	206	509	160	71	3823	89398
2341	64	338	57	90	72113	48539

各地区乡村

地区	林场个数					经营面积		
	合计	按经营形式分				合计	其中：有林地	其中：经济林
		集体林场	联办林场	站办林场	户办林场			
全国总计	**64949**	**28491**	**11380**	**1155**	**23923**	**8900448**	**7226541**	**912317**
北京	15	15	—	—	—	5699	4339	1173
天津	21	15	1	—	5	1287	1065	222
河北	450	118	107	26	199	51330	36724	14606
山西	389	189	82	51	67	86902	42392	5664
内蒙古	518	93	107	8	310	22151	18088	799
辽宁	468	44	189	—	235	406556	375435	31130
吉林	40	24	7	9	—	62074	59053	3517
黑龙江	150	144	2	4	—	36446	12137	943
上海	—	—	—	—	—	—	—	—
江苏	612	258	75	32	247	67107	57494	9613
浙江	775	340	104	11	320	154053	141689	22617
安徽	6293	3103	1036	139	2015	269559	230941	27277
福建	984	464	273	9	238	464340	360192	29887
江西	3318	1951	474	51	842	1139372	827396	28319
山东	793	339	120	—	334	77908	74154	10816
河南	4760	1360	766	14	2620	378525	282217	100097
湖北	7026	2820	815	131	3260	689496	351336	37742
湖南	11669	6195	3265	277	1932	1866312	1688081	185048
广东	3055	2073	598	82	302	901133	805195	90892
广西	1983	1173	252	18	540	464480	409350	42767
海南	285	44	—	156	85	14	14	70
重庆	380	311	31	11	27	28281	23119	5597
四川	1355	768	570	17	—	86014	75383	7959
贵州	4278	2124	1772	32	350	303325	260323	26437
云南	1389	839	430	44	76	109136	91657	6709
西藏	—	—	—	—	—	—	—	—
陕西	1297	435	235	2	625	444887	374661	70227
甘肃	12132	3082	43	2	9005	309042	265499	123665
青海	10	9	—	—	1	5827	5827	—
宁夏	183	118	25	—	40	72639	68738	808
新疆	—	—	—	—	—	—	—	—
新疆兵团	321	43	1	29	248	396553	284043	27715

林场基本情况

单位:公顷、百立方米、百根、万元

蓄积量		本年林业生产				年末实有从业人员	年经营收入
林木	毛竹	造林面积	育苗面积	木材产量	毛竹产量		
75784980	**5942279**	**541704**	**197083**	**1448644**	**1012181**	**600899**	**593312**
1917	—	—	—	—	—	143	156
23010	—	1709	663	652	—	2049	3206
10987	—	17336	2785	4576	—	8430	18810
17336	25	12278	1284	722	—	2658	5537
7868	—	3049	207	146	—	1151	439
166651	—	72178	1877	4507	—	3673	17185
52278	—	875	16	275	—	277	5257
280	—	505	62	—	—	424	14
—	—	—	—	—	—	—	—
14388	4895	5452	1310	1013	245118	11828	4236
368295	212911	10594	2845	4797	76563	6744	19828
1410	1820	12365	1300	37	746	28153	31466
97775	1257868	42635	262	21318	176401	10895	210691
628151	3182027	26226	945	10603	45645	17246	30839
947380	13	7479	773	8710	920	23964	20300
58305	12531	28122	3626	21719	2496	251982	15294
164453	42237	72031	7876	20855	4142	40684	44547
43663291	860156	79271	4972	1189970	415104	88544	76590
405301	219930	23145	1723	65271	11354	10584	15650
1086110	63209	32299	104	63686	1184	15175	25274
—	58	58	58	58	—	—	—
12109	11478	1643	74	561	1639	1115	484
89376	32840	7532	531	3318	21648	3076	1696
129752	3837	1452	142	1587	372	15463	5217
27328473	30930	23684	1067	6131	5432	18407	7587
—	—	—	—	—	—	—	—
21966	1155	19656	1035	16372	70	8699	—
274818	4358	15621	4111	384	3347	24476	12282
—	—	—	—	—	—	16	3
369	—	11942	290	—	—	733	975
—	—	—	—	—	—	—	—
212933	—	12566	157145	1376	—	4310	19753

各地区乡村

地　区	合计	人员类别		人员结构		
		专职	兼职	乡村林场	村组	其他
全国总计	**737188**	**294698**	**442490**	**79441**	**534230**	**123517**
北　京	58150	53888	4262	353	56883	914
天　津	2288	403	1885	309	1432	547
河　北	45882	16549	29333	2630	35780	7472
山　西	26120	8551	17569	1872	22591	1657
内蒙古	14336	10713	3623	724	7695	5917
辽　宁	20611	15191	5420	1517	12754	6340
吉　林	5369	2299	3070	195	4229	945
黑龙江	4416	1054	3362	317	3157	942
上　海	—	—	—	—	—	—
江　苏	23546	6196	17350	2279	16370	4897
浙　江	26751	14027	12724	9331	8659	8761
安　徽	16805	3566	13239	3218	11083	2504
福　建	18429	9484	8945	1314	14134	2981
江　西	22901	11102	11799	2992	16809	3100
山　东	47116	24990	22126	8566	36634	1916
河　南	40465	9781	30684	4143	29182	7140
湖　北	41787	11676	30111	4963	23440	13384
湖　南	41308	13820	27488	8756	29678	2874
广　东	24721	10743	13978	4069	15818	4834
广　西	11749	4002	7747	1182	8187	2380
海　南	1345	1345	—	1345	—	—
重　庆	14391	4043	10348	1596	10081	2714
四　川	27741	8236	19505	3401	19505	4835
贵　州	26107	10176	15931	3348	18137	4622
云　南	37276	21968	15308	3743	27337	6196
西　藏	83600	—	83600	—	83600	—
陕　西	19833	4381	15452	664	6875	12294
甘　肃	10356	6561	3795	1920	5333	3103
青　海	6708	3370	3338	—	3438	3270
宁　夏	3172	1460	1712	793	2065	314
新　疆	9888	2385	7503	3491	2852	3545
新疆兵团	4021	2738	1283	410	492	3119

护林员情况

单位:人

文化程度			年龄结构			报酬来源		
大专以上	中专高中	初中以下	45岁以下	46至60岁	61岁以上	由县补助的人数	由乡补助的人数	由村补助的人数
25506	**168726**	**542956**	**305903**	**359955**	**71330**	**372361**	**128279**	**236548**
1096	11237	45817	22253	30018	5879	50866	983	6301
128	456	1704	684	1476	128	105	231	1952
486	8923	36473	21932	21017	2933	18090	9500	18292
449	6782	18889	10310	13699	2111	9706	5160	11254
125	2928	11283	10978	3314	44	7680	940	5716
683	7404	12524	14102	6290	219	14947	2905	2759
145	1519	3705	3373	1954	42	984	978	3407
199	1685	2532	2856	1529	31	478	875	3063
—	—	—	—	—	—	—	—	—
798	5418	17330	4988	14117	4441	4897	2279	16370
371	5005	21375	5597	17064	4090	8761	9331	8659
498	4401	11906	4774	8426	3605	6157	785	9863
230	5562	12637	8041	9698	690	10290	1541	6598
303	7101	15497	9479	11805	1617	13551	2621	6729
697	10910	35509	12966	28164	5986	24620	7483	15013
1136	12416	26913	13141	21406	5918	8883	11719	19863
1110	10129	30548	13475	20726	7586	8627	4051	29109
844	8895	31569	9052	22622	9634	13830	7566	19912
1354	10833	12534	11947	11205	1569	8435	5811	10475
240	4029	7480	4577	6826	346	5305	819	5625
—	587	758	823	522	—	—	1345	—
767	4684	8940	6057	7590	744	1596	10081	2714
1805	8363	17573	14267	12676	798	5807	15060	6874
312	4488	21307	17629	7753	725	19580	3082	3445
298	7979	28999	23433	13529	314	24445	5987	6844
—	—	83600	32000	43000	8600	83600	—	—
9495	9723	615	6517	11706	1610	6517	11706	1610
834	2556	6966	4728	4905	723	5549	2297	2510
299	878	5531	3436	2697	575	4908	—	1800
1	241	2930	1419	1483	270	314	793	2065
552	2101	7235	8529	1264	95	1148	1163	7577
251	1493	2277	2540	1474	7	2685	1187	149

附录三

森林主要灾害情况

ANNEX Ⅲ

全国森林主要灾害情况(一)

指　标　名　称	单　　位	2011 年	2010 年	2011 年比 2010 年增减%
一、森林火灾				
1. 火灾次数	次	5550	7723	-28.14
其中:重大火灾	次	9	22	-59.09
特大火灾	次	—	4	-100.00
2. 火场总面积	公顷	63416	116243	-45.45
其中:受害森林面积	公顷	26950	45800	-41.16
3. 扑火经费	万元	13529.34	16091.63	-15.92
4. 出动扑火人工数	工日	891630	1053212	-15.34
5. 伤亡人数				
(1)受伤人数	人次	46	43	6.98
(2)死亡人数	人	45	65	-30.77
二、森林病虫鼠害				
1. 发生面积	千公顷	11681	11642	0.33
2. 防治面积	千公顷	7285	8124	-10.32
3. 防治率	%	62.36	69.78	-10.62
(一)森林病害				
1. 发生面积	千公顷	1197	1291	-7.24
2. 防治面积	千公顷	792	896	-11.53

全国森林主要灾害情况(二)

指　标　名　称	单　　位	2011 年	2010 年	2011 年比 2010 年增减%
3. 防治率	%	66.18	69.39	-4.63
(二)森林虫害				
1. 发生面积	千公顷	8459	8523	-0.75
其中:松毛虫	千公顷	962	910	5.81
杨树食叶害虫	千公顷	1489	949	56.95
杨树蛀干害虫	千公顷	625	507	23.08
2. 防治面积	千公顷	5466	6287	-13.06
其中:松毛虫	千公顷	655	715	-8.46
杨树食叶害虫	千公顷	1120	859	30.41
杨树蛀干害虫	千公顷	447	417	7.11
在防治面积中:				
化学防治	千公顷	515	1362	-62.22
生物防治	千公顷	1248	1591	-21.54
3. 防治率	%	64.61	73.76	-12.40
(三)森林鼠害				
1. 发生面积	千公顷	2025	1829	10.75
2. 防治面积	千公顷	1027	941	9.12
3. 防治率	%	50.71	51.46	-1.46

各地区森林

地　区	森林火灾次数(次)					火　场 总面积 (公顷)	受害森林面积(公顷)		
	合计	一般 火灾	较大 火灾	重大 火灾	特大 火灾		合计	其　中 原始林	其　中 人工林
全国合计	**5550**	**2993**	**2548**	**9**	**—**	**63416**	**26950**	**1696**	**23916**
北　京	3	3	—	—	—	2	2	1	1
天　津	5	5	—	—	—	24	9	—	9
河　北	108	94	13	1	—	2169	354	3	350
山　西	40	18	18	4	—	6372	3397	108	3289
内蒙古	57	21	36	—	—	1741	1089	452	189
辽　宁	54	40	14	—	—	577	155	1	154
吉　林	58	47	11	—	—	240	55	—	18
黑龙江	43	40	3	—	—	1741	58	41	17
上　海	—	—	—	—	—	—	—	—	—
江　苏	54	51	3	—	—	142	52	—	52
浙　江	433	83	350	—	—	4708	2090	—	1475
安　徽	250	179	71	—	—	752	255	3	252
福　建	407	18	387	2	—	9366	6503	180	6323
江　西	151	37	114	—	—	3828	1435	44	1391
山　东	32	25	5	2	—	897	861	—	861
河　南	622	398	224	—	—	2103	890	—	890
湖　北	510	379	131	—	—	3114	677	25	652
湖　南	873	407	466	—	—	5824	3605	265	3341
广　东	239	76	163	—	—	3367	1476	68	1407
广　西	350	171	179	—	—	5072	883	8	876
海　南	42	27	15	—	—	140	118	—	118
重　庆	162	115	47	—	—	753	296	28	266
四　川	309	245	64	—	—	3450	551	140	410
贵　州	430	300	130	—	—	2626	910	90	820
云　南	115	64	51	—	—	2429	694	13	538
西　藏	3	3	—	—	—	10	1	—	—
陕　西	125	92	33	—	—	988	265	97	150
甘　肃	7	4	3	—	—	144	24	14	10
青　海	7	4	3	—	—	114	88	—	24
宁　夏	2	1	1	—	—	10	9	—	—
新　疆	59	46	13	—	—	714	150	114	36

火灾情况(一)

损失林木		人员伤亡(人)				其他损失折款(万元)	出动扑火人工(工日)	出动车辆(台)		出动飞机(架次)	扑火经费(万元)
成林蓄积(立方米)	幼林株数(万株)	合计	轻伤	重伤	死亡			合计	其中:汽车		
633601	**6206**	**91**	**22**	**24**	**45**	**20173.42**	**891630**	**76883**	**56290**	**1810**	**13529.34**
23	—	1	—	—	1	—	836	77	77	—	9.86
—	—	—	—	—	—	19.50	2050	110	110	—	18.40
5032	2	3	—	1	2	12.20	38168	1431	1416	1094	3968.76
144584	5	—	—	—	—	4427.99	88406	4582	3269	48	1117.03
—	1	—	—	—	—	38.70	6748	767	352	—	16.07
1384	3	—	—	—	—	16.00	9634	1236	1125	—	125.00
3950	7	1	—	—	1	405.20	4145	584	582	2	60.56
—	—	—	—	—	—	—	43858	2595	2595	53	143.88
—	—	—	—	—	—	—	—	—	—	—	—
670	4	—	—	—	—	5.30	10701	891	891		311.46
54184	172	12	1	5	6	7.50	57967	5466	4293	—	692.50
3748	27	2	—	—	2	59.96	20521	3069	1586	—	118.71
220191	4354	20	13	4	3	222.44	64702	9269	3748	—	593.16
12966	172	4	—	1	3	579.18	36484	3142	1489	16	332.33
1452	80	—	—	—	—	8944.45	39379	4097	3971	6	160.00
213	25	—	—	—	—	54.74	35584	3439	3296	7	232.76
743	36	—	—	—	—	20.12	30856	2811	2347	—	109.53
46505	300	7	2	—	5	741.41	74973	5370	4755	—	602.07
19099	575	1	—	1	—	520.92	30296	4652	2727	19	418.78
28762	76	1	—	—	1	236.03	24928	3558	1784	17	227.01
40	1	—	—	—	—	8.40	2468	307	87	—	6.30
10241	15	2	—	1	1	183.14	66046	3960	3698	12	476.73
27002	34	4	1	1	2	550.42	74623	4713	3295	46	618.01
22236	49	10	3	—	7	778.13	33045	3194	2810	—	156.60
22611	237	19	2	7	10	515.27	56054	4805	3569	18	882.20
—	—	—	—	—	—	3.00	1225	100	100	—	3.00
3348	16	3	—	2	1	80.16	17229	1195	1120	—	100.40
1412	2	—	—	—	—	300.00	7337	638	571	—	77.51
—	1	—	—	—	—	2.04	1253	103	100	—	3.00
—	3	—	—	—	—	14.30	300	22	22	—	—
3205	11	1	—	1	—	1426.91	11814	700	505	472	1947.74

各地区森林

地区	合计	已查明火												
		生产性火源												
		计	烧荒烧炭	炼山造林	烧牧场	烧窑	烧隔离带	火车喷漏	火车甩瓦	机车喷火	其他	计	野外吸烟	取暖做饭
全国合计	**4803**	**1966**	**1357**	**264**	**8**	**5**	**13**	**1**	**1**	**2**	**315**	**2642**	**408**	**38**
北京	2	1	1	—	—	—	—	—	—	—	—	1	1	—
天津	5	1	1	—	—	—	—	—	—	—	—	3	—	—
河北	96	36	36	—	—	—	—	—	—	—	—	58	15	2
山西	40	1	—	—	—	—	—	—	—	—	1	10	2	—
内蒙古	46	10	2	—	—	—	5	—	1	1	1	11	3	2
辽宁	47	11	9	—	—	—	—	—	—	—	2	36	5	—
吉林	36	15	15	—	—	—	—	—	—	—	—	20	2	1
黑龙江	41	11	10	—	—	—	—	—	—	1	—	14	9	—
上海	—	—	—	—	—	—	—	—	—	—	—	—	—	—
江苏	54	1	—	—	—	—	1	—	—	—	—	48	20	—
浙江	403	161	148	13	—	—	—	—	—	—	—	236	36	—
安徽	231	52	38	9	—	—	—	—	—	—	5	179	13	—
福建	343	207	103	61	1	—	1	—	—	—	41	126	13	—
江西	148	49	39	9	—	—	—	—	—	—	1	96	21	—
山东	28	8	7	—	—	—	—	—	—	—	1	20	1	—
河南	414	129	69	42	1	3	1	—	—	—	13	281	52	1
湖北	479	114	72	17	—	—	5	—	—	—	20	363	79	2
湖南	848	427	309	56	—	—	—	—	—	—	62	397	21	4
广东	206	58	34	8	—	—	—	—	—	—	16	144	7	1
广西	320	194	131	28	—	1	—	—	—	—	34	108	12	1
海南	21	6	4	—	—	—	—	—	—	—	2	15	3	1
重庆	139	63	26	1	—	—	—	—	—	—	36	71	15	—
四川	253	115	93	5	—	—	—	—	—	—	17	129	26	4
贵州	340	220	155	11	—	—	—	1	—	—	53	111	9	5
云南	104	39	30	4	1	1	—	—	—	—	3	57	15	10
西藏	2	—	—	—	—	—	—	—	—	—	—	2	—	1
陕西	90	20	17	—	—	—	—	—	—	—	3	67	19	2
甘肃	4	—	—	—	—	—	—	—	—	—	—	2	1	—
青海	7	—	—	—	—	—	—	—	—	—	—	7	2	—
宁夏	2	1	—	—	—	—	—	—	—	—	1	1	—	—
新疆	54	16	8	—	5	—	—	—	—	—	3	29	6	1

火灾情况(二)

源次数(次)												未查明火源次数(次)	火案处理情况(人)		
非生产性用火							故意放火	外省(区)烧入	外国烧入	雷击火	其他自然火		已处理起数(起)	已处理人数	其中刑事处罚人数
上坟烧纸	烧山驱兽	小孩玩火	痴呆弄火	家火上山	电线引起	其他									
1307	**27**	**190**	**148**	**13**	**62**	**449**	**47**	**42**	**3**	**94**	**9**	**747**	**3450**	**3434**	**843**
—	—	—	—	—	—	—	—	—	—	—	—	1	2	2	1
1	—	—	—	—	—	2	—	1	—	—	—	—	3	3	1
17	—	1	3	1	1	18	2	—	—	—	—	12	57	58	16
1	—	—	—	—	1	6	—	—	—	29	—	—	40	12	7
4	—	—	—	—	1	1	—	—	—	25	—	11	14	8	—
19	—	1	1	—	1	9	—	—	—	—	—	7	41	44	18
10	—	—	3	1	—	3	1	—	—	—	—	22	58	190	4
—	—	—	—	—	1	4	—	—	—	16	—	2	21	59	—
—	—	—	—	—	—	—	—	—	—	—	—	—	—	—	—
16	—	2	1	—	—	9	2	1	—	2	—	—	33	33	6
154	5	12	14	4	4	7	2	3	—	1	—	30	275	229	85
149	—	4	4	—	—	9	—	—	—	—	—	19	176	176	30
63	2	12	4	—	6	26	5	—	—	2	3	64	280	261	204
43	—	10	9	—	3	10	—	3	—	—	—	3	139	114	16
7	—	—	1	—	—	11	—	—	—	—	—	4	14	14	2
126	8	14	10	1	2	67	—	3	—	—	1	208	257	272	32
207	—	39	6	—	1	29	—	2	—	—	—	31	285	279	1
283	5	14	11	1	4	54	5	18	—	—	1	25	690	674	227
63	3	16	17	—	1	36	4	—	—	—	—	33	175	156	18
55	2	2	12	—	2	22	14	3	1	—	—	30	281	262	32
7	—	—	—	—	—	4	—	—	—	—	—	21	3	3	—
12	—	15	7	2	6	14	—	1	—	3	1	23	100	81	27
19	—	18	22	2	15	23	2	2	—	4	1	56	194	196	20
32	2	19	6	—	7	31	6	2	—	1	—	90	142	135	49
4	—	5	14	1	5	3	3	3	1	—	1	11	100	109	36
—	—	—	—	—	1	—	—	—	—	—	—	1	—	—	—
9	—	3	2	—	—	32	—	—	—	3	—	35	56	52	8
1	—	—	—	—	—	—	—	—	—	2	—	3	4	3	—
3	—	2	—	—	—	—	—	—	—	—	—	—	—	—	—
1	—	—	—	—	—	—	—	—	—	—	—	—	—	—	—
1	—	1	1	—	—	19	1	—	1	6	1	5	10	9	3

各地区森林病虫鼠害

地 区	森林病虫害防治检疫机构								
	省级		地级		县级		检疫员		
	站数	人数	站数	人数	站数	人数	合计	专职人员	兼职人员
全国合计	**35**	**659**	**362**	**2786**	**2722**	**17797**	**31018**	**14047**	**16971**
北 京	1	30	—	—	13	168	513	169	344
天 津	1	9	—	—	12	145	138	96	42
河 北	1	17	14	124	155	952	1340	766	574
山 西	1	17	11	144	130	586	775	576	199
内蒙古	2	33	12	231	126	1357	1703	937	766
辽 宁	1	30	14	107	69	497	1047	409	638
吉 林	1	15	9	82	72	460	1152	353	799
黑龙江	2	7	19	56	134	478	1190	342	848
上 海	1	15	—	—	9	191	183	108	75
江 苏	1	8	13	132	81	725	431	309	122
浙 江	1	18	11	70	81	457	1791	651	1140
安 徽	1	38	17	109	89	493	1277	565	712
福 建	1	20	9	44	76	348	1118	755	363
江 西	1	46	11	83	98	459	1835	697	1138
山 东	1	21	17	123	152	849	1330	625	705
河 南	1	22	18	159	131	1094	1618	712	906
湖 北	1	21	18	143	80	570	702	348	354
湖 南	1	10	21	113	109	641	1694	509	1185
广 东	1	25	17	85	91	462	701	388	313
广 西	1	15	14	116	104	558	865	493	372
海 南	1	21	2	13	18	69	109	47	62
重 庆	1	57	—	—	39	257	548	304	244
四 川	1	17	20	110	172	894	1529	635	894
贵 州	1	10	9	54	88	462	1488	502	986
云 南	1	24	16	112	131	697	1791	691	1100
西 藏	1	6	6	36	72	144	—	—	—
陕 西	1	18	12	131	111	1485	1129	589	540
甘 肃	1	27	24	147	86	990	1269	581	688
宁 夏	1	17	5	53	15	124	209	105	104
青 海	1	6	6	50	32	217	383	209	174
新 疆	2	20	17	159	120	730	931	435	496
大兴安岭	1	19	—	—	26	238	229	141	88

防治检疫机构情况

单位:个、人

森林病虫害基层测报机构						
基层测报站、点				测报员		
合计	国家级	省级	一般	合计	专职人员	兼职人员
25622	**1000**	**1011**	**23611**	**65212**	**11466**	**53746**
2341	11	15	2315	2488	172	2316
133	9	3	121	167	71	96
2634	37	41	2556	4288	998	3290
490	34	22	434	859	171	688
794	44	27	723	5939	818	5121
320	44	24	252	2877	224	2653
380	33	43	304	695	148	547
842	48	11	783	1793	412	1381
110	7	33	70	176	129	47
397	31	30	336	652	192	460
964	42	10	912	4092	624	3468
549	37	10	502	1453	368	1085
680	40	37	603	1509	383	1126
3094	36	123	2935	3242	598	2644
166	43	37	86	1795	606	1189
1209	38	13	1158	3647	717	2930
1677	36	33	1608	1849	153	1696
136	40	—	96	2180	326	1854
723	43	8	672	2211	411	1800
438	39	11	388	3847	556	3291
258	10	50	198	273	32	241
320	24	16	280	1387	186	1201
2447	40	21	2386	5049	602	4447
369	35	57	277	1791	378	1413
1749	35	8	1706	5022	581	4441
78	3	—	75	—	—	—
904	35	45	824	2254	557	1697
152	35	42	75	804	228	576
113	16	8	89	295	85	210
151	29	1	121	419	97	322
969	38	232	699	1878	538	1340
35	8	—	27	281	105	176

各地区森林病虫

地　区	发生面积				寄主树种面积	发生率（%）
	总计	轻度	中度	重度		
全国合计	**11681424**	**8421207**	**2490039**	**770178**	**238828968**	**4.89**
北　京	38297	38008	289	—	688160	5.57
天　津	45055	39453	4341	1261	201387	22.37
河　北	557708	433543	95666	28499	4341333	12.85
山　西	242007	195723	43963	2321	4618473	5.24
内蒙古	1157556	657904	358169	141483	24775547	4.67
辽　宁	724334	434110	210638	79586	4365905	16.59
吉　林	244917	136662	64066	44189	8257000	2.97
黑龙江	425342	183186	210671	31485	16544501	2.57
上　海	5591	5410	181	—	89868	6.22
江　苏	81400	81400	—	—	1596853	5.10
浙　江	66488	59163	5397	1928	5785300	1.15
安　徽	400865	303137	70112	27616	4309460	9.30
福　建	196918	132514	51783	12621	9148100	2.15
江　西	359877	281483	62135	16259	9794500	3.67
山　东	612673	542346	57591	12736	3852333	15.90
河　南	514435	423978	72267	18190	4311387	11.93
湖　北	302310	215413	67889	19008	5788200	5.22
湖　南	398002	311128	59629	27245	9903640	4.02
广　东	339163	300492	37649	1022	9760734	3.47
广　西	362520	311258	38825	12437	13730800	2.64
海　南	9925	8780	1020	125	1760000	0.56
重　庆	278723	217267	39453	22003	3227840	8.63
四　川	698971	459889	171288	67794	16324880	4.28
贵　州	271803	239288	26862	5653	5606000	4.85
云　南	311037	190137	90048	30852	15816300	1.97
西　藏	269334	269334	—	—	14626500	1.84
陕　西	416533	314930	73778	27825	9840313	4.23
甘　肃	298238	210966	70450	16822	5496833	5.43
青　海	293439	168557	103389	21493	4440733	6.61
宁　夏	286067	206201	60911	18955	1340853	21.33
新　疆	1342102	1015714	247201	79187	12051240	11.14
大兴安岭	129794	33833	94378	1583	6433993	2.02

鼠害防治情况

单位:公顷

防治面积						防治率(%)
总计	化学防治	仿生制剂	人工防治	生物防治	其他	
7284974	**1000589**	**1683151**	**1776876**	**1426951**	**1397407**	**62.36**
38096	—	23314	160	6974	7648	99.48
45049	—	25047	74	3049	16879	99.99
461006	71883	292140	40461	7655	48867	82.66
93146	23234	22140	18888	16452	12432	38.49
432820	39169	180705	78398	76954	57594	37.39
654632	44953	69579	139851	296118	104131	90.38
215851	40141	34964	113661	4722	22363	88.13
365554	44372	27364	93147	35881	164790	85.94
5474	664	2784	488	393	1145	97.91
68611	—	—	7611	—	61000	84.29
61847	9239	6473	23634	11662	10839	93.02
330058	44654	25375	86912	129993	43124	82.34
144656	2231	6678	32818	95575	7354	73.46
129693	5509	12285	18766	44268	48865	36.04
579370	73190	217406	58276	68264	162234	94.56
455922	106417	225091	51099	1824	71491	88.63
199187	19368	43627	59468	51102	25622	65.89
186028	26017	28365	52212	46038	33396	46.74
102164	1689	49292	13365	36954	864	30.12
74978	1197	1023	8407	57225	7126	20.68
845	212	12	145	465	11	8.51
210547	—	10564	74411	82969	42603	75.54
341546	21189	46383	162614	60607	50753	48.86
119014	1396	12383	73993	17295	13947	43.79
268246	83187	29974	87790	38464	28831	86.24
159333	—	—	22000	137333	—	59.16
250009	20135	51577	133652	6261	38384	60.02
141203	56462	12282	26860	9566	36033	47.35
174375	3827	31271	113887	9073	16317	59.42
130691	46369	2786	70711	6305	4520	45.69
818388	213614	176924	112917	64914	250019	60.98
26635	271	15343	200	2596	8225	20.52

各地区森林病害防治情况

单位:公顷

地区	发生面积				防治面积						防治率(%)
	总计	轻度	中度	重度	总计	化学防治	仿生制剂	人工防治	生物防治	其他	
全国合计	**1197227**	**913436**	**218612**	**65179**	**792275**	**206043**	**65862**	**187924**	**124722**	**207724**	**66.18**
北京	2588	2588	—	—	2588	—	333	87	547	1621	100.00
天津	5970	4920	786	264	5970	—	980	—	135	4855	100.00
河北	40742	36452	3959	331	37545	14248	6332	7659	1759	7547	92.15
山西	3061	2873	188	—	2179	1060	—	1110	2	7	71.19
内蒙古	55763	36881	15430	3452	24896	3647	2852	1866	6660	9871	44.65
辽宁	71364	41274	23652	6438	57561	8513	233	28599	12448	7768	80.66
吉林	17363	15443	1889	31	16414	13935	—	2186	10	283	94.53
黑龙江	47740	29641	14770	3329	36891	4005	500	5970	8027	18389	77.27
上海	817	812	5	—	816	348	162	9	52	245	99.88
江苏	11000	11000	—	—	7611	—	—	7611	—	—	69.19
浙江	16514	13838	1794	882	14849	2284	374	10393	1245	553	89.92
安徽	52746	42424	7805	2517	43366	11017	2087	20055	5380	4827	82.22
福建	12745	10890	878	977	11362	—	—	8106	257	2999	89.15
江西	54004	49659	2839	1506	12691	90	1043	2209	3791	5558	23.50
山东	117200	103521	12104	1575	107052	27372	910	5779	1014	71977	91.34
河南	113139	91905	17290	3944	99765	49457	1391	20585	1307	27025	88.18
湖北	47748	39152	3210	5386	18088	3276	3134	5705	2668	3305	37.88
湖南	6901	4645	1011	1245	1514	300	—	921	133	160	21.94
广东	17182	16760	422	—	13308	975	3939	7542	430	422	77.45
广西	30869	21706	7393	1770	2525	94	82	1537	196	616	8.18
海南	111	107	4	—	16	8	—	8	—	—	14.41
重庆	20583	8383	5067	7133	6761	—	67	575	6119	—	32.85
四川	89143	60780	20477	7886	33816	1423	1560	17987	2972	9874	37.93
贵州	15877	14527	1217	133	4276	20	378	3648	43	187	26.93
云南	46130	27964	15389	2777	39521	22732	940	10836	1698	3315	85.67
西藏	76000	76000	—	—	60000	—	—	—	60000	—	78.95
陕西	18753	15465	2270	1018	14712	2540	6820	4484	3	865	78.45
甘肃	65668	44063	17518	4087	30935	23794	113	649	1609	4770	47.11
青海	31211	17379	10983	2849	13037	3576	3841	975	380	4265	41.77
宁夏	3001	3001	—	—	1835	1468	—	—	367	—	61.15
新疆	83600	61419	16532	5649	64872	9861	22288	10833	5470	16420	77.60
大兴安岭	21694	7964	13730	—	5503	—	5503	—	—	—	25.37

各地区森林虫害防治情况

单位:公顷

地区	发生面积				防治面积						防治率(%)
	总计	轻度	中度	重度	总计	化学防治	仿生制剂	人工防治	生物防治	其他	
全国合计	**8459102**	**6180236**	**1719922**	**558944**	**5465759**	**534590**	**1482001**	**1159410**	**1248099**	**1041659**	**64.61**
北京	35709	35420	289	—	35508	—	22981	73	6427	6027	99.44
天津	39085	34533	3555	997	39079	—	24067	74	2914	12024	99.98
河北	504643	388011	88714	27918	411997	56768	283501	29077	5896	36755	81.64
山西	192385	156582	34142	1661	78381	20313	21913	13595	12548	10012	40.74
内蒙古	782781	440999	248303	93479	289179	18437	153625	34840	46714	35563	36.94
辽宁	644526	387737	184906	71883	589600	34735	67203	109414	283037	95211	91.48
吉林	196688	98200	57702	40786	171296	13067	33597	109860	4627	10145	87.09
黑龙江	180076	85291	85196	9589	162046	11035	16097	25921	21278	87715	89.99
上海	4774	4598	176	—	4658	316	2622	479	341	900	97.57
江苏	70400	70400	—	—	61000	—	—	—	—	61000	86.65
浙江	49967	45318	3603	1046	46991	6955	6099	13241	10417	10279	94.04
安徽	348119	260713	62307	25099	286692	33637	23288	66857	124613	38297	82.35
福建	184173	121624	50905	11644	133294	2231	6678	24712	95318	4355	72.37
江西	305873	231824	59296	14753	117002	5419	11242	16557	40477	43307	38.25
山东	495473	438825	45487	11161	472318	45818	216496	52497	67250	90257	95.33
河南	401296	332073	54977	14246	356157	56960	223700	30514	517	44466	88.75
湖北	253280	174986	64672	13622	180244	16092	40053	53492	48290	22317	71.16
湖南	391101	306483	58618	26000	184514	25717	28365	51291	45905	33236	47.18
广东	321981	283732	37227	1022	88856	714	45353	5823	36524	442	27.60
广西	331651	289552	31432	10667	72453	1103	941	6870	57029	6510	21.85
海南	9814	8673	1016	125	829	204	12	137	465	11	8.45
重庆	188044	141563	31914	14567	151240	—	10097	54329	68097	18717	80.43
四川	576398	379786	140224	56388	295917	18853	44723	140794	57635	33912	51.34
贵州	240688	210011	25214	5463	113902	1349	12005	69556	17252	13740	47.32
云南	260500	159948	72959	27593	224467	60108	29034	74576	36766	23983	86.17
西藏	142667	142667	—	—	77333	—	—	—	77333	—	54.21
陕西	281054	214956	48356	17742	178699	12928	43797	80505	6121	35348	63.58
甘肃	135475	93249	33674	8552	72314	22935	10795	9254	7816	21514	53.38
青海	114610	73430	34618	6562	60566	251	26195	16275	5960	11885	52.85
宁夏	110116	68901	29064	12151	23061	15973	233	1684	5171	—	20.94
新疆	626388	477725	114582	34081	480393	52672	72949	66913	55201	232658	76.69
大兴安岭	39367	22426	16794	147	5773	—	4340	200	160	1073	14.66

各地区森林鼠害防治情况

单位:公顷

地区	发生面积				防治面积						防治率（%）
	总计	轻度	中度	重度	总计	化学防治	仿生制剂	人工防治	生物防治	其他	
全国合计	**2025095**	**1327535**	**551505**	**146055**	**1026940**	**259956**	**135288**	**429542**	**54130**	**148024**	**50.71**
北京	—	—	—	—	—	—	—	—	—	—	—
天津	—	—	—	—	—	—	—	—	—	—	—
河北	12323	9080	2993	250	11464	867	2307	3725	—	4565	93.03
山西	46561	36268	9633	660	12586	1861	227	4183	3902	2413	27.03
内蒙古	319012	180024	94436	44552	118745	17085	24228	41692	23580	12160	37.22
辽宁	8444	5099	2080	1265	7471	1705	2143	1838	633	1152	88.48
吉林	30866	23019	4475	3372	28141	13139	1367	1615	85	11935	91.17
黑龙江	197526	68254	110705	18567	166617	29332	10767	61256	6576	58686	84.35
上海	—	—	—	—	—	—	—	—	—	—	—
江苏	—	—	—	—	—	—	—	—	—	—	—
浙江	7	7	—	—	7	—	—	—	—	7	100.00
安徽	—	—	—	—	—	—	—	—	—	—	—
福建	—	—	—	—	—	—	—	—	—	—	—
江西	—	—	—	—	—	—	—	—	—	—	—
山东	—	—	—	—	—	—	—	—	—	—	—
河南	—	—	—	—	—	—	—	—	—	—	—
湖北	1282	1275	7	—	855	—	440	271	144	—	66.69
湖南	—	—	—	—	—	—	—	—	—	—	—
广东	—	—	—	—	—	—	—	—	—	—	—
广西	—	—	—	—	—	—	—	—	—	—	—
海南	—	—	—	—	—	—	—	—	—	—	—
重庆	70096	67321	2472	303	52546	—	400	19507	8753	23886	74.96
四川	33430	19323	10587	3520	11813	913	100	3833	—	6967	35.34
贵州	15238	14750	431	57	836	27	—	789	—	20	5.49
云南	4407	2225	1700	482	4258	347	—	2378	—	1533	96.62
西藏	50667	50667	—	—	22000	—	—	22000	—	—	43.42
陕西	116726	84509	23152	9065	56598	4667	960	48663	137	2171	48.49
甘肃	97095	73654	19258	4183	37954	9733	1374	16957	141	9749	39.09
青海	147618	77748	57788	12082	100772	—	1235	96637	2733	167	68.27
宁夏	172950	134299	31847	6804	105795	28928	2553	69027	767	4520	61.17
新疆	632114	476570	116087	39457	273123	151081	81687	35171	4243	941	43.21
大兴安岭	68733	3443	63854	1436	15359	271	5500	—	2436	7152	22.35

各地区松毛虫防治情况

单位:公顷

地区	发生面积				防治面积						防治率（%）
	总计	轻度	中度	重度	总计	化学防治	仿生制剂	人工防治	生物防治	其他	
全国合计	**962427**	**647347**	**224742**	**90338**	**654883**	**26434**	**103598**	**56756**	**354856**	**113239**	**68.04**
北京	267	267	—	—	267	—	267	—	—	—	100.00
天津	—	—	—	—	—	—	—	—	—	—	—
河北	33392	19018	10479	3895	29468	1550	19128	1100	224	7466	88.25
山西	10938	8651	1987	300	4141	27	1407	787	687	1233	37.86
内蒙古	59594	47297	9177	3120	20855	133	3011	4826	6724	6161	35.00
辽宁	87558	54256	23675	9627	80560	1813	8030	5614	34007	31096	92.01
吉林	1506	1021	256	229	1288	—	325	—	963	—	85.52
黑龙江	32124	13967	15801	2356	29481	1924	3311	10068	4456	9722	91.77
上海	—	—	—	—	—	—	—	—	—	—	—
江苏	—	—	—	—	—	—	—	—	—	—	—
浙江	6413	5794	602	17	6039	—	526	—	4287	1226	94.17
安徽	88716	58552	18626	11538	75620	5897	2596	4505	56932	5690	85.24
福建	50229	32386	17046	797	46959	164	2474	1113	43190	18	93.49
江西	99306	64072	26100	9134	54974	913	4898	2081	34135	12947	55.36
山东	12026	11886	133	7	11652	1249	1989	1428	5749	1237	96.89
河南	3280	3280	—	—	2587	13	1163	77	67	1267	78.87
湖北	72367	43292	21395	7680	57881	1183	5846	11166	35807	3879	79.98
湖南	150544	101976	28880	19688	49549	1595	10871	1427	27100	8556	32.91
广东	20244	19290	781	173	20021	—	12212	87	7722	—	98.90
广西	39124	31974	5366	1784	34512	145	90	—	33306	971	88.21
海南	—	—	—	—	—	—	—	—	—	—	—
重庆	47472	28861	13189	5422	40530	—	1967	306	32995	5262	85.38
四川	59193	46751	9633	2809	13893	1044	1391	1652	6374	3432	23.47
贵州	18382	15760	2313	309	11770	173	5160	4433	637	1367	64.03
云南	53236	27567	15266	10403	51238	8092	15563	2186	19207	6190	96.25
西藏	—	—	—	—	—	—	—	—	—	—	—
陕西	11515	7856	2626	1033	10232	516	40	3900	287	5489	88.86
甘肃	1605	1513	75	17	33	3	—	—	—	30	2.06
青海	—	—	—	—	—	—	—	—	—	—	—
宁夏	—	—	—	—	—	—	—	—	—	—	—
新疆	63	60	3	—	—	—	—	—	—	—	—
大兴安岭	3333	2000	1333	—	1333	—	1333	—	—	—	39.99

各地区杨树食叶害虫防治情况

单位:公顷

地区	发生面积				防治面积						防治率（%）
	总计	轻度	中度	重度	总计	化学防治	仿生制剂	人工防治	生物防治	其他	
全国合计	**1489208**	**1235342**	**189748**	**64118**	**1120002**	**100417**	**420948**	**101950**	**243263**	**253424**	**75.21**
北京	19662	19373	289	—	19461	—	16466	67	1015	1913	98.98
天津	14209	12182	1567	460	14205	—	8777	—	33	5395	99.97
河北	127665	110754	13616	3295	100134	9291	78423	6848	2654	2918	78.43
山西	3224	2245	972	7	3164	113	600	939	1512	—	98.14
内蒙古	165072	119467	30578	15027	107726	—	56710	15710	13333	21973	65.26
辽宁	90960	80479	8556	1925	69077	4247	3116	333	36068	25313	75.94
吉林	14433	7731	6113	589	13500	3447	8845	602	223	383	93.54
黑龙江	11398	5471	5124	803	11004	1333	2322	889	660	5800	96.54
上海	—	—	—	—	—	—	—	—	—	—	—
江苏	41333	41333	—	—	32000	—	—	—	—	32000	77.42
浙江	145	145	—	—	46	35	—	—	11	—	31.72
安徽	117838	96613	16747	4478	96443	11559	12335	10114	44476	17959	81.84
福建	—	—	—	—	—	—	—	—	—	—	—
江西	69739	69131	576	32	42801	2215	1838	10872	1647	26229	61.37
山东	167017	158301	7209	1507	149796	36951	34563	3567	29079	45636	89.69
河南	254371	219956	27293	7122	195646	16786	135110	13723	160	29867	76.91
湖北	947	477	470	—	900	—	—	—	900	—	95.04
湖南	38807	29586	7048	2173	26106	3833	6255	729	5496	9793	67.27
广东	—	—	—	—	—	—	—	—	—	—	—
广西	—	—	—	—	—	—	—	—	—	—	—
海南	—	—	—	—	—	—	—	—	—	—	—
重庆	—	—	—	—	—	—	—	—	—	—	—
四川	13595	9343	2863	1389	4385	2223	—	928	67	1167	32.25
贵州	133	—	—	133	133	—	—	—	133	—	100.00
云南	8	7	1	—	7	—	—	—	7	—	87.50
西藏	82000	82000	—	—	66000	—	—	—	66000	—	80.49
陕西	17310	14654	2233	423	14209	551	10600	204	967	1887	82.09
甘肃	2696	2010	619	67	2087	3	1728	333	—	23	77.41
青海	18150	11636	5947	567	12849	—	10774	1627	95	353	70.79
宁夏	51174	25631	17388	8155	5940	5940	—	—	—	—	11.61
新疆	167322	116817	34539	15966	132383	1890	32486	34465	38727	24815	79.12
大兴安岭	—	—	—	—	—	—	—	—	—	—	—

各地区杨树蛀干害虫防治情况

单位:公顷

地区	发生面积				防治面积						防治率(%)
	总计	轻度	中度	重度	总计	化学防治	仿生制剂	人工防治	生物防治	其他	
全国合计	**624547**	**468080**	**126138**	**30329**	**446517**	**77309**	**48079**	**139970**	**65933**	**115226**	**71.49**
北京	433	433	—	—	433	—	133	—	300	—	100.00
天津	5627	5496	98	33	5627	—	—	—	—	5627	100.00
河北	17846	15299	1994	553	13813	4584	1759	2720	324	4426	77.40
山西	18689	17718	744	227	10996	3347	263	549	242	6595	58.84
内蒙古	62561	50418	10632	1511	34764	5020	8773	10249	9851	871	55.57
辽宁	78253	48827	23156	6270	70014	8883	3543	12600	19306	25682	89.47
吉林	45524	25314	17418	2792	43459	3531	4845	34770	—	313	95.00
黑龙江	30823	19350	9196	2277	29327	1069	6091	4280	1541	16346	95.15
上海	—	—	—	—	—	—	—	—	—	—	—
江苏	—	—	—	—	—	—	—	—	—	—	—
浙江	70	53	17	—	70	30	—	—	—	40	100.00
安徽	75876	54219	16783	4874	59448	8455	3460	28589	12069	6875	78.35
福建	—	—	—	—	—	—	—	—	—	—	—
江西	19799	16182	3556	61	9875	1556	1719	2194	1178	3228	49.88
山东	24432	22622	1683	127	22000	2274	1793	5862	3787	8284	90.05
河南	36523	27101	7499	1923	33945	18504	482	12198	—	2761	93.00
湖北	47450	40335	6284	831	33445	4876	5853	7272	5311	10133	70.48
湖南	44154	42348	1653	153	27557	11632	1	10495	1302	4127	62.41
广东	—	—	—	—	—	—	—	—	—	—	—
广西	8	8	—	—	8	—	—	—	—	8	100.00
海南	—	—	—	—	—	—	—	—	—	—	—
重庆	14232	7435	4075	2722	8591	—	1007	597	6588	399	60.36
四川	12667	8641	3073	953	3707	132	—	23	11	3541	29.27
贵州	10520	8627	1540	353	4960	47	—	2200	—	2713	47.15
云南	180	47	40	93	12	—	12	—	—	—	6.67
西藏	4667	4667	—	—	3333	—	—	—	3333	—	71.00
陕西	15651	9334	5756	561	7989	868	—	3563	283	3275	51.04
甘肃	17594	15189	1564	841	10071	563	4563	816	249	3880	57.24
青海	13123	8817	3836	470	5336	100	1430	611	—	3195	40.66
宁夏	15699	8488	4576	2635	1760	1760	—	—	—	—	11.21
新疆	12146	11112	965	69	5977	78	2352	382	258	2907	49.21
大兴安岭	—	—	—	—	—	—	—	—	—	—	—

附录四

全国分县造林情况

ANNEX Ⅳ

分县造林完成情况

单位:公顷

地区	荒山荒(沙)地造林面积				更新造林
	合计	人工造林	飞播造林	无林地和疏林地新封山(沙)育林	
全国合计	**5996613**	**4065693**	**196931**	**1733989**	**326641**
北京市	**20796**	**6510**	**—**	**14286**	**1014**
朝阳区	33	33	—	—	—
丰台区	67	67	—	—	—
海淀区	—	—	—	—	2
门头沟区	4432	1600	—	2832	—
房山区	700	700	—	—	—
通州区	3	3	—	—	—
昌平区	1234	567	—	667	—
大兴区	32	32	—	—	87
怀柔区	2834	167	—	2667	—
平谷区	730	230	—	500	35
平谷区果品办公室	180	180	—	—	521
密云县	4438	1818	—	2620	—
延庆县	5570	903	—	4667	15
延庆县果品服务中心	210	210	—	—	335
共青林场	—	—	—	—	19
八达岭林场	333	—	—	333	—
天津市	**7401**	**7401**	**—**	**—**	**—**
汉沽区	124	124	—	—	—
大港区	239	239	—	—	—
东丽区	120	120	—	—	—
西青区	564	564	—	—	—
津南区	375	375	—	—	—
北辰区	349	349	—	—	—
武清区	730	730	—	—	—
宝坻区	676	676	—	—	—
宁河县	1100	1100	—	—	—
静海县	3124	3124	—	—	—
河北省	**286423**	**175906**	**40665**	**69852**	**4019**
石家庄市	**24677**	**16076**	**—**	**8601**	**55**
长安区	56	56	—	—	—
井陉矿区	27	27	—	—	—
井陉县	1820	1153	—	667	—
正定县	753	753	—	—	—
栾城县	547	547	—	—	—
行唐县	1326	793	—	533	—
灵寿县	2026	1093	—	933	—
高邑县	476	476	—	—	—
深泽县	767	767	—	—	—
赞皇县	3367	700	—	2667	—
无极县	1033	1033	—	—	—
平山县	4667	2000	—	2667	55
元氏县	2973	2306	—	667	—
赵县	393	393	—	—	—
辛集市	200	200	—	—	—
藁城市	1533	1533	—	—	—

分县造林完成情况

单位:公顷

地区	荒山荒(沙)地造林面积				更新造林
	合计	人工造林	飞播造林	无林地和疏林地新封山(沙)育林	
晋州市	486	486	—	—	—
新乐市	887	887	—	—	—
鹿泉市	1340	873	—	467	—
唐山市	**18802**	**14420**	**—**	**4382**	**219**
路南区	33	33	—	—	—
路北区	34	34	—	—	—
古冶区	333	333	—	—	—
开平区	1000	1000	—	—	—
丰南区	866	866	—	—	—
丰润区	1000	1000	—	—	129
滦县	2272	1272	—	1000	—
滦南县	1600	1600	—	—	—
乐亭县	1467	1467	—	—	—
迁西县	3133	1133	—	2000	—
玉田县	1066	733	—	333	—
唐海县	1333	1333	—	—	80
芦台农场	7	7	—	—	—
汉沽农场	75	75	—	—	10
遵化市	2716	1667	—	1049	—
迁安市	1867	1867	—	—	—
秦皇岛市	**14901**	**8234**	**—**	**6667**	**248**
海港区	667	667	—	—	—
山海关区	734	67	—	667	—
北戴河区	267	267	—	—	33
青龙满族自治县	4333	2666	—	1667	—
昌黎县	1733	1733	—	—	215
抚宁县	3634	967	—	2667	—
卢龙县	3533	1867	—	1666	—
邯郸市	**23752**	**15752**	**—**	**8000**	**—**
邯山区	200	200	—	—	—
复兴区	96	96	—	—	—
峰峰矿区	1768	768	—	1000	—
邯郸县	1021	1021	—	—	—
临漳县	897	897	—	—	—
成安县	400	400	—	—	—
大名县	464	464	—	—	—
涉 县	4467	1800	—	2667	—
磁 县	3030	1697	—	1333	—
肥乡县	877	877	—	—	—
永年县	1065	1065	—	—	—
邱 县	716	716	—	—	—
鸡泽县	600	600	—	—	—
广平县	298	298	—	—	—
馆陶县	1014	1014	—	—	—
魏 县	540	540	—	—	—
曲周县	1040	1040	—	—	—
武安市	5154	2154	—	3000	—

分县造林完成情况

单位:公顷

地　区	荒山荒(沙)地造林面积				更新造林
	合计	人工造林	飞播造林	无林地和疏林地新封山(沙)育林	
漳河林场	33	33	—	—	—
马头生态工业城	72	72	—	—	—
邢台市	**14331**	**12331**	**—**	**2000**	**—**
桥西区	73	73	—	—	—
邢台县	3018	3018	—	—	—
临城县	1200	533	—	667	—
内丘县	2160	1160	—	1000	—
柏乡县	312	312	—	—	—
隆尧县	696	696	—	—	—
任县	533	533	—	—	—
南和县	133	133	—	—	—
宁晋县	841	841	—	—	—
巨鹿县	520	520	—	—	—
新河县	267	267	—	—	—
广宗县	353	353	—	—	—
平乡县	600	600	—	—	—
威县	1215	1215	—	—	—
清河县	354	354	—	—	—
临西县	390	390	—	—	—
南宫市	600	600	—	—	—
沙河市	1066	733	—	333	—
保定市	**46729**	**24063**	**—**	**22666**	**106**
新市区	20	20	—	—	—
北市区	162	162	—	—	—
南市区	60	60	—	—	—
满城县	2334	1667	—	667	—
清苑县	333	333	—	—	—
涞水县	5853	2520	—	3333	—
阜平县	6333	3000	—	3333	—
徐水县	1107	440	—	667	—
定兴县	233	233	—	—	—
唐县	4367	1700	—	2667	—
高阳县	310	310	—	—	—
容城县	101	101	—	—	—
涞源县	6333	3000	—	3333	—
望都县	307	307	—	—	—
安新县	300	300	—	—	—
易县	6566	3233	—	3333	—
曲阳县	5026	1693	—	3333	—
蠡县	420	420	—	—	—
顺平县	3667	1667	—	2000	—
博野县	200	200	—	—	—
雄县	261	261	—	—	76
涿州市	1000	1000	—	—	30
定州市	770	770	—	—	—
安国市	174	174	—	—	—
高碑店市	267	267	—	—	—

分县造林完成情况

单位:公顷

地　区	荒山荒(沙)地造林面积				更新造林
	合计	人工造林	飞播造林	无林地和疏林地新封山(沙)育林	
高新区	75	75	—	—	—
白沟新城	150	150	—	—	—
张家口市	**69533**	**41334**	**20665**	**7534**	**7**
高新区	500	500	—	—	—
桥西区	347	347	—	—	—
宣化区	780	780	—	—	—
下花园区	700	700	—	—	—
宣化县	3907	1907	2000	—	—
张北县	4333	2333	2000	—	—
康保县	1466	133	1333	—	—
沽源县	3466	2133	1333	—	—
尚义县	4170	2303	667	1200	—
蔚县	6667	667	3333	2667	—
阳原县	6266	2933	3333	—	—
怀安县	2867	1534	1333	—	—
万全县	1534	867	—	667	—
怀来县	9682	8015	—	1667	5
涿鹿县	5673	3673	667	1333	2
赤城县	9666	6333	3333	—	—
崇礼县	7509	6176	1333	—	—
承德市	**45447**	**16779**	**20000**	**8668**	**1948**
双桥区	2000	1333	—	667	—
双滦区	667	—	—	667	—
营子区	1334	667	—	667	—
承德县	4000	667	3333	—	221
兴隆县	4199	199	2667	1333	106
平泉县	3504	1504	1333	667	566
滦平县	6342	3676	1333	1333	—
隆化县	4267	1600	2667	—	193
丰宁县	10934	4267	4000	2667	567
宽城县	1533	866	667	—	—
围场县	6667	2000	4000	667	295
沧州市	**10100**	**10100**	**—**	**—**	**—**
沧县	1000	1000	—	—	—
青县	400	400	—	—	—
东光县	400	400	—	—	—
海兴县	1533	1533	—	—	—
盐山县	733	733	—	—	—
南皮县	1600	1600	—	—	—
吴桥县	400	400	—	—	—
献县	400	400	—	—	—
孟村回族自治县	667	667	—	—	—
中捷农场	160	160	—	—	—
南大港管理区	133	133	—	—	—
泊头市	534	534	—	—	—
任丘市	140	140	—	—	—
黄骅市	1333	1333	—	—	—

分县造林完成情况

单位:公顷

地　区	荒山荒(沙)地造林面积				更新造林
	合计	人工造林	飞播造林	无林地和疏林地新封山(沙)育林	
河间市	667	667	—	—	—
廊坊市	**9213**	**9213**	**—**	**—**	**80**
安次区	1013	1013	—	—	—
广阳区	200	200	—	—	—
固安县	1333	1333	—	—	—
永清县	1267	1267	—	—	—
香河县	533	533	—	—	80
大城县	1514	1514	—	—	—
文安县	1453	1453	—	—	—
大厂回族自治县	334	334	—	—	—
霸州市	666	666	—	—	—
三河市	900	900	—	—	—
衡水市	**6471**	**6471**	**—**	**—**	**30**
桃城区	258	258	—	—	—
枣强县	612	612	—	—	—
武邑县	567	567	—	—	—
武强县	480	480	—	—	—
饶阳县	583	583	—	—	—
安平县	220	220	—	—	—
故城县	1033	1033	—	—	—
景县	533	533	—	—	—
阜城县	567	567	—	—	30
冀州市	1100	1100	—	—	—
深州市	518	518	—	—	—
木兰林管局	**1134**	**467**	**—**	**667**	**592**
塞罕坝机械林场	**1000**	**333**	**—**	**667**	**734**
小五台自然保护区	**333**	**333**	**—**	**—**	**—**
山西省	**299713**	**215390**	**2668**	**81655**	**—**
太原市	**18574**	**14706**	**—**	**3868**	**—**
小店区	193	193	—	—	—
迎泽区	887	887	—	—	—
杏花岭区	1140	1140	—	—	—
尖草坪区	640	640	—	—	—
万柏林区	2440	2440	—	—	—
晋源区	800	800	—	—	—
清徐县	1267	867	—	400	—
阳曲县	2533	1799	—	734	—
娄烦县	3940	2806	—	1134	—
古交市	4307	2974	—	1333	—
市直单位	427	160	—	267	—
大同市	**27635**	**18100**	**2668**	**6867**	**—**
南郊区	2973	2240	200	533	—
新荣区	1134	867	67	200	—
阳高县	3307	2040	600	667	—
天镇县	3454	1787	600	1067	—
广灵县	3520	2920	—	600	—
灵丘县	3313	2713	—	600	—

分县造林完成情况

单位:公顷

地区	荒山荒(沙)地造林面积				更新造林
	合计	人工造林	飞播造林	无林地和疏林地新封山(沙)育林	
浑源县	4734	1867	867	2000	—
左云县	2233	1566	—	667	—
大同县	2967	2100	334	533	—
阳泉市	**12200**	**10334**	**—**	**1866**	**—**
阳泉郊区	3240	2907	—	333	—
平定县	3920	2987	—	933	—
盂县	4707	4107	—	600	—
市直单位	333	333	—	—	—
长治市	**19611**	**15413**	**—**	**4198**	**—**
长治城区	27	27	—	—	—
长治郊区	94	94	—	—	—
长治县	33	33	—	—	—
襄垣县	894	794	—	100	—
屯留县	1754	1321	—	433	—
平顺县	3705	2572	—	1133	—
黎城县	1867	1300	—	567	—
壶关县	2000	1567	—	433	—
长子县	2074	1641	—	433	—
武乡县	2087	1987	—	100	—
沁县	2699	2233	—	466	—
沁源县	1380	947	—	433	—
潞城市	967	867	—	100	—
市直单位	30	30	—	—	—
晋城市	**10995**	**9394**	**—**	**1601**	**—**
晋城城区	334	334	—	—	—
沁水县	1993	1526	—	467	—
阳城县	2360	2227	—	133	—
陵川县	2507	2173	—	334	—
泽州县	2121	1454	—	667	—
高平市	1680	1680	—	—	—
朔州市	**18822**	**15223**	**—**	**3599**	**—**
朔城区	3466	2799	—	667	—
平鲁区	4200	3233	—	967	—
山阴县	1766	1766	—	—	—
应县	3279	2613	—	666	—
右玉县	4305	3339	—	966	—
怀仁县	1806	1473	—	333	—
晋中市	**21193**	**17126**	**—**	**4067**	**—**
榆次区	1953	1953	—	—	—
榆社县	1200	1033	—	167	—
左权县	2100	1700	—	400	—
和顺县	1267	767	—	500	—
昔阳县	2333	1999	—	334	—
寿阳县	1767	1767	—	—	—
太谷县	2440	1574	—	866	—
祁县	2333	2133	—	200	—
平遥县	1907	1307	—	600	—

分县造林完成情况

单位:公顷

地　区	荒山荒(沙)地造林面积				更新造林
	合计	人工造林	飞播造林	无林地和疏林地新封山(沙)育林	
灵石县	3113	2113	—	1000	—
介休市	780	780	—	—	—
运城市	**20005**	**16739**	**—**	**3266**	**—**
盐湖区	1613	1413	—	200	—
临猗县	1000	867	—	133	—
万荣县	601	601	—	—	—
闻喜县	1133	1000	—	133	—
稷山县	1716	1716	—	—	—
新绛县	1445	1445	—	—	—
绛县	1524	1391	—	133	—
垣曲县	2747	1080	—	1667	—
夏县	2533	2333	—	200	—
平陆县	1047	1047	—	—	—
芮城县	2100	1633	—	467	—
永济市	1700	1367	—	333	—
河津市	846	846	—	—	—
忻州市	**40032**	**28700**	**—**	**11332**	**—**
忻府区	3027	2694	—	333	—
定襄县	2073	1073	—	1000	—
五台县	4200	3600	—	600	—
代县	3867	2867	—	1000	—
繁峙县	3353	1686	—	1667	—
宁武县	1420	1087	—	333	—
静乐县	2866	2533	—	333	—
神池县	1580	1047	—	533	—
五寨县	3133	1933	—	1200	—
岢岚县	1813	1146	—	667	—
河曲县	2367	1367	—	1000	—
保德县	3020	2487	—	533	—
偏关县	3160	1960	—	1200	—
原平市	3273	2340	—	933	—
市直单位	880	880	—	—	—
临汾市	**36200**	**27529**	**—**	**8671**	**—**
尧都区	1402	1402	—	—	—
曲沃县	454	454	—	—	—
翼城县	1021	1021	—	—	—
襄汾县	1749	1749	—	—	—
洪洞县	1235	701	—	534	—
古县	1669	1135	—	534	—
安泽县	2003	1003	—	1000	—
浮山县	2101	2101	—	—	—
吉县	5161	3694	—	1467	—
乡宁县	2169	1635	—	534	—
大宁县	2208	1674	—	534	—
隰县	3604	2537	—	1067	—
永和县	5630	4362	—	1268	—
蒲县	3369	2303	—	1066	—

分县造林完成情况

单位:公顷

地　区	荒山荒(沙)地造林面积				更新造林
	合计	人工造林	飞播造林	无林地和疏林地新封山(沙)育林	
汾西县	1528	1061	—	467	—
侯马市	595	395	—	200	—
霍州市	302	302	—	—	—
吕梁市	**33629**	**24897**	**—**	**8732**	**—**
离石区	2112	1379	—	733	—
文水县	1740	1273	—	467	—
交城县	2081	1281	—	800	—
兴县	3001	1934	—	1067	—
临县	4001	3034	—	967	—
柳林县	3035	2835	—	200	—
石楼县	3334	2801	—	533	—
岚县	1732	1132	—	600	—
方山县	2267	1601	—	666	—
中阳县	3600	2600	—	1000	—
交口县	2133	1266	—	867	—
孝义市	1940	1574	—	366	—
汾阳市	2653	2187	—	466	—
管涔山林局	**4920**	**1920**	**—**	**3000**	**—**
五台林局	**6126**	**2460**	**—**	**3666**	**—**
关帝山林局	**6493**	**2693**	**—**	**3800**	**—**
太行山林局	**4180**	**2246**	**—**	**1934**	**—**
太岳山林局	**4474**	**1407**	**—**	**3067**	**—**
吕梁山林局	**990**	**735**	**—**	**255**	**—**
中条山林局	**4993**	**1927**	**—**	**3066**	**—**
黑茶山林局	**4133**	**2000**	**—**	**2133**	**—**
杨树局	**3441**	**1774**	**—**	**1667**	**—**
省林职院林场	**67**	**67**	**—**	**—**	**—**
省煤炭工业局	**1000**	**—**	**—**	**1000**	**—**
内蒙古	**731837**	**335136**	**113598**	**283103**	**14347**
呼和浩特市	**26001**	**11334**	**—**	**14667**	**—**
土默特左旗	2667	1334	—	1333	—
托克托县	1334	667	—	667	—
和林格尔县	5333	1333	—	4000	—
武川县	9667	5000	—	4667	—
清水河县	7000	3000	—	4000	—
包头市	**21329**	**7995**	**—**	**13334**	**—**
东河区	363	363	—	—	—
青山区	360	360	—	—	—
昆都仑区	267	267	—	—	—
石拐区	1733	400	—	1333	—
九原区	270	270	—	—	—
土默特右旗	1733	1066	—	667	—
固阳县	4000	3333	—	667	—
达尔罕茂明安联合旗	11453	1453	—	10000	—
稀土高新技术开发区	483	483	—	—	—
市直单位	667	—	—	667	—
乌海市	**1440**	**773**	**—**	**667**	**—**

分县造林完成情况

单位:公顷

地　区	荒山荒(沙)地造林面积				更新造林
	合计	人工造林	飞播造林	无林地和疏林地新封山(沙)育林	
海勃湾区	1344	677	—	667	—
海南区	96	96	—	—	—
赤峰市	**214367**	**127701**	**20000**	**66666**	**3889**
红山区	67	67	—	—	—
元宝山区	600	600	—	—	485
松山区	6200	2867	—	3333	21
阿鲁科尔沁旗	42360	25693	6667	10000	240
巴林左旗	9324	3324	—	6000	238
巴林右旗	27466	18133	—	9333	50
林西县	11202	7202	—	4000	226
克什克腾旗	30760	16760	4000	10000	448
翁牛特旗	48453	30119	6667	11667	448
宁城县	7470	3803	—	3667	979
敖汉旗	20333	15000	—	5333	570
喀拉沁旗	10132	4133	2666	3333	184
满洲里市	**120**	**120**	**—**	**—**	**—**
呼伦贝尔市	**57851**	**29517**	**—**	**28334**	**284**
海拉尔区	1380	1380	—	—	—
扎兰屯市	2220	2220	—	—	—
牙克石市	1187	1187	—	—	—
额尔古纳市	760	93	—	667	—
根河市	33	33	—	—	—
阿荣旗	953	953	—	—	—
莫力达瓦达斡尔族自治旗	467	467	—	—	—
鄂伦春自治旗	1651	1651	—	—	—
鄂温克自治旗	2800	2133	—	667	—
新巴尔虎左旗	20693	7560	—	13133	—
新巴尔虎右旗	6360	1027	—	5333	—
陈巴尔虎旗	14447	7780	—	6667	—
免渡河林业局	—	—	—	—	284
红花尔基林业局	4534	2667	—	1867	—
大杨树农场局	133	133	—	—	—
海拉尔农场局	233	233	—	—	—
兴安盟	**33200**	**12867**	**—**	**20333**	**—**
乌兰浩特市	2966	633	—	2333	—
阿尔山市	1033	33	—	1000	—
科尔沁右翼前旗	6666	3334	—	3332	—
科尔沁右翼中旗	6567	3900	—	2667	—
扎赉特旗	6134	3467	—	2667	—
突泉县	6167	1500	—	4667	—
五岔沟林业局	2000	—	—	2000	—
白狼林业局	1667	—	—	1667	—
通辽市	**45895**	**27228**	**—**	**18667**	**7280**
科尔沁区	3619	3619	—	—	—
霍林郭勒市	600	600	—	—	—
科尔沁左翼中旗	7600	4933	—	2667	3346
科尔沁左翼后旗	8409	4409	—	4000	1008

分县造林完成情况

单位:公顷

地　区	荒山荒(沙)地造林面积				更新造林
	合计	人工造林	飞播造林	无林地和疏林地新封山(沙)育林	
开鲁县	4133	3133	—	1000	—
库伦旗	7134	2801	—	4333	472
奈曼旗	7334	4667	—	2667	2060
扎鲁特旗	7066	3066	—	4000	394
锡林郭勒盟	**122139**	**20039**	**46667**	**55433**	**—**
锡林浩特市	5666	333	—	5333	—
阿巴嘎旗	15976	1309	10000	4667	—
苏尼特左旗	16240	240	10000	6000	—
苏尼特右旗	12900	133	8000	4767	—
东乌珠慕沁旗	11239	3239	—	8000	—
西乌珠慕沁旗	9647	2980	—	6667	—
太仆寺旗	3783	2450	—	1333	—
镶黄旗	8400	1067	—	7333	—
正镶白旗	15667	1000	10000	4667	—
正蓝旗	16544	2544	8667	5333	—
多伦县	6077	4744	—	1333	—
乌兰察布市	**88192**	**44859**	**—**	**43333**	**—**
集宁区	200	200	—	—	—
丰镇市	7867	3867	—	4000	—
卓资县	8867	4200	—	4667	—
化德县	8533	3200	—	5333	—
商都县	8227	6227	—	2000	—
兴和县	9565	4898	—	4667	—
凉城县	7467	4133	—	3334	—
察哈尔右翼前旗	7533	4200	—	3333	—
察哈尔右翼中旗	9800	4467	—	5333	—
察哈尔右翼后旗	6867	5534	—	1333	—
四子王旗	13266	3933	—	9333	—
鄂尔多斯市	**39400**	**15136**	**23597**	**667**	**—**
东胜区	1360	1360	—	—	—
达拉特旗	741	741	—	—	—
准格尔旗	3227	3227	—	—	—
鄂托克前旗	7733	1333	6400	—	—
鄂托克旗	7560	480	7080	—	—
杭锦旗	13566	3449	10117	—	—
乌审旗	4827	4160	—	667	—
伊金霍洛旗	373	373	—	—	—
造林总场	13	13	—	—	—
巴彦淖尔市	**43002**	**24001**	**6667**	**12334**	**280**
市直单位	5201	2200	—	3001	—
临河区	5302	5302	—	—	79
五原县	3818	3151	334	333	—
磴口县	5879	1879	2000	2000	63
乌拉特前旗	4910	2243	—	2667	36
乌拉特中旗	4969	2636	—	2333	51
乌拉特后旗	7721	2388	3333	2000	11
杭锦后旗	3842	2842	1000	—	30

分县造林完成情况

单位:公顷

地区	荒山荒(沙)地造林面积				更新造林
	合计	人工造林	飞播造林	无林地和疏林地新封山(沙)育林	
农垦管理局	1360	1360	—	—	10
阿拉善盟	**33833**	**11831**	**16667**	**5335**	**—**
经济开发区	1534	867	—	667	—
生态示范区	1467	800	—	667	—
阿拉善左旗	22721	3387	16667	2667	—
阿拉善右旗	6778	6111	—	667	—
额济纳旗	1333	666	—	667	—
二连浩特市	**3343**	**10**	**—**	**3333**	**—**
内蒙古集团	**1725**	**1725**	**—**	**—**	**2614**
内蒙古集团林管局	**1552**	**1552**	**—**	**—**	**2614**
阿尔山	14	14	—	—	1813
绰尔	133	133	—	—	—
绰源	175	175	—	—	—
乌尔旗汉	168	168	—	—	—
库都尔	241	241	—	—	—
图里河	87	87	—	—	—
伊图里河	24	24	—	—	—
克一河	278	278	—	—	—
甘河	110	110	—	—	—
吉文	20	20	—	—	—
阿里河	140	140	—	—	—
根河	30	30	—	—	801
金河	10	10	—	—	—
满归	8	8	—	—	—
得耳布尔	34	34	—	—	—
莫尔道嘎	80	80	—	—	—
内蒙古集团营林局	**173**	**173**	**—**	**—**	**—**
大杨树	109	109	—	—	—
毕拉河	64	64	—	—	—
辽宁省	**246767**	**140167**	**—**	**106600**	**8983**
沈阳市	**29272**	**29272**	**—**	**—**	**20**
市直单位	160	160	—	—	—
苏家屯区	746	746	—	—	—
东陵区	679	679	—	—	—
沈北新区	801	801	—	—	—
于洪区	46	46	—	—	20
辽中县	3956	3956	—	—	—
康平县	8342	8342	—	—	—
法库县	6840	6840	—	—	—
新民市	7702	7702	—	—	—
大连市	**8866**	**5533**	**—**	**3333**	**—**
长兴岛临港工业区	1200	533	—	667	—
大连保税区	67	67	—	—	—
金州新区	200	200	—	—	—
瓦房店市	3266	2333	—	933	—
普兰店市	1733	933	—	800	—
庄河市	2400	1467	—	933	—

分县造林完成情况

单位:公顷

地　区	荒山荒(沙)地造林面积				更新造林
	合计	人工造林	飞播造林	无林地和疏林地新封山(沙)育林	
鞍山市	**6333**	**6333**	**—**	**—**	**269**
台安县	933	933	—	—	143
岫岩满族自治县	4733	4733	—	—	124
海城市	667	667	—	—	2
抚顺市	**4800**	**4800**	**—**	**—**	**2324**
市辖区	—	—	—	—	32
东洲区	233	233	—	—	65
顺城区	167	167	—	—	86
抚顺县	1000	1000	—	—	201
新宾满族自治县	2467	2467	—	—	668
清原满族自治县	933	933	—	—	1272
本溪市	**2575**	**2575**	**—**	**—**	**1168**
市辖区	100	100	—	—	—
平山区	15	15	—	—	—
溪湖区	15	15	—	—	—
明山区	68	68	—	—	—
南芬区	76	76	—	—	—
本溪满族自治县	1334	1334	—	—	486
桓仁满族自治县	967	967	—	—	682
丹东市	**8337**	**5005**	**—**	**3332**	**1000**
振兴区	66	66	—	—	—
振安区	806	473	—	333	—
宽甸满族自治县	2666	1333	—	1333	1000
东港市	1733	1400	—	333	—
凤城市	3066	1733	—	1333	—
锦州市	**15798**	**5132**	**—**	**10666**	**2044**
太和区	533	200	—	333	—
黑山县	334	334	—	—	—
义县	7333	1666	—	5667	2000
凌海市	4599	1266	—	3333	44
北镇市	2999	1666	—	1333	—
营口市	**4000**	**3534**	**—**	**466**	**38**
鲅鱼圈区	281	281	—	—	—
老边区	307	307	—	—	—
盖州市	1812	1812	—	—	38
大石桥市	1600	1134	—	466	—
阜新市	**27698**	**18364**	**—**	**9334**	**—**
阜新矿业集团公司	2200	1533	—	667	—
海州区	36	36	—	—	—
新邱区	68	68	—	—	—
太平区	81	81	—	—	—
清河门区	62	62	—	—	—
细河区	123	123	—	—	—
阜新蒙古族自治县	12934	9267	—	3667	—
彰武县	12194	7194	—	5000	—
辽阳市	**4467**	**2000**	**—**	**2467**	**213**
宏伟区	147	80	—	67	—

分县造林完成情况

单位:公顷

地　区	荒山荒(沙)地造林面积				更新造林
	合计	人工造林	飞播造林	无林地和疏林地新封山(沙)育林	
弓长岭区	553	153	—	400	11
太子河区	134	67	—	67	27
辽阳县	2813	1013	—	1800	120
灯塔市	820	687	—	133	55
盘锦市	**737**	**737**	**—**	**—**	**—**
大洼县	133	133	—	—	—
盘山县	604	604	—	—	—
铁岭市	**14517**	**7651**	**—**	**6866**	**563**
银州区	13	13	—	—	1
清河区	533	200	—	333	52
开发区	156	156	—	—	1
铁岭县	5618	2285	—	3333	144
西丰县	3393	1527	—	1866	168
昌图县	1334	667	—	667	—
调兵山市	49	49	—	—	5
开原市	3421	2754	—	667	192
朝阳市	**104203**	**43334**	**—**	**60869**	**791**
双塔区	2134	667	—	1467	—
龙城区	3734	867	—	2867	—
朝阳县	26134	8800	—	17334	60
建平县	16667	7600	—	9067	731
喀喇沁左翼蒙古族自治县	15334	8467	—	6867	—
北票市	22000	9000	—	13000	—
凌源市	18200	7933	—	10267	—
葫芦岛市	**15164**	**5897**	**—**	**9267**	**58**
市辖区	400	133	—	267	—
连山区	2000	667	—	1333	—
龙港区	133	133	—	—	—
南票区	666	333	—	333	—
绥中县	2465	798	—	1667	58
建昌县	6300	2633	—	3667	—
兴城市	3200	1200	—	2000	—
省直单位	**—**	**—**	**—**	**—**	**495**
实验林场	—	—	—	—	135
生态实验林场	—	—	—	—	210
海洋林场	—	—	—	—	54
森林经营研究所林场	—	—	—	—	56
固沙造林研究所林场	—	—	—	—	40
吉林省	**36424**	**34090**	**—**	**2334**	**8118**
长春市	**2786**	**2786**	**—**	**—**	**366**
榆树市	333	333	—	—	62
德惠市	—	—	—	—	67
九台市	2067	2067	—	—	219
宽城区	—	—	—	—	5
绿园区	—	—	—	—	13
净月开发区	386	386	—	—	—
吉林市	**1114**	**781**	**—**	**333**	**1303**

分县造林完成情况

单位：公顷

地　区	荒山荒（沙）地造林面积				更新造林
	合计	人工造林	飞播造林	无林地和疏林地新封山（沙）育林	
桦甸市	230	230	—	—	325
舒兰市	—	—	—	—	144
蛟河市	333	333	—	—	—
磐石市	—	—	—	—	146
永吉县	551	218	—	333	416
昌邑区	—	—	—	—	38
龙潭区	—	—	—	—	45
船营区	—	—	—	—	33
丰满区	—	—	—	—	156
四平市	**3010**	**3010**	**—**	**—**	**452**
公主岭市	435	435	—	—	—
双辽市	1333	1333	—	—	—
梨树县	133	133	—	—	296
伊通满族自治县	1000	1000	—	—	98
铁东区	50	50	—	—	—
铁西区	52	52	—	—	4
辽河农垦区	7	7	—	—	17
直属林场	—	—	—	—	37
辽源市	**—**	**—**	**—**	**—**	**578**
东辽县	—	—	—	—	502
西安区	—	—	—	—	2
龙山区	—	—	—	—	3
市属林场	—	—	—	—	71
通化市	**5499**	**5499**	**—**	**—**	**2071**
梅河口市	667	667	—	—	433
集安市	922	922	—	—	370
通化县	518	518	—	—	790
柳河县	3392	3392	—	—	169
辉南县	—	—	—	—	274
东昌区	—	—	—	—	14
二道江区	—	—	—	—	15
直属林场	—	—	—	—	6
白山市	**2000**	**2000**	**—**	**—**	**415**
长白县	333	333	—	—	391
抚松县	1667	1667	—	—	—
长白森林经营局	—	—	—	—	20
其他单位	—	—	—	—	4
松原市	**1801**	**1801**	**—**	**—**	**295**
长岭县	584	584	—	—	—
前郭尔罗斯蒙古族自治县	667	667	—	—	—
乾安县	—	—	—	—	230
宁江区	550	550	—	—	65
白城市	**15101**	**14434**	**—**	**667**	**889**
大安市	1334	667	—	667	75
洮南市	5134	5134	—	—	800
通榆县	3760	3760	—	—	—
镇赉县	3389	3389	—	—	—

分县造林完成情况

单位:公顷

地　区	荒山荒(沙)地造林面积				更新造林
	合计	人工造林	飞播造林	无林地和疏林地新封山(沙)育林	
洮北区	667	667	—	—	14
经济开发区	200	200	—	—	—
查干浩特开发区	151	151	—	—	—
其他单位	466	466	—	—	—
延边朝鲜族自治州	**5040**	**3706**	**—**	**1334**	**753**
延吉市	—	—	—	—	63
龙井市	745	745	—	—	189
和龙市	—	—	—	—	117
图们市	—	—	—	—	56
珲春市	2668	1334	—	1334	190
敦化市	1627	1627	—	—	14
安图县	—	—	—	—	35
汪清县	—	—	—	—	89
延边林业集团	**69**	**69**	**—**	**—**	**142**
黄泥河	—	—	—	—	11
大石头	39	39	—	—	3
八家子	—	—	—	—	84
和龙	—	—	—	—	1
汪清	30	30	—	—	—
大兴沟	—	—	—	—	40
珲春	—	—	—	—	3
吉林森工集团	**4**	**4**	**—**	**—**	**839**
临江	—	—	—	—	43
三岔子	—	—	—	—	384
湾沟	—	—	—	—	11
松江河	—	—	—	—	97
泉阳	—	—	—	—	91
露水河	—	—	—	—	81
白石山	—	—	—	—	58
红石	4	4	—	—	74
省直单位	**—**	**—**	**—**	**—**	**15**
蛟河实验局	—	—	—	—	5
辉南森林经营局	—	—	—	—	10
黑龙江省	**123763**	**71921**	**—**	**51842**	**11589**
哈尔滨市	**14669**	**6601**	**—**	**8068**	**—**
市直市郊	2067	1067	—	1000	—
五常县	2334	1000	—	1334	—
双城市	467	467	—	—	—
尚志市	1200	667	—	533	—
巴彦县	1466	466	—	1000	—
宾县	1000	333	—	667	—
依兰县	1134	467	—	667	—
延寿县	1800	1000	—	800	—
木兰县	1267	467	—	800	—
通河县	800	333	—	467	—
方正县	1134	334	—	800	—
齐齐哈尔市	**19191**	**13192**	**—**	**5999**	**—**

分县造林完成情况

单位:公顷

地　区	荒山荒(沙)地造林面积				更新造林
	合计	人工造林	飞播造林	无林地和疏林地新封山(沙)育林	
市直单位	386	53	—	333	—
龙沙区	433	433	—	—	—
昂昂溪区	107	107	—	—	—
富拉尔基区	93	93	—	—	—
碾子山区	1493	160	—	1333	—
梅里斯达斡尔族区	734	734	—	—	—
龙江县	3201	1867	—	1334	—
依安县	787	787	—	—	—
泰来县	2648	1315	—	1333	—
甘南县	1368	1368	—	—	—
富裕县	2696	2029	—	667	—
克山县	1666	1333	—	333	—
克东县	1046	380	—	666	—
拜泉县	1333	1333	—	—	—
讷河市	1200	1200	—	—	—
牡丹江市	**11907**	**2400**	**—**	**9507**	**—**
市直单位	1567	333	—	1234	—
东宁县	2000	—	—	2000	—
林口县	2666	667	—	1999	—
绥芬河市	1000	—	—	1000	—
海林市	867	267	—	600	—
宁安市	1800	1133	—	667	—
穆棱市	2007	—	—	2007	—
佳木斯市	**12720**	**7453**	**—**	**5267**	**—**
市直单位	2000	1000	—	1000	—
郊区	2201	1534	—	667	—
桦南县	1397	1397	—	—	—
桦川县	2266	1333	—	933	—
汤原县	2656	656	—	2000	—
抚远县	1000	333	—	667	—
同江市	333	333	—	—	—
富锦市	867	867	—	—	—
鸡西市	**4370**	**3370**	**—**	**1000**	**—**
市直单位	1667	1000	—	667	—
鸡东县	1333	1333	—	—	—
虎林市	703	370	—	333	—
密山市	667	667	—	—	—
鹤岗市	**3333**	**3333**	**—**	**—**	**—**
市直单位	1000	1000	—	—	—
绥滨县	2333	2333	—	—	—
双鸭山市	**7973**	**3973**	**—**	**4000**	**—**
市直单位	867	867	—	—	—
集贤县	1067	400	—	667	—
饶河县	2706	1373	—	1333	—
宝清县	3333	1333	—	2000	—
伊春市	**4400**	**4400**	**—**	**—**	**—**
嘉荫县	2667	2667	—	—	—

分县造林完成情况

单位：公顷

地区	荒山荒(沙)地造林面积				更新造林
	合计	人工造林	飞播造林	无林地和疏林地新封山(沙)育林	
铁力市	67	67	—	—	—
西林区	333	333	—	—	—
市区	1333	1333	—	—	—
七台河市	**600**	**600**	**—**	**—**	**—**
市直单位	267	267	—	—	—
勃利县	333	333	—	—	—
大庆市	**9866**	**7199**	**—**	**2667**	**—**
市直单位	2066	2066	—	—	—
肇州县	533	533	—	—	—
肇源县	2800	2133	—	667	—
林甸县	467	467	—	—	—
杜尔伯特蒙古族自治县	4000	2000	—	2000	—
绥化市	**12002**	**8135**	**—**	**3867**	**—**
市直单位	1200	1200	—	—	—
海伦市国有林场管理局	1533	1000	—	533	—
绥棱县	267	267	—	—	—
绥棱国有林场管理局	934	267	—	667	—
庆安县	600	600	—	—	—
北林区	533	533	—	—	—
望奎县	2000	667	—	1333	—
兰西县	467	467	—	—	—
青岗县	667	667	—	—	—
明水县	2267	933	—	1334	—
安达市	867	867	—	—	—
肇东市	667	667	—	—	—
黑河市	**15532**	**5732**	**—**	**9800**	**—**
市直单位	2667	1000	—	1667	—
爱辉区	2266	933	—	1333	—
嫩江县	1333	666	—	667	—
逊克县	2000	667	—	1333	—
孙吴县	3000	1333	—	1667	—
北安市	866	400	—	466	—
五大连池市	2733	733	—	2000	—
五大连池市风景区管委会	667	—	—	667	—
大兴安岭行署	**1267**	**1267**	**—**	**—**	**—**
呼玛县	667	667	—	—	—
塔河县	333	333	—	—	—
漠河县	267	267	—	—	—
尚志国有林场管理局	**800**	**800**	**—**	**—**	**—**
庆安国有林场管理局	**2467**	**800**	**—**	**1667**	**—**
省农垦总局	**2666**	**2666**	**—**	**—**	**—**
龙江森工集团	**—**	**—**	**—**	**—**	**11589**
牡丹江林业管理局	**—**	**—**	**—**	**—**	**1449**
大海林	—	—	—	—	859
柴河	—	—	—	—	2
东京城	—	—	—	—	12
穆棱	—	—	—	—	39

分县造林完成情况

单位:公顷

地　区	荒山荒(沙)地造林面积				更新造林
	合计	人工造林	飞播造林	无林地和疏林地新封山(沙)育林	
林口	—	—	—	—	503
八面通	—	—	—	—	34
合江林业管理局	**—**	**—**	**—**	**—**	**150**
桦南	—	—	—	—	13
清河	—	—	—	—	137
伊春林业管理局	**—**	**—**	**—**	**—**	**7764**
双丰	—	—	—	—	317
铁力	—	—	—	—	372
桃山	—	—	—	—	353
朗乡	—	—	—	—	443
南岔	—	—	—	—	376
金山屯	—	—	—	—	37
美溪	—	—	—	—	353
乌马河	—	—	—	—	1867
翠峦	—	—	—	—	345
友好	—	—	—	—	620
上甘岭	—	—	—	—	194
五营	—	—	—	—	540
红星	—	—	—	—	809
新青	—	—	—	—	354
汤旺河	—	—	—	—	353
乌伊岭	—	—	—	—	431
松花江林业管理局	**—**	**—**	**—**	**—**	**1835**
山河屯	—	—	—	—	551
亚布力	—	—	—	—	21
方正	—	—	—	—	5
兴隆	—	—	—	—	800
通北	—	—	—	—	200
沾河	—	—	—	—	258
总局直属单位	**—**	**—**	**—**	**—**	**391**
带岭实验局	—	—	—	—	391
上海市	**710**	**710**	**—**	**—**	**—**
崇明县	197	197	—	—	—
宝山区	38	38	—	—	—
闵行区	28	28	—	—	—
嘉定区	97	97	—	—	—
金山区	39	39	—	—	—
青浦区	41	41	—	—	—
松江区	115	115	—	—	—
奉贤区	125	125	—	—	—
其他单位	30	30	—	—	—
江苏省	**57294**	**57294**	**—**	**—**	**1514**
南京市	**3262**	**3262**	**—**	**—**	**—**
浦口区	228	228	—	—	—
栖霞区	180	180	—	—	—
雨花台区	123	123	—	—	—
江宁区	1017	1017	—	—	—

分县造林完成情况

单位:公顷

地　区	荒山荒(沙)地造林面积				更新造林
	合计	人工造林	飞播造林	无林地和疏林地新封山(沙)育林	
六合区	713	713	—	—	—
溧水县	608	608	—	—	—
高淳县	393	393	—	—	—
无锡市	**2227**	**2227**	**—**	**—**	**7**
新区	143	143	—	—	—
锡山区	335	335	—	—	—
惠山区	210	210	—	—	—
滨湖区	140	140	—	—	—
江阴市	839	839	—	—	3
宜兴市	560	560	—	—	4
徐州市	**6375**	**6375**	**—**	**—**	**294**
贾汪区	736	736	—	—	—
丰县	561	561	—	—	—
沛县	508	508	—	—	—
铜山区	1678	1678	—	—	—
睢宁县	1297	1297	—	—	17
新沂市	558	558	—	—	53
邳州市	1037	1037	—	—	224
常州市	**945**	**945**	**—**	**—**	**—**
新北区	118	118	—	—	—
武进区	250	250	—	—	—
溧阳市	356	356	—	—	—
金坛市	221	221	—	—	—
苏州市	**3406**	**3406**	**—**	**—**	**42**
市直单位	288	288	—	—	—
虎丘区	20	20	—	—	—
吴中区	130	130	—	—	—
相城区	471	471	—	—	12
常熟市	559	559	—	—	21
张家港市	267	267	—	—	—
昆山市	418	418	—	—	3
吴江市	840	840	—	—	—
太仓市	413	413	—	—	6
南通市	**4953**	**4953**	**—**	**—**	**2**
市直单位	107	107	—	—	—
崇川区	31	31	—	—	—
港闸区	85	85	—	—	—
海安县	490	490	—	—	—
如东县	1166	1166	—	—	—
启东市	700	700	—	—	2
如皋市	695	695	—	—	—
通州市	887	887	—	—	—
海门市	792	792	—	—	—
连云港市	**7513**	**7513**	**—**	**—**	**—**
市直单位	337	337	—	—	—
连云区	135	135	—	—	—
新浦区	333	333	—	—	—

分县造林完成情况

单位:公顷

地　区	荒山荒(沙)地造林面积				更新造林
	合计	人工造林	飞播造林	无林地和疏林地新封山(沙)育林	
海州区	334	334	—	—	—
赣榆县	1893	1893	—	—	—
东海县	2005	2005	—	—	—
灌云县	1443	1443	—	—	—
灌南县	1033	1033	—	—	—
淮安市	**1946**	**1946**	**—**	**—**	**443**
楚州区	203	203	—	—	—
淮阴区	249	249	—	—	12
清浦区	292	292	—	—	—
涟水县	465	465	—	—	—
洪泽县	85	85	—	—	68
盱眙县	602	602	—	—	296
金湖县	50	50	—	—	67
盐城市	**11733**	**11733**	**—**	**—**	**275**
亭湖区	1892	1892	—	—	—
响水县	940	940	—	—	—
滨海县	770	770	—	—	—
阜宁县	695	695	—	—	91
射阳县	2604	2604	—	—	176
建湖县	674	674	—	—	—
盐都区	1881	1881	—	—	—
东台市	992	992	—	—	8
大丰市	1285	1285	—	—	—
扬州市	**5975**	**5975**	**—**	**—**	**236**
广陵区	233	233	—	—	—
邗江区	637	637	—	—	—
宝应县	1228	1228	—	—	224
仪征市	1722	1722	—	—	—
高邮市	1712	1712	—	—	5
江都区	443	443	—	—	7
镇江市	**2752**	**2752**	**—**	**—**	**138**
市直单位	107	107	—	—	—
京口区	26	26	—	—	16
润州区	252	252	—	—	—
丹徒区	398	398	—	—	16
丹阳市	835	835	—	—	83
扬中市	83	83	—	—	—
句容市	1051	1051	—	—	23
泰州市	**3351**	**3351**	**—**	**—**	**55**
海陵区	152	152	—	—	43
高港区	156	156	—	—	—
兴化市	1001	1001	—	—	1
靖江市	630	630	—	—	—
泰兴市	517	517	—	—	—
姜堰市	895	895	—	—	11
宿迁市	**2856**	**2856**	**—**	**—**	**22**
宿城区	334	334	—	—	—

分县造林完成情况

单位:公顷

地　区	荒山荒(沙)地造林面积				更新造林
	合计	人工造林	飞播造林	无林地和疏林地新封山(沙)育林	
宿豫区	450	450	—	—	21
沭阳县	957	957	—	—	—
泗阳县	358	358	—	—	1
泗洪县	757	757	—	—	—
浙江省	**40473**	**36536**	**—**	**3937**	**13033**
杭州市	**5573**	**4452**	**—**	**1121**	**2718**
江干区	6	6	—	—	—
拱墅区	55	55	—	—	—
西湖区	14	14	—	—	—
滨江区	57	57	—	—	—
萧山区	394	394	—	—	1
余杭区	108	108	—	—	32
桐庐县	718	718	—	—	362
淳安县	1540	1219	—	321	312
建德市	607	607	—	—	798
富阳市	1600	867	—	733	520
临安市	474	407	—	67	693
宁波市	**3912**	**3912**	**—**	**—**	**336**
江北区	322	322	—	—	—
北仑区	205	205	—	—	—
大榭区	10	10	—	—	1
镇海区	339	339	—	—	—
鄞州区	745	745	—	—	72
东钱湖	—	—	—	—	30
象山县	580	580	—	—	20
宁海县	586	586	—	—	110
余姚市	294	294	—	—	66
慈溪市	615	615	—	—	—
奉化市	216	216	—	—	37
温州市	**7818**	**7352**	**—**	**466**	**977**
鹿城区	373	373	—	—	—
龙湾区	302	302	—	—	—
瓯海区	512	512	—	—	4
永嘉县	946	946	—	—	381
平阳县	1254	1254	—	—	—
苍南县	1662	1329	—	333	167
文成县	108	108	—	—	67
泰顺县	129	129	—	—	113
瑞安市	1312	1312	—	—	100
乐清市	1220	1087	—	133	145
嘉兴市	**2564**	**2554**	**—**	**10**	**—**
秀城区	153	153	—	—	—
秀洲区	318	318	—	—	—
嘉善县	386	386	—	—	—
海盐县	507	497	—	10	—
海宁市	478	478	—	—	—
平湖市	455	455	—	—	—

分县造林完成情况

单位:公顷

地　区	荒山荒(沙)地造林面积				更新造林
	合计	人工造林	飞播造林	无林地和疏林地新封山(沙)育林	
桐乡市	267	267	—	—	—
湖州市	**3019**	**3019**	**—**	**—**	**146**
吴兴区	313	313	—	—	—
南浔区	675	675	—	—	—
德清县	831	831	—	—	34
长兴县	533	533	—	—	112
安吉县	667	667	—	—	—
绍兴市	**3163**	**3163**	**—**	**—**	**67**
市直单位	203	203	—	—	—
越城区	134	134	—	—	—
绍兴县	496	496	—	—	—
新昌县	434	434	—	—	34
诸暨市	1115	1115	—	—	12
上虞市	544	544	—	—	21
嵊州市	237	237	—	—	—
金华市	**3982**	**3235**	**—**	**747**	**1581**
婺城区	477	477	—	—	217
金东区	133	133	—	—	111
武义县	326	326	—	—	508
浦江县	366	333	—	33	129
磐安县	260	260	—	—	220
兰溪市	347	347	—	—	50
义乌市	345	345	—	—	147
东阳市	544	529	—	15	71
永康市	1184	485	—	699	128
衢州市	**2415**	**1882**	**—**	**533**	**2001**
柯城区	53	53	—	—	64
衢江区	440	360	—	80	124
常山县	509	376	—	133	257
开化县	445	445	—	—	1111
龙游县	134	134	—	—	109
江山市	834	514	—	320	336
舟山市	**415**	**415**	**—**	**—**	**2**
市直单位	27	27	—	—	2
定海区	165	165	—	—	—
普陀区	95	95	—	—	—
岱山县	98	98	—	—	—
嵊泗县	30	30	—	—	—
台州市	**3884**	**3670**	**—**	**214**	**865**
椒江区	174	174	—	—	43
黄岩区	214	214	—	—	53
路桥区	193	193	—	—	—
玉环县	473	473	—	—	—
三门县	409	332	—	77	38
天台县	620	483	—	137	199
仙居县	539	539	—	—	311
温岭市	520	520	—	—	40

分县造林完成情况

单位:公顷

地区	荒山荒(沙)地造林面积				更新造林
	合计	人工造林	飞播造林	无林地和疏林地新封山(沙)育林	
临海市	742	742	—	—	181
丽水市	**3728**	**2882**	**—**	**846**	**4340**
莲都区	84	84	—	—	312
青田县	267	267	—	—	520
缙云县	671	138	—	533	384
遂昌县	840	605	—	235	444
松阳县	811	811	—	—	446
云和县	—	—	—	—	355
庆元县	120	42	—	78	712
景宁畲族自治县	202	202	—	—	400
龙泉市	733	733	—	—	767
安徽省	**45629**	**23373**	**—**	**22256**	**—**
合肥市	**533**	**533**	**—**	**—**	**—**
肥西县	133	133	—	—	—
庐江县	200	200	—	—	—
巢湖市	200	200	—	—	—
淮北市	**533**	**533**	**—**	**—**	**—**
烈山区	400	400	—	—	—
濉溪县	133	133	—	—	—
亳州市	**1068**	**1068**	**—**	**—**	**—**
谯城区	277	277	—	—	—
涡阳县	297	297	—	—	—
蒙城县	228	228	—	—	—
利辛县	266	266	—	—	—
宿州市	**2916**	**1382**	**—**	**1534**	**—**
埇桥区	583	183	—	400	—
萧县	1430	563	—	867	—
灵璧县	600	333	—	267	—
泗县	303	303	—	—	—
蚌埠市	**736**	**469**	**—**	**267**	**—**
怀远县	334	67	—	267	—
五河县	202	202	—	—	—
固镇县	133	133	—	—	—
蚌埠市直	67	67	—	—	—
阜阳市	**690**	**690**	**—**	**—**	**—**
颍泉区	67	67	—	—	—
临泉县	21	21	—	—	—
太和县	77	77	—	—	—
阜南县	410	410	—	—	—
颍上县	115	115	—	—	—
淮南市	**364**	**164**	**—**	**200**	**—**
凤台县	331	131	—	200	—
市直单位	33	33	—	—	—
滁州市	**5416**	**1298**	**—**	**4118**	**—**
南谯区	1333	533	—	800	—
明光市	898	328	—	570	—
来安县	714	232	—	482	—

分县造林完成情况

单位:公顷

地 区	荒山荒(沙)地造林面积				更新造林
	合计	人工造林	飞播造林	无林地和疏林地新封山(沙)育林	
全椒县	1010	77	—	933	—
定远县	661	128	—	533	—
凤阳县	800	—	—	800	—
六安市	**6970**	**2968**	**—**	**4002**	**—**
金安区	800	267	—	533	—
裕安区	708	241	—	467	—
叶集区	330	130	—	200	—
寿县	600	133	—	467	—
霍邱县	668	201	—	467	—
舒城县	1322	788	—	534	—
金寨县	1210	543	—	667	—
霍山县	1332	665	—	667	—
马鞍山市	**667**	**400**	**—**	**267**	**—**
当涂县	267	—	—	267	—
含山县	267	267	—	—	—
和县	133	133	—	—	—
芜湖市	**731**	**398**	**—**	**333**	**—**
芜湖县	61	61	—	—	—
繁昌县	333	—	—	333	—
南陵县	249	249	—	—	—
无为县	88	88	—	—	—
宣城市	**5245**	**2111**	**—**	**3134**	**—**
宣州区	934	601	—	333	—
宁国市	844	444	—	400	—
郎溪县	400	133	—	267	—
广德县	1000	333	—	667	—
泾县	600	200	—	400	—
绩溪县	934	267	—	667	—
旌德县	533	133	—	400	—
铜陵市	**334**	**67**	**—**	**267**	**—**
铜陵县	334	67	—	267	—
池州市	**5738**	**2538**	**—**	**3200**	**—**
贵池区	1060	193	—	867	—
东至县	1666	1133	—	533	—
石台县	1172	372	—	800	—
青阳县	1840	840	—	1000	—
安庆市	**8349**	**7082**	**—**	**1267**	**—**
宜秀区	467	467	—	—	—
桐城市	1067	600	—	467	—
怀宁县	748	748	—	—	—
枞阳县	67	67	—	—	—
潜山县	1400	1267	—	133	—
太湖县	1433	1433	—	—	—
宿松县	1333	666	—	667	—
望江县	1067	1067	—	—	—
岳西县	767	767	—	—	—
黄山市	**5339**	**1672**	**—**	**3667**	**—**

分县造林完成情况

单位:公顷

地　区	荒山荒(沙)地造林面积				更新造林
	合计	人工造林	飞播造林	无林地和疏林地新封山(沙)育林	
屯溪区	467	—	—	467	—
徽州区	467	—	—	467	—
黄山区	1266	466	—	800	—
歙县	1139	739	—	400	—
休宁县	800	200	—	600	—
黟县	400	67	—	333	—
祁门县	800	200	—	600	—
福建	**212724**	**212724**	**—**	**—**	**72418**
福州市	**26247**	**26247**	**—**	**—**	**2754**
闽侯县	6208	6208	—	—	812
闽清县	3925	3925	—	—	1169
永泰县	8254	8254	—	—	112
长乐市	2407	2407	—	—	204
福清市	1524	1524	—	—	310
连江县	1699	1699	—	—	—
罗源县	1736	1736	—	—	51
晋安区	345	345	—	—	50
仓山区	12	12	—	—	7
马尾区	137	137	—	—	39
厦门市	**331**	**331**	**—**	**—**	**232**
同安区	235	235	—	—	129
翔安区	95	95	—	—	50
集美区	—	—	—	—	—
海沧区	1	1	—	—	53
思明区	—	—	—	—	—
湖里区	—	—	—	—	—
莆田市	**6503**	**6503**	**—**	**—**	**1469**
城厢区	580	580	—	—	184
涵江区	989	989	—	—	254
荔城区	113	113	—	—	—
秀屿区	553	553	—	—	—
仙游县	4223	4223	—	—	1031
湄州岛农林水办	5	5	—	—	—
北岸管委会	40	40	—	—	—
三明市	**27440**	**27440**	**—**	**—**	**28189**
沙县	912	912	—	—	2063
三元区	103	103	—	—	1059
大田县	8507	8507	—	—	1803
建宁县	2812	2812	—	—	2668
宁化县	4571	4571	—	—	1405
尤溪县	5517	5517	—	—	5395
将乐县	443	443	—	—	2089
永安市	1378	1378	—	—	4401
梅列区	114	114	—	—	580
清流县	1302	1302	—	—	2691
明溪县	490	490	—	—	2026
泰宁县	1291	1291	—	—	2009

分县造林完成情况

单位:公顷

地区	荒山荒(沙)地造林面积				更新造林
	合计	人工造林	飞播造林	无林地和疏林地新封山(沙)育林	
泉州市	**13348**	**13348**	**—**	**—**	**1297**
晋江市	27	27	—	—	33
南安市	4646	4646	—	—	77
泉港区	167	167	—	—	—
惠安县	160	160	—	—	1
石狮市	14	14	—	—	—
台投区	5	5	—	—	—
安溪县	4647	4647	—	—	223
永春县	1849	1849	—	—	310
德化县	1447	1447	—	—	550
洛江区	386	386	—	—	103
漳州市	**28835**	**28835**	**—**	**—**	**6234**
漳浦县	5816	5816	—	—	574
南靖县	1035	1035	—	—	737
诏安县	4646	4646	—	—	181
长泰县	1133	1133	—	—	1061
华安县	1261	1261	—	—	1463
云霄县	6107	6107	—	—	59
平和县	6213	6213	—	—	1190
芗城区	30	30	—	—	77
龙海市	2456	2456	—	—	716
龙文区	45	45	—	—	33
东山县	93	93	—	—	143
南平市	**31607**	**31607**	**—**	**—**	**22679**
延平区	2530	2530	—	—	2551
邵武市	4709	4709	—	—	3048
武夷山市	2656	2656	—	—	1464
建瓯市	2839	2839	—	—	4076
建阳市	4412	4412	—	—	3476
顺昌县	1210	1210	—	—	2975
浦城县	4716	4716	—	—	2144
光泽县	6743	6743	—	—	1745
松溪县	669	669	—	—	630
政和县	1123	1123	—	—	570
龙岩市	**25879**	**25879**	**—**	**—**	**6304**
新罗区	2158	2158	—	—	117
长汀县	3503	3503	—	—	763
永定县	4721	4721	—	—	195
上杭县	4740	4740	—	—	847
武平县	2948	2948	—	—	1243
连城县	2173	2173	—	—	1906
漳平市	5636	5636	—	—	1233
宁德市	**52534**	**52534**	**—**	**—**	**3260**
古田县	13702	13702	—	—	1048
霞浦县	9453	9453	—	—	1017
福鼎市	7642	7642	—	—	—
周宁县	2037	2037	—	—	75

分县造林完成情况

单位:公顷

地　区	荒山荒(沙)地造林面积				更新造林
	合计	人工造林	飞播造林	无林地和疏林地新封山(沙)育林	
蕉城区	3313	3313	—	—	188
屏南县	2666	2666	—	—	450
寿宁县	5076	5076	—	—	193
柘荣县	3585	3585	—	—	48
福安市	4887	4887	—	—	241
平潭县	173	173	—	—	—
江西省	**164521**	**141693**	**—**	**22828**	**26746**
南昌市	**7550**	**7017**	**—**	**533**	**624**
市辖区	133	133	—	—	—
湾里区	89	89	—	—	—
南昌县	2610	2610	—	—	293
新建县	1420	1420	—	—	—
安义县	1426	893	—	533	—
进贤县	1872	1872	—	—	331
景德镇市	**2934**	**2134**	**—**	**800**	**821**
市辖区	906	373	—	533	—
昌江区	—	—	—	—	98
浮梁县	1361	1361	—	—	655
乐平市	667	400	—	267	68
萍乡市	**11674**	**9141**	**—**	**2533**	**167**
市直单位	200	200	—	—	—
安源区	930	530	—	400	—
开发区	110	110	—	—	—
湘东区	3054	2587	—	467	—
莲花县	2683	2150	—	533	—
上栗县	2400	2000	—	400	—
芦溪县	2297	1564	—	733	167
九江市	**22555**	**21289**	**—**	**1266**	**549**
市辖区	—	—	—	—	16
庐山区	780	780	—	—	—
浔阳区	20	20	—	—	—
九江县	1867	1867	—	—	—
武宁县	3940	3607	—	333	—
修水县	3200	2667	—	533	100
永修县	3000	3000	—	—	—
德安县	1253	1253	—	—	—
星子县	1376	976	—	400	433
都昌县	1333	1333	—	—	—
湖口县	1437	1437	—	—	—
彭泽县	1873	1873	—	—	—
瑞昌市	2256	2256	—	—	—
共青城	213	213	—	—	—
开发区	7	7	—	—	—
新余市	**5014**	**3748**	**—**	**1266**	**848**
市直单位	200	67	—	133	—
仰天岗管理会	267	267	—	—	—
渝水区	2020	1620	—	400	200

分县造林完成情况

单位:公顷

地　区	荒山荒(沙)地造林面积				更新造林
	合计	人工造林	飞播造林	无林地和疏林地新封山(沙)育林	
仙女湖	143	143	—	—	36
高新开发区	481	481	—	—	12
分宜县	1903	1170	—	733	600
鹰潭市	**5447**	**5114**	**—**	**333**	**122**
月湖区	240	240	—	—	—
龙虎山	466	133	—	333	60
余江县	1767	1767	—	—	—
贵溪市	2974	2974	—	—	62
赣州市	**33693**	**28859**	**—**	**4834**	**6133**
市直单位	667	667	—	—	—
章贡区	47	47	—	—	—
赣县	1453	1453	—	—	—
信丰县	1824	1724	—	100	1035
大余县	867	867	—	—	1919
上犹县	2666	2133	—	533	—
崇义县	1932	933	—	999	2512
安远县	667	667	—	—	—
龙南县	667	667	—	—	—
定南县	1353	1217	—	136	467
全南县	1000	1000	—	—	—
宁都县	6507	6507	—	—	—
于都县	3267	2867	—	400	—
兴国县	2710	2510	—	200	—
会昌县	2200	1667	—	533	—
寻乌县	1000	333	—	667	—
石城县	2633	1833	—	800	—
瑞金市	1733	1400	—	333	200
南康市	500	367	—	133	—
吉安市	**17547**	**14082**	**—**	**3465**	**9269**
吉州区	800	800	—	—	—
青原区	333	133	—	200	—
吉安县	1835	1835	—	—	1402
吉水县	1166	1166	—	—	650
峡江县	1533	1267	—	266	140
新干县	1400	1400	—	—	667
永丰县	1599	1133	—	466	1160
泰和县	1981	1514	—	467	2200
遂川县	967	967	—	—	1192
万安县	800	800	—	—	488
安福县	2400	1667	—	733	970
永新县	933	600	—	333	200
井冈山市	1800	800	—	1000	200
宜春市	**20700**	**18567**	**—**	**2133**	**7123**
明月山管委会	536	536	—	—	—
袁州区	4200	3800	—	400	4000
奉新县	1787	1454	—	333	571
万载县	2021	2021	—	—	—

分县造林完成情况

单位：公顷

地区	荒山荒(沙)地造林面积				更新造林
	合计	人工造林	飞播造林	无林地和疏林地新封山(沙)育林	
上高县	1465	1065	—	400	135
宜丰县	2057	2057	—	—	400
靖安县	533	533	—	—	350
铜鼓县	1000	1000	—	—	1667
丰城市	4000	3667	—	333	—
樟树市	2034	1367	—	667	—
高安市	1067	1067	—	—	—
抚州市	**13284**	**10952**	**—**	**2332**	**810**
临川区	2467	2134	—	333	—
南城县	1274	874	—	400	—
黎川县	666	466	—	200	—
南丰县	1409	1076	—	333	—
崇仁县	1209	876	—	333	—
乐安县	2013	1680	—	333	300
宜黄县	734	467	—	267	—
金溪县	666	533	—	133	—
资溪县	140	140	—	—	510
东乡县	987	987	—	—	—
广昌县	1719	1719	—	—	—
上饶市	**24056**	**20723**	**—**	**3333**	**280**
市辖区	666	333	—	333	—
信州区	820	820	—	—	—
上饶县	3547	3347	—	200	—
广丰县	1733	933	—	800	80
玉山县	2498	2165	—	333	—
铅山县	2893	2426	—	467	—
横峰县	467	467	—	—	—
弋阳县	1283	883	—	400	200
余干县	2610	2610	—	—	—
鄱阳县	3200	3200	—	—	—
万年县	1200	800	—	400	—
婺源县	2327	1927	—	400	—
德兴市	812	812	—	—	—
省直单位	**67**	**67**	**—**	**—**	**—**
山东省	**219028**	**217329**	**—**	**1699**	**8266**
济南市	**15496**	**15496**	**—**	**—**	**179**
历下区	27	27	—	—	—
市中区	1039	1039	—	—	139
天桥区	247	247	—	—	—
历城区	2591	2591	—	—	—
长清区	2735	2735	—	—	40
开发区	13	13	—	—	—
平阴县	1573	1573	—	—	—
济阳县	1040	1040	—	—	—
商河县	2490	2490	—	—	—
章丘市	3741	3741	—	—	—
青岛市	**9247**	**9247**	**—**	**—**	**713**

分县造林完成情况

单位:公顷

地　区	荒山荒(沙)地造林面积				更新造林
	合计	人工造林	飞播造林	无林地和疏林地新封山(沙)育林	
黄岛区	152	152	—	—	—
崂山区	53	53	—	—	—
城阳区	128	128	—	—	—
胶州市	1520	1520	—	—	—
即墨市	1405	1405	—	—	8
平度市	2780	2780	—	—	—
胶南市	1540	1540	—	—	583
莱西市	1669	1669	—	—	122
淄博市	**12238**	**12238**	**—**	**—**	**—**
淄川区	2339	2339	—	—	—
张店区	492	492	—	—	—
博山区	2800	2800	—	—	—
临淄区	1000	1000	—	—	—
周村区	733	733	—	—	—
桓台县	667	667	—	—	—
高青县	1540	1540	—	—	—
沂源县	2667	2667	—	—	—
枣庄市	**6400**	**6400**	**—**	**—**	**76**
市中区	685	685	—	—	11
薛城区	336	336	—	—	—
峄城区	737	737	—	—	—
台儿庄区	764	764	—	—	—
山亭区	1677	1677	—	—	—
滕州市	2201	2201	—	—	65
东营市	**7623**	**5924**	**—**	**1699**	**16**
东营区	1364	1364	—	—	—
河口区	2024	931	—	1093	—
垦利县	1773	1167	—	606	—
利津县	1306	1306	—	—	—
广饶县	1156	1156	—	—	16
烟台市	**14071**	**14071**	**—**	**—**	**67**
芝罘区	181	181	—	—	—
福山区	776	776	—	—	—
牟平区	1333	1333	—	—	—
莱山区	710	710	—	—	—
长岛县	68	68	—	—	2
龙口市	1827	1827	—	—	—
莱阳市	1083	1083	—	—	—
莱州市	1479	1479	—	—	—
蓬莱市	1030	1030	—	—	—
招远市	1340	1340	—	—	65
栖霞市	2279	2279	—	—	—
海阳市	1605	1605	—	—	—
昆嵛山林场	267	267	—	—	—
开发区	93	93	—	—	—
潍坊市	**24480**	**24480**	**—**	**—**	**1031**
潍城区	667	667	—	—	—

分县造林完成情况

单位:公顷

地　区	荒山荒(沙)地造林面积				更新造林
	合计	人工造林	飞播造林	无林地和疏林地新封山(沙)育林	
寒亭区	3059	3059	—	—	—
坊子区	1706	1706	—	—	15
奎文区	515	515	—	—	—
临朐县	1929	1929	—	—	—
昌乐县	1667	1667	—	—	—
青州市	3514	3514	—	—	—
诸城市	1637	1637	—	—	716
寿光市	3066	3066	—	—	300
安丘市	2666	2666	—	—	—
高密市	2531	2531	—	—	—
昌邑市	1523	1523	—	—	—
济宁市	**12462**	**12462**	**—**	**—**	**18**
市中区	334	334	—	—	—
任城区	233	233	—	—	—
微山县	533	533	—	—	18
鱼台县	834	834	—	—	—
金乡县	667	667	—	—	—
嘉祥县	1074	1074	—	—	—
汶上县	1367	1367	—	—	—
泗水县	2767	2767	—	—	—
梁山县	667	667	—	—	—
曲阜市	1046	1046	—	—	—
兖州市	373	373	—	—	—
邹城市	2567	2567	—	—	—
泰安市	**16040**	**16040**	**—**	**—**	**264**
市直单位	667	667	—	—	—
泰山区	166	166	—	—	—
岱岳区	1647	1647	—	—	—
宁阳县	2142	2142	—	—	120
东平县	2944	2944	—	—	100
新泰市	4273	4273	—	—	—
肥城市	4201	4201	—	—	44
威海市	**6252**	**6252**	**—**	**—**	**61**
环翠区	74	74	—	—	61
文登市	1617	1617	—	—	—
荣成市	1797	1797	—	—	—
乳山市	2524	2524	—	—	—
工业新区	167	167	—	—	—
经济开发区	40	40	—	—	—
高新区	33	33	—	—	—
日照市	**15974**	**15974**	**—**	**—**	**177**
市直单位	37	37	—	—	—
东港区	2164	2164	—	—	—
岚山区	1580	1580	—	—	43
五莲县	9335	9335	—	—	—
莒县	2858	2858	—	—	134
莱芜市	**3011**	**3011**	**—**	**—**	**113**

分县造林完成情况

单位:公顷

地　区	荒山荒(沙)地造林面积				更新造林
	合计	人工造林	飞播造林	无林地和疏林地新封山(沙)育林	
市直单位	502	502	—	—	—
莱城区	1702	1702	—	—	113
钢城区	807	807	—	—	—
临沂市	**29091**	**29091**	**—**	**—**	**1044**
兰山区	1672	1672	—	—	—
罗庄区	937	937	—	—	32
河东区	2213	2213	—	—	—
沂南县	2758	2758	—	—	344
郯城县	2672	2672	—	—	—
沂水县	3054	3054	—	—	358
苍山县	3151	3151	—	—	19
费县	2018	2018	—	—	139
平邑县	2721	2721	—	—	130
莒南县	2600	2600	—	—	11
蒙阴县	4007	4007	—	—	11
临沭县	1288	1288	—	—	—
德州市	**13093**	**13093**	**—**	**—**	**—**
市直单位	737	737	—	—	—
德城区	280	280	—	—	—
陵县	907	907	—	—	—
宁津县	600	600	—	—	—
庆云县	600	600	—	—	—
临邑县	1425	1425	—	—	—
齐河县	2548	2548	—	—	—
平原县	1250	1250	—	—	—
夏津县	208	208	—	—	—
武城县	2132	2132	—	—	—
乐陵市	1007	1007	—	—	—
禹城市	1399	1399	—	—	—
聊城市	**10015**	**10015**	**—**	**—**	**1203**
经济开发区	20	20	—	—	—
东昌府区	1242	1242	—	—	—
阳谷县	1067	1067	—	—	—
莘县	1446	1446	—	—	—
茌平县	1203	1203	—	—	1203
东阿县	2047	2047	—	—	—
冠县	1200	1200	—	—	—
高唐县	566	566	—	—	—
临清市	1224	1224	—	—	—
滨州市	**12436**	**12436**	**—**	**—**	**2964**
高新区	365	365	—	—	—
经济开发区	126	126	—	—	—
滨城区	795	795	—	—	—
惠民县	1228	1228	—	—	—
阳信县	1894	1894	—	—	—
无棣县	2592	2592	—	—	—
沾化县	2065	2065	—	—	—

分县造林完成情况

单位：公顷

地　区	荒山荒（沙）地造林面积				更新造林
	合计	人工造林	飞播造林	无林地和疏林地新封山（沙）育林	
博兴县	1726	1726	—	—	2964
邹平县	1158	1158	—	—	—
北海新区	487	487	—	—	—
菏泽市	**11099**	**11099**	**—**	**—**	**340**
市直单位	29	29	—	—	12
牡丹区	1720	1720	—	—	—
曹县	1666	1666	—	—	320
单县	1366	1366	—	—	8
成武县	1085	1085	—	—	—
巨野县	1413	1413	—	—	—
郓城县	820	820	—	—	—
鄄城县	827	827	—	—	—
定陶县	1145	1145	—	—	—
东明县	1028	1028	—	—	—
河南省	**237740**	**193500**	**—**	**44240**	**299**
郑州市	**12937**	**9015**	**—**	**3922**	**—**
中原区	13	13	—	—	—
上街区	20	20	—	—	—
惠济区	79	79	—	—	—
中牟县	1968	1968	—	—	—
巩义市	717	717	—	—	—
荥阳市	1914	1281	—	633	—
新密市	2001	1401	—	600	—
新郑市	1355	1015	—	340	—
登封市	4870	2521	—	2349	—
开封市	**9918**	**9918**	**—**	**—**	**—**
龙亭区	55	55	—	—	—
顺河回族区	31	31	—	—	—
鼓楼区	62	62	—	—	—
禹王台区	59	59	—	—	—
金明区	252	252	—	—	—
杞县	2449	2449	—	—	—
通许县	1417	1417	—	—	—
尉氏县	2053	2053	—	—	—
开封县	1844	1844	—	—	—
兰考县	1696	1696	—	—	—
洛阳市	**24403**	**19403**	**—**	**5000**	**—**
龙门管委会	57	57	—	—	—
伊滨区	220	220	—	—	—
洛龙区	2	2	—	—	—
孟津县	2005	1672	—	333	—
新安县	1401	1401	—	—	—
栾川县	100	100	—	—	—
嵩县	2757	2424	—	333	—
汝阳县	3334	1867	—	1467	—
宜阳县	2738	2205	—	533	—
洛宁县	7177	5510	—	1667	—

分县造林完成情况

单位:公顷

地　区	荒山荒(沙)地造林面积				更新造林
	合计	人工造林	飞播造林	无林地和疏林地新封山(沙)育林	
伊川县	2812	2478	—	334	—
偃师市	1800	1467	—	333	—
平顶山市	**7458**	**4923**	**—**	**2535**	**—**
卫东区	122	122	—	—	—
石龙区	15	15	—	—	—
湛河区	227	179	—	48	—
宝丰县	693	693	—	—	—
叶县	925	592	—	333	—
鲁山县	1835	1014	—	821	—
郏县	655	322	—	333	—
舞钢市	286	286	—	—	—
汝州市	2700	1700	—	1000	—
安阳市	**7198**	**3733**	**—**	**3465**	**—**
文峰区	19	19	—	—	—
北关区	7	7	—	—	—
安阳县	1307	69	—	1238	—
汤阴县	685	685	—	—	—
滑县	679	679	—	—	—
内黄县	528	528	—	—	—
林州市	3973	1746	—	2227	—
鹤壁市	**12471**	**12471**	**—**	**—**	**—**
鹤山区	2294	2294	—	—	—
山城区	818	818	—	—	—
淇滨区	2656	2656	—	—	—
浚县	2999	2999	—	—	—
淇县	3704	3704	—	—	—
新乡市	**8871**	**8311**	**—**	**560**	**—**
红旗区	55	55	—	—	—
卫滨区	8	8	—	—	—
凤泉区	69	69	—	—	—
牧野区	17	17	—	—	—
新乡县	382	382	—	—	—
获嘉县	465	465	—	—	—
原阳县	493	493	—	—	—
延津县	516	516	—	—	—
封丘县	746	746	—	—	—
长垣县	666	666	—	—	—
卫辉市	2121	1854	—	267	—
辉县市	3333	3040	—	293	—
焦作市	**6471**	**6161**	**—**	**310**	**—**
解放区	47	47	—	—	—
中站区	588	588	—	—	—
马村区	139	139	—	—	—
高新区	24	24	—	—	—
山阳区	125	125	—	—	—
修武县	2202	2029	—	173	—
博爱县	1065	928	—	137	—

分县造林完成情况

单位:公顷

地　区	荒山荒(沙)地造林面积				更新造林
	合计	人工造林	飞播造林	无林地和疏林地新封山(沙)育林	
武陟县	838	838	—	—	—
温县	792	792	—	—	—
沁阳市	306	306	—	—	—
孟州市	345	345	—	—	—
濮阳市	**14115**	**14115**	**—**	**—**	**20**
市辖区	240	240	—	—	—
华龙区	452	452	—	—	—
高新区	694	694	—	—	—
清丰县	2090	2090	—	—	—
南乐县	2089	2089	—	—	—
范县	2636	2636	—	—	7
台前县	1647	1647	—	—	—
濮阳县	4267	4267	—	—	13
许昌市	**10199**	**8322**	**—**	**1877**	**—**
魏都区	71	71	—	—	—
东城区	100	100	—	—	—
许昌县	1013	1013	—	—	—
鄢陵县	898	898	—	—	—
襄城县	1589	1589	—	—	—
禹州市	5453	3576	—	1877	—
长葛市	1075	1075	—	—	—
漯河市	**2811**	**2811**	**—**	**—**	**—**
市辖区	144	144	—	—	—
源汇区	228	228	—	—	—
郾城区	488	488	—	—	—
召陵区	353	353	—	—	—
舞阳县	1255	1255	—	—	—
临颍县	343	343	—	—	—
三门峡市	**21267**	**16601**	**—**	**4666**	**—**
湖滨区	1558	1225	—	333	—
渑池县	4233	2900	—	1333	—
陕县	3831	3164	—	667	—
卢氏县	6251	4585	—	1666	—
义马市	579	579	—	—	—
灵宝市	4815	4148	—	667	—
南阳市	**48060**	**37005**	**—**	**11055**	**—**
宛城区	856	856	—	—	—
卧龙区	538	538	—	—	—
南召县	3067	1800	—	1267	—
方城县	3206	2339	—	867	—
西峡县	11417	9484	—	1933	—
镇平县	2862	2016	—	846	—
内乡县	2406	1739	—	667	—
淅川县	9928	8025	—	1903	—
社旗县	2380	2380	—	—	—
唐河县	2014	1415	—	599	—
新野县	1611	1611	—	—	—

分县造林完成情况

单位:公顷

地区	荒山荒(沙)地造林面积				更新造林
	合计	人工造林	飞播造林	无林地和疏林地新封山(沙)育林	
桐柏县	6646	3673	—	2973	—
邓州市	1129	1129	—	—	—
商丘市	**6717**	**6717**	**—**	**—**	**279**
商丘市	—	—	—	—	279
梁园区	492	492	—	—	—
睢阳区	576	576	—	—	—
民权县	1241	1241	—	—	—
睢县	687	687	—	—	—
宁陵县	594	594	—	—	—
柘城县	844	844	—	—	—
虞城县	760	760	—	—	—
夏邑县	625	625	—	—	—
永城市	898	898	—	—	—
信阳市	**22612**	**16516**	**—**	**6096**	**—**
浉河区	2598	2131	—	467	—
平桥区	3088	2421	—	667	—
罗山县	2912	2122	—	790	—
光山县	4131	2131	—	2000	—
新县	4196	3046	—	1150	—
商城县	1202	1100	—	102	—
固始县	1906	1173	—	733	—
潢川县	761	574	—	187	—
淮滨县	783	783	—	—	—
息县	1035	1035	—	—	—
周口市	**4850**	**4850**	**—**	**—**	**—**
川汇区	206	206	—	—	—
扶沟县	1190	1190	—	—	—
西华县	333	333	—	—	—
商水县	673	673	—	—	—
沈丘县	281	281	—	—	—
郸城县	112	112	—	—	—
淮阳县	649	649	—	—	—
太康县	481	481	—	—	—
鹿邑县	344	344	—	—	—
项城市	581	581	—	—	—
驻马店市	**13647**	**9560**	**—**	**4087**	**—**
驿城区	692	559	—	133	—
西平县	349	349	—	—	—
上蔡县	674	674	—	—	—
平舆县	461	461	—	—	—
正阳县	334	334	—	—	—
确山县	3602	1314	—	2288	—
泌阳县	5195	3862	—	1333	—
汝南县	1225	1225	—	—	—
遂平县	900	567	—	333	—
新蔡县	215	215	—	—	—
济源市	**3735**	**3068**	**—**	**667**	**—**

分县造林完成情况

单位:公顷

地　区	荒山荒(沙)地造林面积				更新造林
	合计	人工造林	飞播造林	无林地和疏林地新封山(沙)育林	
湖北省	**194654**	**145911**	**—**	**48743**	**3373**
武汉市	**4569**	**4569**	**—**	**—**	**—**
洪山区	68	68	—	—	—
汉南区	387	387	—	—	—
蔡甸区	1000	1000	—	—	—
江夏区	1381	1381	—	—	—
黄陂区	1333	1333	—	—	—
新洲区	400	400	—	—	—
黄石市	**2621**	**2593**	**—**	**28**	**—**
阳新县	1860	1860	—	—	—
大冶市	761	733	—	28	—
十堰市	**38135**	**18217**	**—**	**19918**	**—**
茅箭区	2367	1300	—	1067	—
张湾区	2133	1133	—	1000	—
市直单位	898	232	—	666	—
郧县	6466	3133	—	3333	—
郧西县	6389	2203	—	4186	—
竹山县	4467	1134	—	3333	—
竹溪县	3167	1167	—	2000	—
房县	5915	3582	—	2333	—
丹江口市	6000	4000	—	2000	—
武当山特区	333	333	—	—	—
宜昌市	**15903**	**11110**	**—**	**4793**	**—**
点军区	466	133	—	333	—
猇亭区	267	267	—	—	—
夷陵区	2213	1300	—	913	—
市直单位	466	133	—	333	—
远安县	1214	1200	—	14	—
兴山县	1899	566	—	1333	—
秭归县	2486	1419	—	1067	—
长阳土家族自治县	1259	1259	—	—	—
五峰土家族自治县	1580	780	—	800	—
宜都市	1720	1720	—	—	—
当阳市	1000	1000	—	—	—
枝江市	1333	1333	—	—	—
襄阳市	**13747**	**11834**	**—**	**1913**	**—**
襄城区	400	400	—	—	—
樊城区	400	400	—	—	—
襄州区	533	533	—	—	—
市直单位	333	—	—	333	—
南漳县	3000	2733	—	267	—
谷城县	3680	2367	—	1313	—
保康县	2340	2340	—	—	—
老河口市	687	687	—	—	—
枣阳市	1507	1507	—	—	—
宜城市	867	867	—	—	—
鄂州市	**1097**	**764**	**—**	**333**	**—**

分县造林完成情况

单位:公顷

地　区	荒山荒(沙)地造林面积				更新造林
	合计	人工造林	飞播造林	无林地和疏林地新封山(沙)育林	
荆门市	**11073**	**10207**	**—**	**866**	**194**
东宝区	2733	2333	—	400	—
掇刀区	1733	1400	—	333	60
京山县	2127	2127	—	—	—
沙洋县	1553	1553	—	—	67
钟祥市	2261	2128	—	133	—
屈家岭管理局	666	666	—	—	67
孝感市	**8586**	**7853**	**—**	**733**	**68**
市辖区	333	—	—	333	—
孝南区	1067	1067	—	—	23
孝昌县	1747	1747	—	—	—
大悟县	1500	1100	—	400	—
云梦县	1013	1013	—	—	—
应城市	1046	1046	—	—	—
安陆市	1020	1020	—	—	—
汉川市	860	860	—	—	45
荆州市	**15509**	**15509**	**—**	**—**	**650**
沙市区	247	247	—	—	—
荆州区	800	800	—	—	—
市直单位	133	133	—	—	—
公安县	1173	1173	—	—	—
监利县	3681	3681	—	—	—
江陵县	880	880	—	—	—
石首市	1533	1533	—	—	—
洪湖市	4028	4028	—	—	—
松滋市	3034	3034	—	—	650
黄冈市	**18848**	**17548**	**—**	**1300**	**654**
黄州区	1633	1633	—	—	—
团风县	1784	1784	—	—	—
红安县	2467	1900	—	567	120
罗田县	2267	1867	—	400	—
英山县	1800	1800	—	—	—
浠水县	1997	1997	—	—	—
蕲春县	1800	1800	—	—	—
黄梅县	1433	1433	—	—	467
麻城市	2066	1733	—	333	—
武穴市	1400	1400	—	—	—
龙感湖	201	201	—	—	67
咸宁市	**16313**	**15646**	**—**	**667**	**202**
市辖区	521	187	—	334	32
咸安区	2267	2267	—	—	120
嘉鱼县	2133	2133	—	—	50
通城县	2013	2013	—	—	—
崇阳县	3147	3147	—	—	—
通山县	3466	3466	—	—	—
赤壁市	2766	2433	—	333	—
随州市	**5503**	**4837**	**—**	**666**	**200**

分县造林完成情况

单位:公顷

地　区	荒山荒(沙)地造林面积				更新造林
	合计	人工造林	飞播造林	无林地和疏林地新封山(沙)育林	
市辖区	333	333	—	—	—
曾都区	467	134	—	333	133
市直单位	—	—	—	—	67
广水市	3037	3037	—	—	—
随县	1666	1333	—	333	—
恩施土家族苗族自治州	**27557**	**15831**	**—**	**11726**	**546**
恩施市	3261	1935	—	1326	—
利川市	5538	2578	—	2960	189
建始县	2484	2177	—	307	44
巴东县	2871	1737	—	1134	—
宣恩县	3776	1643	—	2133	79
咸丰县	2562	1695	—	867	48
来凤县	2899	1566	—	1333	133
鹤峰县	4166	2500	—	1666	53
省直单位	**465**	**132**	**—**	**333**	**—**
省林科院	333	—	—	333	—
省太子山林管局	132	132	—	—	—
仙桃市	**2453**	**2453**	**—**	**—**	**—**
潜江市	**3342**	**3342**	**—**	**—**	**559**
天门市	**2800**	**2800**	**—**	**—**	**300**
神农架林区	**3467**	**333**	**—**	**3134**	**—**
后河国家级自然保护区	**133**	**133**	**—**	**—**	**—**
七姊妹山国家级自然保护区	**1200**	**200**	**—**	**1000**	**—**
大九湖国家级湿地公园	**1333**	**—**	**—**	**1333**	**—**
湖南省	**402435**	**235823**	**—**	**166612**	**—**
长沙市	**16514**	**8649**	**—**	**7865**	**—**
长沙县	2133	667	—	1466	—
望城县	970	637	—	333	—
宁乡县	4961	2428	—	2533	—
浏阳市	8450	4917	—	3533	—
株洲市	**35491**	**14185**	**—**	**21306**	**—**
株洲县	5474	1207	—	4267	—
攸县	7567	3367	—	4200	—
茶陵县	7727	3327	—	4400	—
炎陵县	7317	3117	—	4200	—
醴陵市	7406	3167	—	4239	—
湘潭市	**7486**	**2960**	**—**	**4526**	**—**
雨湖区	194	46	—	148	—
岳塘区	27	27	—	—	—
湘潭县	3302	1390	—	1912	—
湘乡市	2967	1367	—	1600	—
韶山市	996	130	—	866	—
衡阳市	**29009**	**15139**	**—**	**13870**	**—**
珠珲区	133	133	—	—	—
蒸湘区	682	147	—	535	—
南岳区	300	300	—	—	—
衡阳县	3041	1031	—	2010	—

分县造林完成情况

单位：公顷

地　区	荒山荒（沙）地造林面积				更新造林
	合计	人工造林	飞播造林	无林地和疏林地新封山（沙）育林	
衡南县	3522	1747	—	1775	—
衡山县	2686	778	—	1908	—
衡东县	3555	1800	—	1755	—
祁东县	3443	1509	—	1934	—
耒阳县	6204	4187	—	2017	—
常宁市	5443	3507	—	1936	—
邵阳市	**40039**	**19638**	**—**	**20401**	**—**
双清区	132	132	—	—	—
大祥区	135	135	—	—	—
北塔区	205	205	—	—	—
邵东县	2644	978	—	1666	—
新邵县	2718	1118	—	1600	—
邵阳县	3123	1256	—	1867	—
隆回县	4223	2289	—	1934	—
洞口县	7093	4093	—	3000	—
绥宁县	6539	4139	—	2400	—
新宁县	6895	2762	—	4133	—
城步苗族自治县	3678	1611	—	2067	—
武冈市	2654	920	—	1734	—
岳阳市	**21184**	**16319**	**—**	**4865**	**—**
岳阳楼区	1060	660	—	400	—
云溪区	879	546	—	333	—
君山区	1093	960	—	133	—
岳阳县	2540	2007	—	533	—
华容县	2173	1840	—	333	—
湘阴县	2206	2073	—	133	—
平江县	5567	4034	—	1533	—
汨罗市	2946	2346	—	600	—
临湘市	2720	1853	—	867	—
常德市	**27092**	**21730**	**—**	**5362**	**—**
武陵区	1156	917	—	239	—
鼎城区	4055	3055	—	1000	—
安乡区	2601	2601	—	—	—
汉寿县	2492	2492	—	—	—
澧县	4006	3006	—	1000	—
临澧县	1527	1260	—	267	—
桃源县	5944	4812	—	1132	—
石门县	3842	2118	—	1724	—
津市市	1469	1469	—	—	—
张家界市	**15071**	**6918**	**—**	**8153**	**—**
永定区	3963	2739	—	1224	—
武陵源区	1581	180	—	1401	—
慈利县	5757	2394	—	3363	—
桑植县	3770	1605	—	2165	—
益阳市	**21395**	**15396**	**—**	**5999**	**—**
资阳区	867	867	—	—	—
赫山区	1364	878	—	486	—

分县造林完成情况

单位:公顷

地 区	荒山荒(沙)地造林面积				更新造林
	合计	人工造林	飞播造林	无林地和疏林地新封山(沙)育林	
南县	2200	2200	—	—	—
桃江县	3706	946	—	2760	—
安化县	7926	5173	—	2753	—
沅江市	5332	5332	—	—	—
郴州市	**54882**	**34239**	**—**	**20643**	**—**
北湖区	3573	2334	—	1239	—
苏仙区	2859	1726	—	1133	—
桂阳县	7115	4676	—	2439	—
宜章县	4984	2145	—	2839	—
永兴县	4933	3400	—	1533	—
嘉禾县	4547	2708	—	1839	—
临武县	4739	2900	—	1839	—
汝城县	7172	4414	—	2758	—
桂东县	4400	2733	—	1667	—
安仁县	4291	2667	—	1624	—
资兴市	6269	4536	—	1733	—
永州市	**44908**	**36144**	**—**	**8764**	**—**
零陵区	2613	2121	—	492	—
冷水滩区	2928	2436	—	492	—
祁阳县	5452	4300	—	1152	—
东安县	4159	3134	—	1025	—
双牌县	5190	4684	—	506	—
道县	4516	3304	—	1212	—
江永县	2985	2313	—	672	—
宁远县	3848	3262	—	586	—
蓝山县	3847	3001	—	846	—
新田县	3523	2533	—	990	—
江华瑶族自治县	5847	5056	—	791	—
怀化市	**38097**	**24832**	**—**	**13265**	**—**
鹤城区	1389	417	—	972	—
中方县	2712	1740	—	972	—
沅陵县	4107	3307	—	800	—
辰溪县	4021	3049	—	972	—
溆浦县	2438	1571	—	867	—
会同县	3623	2451	—	1172	—
麻阳苗族自治县	2756	1466	—	1290	—
新晃侗族自治县	1930	906	—	1024	—
芷江侗族自治县	3416	2326	—	1090	—
靖州苗族侗族自治县	3823	2666	—	1157	—
通道侗族自治县	3222	2250	—	972	—
洪江市	4660	2683	—	1977	—
娄底市	**26328**	**11067**	**—**	**15261**	**—**
娄星区	1747	620	—	1127	—
双峰县	6815	3206	—	3609	—
新化县	9596	3570	—	6026	—
冷水江市	1525	487	—	1038	—
涟源市	6645	3184	—	3461	—

分县造林完成情况

单位:公顷

地　区	荒山荒(沙)地造林面积				更新造林
	合计	人工造林	飞播造林	无林地和疏林地新封山(沙)育林	
湘西土家族苗族自治州	**24939**	**8607**	**—**	**16332**	**—**
吉首市	2576	576	—	2000	—
泸溪县	2709	709	—	2000	—
凤凰县	2776	776	—	2000	—
花垣县	2467	467	—	2000	—
保靖县	2419	419	—	2000	—
古丈县	2909	1576	—	1333	—
永顺县	4650	1317	—	3333	—
龙山县	4433	2767	—	1666	—
广东省	**125476**	**121640**	**—**	**3836**	**70707**
广州市	**1035**	**700**	**—**	**335**	**283**
白云区	33	33	—	—	107
花都区	—	—	—	—	133
增城市	1002	667	—	335	—
梳脑林场	—	—	—	—	43
深圳市	**171**	**171**	**—**	**—**	**—**
盐田区	171	171	—	—	—
珠海市	**1394**	**1394**	**—**	**—**	**—**
香洲区	1193	1193	—	—	—
斗门区	201	201	—	—	—
汕头市	**1733**	**1066**	**—**	**667**	**—**
濠江区	399	266	—	133	—
潮阳区	667	400	—	267	—
潮南区	667	400	—	267	—
佛山市	**—**	**—**	**—**	**—**	**227**
南海区	—	—	—	—	27
高明区	—	—	—	—	200
韶关市	**14451**	**13051**	**—**	**1400**	**14229**
武江区	1800	1800	—	—	1800
浈江区	755	200	—	555	538
曲江区	333	333	—	—	1040
始兴县	800	800	—	—	2533
仁化县	200	200	—	—	2040
翁源县	1668	1401	—	267	1582
乳源瑶族自治县	2066	2066	—	—	400
新丰县	1086	1086	—	—	453
乐昌市	4645	4067	—	578	1800
南雄市	1098	1098	—	—	1246
韶关林场	—	—	—	—	160
曲江林场	—	—	—	—	137
仁化林场	—	—	—	—	178
河口林场	—	—	—	—	165
九曲水林场	—	—	—	—	110
华溪林场	—	—	—	—	47
河源市	**5584**	**5051**	**—**	**533**	**2486**
紫金县	1493	1493	—	—	1220
龙川县	1426	1426	—	—	—

分县造林完成情况

单位:公顷

地　区	荒山荒(沙)地造林面积				更新造林
	合计	人工造林	飞播造林	无林地和疏林地新封山(沙)育林	
连平县	333	333	—	—	713
和平县	933	933	—	—	533
东源县	1066	533	—	533	—
新丰江林管局	333	333	—	—	—
下石林场	—	—	—	—	20
梅州市	**9343**	**9343**	**—**	**—**	**4983**
梅江区	600	600	—	—	200
梅县	—	—	—	—	1270
大埔县	2266	2266	—	—	1866
丰顺县	3600	3600	—	—	—
五华县	2010	2010	—	—	1333
平远县	—	—	—	—	168
蕉岭县	—	—	—	—	133
兴宁市	867	867	—	—	13
惠州市	**7974**	**7640**	**—**	**334**	**1482**
惠城区	2133	2133	—	—	173
惠阳区	1667	1667	—	—	33
大亚湾区	133	133	—	—	—
仲恺区	534	467	—	67	—
博罗县	1867	1867	—	—	633
惠东县	533	333	—	200	134
龙门县	867	867	—	—	—
梁化林场	—	—	—	—	67
象头山林场	40	40	—	—	67
平安林场	—	—	—	—	93
鸡笼山林场	—	—	—	—	113
水东陂林场	200	133	—	67	117
油田林场	—	—	—	—	52
汕尾市	**9219**	**9219**	**—**	**—**	**78**
城区	1667	1667	—	—	—
红海湾开发区	1667	1667	—	—	—
海丰县	1589	1589	—	—	78
陆河县	896	896	—	—	—
陆丰市	3000	3000	—	—	—
罗经嶂林场	67	67	—	—	—
东海岸林场	233	233	—	—	—
湖东林场	100	100	—	—	—
江门市	**7988**	**7988**	**—**	**—**	**10065**
蓬江区	100	100	—	—	367
新会区	700	700	—	—	707
台山市	1967	1967	—	—	1007
开平市	1267	1267	—	—	2933
鹤山市	967	967	—	—	3000
恩平市	820	820	—	—	340
古兜山林场	200	200	—	—	167
大沙林场	233	233	—	—	73
狮山林场	67	67	—	—	114

分县造林完成情况

单位:公顷

地　区	荒山荒(沙)地造林面积				更新造林
	合计	人工造林	飞播造林	无林地和疏林地新封山(沙)育林	
河排林场	1247	1247	—	—	761
西坑林场	233	233	—	—	40
古斗林场	140	140	—	—	243
四堡林场	47	47	—	—	313
阳江市	**2013**	**2013**	**—**	**—**	**4057**
江城区	—	—	—	—	180
海陵岛实验区	80	80	—	—	54
高新区	—	—	—	—	133
阳西县	667	667	—	—	940
阳东县	133	133	—	—	913
阳春市	1000	1000	—	—	1337
阳江林场	133	133	—	—	367
花滩林场	—	—	—	—	133
湛江市	**1018**	**1018**	**—**	**—**	**5986**
坡头区	—	—	—	—	512
麻章区	—	—	—	—	191
经济技术开发区	—	—	—	—	91
遂溪县	—	—	—	—	806
徐闻县	483	483	—	—	780
廉江市	133	133	—	—	1648
雷州市	167	167	—	—	1207
吴川市	101	101	—	—	146
防护林场	134	134	—	—	133
吴川林场	—	—	—	—	53
市直单位	—	—	—	—	419
茂名市	**5319**	**5319**	**—**	**—**	**4987**
茂港区	—	—	—	—	67
电白县	653	653	—	—	667
高州市	2133	2133	—	—	1067
化州市	233	233	—	—	800
信宜市	600	600	—	—	1913
八一林场	—	—	—	—	36
厚元林场	—	—	—	—	33
新田林场	267	267	—	—	67
荷塘林场	133	133	—	—	47
文楼林场	67	67	—	—	73
播扬林场	100	100	—	—	100
平定林场	133	133	—	—	50
丽岗林场	400	400	—	—	60
电白林场	333	333	—	—	—
河尾山林场	267	267	—	—	—
野生动物救护研究中心	—	—	—	—	7
肇庆市	**16585**	**16585**	**—**	**—**	**676**
端州区	7	7	—	—	—
鼎湖区	20	20	—	—	—
大旺综合经济开发区	—	—	—	—	290
广宁县	1647	1647	—	—	—

分县造林完成情况

单位:公顷

地　区	荒山荒(沙)地造林面积				更新造林
	合计	人工造林	飞播造林	无林地和疏林地新封山(沙)育林	
怀集县	6021	6021	—	—	—
封开县	3346	3346	—	—	—
德庆县	1573	1573	—	—	—
高要市	2847	2847	—	—	—
四会市	427	427	—	—	—
北岭山林场	—	—	—	—	251
清桂林场	151	151	—	—	37
葵洞林场	33	33	—	—	—
大南山林场	125	125	—	—	—
大水口林场	—	—	—	—	98
大坑山林场	80	80	—	—	—
新岗林场	308	308	—	—	—
清远市	**12832**	**12832**	**—**	**—**	**7771**
清城区	766	766	—	—	333
佛冈县	667	667	—	—	267
阳山县	2580	2580	—	—	400
连山壮族瑶族自治县	1333	1333	—	—	367
连南瑶族自治县	1133	1133	—	—	420
清新县	1867	1867	—	—	467
英德市	1553	1553	—	—	547
连州市	2933	2933	—	—	3200
银盏林场	—	—	—	—	131
笔架林场	—	—	—	—	220
天堂山林场	—	—	—	—	130
英德林场	—	—	—	—	167
长江坝林场	—	—	—	—	8
金鸡林场	—	—	—	—	125
铁溪林场	—	—	—	—	123
羊角山林场	—	—	—	—	117
小龙林场	—	—	—	—	309
龙坪林场	—	—	—	—	67
杨梅林场	—	—	—	—	373
潮州市	**8967**	**8967**	**—**	**—**	**213**
湘桥区	400	400	—	—	—
枫溪区	67	67	—	—	—
潮安县	3773	3773	—	—	—
饶平县	4507	4507	—	—	213
凤凰山自然保护区	220	220	—	—	—
揭阳市	**12399**	**12399**	**—**	**—**	**—**
榕城区	433	433	—	—	—
揭东县	2500	2500	—	—	—
揭西县	2800	2800	—	—	—
惠来县	3000	3000	—	—	—
普宁市	3000	3000	—	—	—
普侨区	200	200	—	—	—
大南山侨区	133	133	—	—	—
后溪林场	200	200	—	—	—

分县造林完成情况

单位:公顷

地　区	荒山荒(沙)地造林面积				更新造林
	合计	人工造林	飞播造林	无林地和疏林地新封山(沙)育林	
青坑林场	133	133	—	—	—
云浮市	**6116**	**5549**	**—**	**567**	**5654**
云城区	457	457	—	—	615
新兴县	1734	1467	—	267	1756
郁南县	1208	908	—	300	659
云安县	324	324	—	—	1287
罗定市	2333	2333	—	—	940
大云雾林场	7	7	—	—	73
龙墉林场	—	—	—	—	154
飞马林场	33	33	—	—	67
同乐林场	13	13	—	—	41
水台林场	7	7	—	—	62
雷州林业局	**—**	**—**	**—**	**—**	**5736**
省直林场	**1335**	**1335**	**—**	**—**	**1794**
西江林业局	667	667	—	—	680
乳阳林业局	267	267	—	—	111
天井山林场	267	267	—	—	—
樟木头林场	—	—	—	—	279
乐昌林场	67	67	—	—	181
连山林场	—	—	—	—	206
东江林场	—	—	—	—	97
九连山林场	67	67	—	—	240
广西壮族自治区	**147810**	**132213**	**—**	**15597**	**66568**
南宁市	**11681**	**10681**	**—**	**1000**	**3738**
兴宁区	336	336	—	—	200
青秀区	467	467	—	—	400
江南区	552	552	—	—	143
西乡塘区	278	278	—	—	273
良庆区	1205	1205	—	—	152
邕宁区	333	333	—	—	107
武鸣县	1079	1079	—	—	533
隆安县	709	709	—	—	236
马山县	1020	1020	—	—	647
上林县	2522	1522	—	1000	8
宾阳县	1493	1493	—	—	468
横县	1687	1687	—	—	571
柳州市	**8456**	**8456**	**—**	**—**	**7917**
城中区	33	33	—	—	—
鱼峰区	100	100	—	—	332
柳南区	—	—	—	—	96
柳北区	115	115	—	—	78
柳江县	424	424	—	—	403
柳城县	2275	2275	—	—	128
鹿寨县	1386	1386	—	—	1594
融安县	921	921	—	—	1711
融水苗族自治县	2608	2608	—	—	2709
三江侗族自治县	594	594	—	—	866

分县造林完成情况

单位:公顷

地　区	荒山荒(沙)地造林面积				更新造林
	合计	人工造林	飞播造林	无林地和疏林地新封山(沙)育林	
桂林市	**18197**	**13556**	**—**	**4641**	**5253**
雁山区	3	3	—	—	1
阳朔县	1000	333	—	667	—
临桂县	1854	1854	—	—	646
灵川县	—	—	—	—	201
全州县	3543	3543	—	—	1210
兴安县	333	333	—	—	—
永福县	2218	2218	—	—	264
灌阳县	804	804	—	—	663
龙胜各族自治县	1073	1073	—	—	1062
资源县	1399	1399	—	—	867
平乐县	5110	1136	—	3974	201
荔浦县	36	36	—	—	—
恭城瑶族自治县	824	824	—	—	138
梧州市	**11799**	**11799**	**—**	**—**	**1921**
万秀区	459	459	—	—	14
蝶山区	250	250	—	—	107
长洲区	354	354	—	—	50
苍梧县	3285	3285	—	—	958
藤县	3259	3259	—	—	166
蒙山县	1653	1653	—	—	34
岑溪市	2539	2539	—	—	592
北海市	**516**	**516**	**—**	**—**	**265**
海城区	7	7	—	—	—
银海区	—	—	—	—	101
铁山港区	50	50	—	—	—
合浦县	459	459	—	—	164
防城港市	**8977**	**6310**	**—**	**2667**	**4756**
港口区	223	223	—	—	577
防城区	2116	2116	—	—	1617
上思县	5908	3241	—	2667	2492
东兴市	730	730	—	—	70
钦州市	**6343**	**6343**	**—**	**—**	**1459**
钦南区	1077	1077	—	—	342
钦北区	1002	1002	—	—	506
灵山县	3216	3216	—	—	532
浦北县	1048	1048	—	—	79
贵港市	**5899**	**5899**	**—**	**—**	**2574**
港北区	950	950	—	—	312
港南区	557	557	—	—	175
覃塘区	850	850	—	—	52
平南县	2138	2138	—	—	91
桂平市	1404	1404	—	—	1944
玉林市	**5391**	**5391**	**—**	**—**	**2799**
玉州区	96	96	—	—	38
福绵区	—	—	—	—	400
容县	989	989	—	—	374

分县造林完成情况

单位:公顷

地　区	荒山荒(沙)地造林面积				更新造林
	合计	人工造林	飞播造林	无林地和疏林地新封山(沙)育林	
陆川县	815	815	—	—	148
博白县	2029	2029	—	—	917
兴业县	171	171	—	—	550
北流市	1291	1291	—	—	372
百色市	**29191**	**26857**	**—**	**2334**	**3769**
右江区	3904	3904	—	—	376
田阳县	2373	2373	—	—	89
田东县	1004	1004	—	—	17
平果县	1196	1196	—	—	416
德保县	519	519	—	—	150
靖西县	2067	400	—	1667	—
那坡县	1201	1201	—	—	57
凌云县	1677	1677	—	—	333
乐业县	1976	1976	—	—	566
田林县	7198	7198	—	—	1333
西林县	3555	3555	—	—	293
隆林各族自治县	2521	1854	—	667	139
贺州市	**9968**	**7967**	**—**	**2001**	**4774**
八步区	2525	2525	—	—	1819
平桂区	2750	2083	—	667	208
昭平县	1964	1964	—	—	2063
钟山县	1277	610	—	667	110
富川瑶族自治县	1452	785	—	667	574
河池市	**17863**	**14909**	**—**	**2954**	**11200**
金城江区	1400	1400	—	—	600
南丹县	2213	2213	—	—	1320
天峨县	919	919	—	—	1346
凤山县	1903	1103	—	800	907
东兰县	1473	1473	—	—	538
罗城仫佬族自治县	1241	1241	—	—	2226
环江毛南族自治县	1316	1316	—	—	3033
巴马瑶族自治县	1563	1563	—	—	387
都安瑶族自治县	534	534	—	—	132
大化瑶族自治县	3154	1667	—	1487	195
宜州市	2147	1480	—	667	516
来宾市	**8950**	**8950**	**—**	**—**	**3216**
兴宾区	2433	2433	—	—	465
忻城县	972	972	—	—	312
象州县	1509	1509	—	—	1410
武宣县	2414	2414	—	—	206
金秀瑶族自治县	1191	1191	—	—	377
合山市	431	431	—	—	446
崇左市	**3141**	**3141**	**—**	**—**	**2718**
江州区	402	402	—	—	98
扶绥县	374	374	—	—	495
宁明县	1136	1136	—	—	1809
龙州县	667	667	—	—	—

分县造林完成情况

单位:公顷

地　区	荒山荒(沙)地造林面积				更新造林
	合计	人工造林	飞播造林	无林地和疏林地新封山(沙)育林	
大新县	204	204	—	—	116
天等县	323	323	—	—	200
凭祥市	35	35	—	—	—
高峰林场	**—**	**—**	**—**	**—**	**725**
七坡林场	**10**	**10**	**—**	**—**	**229**
东门林场	**133**	**133**	**—**	**—**	**337**
派阳山林场	**36**	**36**	**—**	**—**	**431**
钦廉林场	**—**	**—**	**—**	**—**	**808**
六万林场	**—**	**—**	**—**	**—**	**419**
博白林场	**—**	**—**	**—**	**—**	**2685**
维都林场	**590**	**590**	**—**	**—**	**565**
三门江林场	**—**	**—**	**—**	**—**	**1100**
黄冕林场	**—**	**—**	**—**	**—**	**727**
大桂山林场	**—**	**—**	**—**	**—**	**1460**
雅长林场	**669**	**669**	**—**	**—**	**—**
南宁树木园	**—**	**—**	**—**	**—**	**186**
热林中心	**—**	**—**	**—**	**—**	**484**
沙塘林场	**—**	**—**	**—**	**—**	**41**
广西林科院	**—**	**—**	**—**	**—**	**12**
海南省	**10914**	**10914**	**—**	**—**	**5073**
海口市	91	91	—	—	276
三亚市	46	46	—	—	200
五指山市	124	124	—	—	48
文昌市	1346	1346	—	—	192
琼海市	70	70	—	—	168
万宁市	271	271	—	—	135
定安县	361	361	—	—	116
屯昌县	320	320	—	—	170
澄迈县	400	400	—	—	156
临高县	45	45	—	—	323
儋州市	2260	2260	—	—	565
白沙黎族自治县	258	258	—	—	522
昌江黎族自治县	47	47	—	—	83
东方市	1921	1921	—	—	295
乐东黎族自治县	1486	1486	—	—	293
陵水黎族自治县	67	67	—	—	—
保亭黎族苗族自治县	—	—	—	—	302
琼中黎族苗族自治县	740	740	—	—	792
霸王岭林业局	133	133	—	—	—
保梅岭林场	20	20	—	—	—
岛东林场	47	47	—	—	336
上埇林场	67	67	—	—	—
澄迈林场	134	134	—	—	—
儋州林场	60	60	—	—	26
岛西林场	—	—	—	—	50
三亚林场	—	—	—	—	25
昌化林场	20	20	—	—	—

分县造林完成情况

单位:公顷

地　区	荒山荒(沙)地造林面积				更新造林
	合计	人工造林	飞播造林	无林地和疏林地新封山(沙)育林	
霸王岭国家级自然保护区	513	513	—	—	—
鹦哥岭省级自然保护区	67	67	—	—	—
重庆市	**244644**	**139288**	**—**	**105356**	**—**
万州区	10980	7247	—	3733	—
黔江区	10133	5333	—	4800	—
涪陵区	7114	3847	—	3267	—
南岸区	467	—	—	467	—
北碚区	1293	960	—	333	—
万盛区	1440	1107	—	333	—
渝北区	1633	1233	—	400	—
巴南区	1800	1333	—	467	—
长寿区	5333	4000	—	1333	—
南川区	8933	5200	—	3733	—
江津区	4867	2333	—	2534	—
合川区	4353	3333	—	1020	—
永川区	5847	4380	—	1467	—
綦江县	5094	2827	—	2267	—
潼南县	7066	5333	—	1733	—
铜梁县	2466	1333	—	1133	—
大足县	4680	3013	—	1667	—
荣昌县	3160	1893	—	1267	—
璧山县	4000	2667	—	1333	—
梁平县	8733	4000	—	4733	—
城口县	6754	3087	—	3667	—
丰都县	4988	4321	—	667	—
垫江县	3247	2447	—	800	—
武隆县	11400	5400	—	6000	—
忠县	9900	5833	—	4067	—
开县	11734	4667	—	7067	—
云阳县	14867	8000	—	6867	—
奉节县	17533	9333	—	8200	—
巫山县	16667	8000	—	8667	—
巫溪县	8953	4886	—	4067	—
石柱土家族自治县	8400	5333	—	3067	—
秀山土家族苗族自治县	9209	4609	—	4600	—
酉阳土家族苗族自治县	10467	6000	—	4467	—
彭水苗族土家族自治县	11133	6000	—	5133	—
四川省	**251926**	**131636**	**—**	**120290**	**5720**
成都市	**4346**	**4346**	**—**	**—**	**—**
青白江区	167	167	—	—	—
金堂县	480	480	—	—	—
双流县	333	333	—	—	—
大邑县	—	—	—	—	—
新津县	133	133	—	—	—
都江堰市	399	399	—	—	—
彭州市	2667	2667	—	—	—
邛崃市	167	167	—	—	—

分县造林完成情况

单位:公顷

地 区	荒山荒(沙)地造林面积				更新造林
	合计	人工造林	飞播造林	无林地和疏林地新封山(沙)育林	
自贡市	**5586**	**5453**	**—**	**133**	**1748**
自流井区	333	333	—	—	1500
贡井区	667	667	—	—	—
大安区	406	406	—	—	—
沿滩区	400	400	—	—	—
荣县	2200	2067	—	133	—
富顺县	1580	1580	—	—	248
攀枝花市	**3692**	**825**	**—**	**2867**	**—**
盐边林业局	1000	—	—	1000	—
国营林场总场	667	—	—	667	—
普威林业局	1033	33	—	1000	—
东区	34	34	—	—	—
西区	91	91	—	—	—
米易县	867	667	—	200	—
泸州市	**6038**	**4409**	**—**	**1629**	**426**
江阳区	45	45	—	—	—
纳溪区	1333	1333	—	—	—
泸县	200	200	—	—	93
合江县	200	200	—	—	—
叙永县	2817	2150	—	667	333
古蔺县	1443	481	—	962	—
德阳市	**467**	**—**	**—**	**467**	**273**
什邡市	267	—	—	267	240
绵竹市	200	—	—	200	33
绵阳市	**61717**	**20388**	**—**	**41329**	**—**
涪城区	329	167	—	162	—
游仙区	1016	555	—	461	—
三台县	333	333	—	—	—
盐亭县	4777	4777	—	—	—
安县	5473	1633	—	3840	—
梓潼县	3067	2734	—	333	—
北川羌族自治县	25533	3067	—	22466	—
平武县	10194	5246	—	4948	—
江油市	10995	1876	—	9119	—
广元市	**5200**	**1466**	**—**	**3734**	**—**
利州区	1334	467	—	867	—
朝天区	1467	533	—	934	—
旺苍县	333	—	—	333	—
青川县	667	—	—	667	—
剑阁县	266	133	—	133	—
苍溪县	1133	333	—	800	—
遂宁市	**534**	**534**	**—**	**—**	**—**
船山区	134	134	—	—	—
射洪县	200	200	—	—	—
大英县	200	200	—	—	—
内江市	**4073**	**4073**	**—**	**—**	**—**
市中区	333	333	—	—	—

分县造林完成情况

单位:公顷

地 区	荒山荒(沙)地造林面积				更新造林
	合计	人工造林	飞播造林	无林地和疏林地新封山(沙)育林	
东兴区	407	407	—	—	—
威远县	2000	2000	—	—	—
资中县	800	800	—	—	—
隆昌县	533	533	—	—	—
乐山市	**11085**	**4552**	**—**	**6533**	**200**
沙湾区	667	400	—	267	200
金口河区	200	200	—	—	—
犍为县	885	885	—	—	—
井研县	1033	1033	—	—	—
夹江县	200	200	—	—	—
川南林业局	5666	333	—	5333	—
峨边彝族自治县	267	267	—	—	—
马边彝族自治县	1900	967	—	933	—
峨眉山市	267	267	—	—	—
南充市	**9322**	**8322**	**—**	**1000**	**—**
顺庆区	749	749	—	—	—
高坪区	1203	1203	—	—	—
嘉陵区	1267	1267	—	—	—
南部县	2667	2667	—	—	—
营山县	333	—	—	333	—
蓬安县	667	333	—	334	—
仪陇县	666	333	—	333	—
西充县	1224	1224	—	—	—
阆中市	546	546	—	—	—
眉山市	**3569**	**2903**	**—**	**666**	**—**
东坡区	370	370	—	—	—
仁寿县	1133	933	—	200	—
洪雅县	963	630	—	333	—
丹棱县	413	280	—	133	—
青神县	690	690	—	—	—
宜宾市	**17798**	**16332**	**—**	**1466**	**2693**
翠屏区	400	400	—	—	200
宜宾县	1018	1018	—	—	—
南溪区	333	333	—	—	200
江安县	3007	3007	—	—	133
长宁县	1213	1213	—	—	—
高县	1548	1548	—	—	160
珙县	333	333	—	—	1800
筠连县	2067	1734	—	333	200
兴文县	5146	5146	—	—	—
屏山县	2733	1600	—	1133	—
广安市	**7698**	**6365**	**—**	**1333**	**—**
广安区	133	133	—	—	—
岳池县	1766	1766	—	—	—
武胜县	133	133	—	—	—
邻水县	1333	—	—	1333	—
华蓥市	4333	4333	—	—	—

分县造林完成情况

单位:公顷

地　区	荒山荒(沙)地造林面积				更新造林
	合计	人工造林	飞播造林	无林地和疏林地新封山(沙)育林	
达州市	**11599**	**7732**	**—**	**3867**	**—**
通川区	133	133	—	—	—
达县	1000	133	—	867	—
宣汉县	1133	133	—	1000	—
开江县	3233	3100	—	133	—
大竹县	3700	3033	—	667	—
渠县	800	800	—	—	—
万源市	1600	400	—	1200	—
雅安市	**4000**	**2000**	**—**	**2000**	**347**
夹金山林业局	1000	—	—	1000	—
雨城区	600	600	—	—	—
名山县	200	200	—	—	—
汉源县	533	533	—	—	347
石棉县	600	267	—	333	—
天全县	400	400	—	—	—
宝兴县	667	—	—	667	—
巴中市	**9922**	**4989**	**—**	**4933**	**—**
巴州区	2221	754	—	1467	—
通江县	2771	1438	—	1333	—
南江县	2965	1965	—	1000	—
平昌县	1965	832	—	1133	—
资阳市	**1399**	**733**	**—**	**666**	**—**
雁江区	200	200	—	—	—
安岳县	200	200	—	—	—
乐至县	333	—	—	333	—
简阳市	666	333	—	333	—
阿坝藏族羌族自治州	**16786**	**3719**	**—**	**13067**	**—**
汶川县	1323	1323	—	—	—
理县	844	511	—	333	—
松潘县	287	20	—	267	—
松潘林业局	1000	—	—	1000	—
金川县	133	—	—	133	—
小金县	144	144	—	—	—
黑水县	467	—	—	467	—
马尔康县	804	537	—	267	—
壤塘县	708	308	—	400	—
阿坝县	402	2	—	400	—
若尔盖县	867	600	—	267	—
红原县	467	267	—	200	—
黑水林业局	1000	—	—	1000	—
观音桥林业局	1000	—	—	1000	—
马尔康林业局	1007	7	—	1000	—
小金林业局	1000	—	—	1000	—
川西林业局	667	—	—	667	—
南坪林业局	1000	—	—	1000	—
岷江造林局	1333	—	—	1333	—
壤塘林业局	1000	—	—	1000	—

分县造林完成情况

单位:公顷

地　区	荒山荒(沙)地造林面积				更新造林
	合计	人工造林	飞播造林	无林地和疏林地新封山(沙)育林	
林业筑路工程处	1333	—	—	1333	—
甘孜藏族自治州	**14160**	**7094**	**—**	**7066**	**—**
康定县	727	727	—	—	—
泸定县	1190	923	—	267	—
丹巴县	100	100	—	—	—
九龙县	1033	567	—	466	—
雅江县	421	421	—	—	—
道孚县	400	200	—	200	—
炉霍县	867	867	—	—	—
甘孜县	400	267	—	133	—
新龙县	387	254	—	133	—
德格县	200	—	—	200	—
白玉县	267	67	—	200	—
理塘县	233	100	—	133	—
巴塘县	1134	1134	—	—	—
乡城县	467	467	—	—	—
稻城县	933	600	—	333	—
得荣县	733	400	—	333	—
力邱河林业局	667	—	—	667	—
丹巴林业局	667	—	—	667	—
炉霍林业局	667	—	—	667	—
翁达林业局	667	—	—	667	—
新龙林业局	667	—	—	667	—
林业工程处	1333	—	—	1333	—
凉山彝族自治州	**30068**	**24068**	**—**	**6000**	**33**
西昌市	2	2	—	—	—
木里藏族自治县	366	233	—	133	—
盐源县	3028	3028	—	—	—
德昌县	4174	3974	—	200	—
会理县	267	267	—	—	—
会东县	466	333	—	133	—
宁南县	3058	2457	—	601	—
普格县	1335	734	—	601	—
布拖县	1866	1399	—	467	—
金阳县	4993	4660	—	333	—
昭觉县	1407	1074	—	333	—
喜德县	1532	999	—	533	33
冕宁县	587	587	—	—	—
越西县	1467	1134	—	333	—
甘洛县	700	700	—	—	—
美姑县	1866	1533	—	333	—
雷波县	800	467	—	333	—
木里林业局	333	333	—	—	—
雷波林业局	87	87	—	—	—
凉北林业局	667	—	—	667	—
林业第五筑路工程处	1067	67	—	1000	—
省直单位	**22867**	**1333**	**—**	**21534**	**—**

分县造林完成情况

单位:公顷

地　区	荒山荒(沙)地造林面积				更新造林
	合计	人工造林	飞播造林	无林地和疏林地新封山(沙)育林	
长江造林局	15533	666	—	14867	—
大渡河造林局	7334	667	—	6667	—
贵州	**202409**	**98724**	**—**	**103685**	**—**
贵阳市	**10368**	**5840**	**—**	**4528**	**—**
乌当区	2360	360	—	2000	—
修文县	253	186	—	67	—
息烽县	1678	1478	—	200	—
白云区	560	560	—	—	—
花溪区	20	20	—	—	—
清镇市	1545	487	—	1058	—
开阳县	3952	2749	—	1203	—
遵义市	**31409**	**14392**	**—**	**17017**	**—**
桐梓县	3416	1343	—	2073	—
正安县	3388	1315	—	2073	—
仁怀市	2490	729	—	1761	—
赤水市	1333	1333	—	—	—
绥阳县	1992	726	—	1266	—
习水县	2659	1406	—	1253	—
道真仡佬族苗族自治县	1991	911	—	1080	—
遵义县	2102	1187	—	915	—
红花岗区	1726	446	—	1280	—
湄潭县	2376	1173	—	1203	—
凤冈县	2058	1031	—	1027	—
余庆县	2038	731	—	1307	—
务川仡佬族苗族自治县	1911	839	—	1072	—
汇川区	1521	814	—	707	—
市直单位	408	408	—	—	—
安顺市	**20444**	**8423**	**—**	**12021**	**—**
西秀区	2631	858	—	1773	—
平坝县	2537	354	—	2183	—
镇宁县	3536	1564	—	1972	—
紫云县	3998	1101	—	2897	—
关岭布依族苗族自治县	5602	3356	—	2246	—
普定县	2140	1190	—	950	—
六盘水市	**12186**	**6041**	**—**	**6145**	**—**
六枝特区	1392	406	—	986	—
盘县	3922	2382	—	1540	—
水城县	3812	2171	—	1641	—
钟山区	2353	375	—	1978	—
市直单位	707	707	—	—	—
毕节地区	**20282**	**8862**	**—**	**11420**	**—**
毕节市	2645	1206	—	1439	—
大方县	2346	832	—	1514	—
黔西县	2073	1019	—	1054	—
金沙县	3358	1504	—	1854	—
织金县	2220	853	—	1367	—
纳雍县	2451	966	—	1485	—

分县造林完成情况

单位:公顷

地　区	荒山荒(沙)地造林面积				更新造林
	合计	人工造林	飞播造林	无林地和疏林地新封山(沙)育林	
威宁彝族回族苗族自治县	2719	1252	—	1467	—
赫章县	2470	1230	—	1240	—
铜仁地区	**31263**	**16522**	**—**	**14741**	**—**
德江县	2933	1100	—	1833	—
沿河土家族自治县	3546	1640	—	1906	—
思南县	2702	1467	—	1235	—
印江土家族苗族自治县	3810	1533	—	2277	—
石阡县	1960	925	—	1035	—
江口县	2793	1528	—	1265	—
铜仁市	2658	1418	—	1240	—
松桃苗族自治县	4575	3680	—	895	—
玉屏县	2687	1588	—	1099	—
万山特区	3599	1643	—	1956	—
黔南布依族苗族自治州	**31138**	**11061**	**—**	**20077**	**—**
罗甸县	5340	3368	—	1972	—
三都水族自治县	2171	1013	—	1158	—
荔波县	3267	1367	—	1900	—
福泉市	1792	493	—	1299	—
瓮安县	2027	440	—	1587	—
贵定县	1986	398	—	1588	—
长顺县	1781	650	—	1131	—
龙里县	1754	248	—	1506	—
惠水县	2978	1045	—	1933	—
平塘县	3207	793	—	2414	—
都匀市	2194	514	—	1680	—
独山县	2274	365	—	1909	—
州直单位	367	367	—	—	—
黔东南苗族侗族自治州	**20641**	**15169**	**—**	**5472**	**—**
凯里市	820	620	—	200	—
镇远县	1646	411	—	1235	—
黄平县	2057	1189	—	868	—
岑巩县	1599	600	—	999	—
麻江县	1200	1200	—	—	—
三穗县	502	502	—	—	—
施秉县	1855	485	—	1370	—
丹寨县	333	333	—	—	—
黎平县	2534	2201	—	333	—
台江县	733	733	—	—	—
雷山县	467	467	—	—	—
剑河县	581	581	—	—	—
锦屏县	2133	2133	—	—	—
从江县	1900	1433	—	467	—
榕江县	734	734	—	—	—
天柱县	1547	1547	—	—	—
黔西南布依族苗族自治州	**22678**	**11414**	**—**	**11264**	**—**
兴义市	3306	1013	—	2293	—
兴仁县	1533	400	—	1133	—

分县造林完成情况

单位:公顷

地　区	荒山荒(沙)地造林面积				更新造林
	合计	人工造林	飞播造林	无林地和疏林地新封山(沙)育林	
安龙县	2140	740	—	1400	—
贞丰县	2773	1667	—	1106	—
晴隆县	2567	1634	—	933	—
普安县	1980	1187	—	793	—
册亨县	3753	2413	—	1340	—
望谟县	3840	1907	—	1933	—
巧马林场	400	67	—	333	—
板坝紫胶场	133	133	—	—	—
顶效开发区	53	53	—	—	—
州直单位	200	200	—	—	—
扎佐林场	**200**	**200**	**—**	**—**	**—**
大沙河保护区	**733**	**200**	**—**	**533**	**—**
宽阔水保护区	**333**	**333**	**—**	**—**	**—**
麻阳河保护区	**734**	**267**	**—**	**467**	**—**
云南省	**619961**	**551252**	**—**	**68709**	**2768**
昆明市	**17926**	**13060**	**—**	**4866**	**—**
东川区	7000	4667	—	2333	—
晋宁县	600	267	—	333	—
富民县	133	133	—	—	—
宜良县	1533	1200	—	333	—
石林彝族自治县	2200	1000	—	1200	—
嵩明县	1800	1800	—	—	—
禄劝彝族苗族自治县	2467	1800	—	667	—
寻甸回族彝族自治县	2193	2193	—	—	—
曲靖市	**59886**	**49109**	**—**	**10777**	**—**
麒麟区	1000	1000	—	—	—
马龙县	4666	3333	—	1333	—
陆良县	4300	3633	—	667	—
师宗县	6666	6666	—	—	—
罗平县	3333	3333	—	—	—
富源县	4667	4000	—	667	—
会泽县	13446	11446	—	2000	—
沾益县	6368	5591	—	777	—
宣威市	15440	10107	—	5333	—
玉溪市	**25971**	**18030**	**—**	**7941**	**—**
江川县	1827	1160	—	667	—
澄江县	1167	1167	—	—	—
通海县	970	970	—	—	—
华宁县	3247	2247	—	1000	—
易门县	5773	1833	—	3940	—
峨山彝族自治县	2334	2000	—	334	—
新平彝族傣族自治县	6333	5000	—	1333	—
元江哈尼族彝族傣族自治县	4320	3653	—	667	—
保山市	**32926**	**32926**	**—**	**—**	**—**
隆阳区	5853	5853	—	—	—
施甸县	1680	1680	—	—	—
腾冲县	13100	13100	—	—	—

分县造林完成情况

单位:公顷

地　区	荒山荒(沙)地造林面积				更新造林
	合计	人工造林	飞播造林	无林地和疏林地新封山(沙)育林	
龙陵县	5400	5400	—	—	—
昌宁县	6893	6893	—	—	—
昭通市	**58835**	**47902**	**—**	**10933**	**—**
昭阳区	5460	5460	—	—	—
鲁甸县	5333	4000	—	1333	—
巧家县	11793	6000	—	5793	—
盐津县	3742	3333	—	409	—
大关县	7333	5667	—	1666	—
永善县	3211	2893	—	318	—
绥江县	3028	2947	—	81	—
镇雄县	6000	6000	—	—	—
彝良县	9666	8333	—	1333	—
威信县	2577	2577	—	—	—
水富县	692	692	—	—	—
丽江市	**40887**	**40830**	**—**	**57**	**—**
古城区	4050	3993	—	57	—
玉龙纳西族自治县	4773	4773	—	—	—
永胜县	12380	12380	—	—	—
华坪县	6551	6551	—	—	—
宁蒗彝族自治县	13133	13133	—	—	—
普洱市	**17230**	**15897**	**—**	**1333**	**2742**
思茅区	733	733	—	—	953
宁洱哈尼族彝族自治县	1667	1000	—	667	—
墨江哈尼族自治县	3909	3909	—	—	—
景东彝族自治县	3333	3333	—	—	—
景谷傣族彝族自治县	1000	1000	—	—	1759
镇沅彝族哈尼族拉祜族自治县	1773	1773	—	—	—
江城哈尼族彝族自治县	479	479	—	—	—
孟连傣族拉祜族佤族自治县	813	813	—	—	—
澜沧拉祜族自治县	2680	2680	—	—	30
西盟佤族自治县	843	177	—	666	—
临沧市	**49199**	**49199**	**—**	**—**	**—**
临翔区	7066	7066	—	—	—
凤庆县	5733	5733	—	—	—
云县	7453	7453	—	—	—
永德县	3080	3080	—	—	—
镇康县	3280	3280	—	—	—
双江拉祜族佤族布朗族傣族自治县	6140	6140	—	—	—
耿马傣族佤族自治县	3667	3667	—	—	—
沧源佤族自治县	12780	12780	—	—	—
楚雄彝族自治州	**54799**	**48800**	**—**	**5999**	**13**
楚雄市	3600	3600	—	—	—
双柏县	7673	6340	—	1333	—
牟定县	2407	1740	—	667	13
南华县	7533	7533	—	—	—
姚安县	3800	2467	—	1333	—

分县造林完成情况

单位:公顷

地　区	荒山荒(沙)地造林面积				更新造林
	合计	人工造林	飞播造林	无林地和疏林地新封山(沙)育林	
大姚县	12800	12800	—	—	—
永仁县	1760	1760	—	—	—
元谋县	2347	1680	—	667	—
武定县	4733	4067	—	666	—
禄丰县	8146	6813	—	1333	—
红河哈尼族彝族自治州	**46604**	**41997**	**—**	**4607**	**—**
个旧市	1667	1667	—	—	—
开远市	2793	1793	—	1000	—
蒙自市	6000	5000	—	1000	—
屏边苗族自治县	5334	4667	—	667	—
建水县	6333	6333	—	—	—
石屏县	4531	4241	—	290	—
弥勒县	5267	5267	—	—	—
泸西县	2116	1800	—	316	—
元阳县	2567	2567	—	—	—
红河县	2247	2247	—	—	—
金平苗族瑶族傣族自治县	3820	3153	—	667	—
绿春县	2667	2000	—	667	—
河口瑶族自治县	1262	1262	—	—	—
文山壮族苗族自治州	**55981**	**46216**	**—**	**9765**	**—**
文山县	4377	4377	—	—	—
砚山县	6533	6533	—	—	—
西畴县	1947	1947	—	—	—
麻栗坡县	4630	2963	—	1667	—
马关县	3033	3033	—	—	—
丘北县	8940	6273	—	2667	—
广南县	16921	11490	—	5431	—
富宁县	9600	9600	—	—	—
西双版纳傣族自治州	**3500**	**3500**	**—**	**—**	**—**
景洪市	1367	1367	—	—	—
勐海县	800	800	—	—	—
勐腊县	1333	1333	—	—	—
大理白族自治州	**87485**	**81720**	**—**	**5765**	**—**
大理市	3100	3100	—	—	—
漾濞彝族自治县	6667	6667	—	—	—
祥云县	5599	5599	—	—	—
宾川县	10387	8387	—	2000	—
弥渡县	5180	5147	—	33	—
南涧彝族自治县	4955	3622	—	1333	—
巍山彝族回族自治县	6120	6120	—	—	—
永平县	6673	6673	—	—	—
云龙县	10451	10451	—	—	—
洱源县	8467	8467	—	—	—
剑川县	11207	9207	—	2000	—
鹤庆县	8679	8280	—	399	—
德宏傣族景颇族自治州	**35958**	**35958**	**—**	**—**	**13**
瑞丽市	1527	1527	—	—	13

分县造林完成情况

单位:公顷

地区	荒山荒(沙)地造林面积				更新造林
	合计	人工造林	飞播造林	无林地和疏林地新封山(沙)育林	
芒市	17146	17146	—	—	—
梁河县	3458	3458	—	—	—
盈江县	8426	8426	—	—	—
陇川县	5401	5401	—	—	—
怒江傈僳族自治州	**16453**	**16453**	**—**	**—**	**—**
泸水县	4560	4560	—	—	—
福贡县	5420	5420	—	—	—
贡山独龙族怒族自治县	2640	2640	—	—	—
兰坪白族普米族自治县	3833	3833	—	—	—
迪庆藏族自治州	**16321**	**9655**	**—**	**6666**	**—**
香格里拉县	8866	3533	—	5333	—
德钦县	3237	1904	—	1333	—
维西傈僳族自治县	4218	4218	—	—	—
西藏自治区	**46705**	**34306**	**—**	**12399**	**520**
陕西省	**325752**	**200151**	**40000**	**85601**	**—**
西安市	**6945**	**4412**	**—**	**2533**	**—**
灞桥区	267	267	—	—	—
未央区	15	15	—	—	—
阎良区	341	341	—	—	—
临潼区	731	731	—	—	—
长安区	991	658	—	333	—
蓝田县	2647	1780	—	867	—
周至县	1067	400	—	667	—
户县	819	153	—	666	—
高陵县	67	67	—	—	—
铜川市	**13378**	**8311**	**—**	**5067**	**—**
市辖区	106	106	—	—	—
王益区	204	204	—	—	—
印台区	3667	1333	—	2334	—
耀州区	5067	3734	—	1333	—
宜君县	4334	2934	—	1400	—
宝鸡市	**22600**	**6267**	**4667**	**11666**	**—**
渭滨区	1333	266	667	400	—
金台区	200	—	—	200	—
陈仓区	3867	734	1333	1800	—
凤翔县	2133	1000	—	1133	—
岐山县	2200	533	1334	333	—
扶风县	2467	667	—	1800	—
眉县	1600	400	—	1200	—
陇县	2133	600	—	1533	—
千阳县	3000	1333	—	1667	—
凤县	2666	600	1333	733	—
太白县	333	—	—	333	—
辛家山林业局	334	67	—	267	—
马头滩林业局	334	67	—	267	—
咸阳市	**28587**	**15787**	**2666**	**10134**	**—**
秦都区	200	200	—	—	—

分县造林完成情况

单位：公顷

地　区	荒山荒（沙）地造林面积				更新造林
	合计	人工造林	飞播造林	无林地和疏林地新封山（沙）育林	
渭城区	206	206	—	—	—
三原县	1620	1620	—	—	—
泾阳县	1200	667	—	533	—
乾县	1867	1067	—	800	—
礼泉县	3000	1800	—	1200	—
永寿县	4300	2300	—	2000	—
彬县	2934	1800	—	1134	—
长武县	4333	2400	—	1933	—
旬邑县	5600	1800	2666	1134	—
淳化县	2867	1467	—	1400	—
武功县	240	240	—	—	—
兴平市	220	220	—	—	—
渭南市	**26727**	**12060**	**—**	**14667**	**—**
临渭区	466	133	—	333	—
华县	734	67	—	667	—
潼关县	2733	1200	—	1533	—
大荔县	2314	980	—	1334	—
合阳县	3666	1666	—	2000	—
澄城县	2634	1367	—	1267	—
蒲城县	1466	533	—	933	—
白水县	3446	1980	—	1466	—
富平县	2734	934	—	1800	—
韩城市	3400	1600	—	1800	—
华阴市	3134	1600	—	1534	—
延安市	**54853**	**33187**	**5333**	**16333**	**—**
宝塔区	3607	2407	—	1200	—
延长县	2674	1874	—	800	—
延川县	5493	4827	—	666	—
子长县	2741	2074	—	667	—
安塞县	3373	2706	—	667	—
志丹县	4432	2566	—	1866	—
吴起县	6225	5559	—	666	—
甘泉县	2467	867	—	1600	—
富县	4014	1680	1334	1000	—
洛川县	4160	1427	1333	1400	—
宜川县	3246	1113	1333	800	—
黄龙县	5213	2347	1333	1533	—
黄陵县	4128	2460	—	1668	—
劳山林业局	267	267	—	—	—
桥北林业局	280	280	—	—	—
桥山林业局	667	—	—	667	—
黄龙山林业局	1866	733	—	1133	—
汉中市	**24398**	**13062**	**5334**	**6002**	**—**
汉台区	333	133	—	200	—
南郑县	4001	1934	1334	733	—
城固县	2333	1300	667	366	—
洋县	3734	1668	1333	733	—

分县造林完成情况

单位:公顷

地区	荒山荒(沙)地造林面积				更新造林
	合计	人工造林	飞播造林	无林地和疏林地新封山(沙)育林	
西乡县	2360	1227	667	466	—
勉县	2393	1460	—	933	—
宁强县	3866	2133	1333	400	—
略阳县	977	777	—	200	—
镇巴县	1334	630	—	704	—
留坝县	2034	1167	—	867	—
佛坪县	1033	633	—	400	—
榆林市	**69241**	**63241**	**6000**	**—**	**—**
榆阳区	9493	8160	1333	—	—
神木县	18000	16000	2000	—	—
府谷县	10912	10912	—	—	—
横山县	6000	4666	1334	—	—
靖边县	6013	4680	1333	—	—
定边县	4867	4867	—	—	—
绥德县	2241	2241	—	—	—
米脂县	1400	1400	—	—	—
佳县	4120	4120	—	—	—
吴堡县	1333	1333	—	—	—
清涧县	3334	3334	—	—	—
子洲县	1528	1528	—	—	—
安康市	**41600**	**26467**	**8001**	**7132**	**—**
市辖区	200	—	—	200	—
汉滨区	11400	8667	2000	733	—
汉阴县	2800	1600	667	533	—
石泉县	3067	2200	—	867	—
宁陕县	1867	1467	—	400	—
紫阳县	5266	2333	2000	933	—
岚皋县	4400	1733	2000	667	—
平利县	2733	2400	—	333	—
镇坪县	1800	1267	—	533	—
旬阳县	5067	2800	1334	933	—
白河县	3000	2000	—	1000	—
商洛市	**28789**	**16857**	**7999**	**3933**	**—**
商州区	5000	4133	667	200	—
洛南县	4773	3107	1333	333	—
丹凤县	3603	1603	1333	667	—
商南县	3413	1747	1333	333	—
山阳县	4600	2600	1333	667	—
镇安县	4400	1867	1333	1200	—
柞水县	3000	1800	667	533	—
杨凌区	**134**	**134**	**—**	**—**	**—**
省森林资源管理局	**7134**	**—**	**—**	**7134**	**—**
宁西林业局	1000	—	—	1000	—
太白林业局	1200	—	—	1200	—
宁东林业局	2267	—	—	2267	—
汉西林业局	667	—	—	667	—
龙草坪林业局	667	—	—	667	—

分县造林完成情况

单位:公顷

地　区	荒山荒(沙)地造林面积				更新造林
	合计	人工造林	飞播造林	无林地和疏林地新封山(沙)育林	
长青林业局	1333	—	—	1333	—
省直单位	**1366**	**366**	**—**	**1000**	**—**
楼观台实验林场	1366	366	—	1000	—
甘肃省	**189807**	**106043**	**—**	**83764**	**—**
兰州市	**8197**	**5199**	**—**	**2998**	**—**
市辖区	4866	3200	—	1666	—
城关区	67	67	—	—	—
七里河区	533	200	—	333	—
红古区	67	—	—	67	—
永登县	1199	866	—	333	—
皋兰县	866	400	—	466	—
榆中县	599	466	—	133	—
金昌市	**4200**	**1333**	**—**	**2867**	**—**
市辖区	200	200	—	—	—
金川区	1400	200	—	1200	—
永昌县	2600	933	—	1667	—
白银市	**23556**	**17289**	**—**	**6267**	**—**
白银区	2607	1540	—	1067	—
平川区	3367	2167	—	1200	—
靖远县	7394	5527	—	1867	—
会宁县	4035	3902	—	133	—
景泰县	6153	4153	—	2000	—
天水市	**13227**	**7027**	**—**	**6200**	**—**
秦州区	1767	1167	—	600	—
麦积区	1634	1167	—	467	—
清水县	1860	1193	—	667	—
秦安县	1067	600	—	467	—
甘谷县	2034	1367	—	667	—
武山县	2199	866	—	1333	—
张家川回族自治县	2666	667	—	1999	—
武威市	**34091**	**20291**	**—**	**13800**	**—**
林业技术服务中心	334	334	—	—	—
濒危动物研究中心	1467	267	—	1200	—
凉州区	8140	5607	—	2533	—
民勤县	13217	7550	—	5667	—
古浪县	8467	5800	—	2667	—
天祝藏族自治县	600	200	—	400	—
石羊河林业总场	1866	533	—	1333	—
张掖市	**11925**	**4926**	**—**	**6999**	**—**
市直单位	732	66	—	666	—
甘州区	2733	1067	—	1666	—
肃南裕固族自治县	1100	100	—	1000	—
民乐县	2134	1134	—	1000	—
临泽县	1734	1067	—	667	—
高台县	1060	393	—	667	—
山丹县	2432	1099	—	1333	—
平凉市	**9099**	**6107**	**—**	**2992**	**—**

分县造林完成情况

单位:公顷

地　区	荒山荒(沙)地造林面积				更新造林
	合计	人工造林	飞播造林	无林地和疏林地新封山(沙)育林	
市直单位	473	280	—	193	—
太统－崆峒山自然保护区	714	447	—	267	—
崆峒区	1800	800	—	1000	—
泾川县	1033	900	—	133	—
灵台县	933	933	—	—	—
崇信县	400	400	—	—	—
华亭县	500	367	—	133	—
庄浪县	1680	880	—	800	—
静宁县	1033	900	—	133	—
关山林管局	533	200	—	333	—
酒泉市	**8217**	**2416**	**—**	**5801**	**—**
市直单位	667	400	—	267	—
肃州区	667	—	—	667	—
金塔县	700	100	—	600	—
瓜州县	3363	896	—	2467	—
肃北蒙古族自治县	287	87	—	200	—
阿克塞哈萨克族自治县	200	—	—	200	—
玉门市	1267	800	—	467	—
敦煌市	1066	133	—	933	—
庆阳市	**14967**	**10367**	**—**	**4600**	**—**
西峰区	867	867	—	—	—
庆城县	1333	1000	—	333	—
环县	2333	1000	—	1333	—
华池县	1933	1600	—	333	—
合水县	1000	1000	—	—	—
正宁县	300	300	—	—	—
宁县	1133	1133	—	—	—
镇原县	1467	800	—	667	—
国营华池林业总场	1334	1067	—	267	—
合水林业总场	1000	1000	—	—	—
正宁林业总场	1000	—	—	1000	—
湘乐林业总场	1267	600	—	667	—
定西市	**7620**	**4221**	**—**	**3399**	**—**
市辖区	887	687	—	200	—
安定区	800	800	—	—	—
通渭县	1267	267	—	1000	—
陇西县	801	801	—	—	—
渭源县	1134	467	—	667	—
临洮县	1200	667	—	533	—
漳县	932	266	—	666	—
岷县	599	266	—	333	—
陇南市	**7297**	**4164**	**—**	**3133**	**—**
市辖区	200	200	—	—	—
武都区	566	233	—	333	—
成县	1700	1033	—	667	—
文县	266	266	—	—	—
宕昌县	533	533	—	—	—

分县造林完成情况

单位:公顷

地　区	荒山荒(沙)地造林面积				更新造林
	合计	人工造林	飞播造林	无林地和疏林地新封山(沙)育林	
康县	567	567	—	—	—
西和县	799	466	—	333	—
礼县	867	200	—	667	—
徽县	133	133	—	—	—
两当县	333	333	—	—	—
岷江林业总场	667	67	—	600	—
康南林业总场	666	133	—	533	—
临夏回族自治州	**6132**	**4799**	**—**	**1333**	**—**
临夏市	399	399	—	—	—
临夏县	600	600	—	—	—
康乐县	1100	767	—	333	—
永靖县	1866	866	—	1000	—
广河县	401	401	—	—	—
和政县	268	268	—	—	—
东乡族自治县	699	699	—	—	—
积石山保安族东乡族撒拉族自治县	233	233	—	—	—
州直单位	566	566	—	—	—
甘南藏族自治州	**8099**	**2100**	**—**	**5999**	**—**
合作市	1733	400	—	1333	—
临潭县	400	67	—	333	—
卓尼县	1466	133	—	1333	—
舟曲县	1133	800	—	333	—
迭部县	1100	433	—	667	—
碌曲县	734	67	—	667	—
夏河县	1400	67	—	1333	—
州直单位	133	133	—	—	—
省直单位	**33180**	**15804**	**—**	**17376**	**—**
白龙江林业管理局	15067	5400	—	9667	—
小陇山林业实验局	5314	4670	—	644	—
祁连山国家级自然保护区	2200	1533	—	667	—
兴隆山国家级自然保护区	666	333	—	333	—
莲花山国家级自然保护区	400	400	—	—	—
白水江国家级自然保护区	67	67	—	—	—
敦煌西湖国家级自然保护区	200	—	—	200	—
民勤连古城国家级自然保护区	3333	1067	—	2266	—
太子山自然保护区	2600	1267	—	1333	—
三北防护林建设局	133	133	—	—	—
林业科学技术推广总站	267	267	—	—	—
林业科学研究所	267	267	—	—	—
治沙研究所	1466	333	—	1133	—
矿区	267	—	—	267	—
农垦公司	400	67	—	333	—
中牧山丹马场总场	333	—	—	333	—
盐池湾国家级自然保护区	200	—	—	200	—
青海省	**177492**	**49731**	**—**	**127761**	**—**
西宁市	**22753**	**11459**	**—**	**11294**	**—**
市直单位	2006	2006	—	—	—

分县造林完成情况

单位:公顷

地区	荒山荒(沙)地造林面积				更新造林
	合计	人工造林	飞播造林	无林地和疏林地新封山(沙)育林	
大通回族土族自治县	8713	3046	—	5667	—
湟中县	8579	4179	—	4400	—
湟源县	3455	2228	—	1227	—
海东地区	**34735**	**22402**	**—**	**12333**	**—**
平安县	2715	2582	—	133	—
民和回族土族自治县	6136	3803	—	2333	—
乐都县	8587	6587	—	2000	—
互助土族自治县	9540	5540	—	4000	—
化隆回族自治县	3106	1773	—	1333	—
循化撒拉族自治县	3178	1711	—	1467	—
孟达国家级自然保护区管理局	1473	406	—	1067	—
海北藏族自治州	**12162**	**1309**	**—**	**10853**	**—**
门源县回族自治县	3140	473	—	2667	—
祁连县	1406	73	—	1333	—
海晏县	3936	603	—	3333	—
刚察县	3520	—	—	3520	—
三角城种羊场	160	160	—	—	—
黄南藏族自治州	**10127**	**769**	**—**	**9358**	**—**
同仁县	1241	574	—	667	—
尖扎县	847	180	—	667	—
泽库县	3338	5	—	3333	—
河南蒙古族自治县	2676	10	—	2666	—
黄南州麦秀林场	2025	—	—	2025	—
海南藏族自治州	**27705**	**4649**	**—**	**23056**	**—**
共和县	6591	1893	—	4698	—
同德县	5249	122	—	5127	—
贵德县	2952	952	—	2000	—
兴海县	5652	319	—	5333	—
贵南县	7261	1363	—	5898	—
果洛藏族自治州	**15533**	**—**	**—**	**15533**	**—**
玛沁县	5333	—	—	5333	—
班玛县	1000	—	—	1000	—
甘德县	1333	—	—	1333	—
达日县	2667	—	—	2667	—
久治县	4000	—	—	4000	—
玛多县	1200	—	—	1200	—
玉树藏族自治州	**22867**	**66**	**—**	**22801**	**—**
玉树县	5333	—	—	5333	—
杂多县	2000	—	—	2000	—
称多县	5267	—	—	5267	—
治多县	3200	—	—	3200	—
囊谦县	3700	33	—	3667	—
曲麻莱县	2667	—	—	2667	—
江西林场	700	33	—	667	—
海西蒙古族藏族自治州	**25845**	**8646**	**—**	**17199**	**—**
德令哈市	13660	5127	—	8533	—
格尔木市	1100	100	—	1000	—

分县造林完成情况

单位:公顷

地区	荒山荒(沙)地造林面积				更新造林
	合计	人工造林	飞播造林	无林地和疏林地新封山(沙)育林	
乌兰县	2200	867	—	1333	—
都兰县	4805	2472	—	2333	—
天峻县	2080	80	—	2000	—
大柴旦	1333	—	—	1333	—
芒崖	667	—	—	667	—
省三江集团	**4265**	**264**	**—**	**4001**	**—**
河卡种羊场	2667	—	—	2667	—
湖东种羊场	264	264	—	—	—
门源种马场	1334	—	—	1334	—
省直单位	**1500**	**167**	**—**	**1333**	**—**
治沙试验站	67	67	—	—	—
玛可河林业局	1433	100	—	1333	—
宁夏	**90478**	**59810**	**—**	**30668**	**—**
银川市	**11941**	**6473**	**—**	**5468**	**—**
兴庆区	1067	267	—	800	—
金凤区	371	371	—	—	—
西夏区	739	72	—	667	—
白芨滩国家级自然保护区	3339	1339	—	2000	—
灵武市	3840	3173	—	667	—
永宁县	1221	554	—	667	—
贺兰县	1150	483	—	667	—
市直单位	214	214	—	—	—
石嘴山市	**5642**	**5309**	**—**	**333**	**—**
市直单位	209	209	—	—	—
惠农县	1493	1160	—	333	—
平罗县	3648	3648	—	—	—
大武口区	292	292	—	—	—
吴忠市	**25274**	**15607**	**—**	**9667**	**—**
市直单位	1337	1337	—	—	—
利通区	2498	1831	—	667	—
红寺堡区	4963	2630	—	2333	—
青铜峡市	1525	858	—	667	—
哈巴湖国家级自然保护区	2800	800	—	2000	—
盐池县	5696	3696	—	2000	—
同心县	6455	4455	—	2000	—
固原市	**23735**	**14202**	**—**	**9533**	**—**
市直单位	800	467	—	333	—
原州区	6801	3268	—	3533	—
彭阳县	5374	4041	—	1333	—
西吉县	3420	2086	—	1334	—
隆德县	3006	2006	—	1000	—
泾源县	2667	1667	—	1000	—
六盘山	1667	667	—	1000	—
中卫市	**19133**	**15800**	**—**	**3333**	**—**
市直单位	8036	6036	—	2000	—
中宁县	5764	5764	—	—	—
海原县	5333	4000	—	1333	—

分县造林完成情况

单位:公顷

地 区	荒山荒(沙)地造林面积				更新造林
	合计	人工造林	飞播造林	无林地和疏林地新封山(沙)育林	
区直单位	**2701**	**367**	**—**	**2334**	**—**
贺兰山林管局	1667	—	—	1667	—
罗山国家级自然保护区管理局	934	267	—	667	—
金沙林场	100	100	—	—	—
农垦管理局	**1785**	**1785**	**—**	**—**	**—**
其他单位	**267**	**267**	**—**	**—**	**—**
新疆维吾尔自治区	**186197**	**140262**	**—**	**45935**	**1447**
乌鲁木齐市	**2975**	**2975**	**—**	**—**	**—**
柴窝堡林场	10	10	—	—	—
天山区	23	23	—	—	—
沙依巴克区	53	53	—	—	—
新市区	83	83	—	—	—
水磨沟区	53	53	—	—	—
头屯河区	73	73	—	—	—
达坂城区	867	867	—	—	—
米东区	149	149	—	—	—
乌鲁木齐县	1664	1664	—	—	—
克拉玛依市	**1739**	**406**	**—**	**1333**	**—**
吐鲁番地区	**4436**	**3303**	**—**	**1133**	**17**
吐鲁番市	1414	1414	—	—	17
鄯善县	1779	1179	—	600	—
托克逊县	1243	710	—	533	—
哈密地区	**5214**	**2214**	**—**	**3000**	**—**
哈密市	2724	2057	—	667	—
巴里坤哈萨克自治县	1406	73	—	1333	—
伊吾县	1084	84	—	1000	—
昌吉回族自治州	**26296**	**12960**	**—**	**13336**	**—**
昌吉市	2481	1147	—	1334	—
阜康市	9067	5067	—	4000	—
北塔山林管站	—	—	—	—	—
昌吉国家农业科技园区	67	67	—	—	—
玛纳斯县	5500	2833	—	2667	—
奇台县	4893	1893	—	3000	—
吉木萨尔县	3088	1420	—	1668	—
木垒哈萨克自治县	1200	533	—	667	—
博尔塔拉蒙古自治州	**4068**	**2068**	**—**	**2000**	**77**
博乐市	1164	497	—	667	26
精河县	2406	1073	—	1333	34
温泉县	445	445	—	—	17
阿拉山口	53	53	—	—	—
巴音郭楞蒙古自治州	**13843**	**10777**	**—**	**3066**	**39**
库尔勒市	1036	1036	—	—	—
轮台县	395	395	—	—	—
尉犁县	1495	495	—	1000	—
若羌县	4384	4117	—	267	—
且末县	3220	2087	—	1133	—
焉耆回族自治县	515	515	—	—	8

分县造林完成情况

单位:公顷

地　区	荒山荒(沙)地造林面积				更新造林
	合计	人工造林	飞播造林	无林地和疏林地新封山(沙)育林	
和静县	915	915	—	—	—
和硕县	1465	799	—	666	14
博湖县	285	285	—	—	17
沙依东园艺场	133	133	—	—	—
阿克苏地区	**22500**	**22500**	**—**	**—**	**337**
阿克苏市	2381	2381	—	—	294
实验林场	21	21	—	—	—
红旗坡农场	666	666	—	—	—
温宿县	5710	5710	—	—	—
库车县	1800	1800	—	—	37
沙雅县	4005	4005	—	—	6
新和县	2420	2420	—	—	—
拜城县	1343	1343	—	—	—
乌什县	133	133	—	—	—
阿瓦提县	3800	3800	—	—	—
柯坪县	221	221	—	—	—
克孜勒苏柯尔克孜自治州	**2839**	**2372**	**—**	**467**	**—**
阿图什市	440	440	—	—	—
阿克陶县	364	364	—	—	—
阿合奇县	1033	633	—	400	—
乌恰县	1002	935	—	67	—
喀什地区	**21750**	**20083**	**—**	**1667**	**318**
喀什市	295	295	—	—	2
疏附县	1827	1827	—	—	6
疏勒县	348	348	—	—	1
英吉沙县	1467	800	—	667	67
泽普县	1142	1142	—	—	67
莎车县	5088	5088	—	—	94
叶城县	772	772	—	—	6
麦盖提县	6269	6269	—	—	28
岳普湖县	1604	1604	—	—	—
伽师县	2435	1768	—	667	47
巴楚县	27	27	—	—	—
塔什库尔干塔吉克自治县	476	143	—	333	—
和田地区	**16267**	**14601**	**—**	**1666**	**311**
和田市	487	487	—	—	11
和田县	2361	2361	—	—	40
墨玉县	3231	3231	—	—	71
皮山县	1041	1041	—	—	—
洛浦县	1450	1450	—	—	51
策勒县	2541	1541	—	1000	42
于田县	2766	2100	—	666	72
民丰县	2390	2390	—	—	24
伊犁哈萨克自治州	**29071**	**28871**	**—**	**200**	**253**
伊宁市	1325	1325	—	—	43
奎屯市	227	227	—	—	—
伊宁县	4657	4657	—	—	21

分县造林完成情况

单位:公顷

地　区	荒山荒(沙)地造林面积				更新造林
	合计	人工造林	飞播造林	无林地和疏林地新封山(沙)育林	
察布查尔锡伯自治县	7141	7141	—	—	39
霍城县	3071	3071	—	—	7
巩留县	2976	2976	—	—	—
新源县	2875	2675	—	200	127
昭苏县	512	512	—	—	—
特克斯县	4187	4187	—	—	—
尼勒克县	2100	2100	—	—	16
塔城地区	**15313**	**6979**	**—**	**8334**	**95**
塔城市	633	633	—	—	77
乌苏市	1234	567	—	667	18
额敏县	806	806	—	—	—
沙湾县	4500	2433	—	2067	—
托里县	1487	820	—	667	—
裕民县	367	367	—	—	—
和布克赛尔蒙古自治县	6286	1353	—	4933	—
阿勒泰地区	**19802**	**10069**	**—**	**9733**	**—**
阿勒泰市	2833	833	—	2000	—
布尔津县	1907	1240	—	667	—
富蕴县	1713	713	—	1000	—
福海县	3953	2620	—	1333	—
哈巴河县	4516	2783	—	1733	—
青河县	2920	1453	—	1467	—
吉木乃县	1960	427	—	1533	—
石河子市	**84**	**84**	**—**	**—**	**—**
新疆兵团	**30710**	**20309**	**—**	**10401**	**119**
农一师	**3551**	**3551**	**—**	**—**	**60**
1 团	140	140	—	—	—
2 团	398	398	—	—	44
3 团	222	222	—	—	—
4 团	155	155	—	—	2
5 团	222	222	—	—	14
6 团	111	111	—	—	—
7 团	265	265	—	—	—
8 团	112	112	—	—	—
阿拉尔农场	84	84	—	—	—
10 团	191	191	—	—	—
11 团	215	215	—	—	—
12 团	160	160	—	—	—
13 团	67	67	—	—	—
14 团	66	66	—	—	—
16 团	128	128	—	—	—
塔水处	123	123	—	—	—
水工处	188	188	—	—	—
沙水处	15	15	—	—	—
南口农场	595	595	—	—	—
幸福城农场	94	94	—	—	—
农二师	**6686**	**2686**	**—**	**4000**	**—**

分县造林完成情况

单位:公顷

地　区	荒山荒(沙)地造林面积				更新造林
	合计	人工造林	飞播造林	无林地和疏林地新封山(沙)育林	
21 团	7	7	—	—	—
22 团	21	21	—	—	—
24 团	7	7	—	—	—
25 团	5	5	—	—	—
27 团	9	9	—	—	—
30 团	12	12	—	—	—
31 团	20	20	—	—	—
33 团	8	8	—	—	—
34 团	2666	—	—	2666	—
36 团	13	13	—	—	—
38 团	2490	2490	—	—	—
223 团	674	7	—	667	—
且末支队	754	87	—	667	—
农三师	**2431**	**2431**	**—**	**—**	**—**
41 团	117	117	—	—	—
42 团	72	72	—	—	—
44 团	277	277	—	—	—
45 团	466	466	—	—	—
46 团	189	189	—	—	—
48 团	34	34	—	—	—
49 团	320	320	—	—	—
50 团	228	228	—	—	—
51 团	105	105	—	—	—
53 团	350	350	—	—	—
伽师总场	238	238	—	—	—
红旗农场	2	2	—	—	—
叶城二牧场	33	33	—	—	—
农四师	**1881**	**1881**	**—**	**—**	**32**
61 团	240	240	—	—	—
62 团	40	40	—	—	—
63 团	183	183	—	—	32
64 团	392	392	—	—	—
66 团	99	99	—	—	—
67 团	229	229	—	—	—
68 团	20	20	—	—	—
69 团	40	40	—	—	—
70 团	53	53	—	—	—
71 团	20	20	—	—	—
72 团	74	74	—	—	—
73 团	269	269	—	—	—
74 团	30	30	—	—	—
75 团	7	7	—	—	—
76 团	7	7	—	—	—
77 团	7	7	—	—	—
78 团	156	156	—	—	—
79 团	15	15	—	—	—
农五师	**4402**	**335**	**—**	**4067**	**—**

分县造林完成情况

单位:公顷

地　区	荒山荒(沙)地造林面积				更新造林
	合计	人工造林	飞播造林	无林地和疏林地新封山(沙)育林	
81 团	9	9	—	—	—
83 团	53	53	—	—	—
84 团	33	33	—	—	—
86 团	56	56	—	—	—
87 团	686	19	—	667	—
88 团	1028	28	—	1000	—
89 团	39	39	—	—	—
90 团	34	34	—	—	—
91 团	2464	64	—	2400	—
农六师	**3928**	**3928**	**—**	**—**	**4**
101 团	18	18	—	—	2
102 团	12	12	—	—	—
103 团	13	13	—	—	—
105 团	73	73	—	—	—
106 团	155	155	—	—	—
新湖农场	402	402	—	—	—
芳草湖农场	926	926	—	—	—
红旗农场	2127	2127	—	—	—
军户农场	4	4	—	—	—
共青团农场	41	41	—	—	2
六运湖农场	3	3	—	—	—
土墩子农场	13	13	—	—	—
奇台农场	27	27	—	—	—
北塔山牧场	67	67	—	—	—
师直单位	47	47	—	—	—
农七师	**624**	**624**	**—**	**—**	**—**
123 团	47	47	—	—	—
124 团	41	41	—	—	—
125 团	100	100	—	—	—
126 团	8	8	—	—	—
127 团	51	51	—	—	—
128 团	67	67	—	—	—
129 团	61	61	—	—	—
130 团	35	35	—	—	—
131 团	190	190	—	—	—
137 团	20	20	—	—	—
九建	4	4	—	—	—
农八师	**4502**	**3502**	**—**	**1000**	**—**
149 团	375	42	—	333	—
121 团	378	378	—	—	—
133 团	265	265	—	—	—
134 团	246	246	—	—	—
136 团	173	173	—	—	—
141 团	220	220	—	—	—
142 团	330	330	—	—	—
143 团	922	255	—	667	—
144 团	273	273	—	—	—

分县造林完成情况

单位:公顷

地　区	荒山荒(沙)地造林面积				更新造林
	合计	人工造林	飞播造林	无林地和疏林地新封山(沙)育林	
石河子总场	155	155	—	—	—
147 团	276	276	—	—	—
148 团	291	291	—	—	—
150 团	598	598	—	—	—
农九师	**273**	**273**	**—**	**—**	**8**
161 团	7	7	—	—	—
162 团	20	20	—	—	—
163 团	15	15	—	—	—
164 团	45	45	—	—	—
165 团	22	22	—	—	—
166 团	29	29	—	—	—
167 团	72	72	—	—	8
168 团	35	35	—	—	—
169 团	4	4	—	—	—
170 团	8	8	—	—	—
团结农场	16	16	—	—	—
农十师	**1668**	**334**	**—**	**1334**	**—**
181 团	700	33	—	667	—
182 团	47	47	—	—	—
183 团	67	67	—	—	—
184 团	47	47	—	—	—
185 团	707	40	—	667	—
186 团	20	20	—	—	—
187 团	34	34	—	—	—
188 团	46	46	—	—	—
农十二师	**144**	**144**	**—**	**—**	**—**
头屯河农场	7	7	—	—	—
三坪农场	30	30	—	—	—
104 团	17	17	—	—	—
五一农场	36	36	—	—	—
西山农场	33	33	—	—	—
221 团	21	21	—	—	—
农十三师	**181**	**181**	**—**	**—**	**15**
红星 1 场	43	43	—	—	—
红星 2 场	9	9	—	—	1
红星 4 场	14	14	—	—	1
黄田农场	20	20	—	—	5
火箭农场	28	28	—	—	4
柳树泉农场	5	5	—	—	—
红山农场	58	58	—	—	—
淖毛湖农场	4	4	—	—	4
农十四师	**439**	**439**	**—**	**—**	**—**
47 团	2	2	—	—	—
皮山农场	433	433	—	—	—
一牧场	4	4	—	—	—
大兴安岭	**—**	**—**	**—**	**—**	**—**
军事管理区	**18000**	**18000**	**—**	**—**	**—**

附录五

全国历年主要统计指标完成情况

ANNEX V

全国历年造林面积

单位:千公顷

年份	造林面积			
	合计	人工造林	飞播造林	新封山育林
1949~1952	1707.33	1707.33		
1953	1112.93	1112.93		
1954	1166.20	1166.20		
1955	1710.53	1710.53		
1956	5723.27	5723.27		
1957	4355.07	4355.07		
1958	6098.67	6098.67		
1959	5449.67	5442.67	7.00	
1960	4143.93	4136.93	7.00	
1961	1441.33	1432.33	9.00	
1962	1198.73	1188.73	10.00	
1963	1530.13	1516.03	14.10	
1964	2911.33	2893.23	18.10	
1965	3425.33	3403.23	22.10	
1966	4533.33	4351.83	181.50	
1967	3904.00	3540.99	363.01	
1968	3413.33	2858.81	554.52	
1969	3479.33	2753.31	726.02	
1970	3884.00	2976.48	907.52	
1971	4525.13	3404.40	1120.73	
1972	4635.73	3473.33	1162.40	
1973	4982.87	3925.47	1057.40	
1974	5002.47	4114.74	887.73	
1975	4973.73	4437.66	536.07	
1976	4925.73	4323.06	602.67	
1977	4793.27	4218.54	574.73	
1978	4496.33	4125.73	370.60	
1979	4489.27	3910.27	579.00	
1980	4552.00	3940.00	612.00	
1981	4110.07	3681.00	429.07	
1982	4495.60	4115.80	379.80	
1983	6324.40	5603.13	721.27	
1984	8253.67	7290.74	962.93	
1985	8336.80	6948.80	1388.00	
1986	5274.00	4158.20	1115.80	
1987	5414.20	4207.27	1206.93	
1988	5533.27	4574.80	958.47	
1989	5023.33	4109.53	913.80	
1990	5208.47	4353.34	855.13	
1991	5594.47	4751.80	842.67	
1992	6030.40	5083.70	946.70	
1993	5903.40	5044.40	859.00	
1994	5992.66	5190.24	802.42	
1995	5214.61	4629.35	585.26	
1996	4919.38	4314.96	604.42	
1997	4354.93	3737.75	617.18	
1998	4811.05	4086.00	725.05	
1999	4900.71	4276.85	623.86	
2000	5105.14	4345.01	760.13	
2001	4953.04	3977.32	975.72	
2002	7770.97	6896.04	874.93	
2003	9118.89	8432.48	686.41	
2004	5598.08	5018.89	579.19	
2005	3637.68	3221.29	416.39	
2006	3838.79	2446.12	271.80	1120.87
2007	3907.71	2738.52	118.67	1050.52
2008	5353.74	3684.26	154.07	1515.41
2009	6262.33	4156.29	226.34	1879.70
2010	5909.92	3872.76	195.95	1841.21
2011	5996.61	4065.69	196.93	1733.99
1949~1952	1707.33	1707.33		
1953~1957	14068.00	14068.00		
1958~1962	18332.33	18299.33	33.00	
1963~1965	7866.79	7812.49	54.30	
1966~1970	19213.99	16481.42	2732.57	
1971~1975	24119.93	19355.60	4764.33	
1976~1980	23256.60	20517.60	2739.00	
1981~1985	31520.54	27639.47	3881.07	
1986~1990	26453.27	21403.14	5050.13	
1991~1995	28735.54	24699.49	4036.05	
1996~2000	24091.21	20760.57	3330.64	
2001~2005	31078.66	27546.03	3532.64	
2006~2010	25272.49	16897.96	966.82	7407.71
1949~2011	281713.29	241254.12	31317.48	9141.70

注:1. 1985 年以前,造林成活率达到 40% 即统计造林面积,以后为达到 85% 以上统计。

2. 根据《造林技术规程》(GB/T 15776—2006),本表自 2006 年起将无林地和疏林地新封山育林面积计入造林总面积。

全国历年新封山育林和迹地更新面积

单位:千公顷

年份	新封山育林面积	迹地更新面积	年份	新封山育林面积	迹地更新面积
1949～1952		22.53	1989	4535.33	719.10
1953		16.53	1990	4910.47	671.50
1954		38.80	1991	6220.47	664.10
1955		39.20	1992	5874.10	673.60
1956		94.13	1993	4795.60	739.20
1957		55.80	1994	4844.44	722.70
1958		391.13	1995	4538.49	750.96
1959		560.33	1996	3659.83	794.75
1960		483.73	1997	3865.81	798.38
1961		157.07	1998	9699.10	806.30
1962		106.33	1999	6704.50	1042.83
1963		183.00	2000	6130.00	919.80
1964		206.53	2001	5821.90	515.29
1965		238.93	2002	2561.36	379.00
1966		321.00	2003	1817.34	285.99
1967		303.00	2004	1196.55	319.31
1968		240.00	2005	1763.00	407.55
1969		233.00	2006	1120.87	408.24
1970		325.00	2007	1050.52	390.91
1971		307.53	2008	1515.41	424.00
1972		319.00	2009	1879.70	344.25
1973		356.73	2010	1841.21	306.71
1974		362.00	2011	1733.99	326.64
1975		422.00	1949～1952		22.53
1976		420.80	1953～1957		244.46
1977		416.40	1958～1962		1698.59
1978		458.40	1963～1965		628.46
1979		409.33	1966～1970		1422.00
1980		421.93	1971～1975		1767.26
1981	3652.33	442.60	1976～1980		2126.86
1982	5732.00	438.80	1981～1985	26889.87	2580.47
1983	5678.07	508.80	1986～1990	25277.07	3308.40
1984	6780.67	552.00	1991～1995	26273.10	3550.56
1985	5046.80	638.27	1996～2000	30059.24	4362.06
1986	5736.13	577.40	2001～2005	13160.15	1907.14
1987	5449.13	703.50	2006～2010	7407.71	1874.12
1988	4646.00	636.90	1949～2011	130801.12	25819.54

注:2004年后新封山育林面积指无林地和疏林地新封山育林面积。

全国历年林业重点

年 份	合 计	天然林资源保护工程	退耕还林工程		京津风沙源治理工程	
			退耕还林工程合计	其中：退耕地造林		小 计
1979～1985年	**10109.80**					**10109.80**
1986年	1106.73					1106.73
1987年	1064.80					1064.80
1988年	1063.93					1063.93
1989年	1001.80					1001.80
1990年	1662.06					1662.06
"七五"小计	**5899.32**					**5899.32**
1991年	2082.20					2082.20
1992年	2308.00					2308.00
1993年	2602.10				132.80	2211.80
1994年	2729.59				139.79	2366.48
1995年	2862.17				168.59	2450.71
"八五"小计	**12584.06**				**441.18**	**11419.19**
1996年	2669.49				164.95	2316.73
1997年	2642.61				215.95	2233.46
1998年	2856.00	290.35			231.58	2196.02
1999年	3275.63	477.56	447.93	381.47	211.58	2032.46
2000年	3345.92	426.37	683.60	328.42	280.27	1708.80
"九五"小计	**14789.65**	**1194.28**	**1131.53**	**709.89**	**1104.33**	**10487.47**
2001年	3160.18	948.08	870.99	386.14	217.32	1034.92
2002年	6777.38	856.08	4423.61	2039.77	676.38	775.63
2003年	8262.78	688.26	6196.13	3085.93	824.43	533.54
2004年	4802.85	641.45	3217.54	824.90	473.27	448.32
2005年	3109.10	424.81	1898.36	667.39	408.25	368.20
"十五"小计	**26112.30**	**3558.68**	**16606.63**	**7004.13**	**2599.64**	**3160.62**
2006年	2810.80	774.82	1050.53	218.49	409.54	566.82
2007年	2681.65	732.88	1056.02	59.46	315.13	574.22
2008年	3437.50	1009.02	1189.70	2.16	469.04	765.77
2009年	4596.24	1360.91	886.67	0.74	434.82	1893.08
2010年	3669.65	885.48	982.62	0.33	439.13	1360.65
"十一五"小计	**17195.84**	**4763.11**	**5165.52**	**281.19**	**2067.66**	**5160.54**
2011年	3093.87	553.56	730.18	0.06	545.19	1264.03
1979～2011年	**89784.83**	**10069.62**	**23633.86**	**7995.26**	**6758.00**	**47500.96**

注：太行山绿化工程1990年造林面积354.60千公顷系指1984～1990年的造林面积，其中1990年造林面积为109.73千
京津风沙源治理工程1993～2000年数据为原全国防沙治沙工程数据。速丰林基地工程1993～2000年数据为原利用
本表数据从2001年开始，将原有的16个工程整合形成10个重点林业工程。
根据《造林技术规程》（GB/T 15776—2006），本表自2006年起将无林地和疏林地新封山育林面积计入造林总面积。

工程完成造林面积

单位:千公顷

三北及长江流域等重点防护林体系工程						速生丰产用材林基地建设工程
三北防护林工程	长江流域防护林工程	沿海防护林工程	珠江流域防护林工程	太行山绿化工程	平原绿化工程	
10109.80						
1106.73						
1064.80						
1063.93						
956.07	45.73					
983.33	324.13			354.60		
5174.86	**369.86**			**354.60**		
1170.47	462.40	223.60		225.73		
1255.20	584.60	235.80		232.40		
1160.00	573.00	131.20		275.20	72.40	257.50
1255.49	546.00	152.78		358.22	53.99	223.32
1333.26	535.71	103.27		427.04	51.43	242.87
6174.42	**2701.71**	**846.65**		**1518.59**	**177.82**	**723.69**
1342.28	463.96	72.17		402.46	35.86	187.81
1266.12	447.75	63.48	56.72	366.32	33.07	193.20
1243.96	448.60	60.29	39.85	343.74	59.58	138.05
1245.41	369.84	44.48	32.09	293.36	47.28	106.10
1053.16	206.94	56.91	30.68	298.51	62.60	246.88
6150.93	**1937.09**	**297.33**	**159.34**	**1704.39**	**238.39**	**872.04**
541.71	162.72	90.90	27.05	141.29	71.25	88.87
453.76	110.29	55.71	46.55	76.15	33.16	45.68
275.30	108.75	38.56	44.71	50.05	16.18	20.43
232.34	113.28	30.18	31.76	30.92	9.85	22.27
217.89	65.94	22.68	30.67	28.52	2.50	9.49
1721.00	**560.98**	**238.03**	**180.74**	**326.93**	**132.94**	**186.73**
326.83	78.67	16.96	28.82	114.67	0.87	9.10
381.53	76.40	23.85	17.42	73.93	1.10	3.39
497.95	72.25	74.25	36.97	80.28	4.07	3.98
1255.87	222.13	212.18	82.06	119.16	1.67	20.77
928.24	118.81	173.24	66.83	69.22	4.30	1.78
3390.42	**568.26**	**500.48**	**232.10**	**457.27**	**12.01**	**39.01**
737.78	204.84	209.89	72.29	36.58	2.64	0.91
33459.21	**6342.74**	**2092.38**	**644.47**	**4398.35**	**563.80**	**1822.38**

公顷。

世界银行贷款营造速丰林工程数据。

全国历年林业重点工程实际

指标名称		合计	天然林资源保护工程	退耕还林工程	京津风沙源治理工程	小 计
1979～1989 年	**实际完成投资**	**62295**				**62295**
	其中:国家投资	**35443**				**35443**
1990 年	实际完成投资	25537				25537
	其中:国家投资	13469				13469
1991 年	实际完成投资	34949				34949
	其中:国家投资	20247				20247
1992 年	实际完成投资	44640				44640
	其中:国家投资	22888				22888
1993 年	实际完成投资	118913			3351	66925
	其中:国家投资	32351			1914	27613
1994 年	实际完成投资	144563			6822	79326
	其中:国家投资	36779			3064	32187
1995 年	实际完成投资	162611			7259	86411
	其中:国家投资	43062			3523	36285
"八五"小计	**实际完成投资**	**505676**			**17432**	**312251**
	其中:国家投资	**155327**			**8501**	**139220**
1996 年	实际完成投资	203110			15741	124720
	其中:国家投资	54772			4506	47433
1997 年	实际完成投资	244737			33782	152324
	其中:国家投资	68989			12247	52494
1998 年	实际完成投资	495760	227761		37741	176215
	其中:国家投资	285611	206365		10176	63797
1999 年	实际完成投资	761756	409225	33595	35477	235521
	其中:国家投资	506707	351309	33595	8198	108432
2000 年	实际完成投资	1106412	608414	154075	43102	300821
	其中:国家投资	881704	582886	146623	15655	136540
"九五"小计	**实际完成投资**	**2811775**	**1245400**	**187670**	**165843**	**989601**
	其中:国家投资	**1797783**	**1140560**	**180218**	**50782**	**408696**
2001 年	实际完成投资	1795799	949319	314547	183275	303066
	其中:国家投资	1355797	887717	248459	59283	145743
2002 年	实际完成投资	2558004	933712	1106096	123238	316711
	其中:国家投资	2250647	881617	1061504	120022	157582
2003 年	实际完成投资	3339160	679020	2085573	258781	232083
	其中:国家投资	2978139	650304	1926019	239513	136239
2004 年	实际完成投资	3510242	681985	2142905	267666	352661
	其中:国家投资	2983123	640983	1920609	261857	135782
2005 年	实际完成投资	3616302	620148	2404111	332625	192556
	其中:国家投资	3212387	584777	2185928	325408	91292
"十五"小计	**实际完成投资**	**14819507**	**3864184**	**8053232**	**1165585**	**1397077**
	其中:国家投资	**12780093**	**3645398**	**7342519**	**1006083**	**666638**
2006 年	实际完成投资	3533372	643750	2321449	327666	179501
	其中:国家投资	3255411	604120	2224633	310029	85398
2007 年	实际完成投资	3480379	820496	2084085	320929	165879
	其中:国家投资	3029091	666496	1915544	298768	91273
2008 年	实际完成投资	4202355	973000	2489727	323871	337349
	其中:国家投资	3626077	923500	2210195	310795	139275
2009 年	实际完成投资	5087347	817253	3217569	403175	557076
	其中:国家投资	4179556	688199	2886310	355377	209602
2010 年	实际完成投资	4720065	731299	2927290	382406	570888
	其中:国家投资	3617431	591086	2499773	329166	138550
"十一五"小计	**实际完成投资**	**21023518**	**3985798**	**13040120**	**1758047**	**1810693**
	其中:国家投资	**17707566**	**3473401**	**11736455**	**1604135**	**664098**
2011 年	实际完成投资	5322129	1826744	2463373	250395	664819
	其中:国家投资	4343147	1696826	1949855	223978	394431
1979～2011 年	**实际完成投资**	**44544900**	**10922126**	**23744395**	**3357302**	**5236736**
	其中:国家投资	**36819359**	**9956185**	**21209047**	**2893479**	**2308526**

完成投资及国家投资情况

单位:万元

三北及长江流域等重点防护林体系工程						野生动植物保护及自然保护区建设工程	速生丰产用材林基地建设工程
三北防护林工程	长江流域防护林工程	沿海防护林工程	珠江流域防护林工程	太行山绿化工程	平原绿化工程		
53781	**1167**			**7347**			
33076	**427**			**1940**			
16733	6676			2128			
10291	2616			562			
19750	7747	5214		2238			
14315	3205	1983		744			
24921	10342	7250		2127			
15978	3608	2613		689			
35080	15112	9773		4436	2524		48637
18076	5283	2346		949	959		2824
38928	18587	9485		6903	5423		58415
19589	6535	1899		1643	2521		1528
42459	18308	10268		7443	7933		68941
21454	5474	2089		2253	5015		3254
161138	**70096**	**41990**		**23147**	**15880**		**175993**
89412	**24105**	**10930**		**6278**	**8495**		**7606**
71169	23114	16548		7371	6518		62649
30802	7455	2531		2085	4560		2833
80567	21095	12653	16430	12247	9332		58631
34704	7196	2198	502	2853	5041		4248
90289	27774	21029	12060	11970	13093		54043
37206	11154	3340	1557	5411	5129		5273
118754	31384	22897	16463	24232	21791		47938
57383	16345	5717	2775	14195	12017		5173
143682	31273	31551	14392	23781	56142		
71602	18427	13768	6831	13327	12585		
504461	**134640**	**104678**	**59345**	**79601**	**106876**		**223261**
231697	**60577**	**27554**	**11665**	**37871**	**39332**		**17527**
102468	53406	40026	10678	16169	80319	20917	24675
56163	22736	14425	6499	8832	37088	12109	2486
139272	45837	41164	17657	17151	55630	39261	38986
66512	27942	13839	15481	10920	22888	28460	1462
85437	41442	29155	13136	10436	52477	52406	31297
49105	27758	20127	11083	8097	20069	25609	455
86645	109028	51946	11922	13048	80072	44465	20560
44014	26017	29705	9797	11268	14981	22133	1759
85231	53607	23029	9134	14620	6936	51452	15410
41252	12808	19704	7039	10095	394	24450	532
499053	**303320**	**185320**	**62527**	**71423**	**275434**	**208501**	**130928**
257046	**117261**	**97800**	**49899**	**49212**	**95420**	**112761**	**6694**
84328	24386	42553	6509	13949	7776	54718	6288
38539	8262	20637	4647	13108	205	30750	481
94026	13912	37819	3994	13213	2915	79580	9410
48202	9964	23290	2811	6541	465	55464	1546
184078	34916	94009	7142	16804	400	69800	8608
99184	13119	18429	4043	4275	225	41963	349
270310	101057	140019	23828	21663	199	80097	12177
133198	27000	35953	8979	4422	50	39948	120
284589	49422	192579	27177	16471	650	100107	8075
68632	19557	33802	12519	4000	40	57740	1116
917331	**223693**	**506979**	**68650**	**82100**	**11940**	**384302**	**44558**
387755	**77902**	**132111**	**32999**	**32346**	**985**	**225865**	**3612**
322215	98832	200344	26204	12948	4276	114253	2545
208105	42627	117478	14984	11167	70	77727	330
2457979	**831748**	**1039311**	**216726**	**276567**	**414406**	**707056**	**577285**
1207091	**322899**	**385873**	**109547**	**138814**	**144302**	**416353**	**35769**

全国历年木材、竹材及木材加工、林产化学主要产品产量(一)

时期	木材（万立方米）	竹材（万根）	锯材（万立方米）	人造板（万立方米）					松香（吨）	栲胶（吨）	紫胶（吨）
				总　计	其中:三板产量						
					合计	胶合板	纤维板	刨花板			
1949 年	567.00										
1950 年	664.40										
1951 年	764.40										
1952 年	1233.20	*2710	*1151.40	*4.5	*4.5	*4.5			*78056	*88	*180
三年恢复时期	**3229.00**	***2710**	***1151.40**	***4.5**	***4.5**	***4.5**			***78056**	***88**	***180**
1953 年	1753.90	2643	664.00	3.54	3.54	3.54			22267	120	15
1954 年	2220.60	5021	759.90	4.65	4.65	4.65			45905	157	105
1955 年	2093.30	5902	678.20	5.18	5.18	5.18			80091	568	142
1956 年	2104.80	12490	890.80	5.64	5.64	5.64			109992	1275	154
1957 年	2786.90	9348	824.10	6.98	6.98	6.98			116799	1633	143
“一五”时期	**10959.50**	**35404**	**3817.00**	**25.99**	**25.99**	**25.99**			**375054**	**3753**	**559**
1958 年	3579.40	14873	1187.60	12.57	12.57	12.57			98373	3679	245
1959 年	4517.70	15547	1454.70	16.47	16.47	15.31	1.16		79387	11266	201
1960 年	4129.30	8869	1622.90	20.71	20.71	14.76	5.96		78429	13650	245
1961 年	2193.50	4993	778.70	9.58	9.58	7.43	2.15		39227	6661	332
1962 年	2374.60	6076	672.80	9.52	9.52	7.42	1.55	0.54	33595	4800	241
“二五”时期	**16794.50**	**50358**	**5716.70**	**68.86**	**68.86**	**57.49**	**10.83**	**0.54**	**329011**	**40056**	**1264**
1963 年	3250.20	6853	826.40	13.60	13.60	10.43	1.86	1.30	97982	6078	180
1964 年	3800.00	6726	1063.90	16.89	16.89	11.95	2.80	2.14	162914	9276	220
1965 年	3978.00	7031	1160.10	22.06	22.06	13.90	5.02	3.14	167172	13064	440
三年调整时期	**11028.20**	**20610**	**3050.40**	**52.55**	**52.55**	**36.28**	**9.68**	**6.59**	**428068**	**28418**	**840**
1966 年	4192.40	6991	1117.80	23.13	23.13	15.04	6.24	1.85	178943	15789	640
1967 年	3249.60	7223	1157.40	16.78	16.78	12.23	3.46	1.09	166119	14320	800
1968 年	2791.20	6603	909.10	14.07	14.07	10.59	2.59	0.90	181911	13100	1400
1969 年	3283.30	6619	1004.80	20.06	20.06	14.67	4.18	1.21	204158	18969	1100
1970 年	3781.80	6958	1100.30	24.04	24.04	17.07	5.47	1.50	189288	22098	1800
“三五”时期	**17298.30**	**34394**	**5289.40**	**98.08**	**98.08**	**69.60**	**21.94**	**6.55**	**920419**	**84276**	**5740**
1971 年	4067.30	7542	1104.90	27.81	27.81	17.21	8.73	1.87	200411	23209	1873
1972 年	4253.50	7629	957.80	31.74	31.74	18.24	10.82	2.68	240074	21850	1076
1973 年	4466.90	11493	993.10	35.20	35.20	18.84	13.14	3.22	261467	17581	1302
1974 年	4607.10	9954	1009.00	33.99	33.99	17.62	13.34	3.03	289287	18085	1562
1975 年	4702.70	9073	1069.10	37.37	37.37	19.21	15.49	2.67	266224	20861	915
“四五”时期	**22097.50**	**45691**	**5133.90**	**166.10**	**166.10**	**91.13**	**61.51**	**13.46**	**1257463**	**101586**	**6728**
1976 年	4572.80	10439	1001.10	38.11	38.11	18.44	17.02	2.65	237773	19066	807
1977 年	4967.20	10799	1125.20	45.87	45.87	20.85	22.13	2.89	259150	23959	783
1978 年	5162.30	11181	1105.50	62.45	62.45	25.22	32.88	4.36	282027	30130	1384
1979 年	5438.93	10507	1271.40	77.46	77.46	29.24	42.93	5.29	297034	33831	2234
1980 年	5359.31	9621	1368.70	91.43	91.43	32.99	50.62	7.82	327283	36314	2134

注:标有 * 号的产品产量数据为 1949 ~ 1952 年合计数。

全国历年木材、竹材及木材加工、林产化学主要产品产量(二)

时期	木材 (万立方米)	竹材 (万根)	锯材 (万立方米)	人造板(万立方米)					松香 (吨)	栲胶 (吨)	紫胶 (吨)
				总 计	其中:三板产量						
					合计	胶合板	纤维板	刨花板			
“五五”时期	**25500.54**	**52547**	**5871.90**	**315.32**	**315.32**	**126.74**	**165.58**	**23.00**	**1403267**	**143300**	**7342**
1981 年	4942.31	8656	1301.06	99.61	99.61	35.11	56.83	7.67	406214	40159	1095
1982 年	5041.25	10183	1360.85	116.67	116.67	39.41	66.99	10.27	400784	36000	1397
1983 年	5232.32	9601	1394.48	138.95	131.67	45.48	73.45	12.74	246916	34131	1045
1984 年	6384.81	9117	1508.59	151.38	139.04	48.97	73.59	16.48	307993	36523	1489
1985 年	6323.44	5641	1590.76	165.93	161.58	53.87	89.50	18.21	255736	36875	2102
“六五”时期	**27924.13**	**43198**	**7155.74**	**672.54**	**648.57**	**222.84**	**360.36**	**65.37**	**1617643**	**183688**	**7128**
1986 年	6502.42	7716	1505.20	189.44	184.81	61.08	102.70	21.03	293500	42059	1661
1987 年	6407.86	11855	1471.91	247.66	236.06	77.63	120.65	37.78	395692	50306	1909
1988 年	6217.60	26211	1468.40	289.88	279.41	82.69	148.41	48.31	376482	41862	1482
1989 年	5801.80	15238	1393.30	270.56	261.25	72.78	144.27	44.20	409463	26411	833
1990 年	5571.00	18714	1284.90	244.60	235.91	75.87	117.24	42.80	344003	20402	829
“七五”时期	**30500.68**	**79734**	**7123.71**	**1242.14**	**1197.44**	**370.05**	**633.27**	**194.12**	**1819140**	**181040**	**6714**
1991 年	5807.30	29173	1141.50	296.01	284.21	105.40	117.43	61.38	343300	19516	876
1992 年	6173.60	40430	1118.70	428.90	416.77	156.47	144.45	115.85	419503	26141	732
1993 年	6392.20	43356	1401.30	579.79	550.55	212.45	180.97	157.13	503681	26176	931
1994 年	6615.10	50430	1294.30	664.72	621.85	260.62	193.03	168.20	437269	18177	1001
1995 年	6766.90	44792	4183.80	1684.60	1410.76	759.26	216.40	435.10	481264	19662	1393
“八五”时期	**31755.10**	**208181**	**9139.60**	**3654.02**	**3284.14**	**1494.20**	**852.28**	**937.66**	**2185017**	**109672**	**4933**
1996 年	6710.27	42175	2442.40	1203.26	1034.10	490.32	205.50	338.28	501221	23766	1450
1997 年	6394.79	44921	2012.40	1648.48	1394.81	758.45	275.92	360.44	675758	19814	579
1998 年	5966.20	69253	1787.60	1056.33	932.33	446.52	219.51	266.30	416016	14081	255
1999 年	5236.80	53921	1585.94	1503.05	1359.19	727.64	390.59	240.96	434528	10972	294
2000 年	4723.97	56183	634.44	2001.66	1793.74	992.54	514.43	286.77	386760	7510	778
“九五”时期	**29032.03**	**266453**	**8462.78**	**7412.78**	**6514.17**	**3415.47**	**1605.95**	**1492.75**	**2414283**	**76143**	**3356**
2001 年	4552.03	58146	763.83	2111.27	1819.15	904.51	570.11	344.53	377793	9446	431
2002 年	4436.07	66811	851.61	2930.18	2271.94	1135.21	767.42	369.31	395273	9132	561
2003 年	4758.87	96867	1126.87	4553.36	3778.09	2102.35	1128.33	547.41	443306	11970	1078
2004 年	5197.33	109846	1532.54	5446.49	4302.00	2098.62	1560.46	642.92	485863	12113	1117
2005 年	5560.31	115174	1790.29	6392.89	5151.61	2514.97	2060.56	576.08	606594	7668	779
“十五”时期	**24504.61**	**446844**	**6065.13**	**21434.19**	**17322.79**	**8755.66**	**6086.88**	**2480.25**	**2308829**	**50329**	**3966**
2006 年	6611.78	131176	2486.46	7428.56	6038.65	2728.78	2466.60	843.26	845959	10564	3569
2007 年	6976.65	139761	2829.10	8838.58	7120.49	3561.56	2729.85	829.07	1061658	13733	3430
2008 年	8108.34	126220	2840.95	9409.95	7589.66	3540.86	2906.56	1142.23	945590	9337	2891
2009 年	7068.29	135650	3229.77	11546.65	9370.80	4451.24	3488.56	1431.00	1001574	11000	1992
2010 年	8089.62	143008	3722.63	15360.83	12758.40	7139.66	4354.54	1264.20	1205991	10925	2080
“十一五”时期	**36854.68**	**675814**	**15108.92**	**52584.57**	**42878.00**	**21422.11**	**15946.12**	**5509.76**	**5060772**	**55559**	**13962**
2011 年	8145.92	153929	4460.25	20919.29	17991.14	9869.63	5562.12	2559.39	1253651	9129	2046
总 计	**295624.70**	**2113157**	**86395.43**	**108646.43**	**90563.15**	**45957.18**	**31316.51**	**13289.44**	**21372617**	**1066949**	**64578**

全国历年林业投资完成情况(一)

单位:万元

年　份	林业投资完成额	其中:国家投资
1950 年	1010	1010
1951 年	1666	1666
1952 年	5524	5524
三年恢复时期	**8199**	**8200**
1953 年	13874	13874
1954 年	12415	12415
1955 年	11483	11483
1956 年	17733	17733
1957 年	21393	21393
“一五”时期	**76897**	**76898**
1958 年	32666	32666
1959 年	61240	51648
1960 年	84021	74052
1961 年	34396	31284
1962 年	39329	29085
“二五”时期	**251652**	**218735**
1963 年	63498	52506
1964 年	81209	68759
1965 年	80974	69974
三年调整时期	**225680**	**191239**
1966 年	79469	62657
1967 年	60233	44232
1968 年	47492	34054
1969 年	56252	39680
1970 年	62235	42977
“三五”时期	**305681**	**223600**
1971 年	76123	50339
1972 年	89978	58055
1973 年	93597	64052
1974 年	99317	63436
1975 年	98806	55519
“四五”时期	**457821**	**291401**
1976 年	68669	49659
1977 年	58757	46008
1978 年	108360	65604
1979 年	141326	91364
1980 年	144954	68481

全国历年林业投资完成情况(二)

单位:万元

年　份	林业投资完成额	其中:国家投资
“五五”时期	**522066**	**321116**
1981 年	140752	64928
1982 年	168725	70986
1983 年	164399	77364
1984 年	180111	85604
1985 年	183303	81277
“六五”时期	**837291**	**380159**
1986 年	231994	83613
1987 年	247834	97348
1988 年	261413	91504
1989 年	237553	90604
1990 年	246131	107246
“七五”时期	**1224925**	**470315**
1991 年	272236	134816
1992 年	329800	138679
1993 年	409238	142025
1994 年	476997	141198
1995 年	563972	198678
“八五”时期	**2052243**	**755396**
1996 年	638626	200898
1997 年	741802	198908
1998 年	874648	374386
1999 年	1084077	594921
2000 年	1677712	1130715
“九五”时期	**5016865**	**2499828**
2001 年	2095636	1551602
2002 年	3152374	2538071
2003 年	4072782	3137514
2004 年	4118669	3226063
2005 年	4593443	3528122
“十五”时期	**18032904**	**13981372**
2006 年	4957918	3715114
2007 年	6457517	4486119
2008 年	9872422	5083432
2009 年	13513349	7104764
2010 年	15533217	7452396
“十一五”时期	**50334423**	**27841825**
2011 年	26326068	11065990
1950～2011 年	**105672715**	**58326074**

附录六

2002～2011年主要林产品进出口情况

ANNEX Ⅵ

2002～2011 年主要林产品

产品			2002 年	2003 年	2004 年	2005 年
总计		出口	9579666	12235984	16300854	20574172
		进口	12897294	16641987	19939912	22102107
原木	针叶原木	出口	—	57	—	91
		进口	997164	945157	1168493	1387979
	阔叶原木	出口	3174	2830	1959	1950
		进口	1141095	1501992	1635825	1855561
	合计	出口	3174	2887	1959	2040
		进口	2138260	2447149	2804318	3243540
锯材		出口	192332	236790	219843	281431
		进口	1167462	1198789	1387144	1516885
单板		出口	89297	110806	120710	128529
		进口	89383	95536	109913	121181
特形材		出口	122967	187866	278238	557133
		进口	16018	21359	15043	25099
刨花板		出口	21940	20022	21394	18396
		进口	104455	113224	123197	115461
纤维板		出口	20536	20662	125121	396067
		进口	302642	320892	272725	229268
胶合板		出口	427048	495433	1249941	1879039
		进口	258957	355124	384280	276681
木制品		出口	1864973	2299221	2934699	3139195
		进口	26834	35366	52953	49605
木家具		出口	2706327	3815513	5229343	6843165
		进口	38628	60661	72706	87217
木片		出口	90730	95223	102486	92893
		进口	6184	31878	39929	122141
木浆		出口	2373	2041	925	10728
		进口	2154478	2643336	3526709	3694780
废纸		出口	15	37	24	8
		进口	732240	1231243	1726999	2457178
纸和纸制品		出口	444050	599608	768335	1060777
		进口	4136723	4393027	4637510	4387339
木炭		出口	56191	63494	39067	22501
		进口	1283	2051	2809	6070
松香		出口	159505	139805	163850	254515
		进口	1901	3574	4392	4849

进出口金额(一)

单位:千美元

2006 年	2007 年	2008 年	2009 年	2010 年	2011 年
26377042	31930993	33488310	36316317	46316686	55033714
25798689	32360169	38439466	33902486	47506554	65299100
94	17	21	274	51	38
1713618	2404879	2414186	2234430	3240796	4864608
1275	1194	965	4306	10475	6730
2215648	2950955	2769073	1852088	2830298	3408524
1368	1211	986	4580	10526	6768
3929266	5355834	5183259	4086518	6071094	8273132
356490	392669	412265	346344	342001	360493
1697715	1774871	2039427	2327863	3878172	5721322
171508	200086	243925	172678	210865	273559
118163	135718	98504	63736	88064	118568
731094	519003	448662	371345	433189	377244
27429	21636	19774	15547	19708	29668
25183	34758	45873	32712	41387	56411
101730	106352	91859	88913	114283	122232
635782	1085801	1094538	884401	1114253	1435693
195714	168916	140415	119570	124654	107114
2910501	3577941	3400530	2523949	3402140	4339929
197174	170383	167469	89042	116042	119681
3791812	3828644	3522246	3324597	4114612	4536235
61572	70251	75033	84081	121953	156709
8783827	10683050	11017339	12035202	16157214	17118709
117585	220383	311952	297671	387711	546457
64321	25249	9034	887	558	726
119140	158338	182490	353802	673817	1159600
16480	27487	6916	22351	11344	34119
4354322	5498741	6660933	6795615	8774104	11852421
5	18	1	48	119	616
2748047	4041970	5556926	3796054	5352897	6967452
1457284	1844016	2070567	6129326	7554688	10454553
4215202	4287379	4363240	3879784	4610590	5055272
26111	20114	22979	26065	35748	39094
5922	9914	14663	17552	22952	44877
365260	274265	271944	181729	486750	593328
5815	6686	4739	6104	8830	8577

2002～2011 年主要林产品

产品			2002 年	2003 年	2004 年	2005 年
水果	柑橘属	出口	55673	75574	105020	143383
		进口	27969	47922	48433	44859
	鲜苹果	出口	149425	209773	274407	306313
		进口	22441	23708	29417	25428
	鲜梨	出口	59415	79968	90665	122078
		进口	258	239	234	52
	鲜葡萄	出口	—	5827	7382	9982
		进口	—	41608	67482	82385
	山竹果	出口	—	—	10	1
		进口	—	—	29764	39547
	鲜榴莲	出口	—	—	1	—
		进口	—	—	52501	47863
	鲜龙眼	出口	—	—	1131	1348
		进口	—	—	69286	73265
坚果	核桃	出口	21927	25842	31043	46112
		进口	1131	1081	2648	3767
	板栗	出口	47236	49989	58461	49803
		进口	9096	22454	21813	21993
	松子仁	出口	46420	51334	68896	76324
		进口	205	36	100	154
	开心果	出口	—	3233	4800	6403
		进口	—	15295	17432	19252
干果	梅干及李干	出口	2332	1488	1568	1073
		进口	2573	883	972	591
	龙眼干、肉	出口	1013	858	1041	883
		进口	14789	19544	28730	26933
	柿饼	出口	10838	12911	13210	16314
		进口	7	—	11	43
	红枣	出口	7939	9838	10942	11561
		进口	17	1	25	1
	葡萄干	出口	—	10831	18397	21762
		进口	—	9572	14666	15747
果汁	柑橘属果汁	出口	3657	3680	3347	3974
		进口	46090	65640	50443	62562
	苹果汁	出口	173066	254178	325345	458169
		进口	372	348	1042	412
其他		出口	2799266	3351253	4029252	4612272
		进口	1596900	3440447	4344283	5299957

注：1. 资料来源：海关总署信息中心；

2. 木浆中未包括从回收纸与纸板中提取的木浆；

3. 纸和纸制品中未包括回收纸和纸板及印刷品等；

4. 2002～2008 年以造纸工业纸浆消耗价值中原生木浆价值的比例将从回收的纸与纸板中提取的纤维浆、回收纸与

为：2002～2003 年取 0.21，2004～2006 年取 0.22，2007 年取 0.214，2008 年取 0.221，2009 年取 0.80，2010 年

5. 2002～2008 年以造纸工业纸浆消耗价值中原生木浆价值的比例将纸和纸制品出口额折算为木制林产品价值，

2006 年取 0.27，2007 年取 0.26，2008 年取 0.26，2009 年取 0.81，2010 年取 0.79，2011 年取 0.81；

6. 印刷品、手稿、打字稿等的进(出)口额＝进(出)口折算量×纸和纸制品的平均价格。

进出口金额(二)

单位:千美元

2006 年	2007 年	2008 年	2009 年	2010 年	2011 年
161510	257633	437373	592697	615797	726457
54642	54670	67312	74224	106072	148576
372552	512645	698398	713518	831627	914326
25277	34674	45188	54108	75932	115830
147713	161765	215087	220716	243263	285559
23	16	27	23	75	1043
19234	32944	47437	85926	104943	162273
69654	63180	95018	172077	189471	324280
1	—	—	—	1	1
25217	62230	69565	144383	147018	145837
—	—	—	—	1	4
53929	71250	92850	124373	149562	234304
2160	2718	2770	857	711	2451
85219	98239	124192	157334	193182	314287
56691	53887	60224	19849	24536	47654
6324	6218	12624	28502	48596	55204
57404	62244	62981	68208	73434	75865
20264	18304	18531	18108	22090	17893
103081	81610	47675	142974	159277	153902
63	1091	6955	7875	5619	21990
5488	5906	13098	5622	7334	10889
14664	43178	76554	77461	203136	116623
970	2136	1942	2311	3844	4943
1071	1500	1783	2865	4942	8274
1079	1018	1005	1249	1742	1674
32991	52849	53530	88737	64630	86455
12105	15983	10630	9098	13896	11100
37	18	—	—	—	1
10717	10709	12187	17399	17447	22611
5	3	14	20	90	58
30880	36329	47225	65311	69960	102067
15695	17917	19686	18340	23010	34943
7402	10525	14424	14218	16064	19946
85830	122646	97790	106311	109036	172899
594846	1243994	1130079	655526	747088	1081240
297	1224	4634	718	606	1087
5456183	6924636	8116983	7640042	9459801	11782556
7412689	9683594	7559270	6718656	9727522	23016281

纸板出口额折算为木制林产品价值，2009~2011 年按木纤维浆(原生木浆和废纸中的木浆)价值比例折算。各年的折算系数为0.78，2011 年为0.80；

2009~2011 年按木纤维浆(原生木浆和废纸中的木浆)价值比例折算。各年的折算系数为：2002~2003 年取0.26，2004~

2002～2011 年主要林产品

产品			单位	2002 年	2003 年	2004 年	2005 年
原木	针叶原木	出口	立方米	—	417	—	742
		进口	立方米	15782950	15019747	16003654	18270100
	阔叶原木	出口	立方米	10957	8980	6137	6185
		进口	立方米	8550093	10435720	10304868	11097886
	合计	出口	立方米	10957	9397	6137	6927
		进口	立方米	24333043	25455467	26308522	29367986
锯材		出口	立方米	448337	543013	489331	682072
		进口	立方米	5483706	5598051	6051670	6054178
单板		出口	立方米	93120	106626	110498	104091
		进口	立方米	286652	223395	154142	151800
特形材		出口	吨	99850	146197	221247	424922
		进口	吨	23384	22566	11962	13127
刨花板		出口	立方米	51183	67463	130751	95035
		进口	立方米	589686	623999	652594	633972
纤维板		出口	立方米	80338	63556	509945	1376697
		进口	立方米	1251646	1394223	1377045	1137113
胶合板		出口	立方米	1792423	2040470	4305484	5583972
		进口	立方米	636130	797810	799298	589120
木制品		出口	吨	1300712	1593213	1983984	2009708
		进口	吨	27195	31660	37844	39018
木家具		出口	件	117969289	142179765	175777874	211601212
		进口	件	571981	876469	851909	863112
木片		出口	吨	1559915	1137770	1094162	880655
		进口	吨	52271	279741	302680	871274
木浆		出口	吨	4639	3763	1504	20456
		进口	吨	5232622	5988591	7214995	7520149
废纸		出口	吨	143	228	163	30
		进口	吨	6872609	9381794	12306851	17036170
纸和纸制品		出口	吨	364822	502386	576634	790907
		进口	吨	6606778	6626430	6376108	5465318
木炭		出口	吨	103759	106615	68141	37497
		进口	吨	21839	26654	31066	43013
松香		出口	吨	356308	301173	342888	347455
		进口	吨	1136	1924	2152	2345

进出口数量(一)

2006 年	2007 年	2008 年	2009 年	2010 年	2011 年
113	66	100	851	174	41
19717608	23270909	18577008	20302606	24274023	31465280
4169	3655	2725	11885	28208	14339
12435326	13861696	10992626	7756655	10073466	10860568
4282	3721	2825	12736	28382	14380
32152934	37132605	29569634	28059261	34347489	42325848
829990	763544	717475	561106	539433	544194
6153148	6557793	7181828	9935167	14812175	21606705
143893	152746	146283	114327	158158	246914
134002	130215	91894	72327	109517	200231
518926	363790	310052	251560	302159	254144
16523	13755	12333	7953	10513	13442
141658	179824	193171	124944	165527	86786
541102	524918	374137	446543	539368	547030
1968316	3056768	2382562	2031141	2569456	3291031
924481	702512	504505	452979	400071	306210
8303695	8715903	7185060	5634800	7546940	9572461
413429	304098	293937	179178	213672	188371
2304919	2207534	1750049	1563994	1858712	1876915
47047	52585	60187	39734	43652	55484
248149710	280364654	242633034	247470421	298327198	289157492
1290094	2468740	3147981	3298999	4361353	5497244
596242	214540	73014	7247	5342	5094
895437	1139607	1056387	2766012	4631704	6565328
32007	50781	10628	35045	14433	31520
7881293	8383914	9460349	13578483	11299952	14354611
24	108	4	220	621	2853
19623353	22562110	24205826	27501707	24352214	27279353
1145650	1457278	1356450	4802753	5157993	5997827
4604689	4208691	3735959	3495948	3536533	3477712
46652	42643	50976	54922	63398	67463
39406	75003	136266	156678	175518	188697
367148	329214	276517	193291	249801	231148
2872	3122	1076	2927	3589	2659

2002～2011年主要林产品

产品			单位	2002年	2003年	2004年	2005年
水果	柑橘属	出口	吨	216847	292034	361385	465623
		进口	吨	58195	76637	66889	61530
	鲜苹果	出口	吨	438738	609052	774131	824050
		进口	吨	56014	41524	37281	33204
	鲜梨	出口	吨	243438	296962	318218	368298
		进口	吨	746	689	500	81
	鲜葡萄	出口	吨	—	13433	17800	21257
		进口	吨	—	53412	58887	57490
	山竹果	出口	吨	—	—	2	3
		进口	吨	—	—	30811	35200
	鲜榴莲	出口	吨	—	—	1	—
		进口	吨	—	—	85500	75371
	鲜龙眼	出口	吨	—	—	1547	3251
		进口	吨	—	—	109418	143375
坚果	核桃	出口	吨	18614	22411	25805	32267
		进口	吨	1270	1468	2687	3717
	板栗	出口	吨	29660	32369	37581	37065
		进口	吨	5755	9902	13503	13763
	松子仁	出口	吨	7015	6080	9542	11655
		进口	吨	216	33	70	27
	开心果	出口	吨	—	2177	3572	4992
		进口	吨	—	11435	9473	11965
干果	梅干及李干	出口	吨	3561	2041	1697	663
		进口	吨	3834	785	1010	503
	龙眼干、肉	出口	吨	347	292	311	250
		进口	吨	35582	38361	55461	44385
	柿饼	出口	吨	8809	11535	11067	11603
		进口	吨	3	—	21	59
	红枣	出口	吨	12277	17483	15796	13080
		进口	吨	45	1	26	1
	葡萄干	出口	吨	—	7778	12122	13392
		进口	吨	—	7931	10772	11274
果汁	柑橘属果汁	出口	吨	3716	4214	3266	3848
		进口	吨	37956	53057	48255	60814
	苹果汁	出口	吨	296568	418235	487139	648463
		进口	吨	570	478	1344	461

注：1. 资料来源：海关总署信息中心；

2. 表中数据体积与重量按刨花板650千克/立方米，单板750千克/立方米的标准换算；2002～2003年按纤维板700千克/立方米的标准折算；2007～2011年纤维板折算标准：密度>800千克/立方米的取950千克/立方米、500千克/密度<350千克/立方米的取250千克/立方米；

3. 木浆中未包括从回收纸和纸板中提取的木浆；

4. 纸和纸制品中未包括回收的废纸和纸板、印刷品、手稿等；

5. 2002～2008年废纸、纸和纸制品出口量按纸和纸产品中的原生木浆比例折算，2009～2011年按木纤维浆（原生木浆2004～2006年为0.22，2007年为0.214，2008年为0.221，2009年为0.80，2010年为0.78，2011年为0.80；

6. 核桃进（出）口量包括未去壳核桃和核桃仁的折算量，其中核桃仁的折算量是以40%的出仁率将核桃仁数量折算

7. 柑橘属水果中包括橙、葡萄柚、柚、蕉柑、其他柑橘、柠檬酸橙、其他柑橘属水果。

进出口数量(二)

2006 年	2007 年	2008 年	2009 年	2010 年	2011 年
435127	564471	862105	1113002	933089	901557
78931	74421	79946	91652	105275	131739
804226	1019840	1153326	1174191	1122953	1034635
31075	36396	42395	54116	66882	77085
375298	405189	446656	463159	437804	402778
16	14	9	13	13	527
34293	55790	63303	100225	89359	106477
46021	42775	51613	89775	81744	122909
1	—	—	—	1	4
17161	40404	41084	91719	90918	83573
—	—	—	—	4	11
85220	105667	138929	196147	172205	210938
3150	3560	2221	945	1177	1704
168482	174625	196451	256037	291336	338846
33617	28081	26179	10582	12086	17952
6290	7813	9033	21102	25918	22837
43379	45409	40920	46640	37002	37767
13343	11151	11890	10820	11983	9197
9948	7882	4178	7862	7027	9633
8	196	882	935	503	2481
3931	3953	7691	2469	3382	5178
9129	19290	29605	21545	52781	24952
484	736	475	551	954	1157
1095	1372	1552	3034	5635	9065
287	254	222	232	283	264
58895	80996	76117	133616	62036	77370
7122	8546	5660	5001	6505	4657
123	7	—	—	—	—
9539	9496	7884	8668	7686	6873
1	—	17	5	51	37
23392	25680	30620	41345	39850	47959
11109	12338	12570	11743	13855	20624
8984	11941	16895	20220	22563	20541
64454	65324	47566	65108	71364	78156
673047	1042326	692574	799505	788409	613912
348	1028	2270	467	464	819

千克/立方米折算,2004～2006 年纤维板分别按硬质纤维板 950 千克/立方米、中密度纤维板 650 千克/立方米、绝缘板 250
立方米 < 密度 < 800 千克/立方米的取 650 千克/立方米、350 千克/立方米 < 密度 < 500 千克/立方米的取 425 千克/立方米、

和废纸中的木浆)比例折算,纸和纸制品出口量按纸和纸产品中木浆比例折算,出口量的折算系数:2002～2003 年为 0.21,

为未去壳的核桃数量;

附录七

野生动植物进出口情况

ANNEX Ⅶ

全国野生动植物进出口情况（一）

指标名称				单位	2011 年
一、进出口证明书核发数量				**份**	**30062**
1. 进口	小计			份	12063
	动物			份	10631
	植物			份	1432
2. 出口	小计			份	15357
	动物			份	2112
	植物			份	13245
3. 再出口	小计			份	2642
	动物			份	2479
	植物			份	163
二、物种证明核发数量				**份**	**46035**
1. 进口	小计			份	35270
	动物			份	5202
	植物			份	30068
2. 出口	小计			份	10765
	动物			份	2263
	植物			份	8502
三、进出口管理费收取总额				**万元**	**3087**
1. 进口	小计			万元	1253
	动物			万元	959
	植物			万元	294
2. 出口	小计			万元	1834
	动物			万元	481
	植物			万元	1353
四、进出口贸易额				**万元**	**15268844**
(一)进出口证明书贸易额	合计			万元	400444
	1. 进口	小计		万元	105198
		动物	计	万元	70035
			观赏活体类	万元	11612
			实验类	万元	6947
			毛皮类	万元	48051
			食用类	万元	753
			药用或中成药类	万元	1812
			其他	万元	859
		植物	计	万元	35163
			观赏类	万元	13761
			食用类	万元	1189
			用材类	万元	5459
			药用或中成药类	万元	14491
			其他	万元	264

全国野生动植物进出口情况(二)

指标名称				单位	2011 年
(一)进出口证明书贸易额	2. 出口	小计		万元	136212
		动物	计	万元	44534
			观赏活体类	万元	351
			实验类	万元	19533
			毛皮类	万元	133
			食用类	万元	2514
			药用或中成药类	万元	20284
			其他	万元	1719
		植物	计	万元	91677
			观赏类	万元	4950
			食用类	万元	54083
			用材类	万元	—
			药用或中成药类	万元	32580
			其他	万元	64
	3. 再出口	小计		万元	159034
		动物	计	万元	152201
			观赏活体类	万元	—
			实验类	万元	—
			毛皮类	万元	3182
			食用类	万元	148453
			药用或中成药类	万元	291
			其他	万元	275
		植物	计	万元	6834
			观赏类	万元	—
			食用类	万元	1352
			用材类	万元	16
			药用或中成药类	万元	5465
			其他	万元	—
(二)物种证明贸易额	合计			万元	14868400
	1. 进口	小计		万元	13259061
		动物		万元	98576
		植物		万元	13160485
	2. 出口	小计		万元	1609339
		动物		万元	72852
		植物		万元	1536487

各办事处野生动植物

单位	进出口证明书核发数量(份)									
	合计	进口			出口			再出口		
		小计	动物	植物	小计	动物	植物	小计	动物	植物
总计	**30062**	**12063**	**10631**	**1432**	**15357**	**2112**	**13245**	**2642**	**2479**	**163**
濒管办北京办事处	1409	717	675	42	640	378	262	52	52	—
濒管办天津办事处	342	83	80	3	256	99	157	3	3	—
濒管办石家庄办事处	139	56	56	—	10	3	7	73	73	—
濒管办呼和浩特办事处	3	2	2	—	—	—	—	1	1	—
濒管办沈阳办事处	1885	162	45	117	1705	77	1628	18	6	12
濒管办哈尔滨办事处	31	9	1	8	21	7	14	1	—	1
濒管办上海办事处	8819	7798	7579	219	810	570	240	211	192	19
濒管办杭州办事处	173	83	53	30	88	77	11	2	2	—
濒管办福州办事处	1340	307	158	149	618	54	564	415	404	11
濒管办济南办事处	974	313	42	271	596	297	299	65	65	—
濒管办郑州办事处	78	—	—	—	78	—	78	—	—	—
濒管办广州办事处	5742	2381	1883	498	1560	467	1093	1801	1681	120
濒管办南宁办事处	—	—	—	—	—	—	—	—	—	—
濒管办海口办事处	70	44	12	32	26	26	—	—	—	—
濒管办成都办事处	1821	45	40	5	1776	21	1755	—	—	—
濒管办昆明办事处	7036	55	3	52	6981	19	6962	—	—	—
濒管办拉萨办事处	78	—	—	—	78	—	78	—	—	—
濒管办西安办事处	116	7	1	6	109	12	97	—	—	—
濒管办乌鲁木齐办事处	6	1	1	—	5	5	—	—	—	—

进出口情况(一)

物种证明核发数量(份)							进出口管理费收取总额(万元)						
合计	进口			出口			合计	进口			出口		
	小计	动物	植物	小计	动物	植物		小计	动物	植物	小计	动物	植物
46035	**35270**	**5202**	**30068**	**10765**	**2263**	**8502**	**3087**	**1253**	**959**	**294**	**1834**	**481**	**1353**
1330	1258	510	748	72	18	54	29	11	8	2	19	17	2
642	519	39	480	123	122	1	66	12	7	4	55	11	44
121	107	14	93	14	14	—	11	11	11	—	—	—	—
4079	4078	—	4078	1	1	—	1	1	1	—	—	—	—
7083	1309	306	1003	5774	640	5134	78	27	8	20	51	15	36
1458	664	14	650	794	—	794	14	10	—	10	4	1	3
6128	5596	1478	4118	532	199	333	641	594	505	89	47	17	31
1702	1270	389	881	432	234	198	66	37	30	6	30	27	2
1600	1088	337	751	512	26	486	105	37	1	36	68	43	25
1886	1530	5	1525	356	52	304	42	25	12	13	17	1	17
120	120	—	120	—	—	—	1	—	—	—	1	—	1
18079	16092	2088	14004	1987	868	1119	702	344	257	87	358	307	51
—	—	—	—	—	—	—	—	—	—	—	—	—	—
112	73	10	63	39	39	—	107	107	107	—	—	—	—
87	48	4	44	39	3	36	727	8	3	5	719	12	707
1351	1292	3	1289	59	44	15	475	21	—	21	453	31	423
120	120	—	120	—	—	—	1	—	—	—	1	—	1
28	—	—	—	28	1	27	19	8	8	1	11	—	10
109	106	5	101	3	2	1	—	—	—	—	—	—	—

各办事处野生动植物

单位	总计	进出口								
		进出口证明书								
		合计	进口							
			小计	动物						
				计	观赏活体类	实验类	毛皮类	食用类	药用或中成药类	其他
总计	**15268844**	**400444**	**105198**	**70035**	**11612**	**6947**	**48051**	**753**	**1812**	**859**
濒管办北京办事处	711462	6926	3754	3182	121	96	2533	—	431	—
濒管办天津办事处	42761	10428	1224	1207	435	—	230	—	400	142
濒管办石家庄办事处	9637	832	745	745	321	—	422	—	—	1
濒管办呼和浩特办事处	191335	98	44	44	—	—	42	—	—	3
濒管办沈阳办事处	235594	3988	1908	601	552	17	32	—	—	—
濒管办哈尔滨办事处	3943363	829	694	3	3	—	—	—	—	—
濒管办上海办事处	1652265	79704	51267	34316	993	108	32397	600	27	192
濒管办杭州办事处	173842	5369	2555	2068	499	—	1541	—	—	27
濒管办福州办事处	1177292	145491	2662	378	72	—	2	12	—	292
濒管办济南办事处	3275	2696	1628	235	143	—	92	—	—	—
濒管办郑州办事处	206201	33	—	—	—	—	—	—	—	—
濒管办广州办事处	6093326	53186	26192	17886	7970	200	8506	141	955	115
濒管办南宁办事处	—	—	—	—	—	—	—	—	—	—
濒管办海口办事处	37104	7219	6685	6685	—	6524	76	—	—	85
濒管办成都办事处	111642	53592	4546	2178	—	—	2178	—	—	—
濒管办昆明办事处	457352	29066	741	5	—	2	—	1	—	2
濒管办拉萨办事处	206201	33	—	—	—	—	—	—	—	—
濒管办西安办事处	1020	954	554	502	502	—	—	—	—	—
濒管办乌鲁木齐办事处	15172	—	—	—	—	—	—	—	—	—

进出口情况(二)

贸易额(万元)													
贸易额													
						出口							
植物						小计	动物						
计	观赏类	食用类	用材类	药用或中成药类	其他		计	观赏活体类	实验类	毛皮类	食用类	药用或中成药类	其他
35163	**13761**	**1189**	**5459**	**14491**	**264**	**136212**	**44534**	**351**	**19533**	**133**	**2514**	**20284**	**1719**
572	36	—	478	57	—	2917	2223	—	2120	65	—	39	—
17	—	—	—	16	—	9124	2075	—	20	—	—	2037	19
—	—	—	—	—	—	42	15	—	—	—	—	15	—
—	—	—	—	—	—	—	—	—	—	—	—	—	—
1307	1	—	—	1306	—	1833	608	—	43	—	20	538	8
691	—	—	691	—	—	119	24	—	—	—	21	3	—
16950	10527	891	681	4680	171	2537	493	—	393	67	—	—	33
487	12	—	258	217	—	2805	2645	12	—	—	2298	335	—
2285	13	—	1970	234	68	18256	16489	—	—	1	—	16488	—
1393	1393	—	—	—	—	1063	812	—	—	—	—	812	—
—	—	—	—	—	—	33	—	—	—	—	—	—	—
8306	1594	298	1377	5013	25	19145	15417	126	15105	—	175	—	10
—	—	—	—	—	—	—	—	—	—	—	—	—	—
—	—	—	—	—	—	534	534	213	321	—	—	—	—
2368	—	—	—	2368	—	49046	1650	—	—	—	—	—	1650
736	134	—	4	598	—	28325	1532	—	1532	—	—	—	—
—	—	—	—	—	—	33	—	—	—	—	—	—	—
52	52	—	—	—	—	400	18	—	—	—	—	17	—
—	—	—	—	—	—	—	—	—	—	—	—	—	—

各办事处野生动植物

单位	进出口								
	进出口证明书								
	出口								
	植物						小计		
	计	观赏类	食用类	用材类	药用或中成药类	其他		计	观赏活体类
总计	**91677**	**4950**	**54083**	**—**	**32580**	**64**	**159034**	**152201**	**—**
濒管办北京办事处	694	80	—	—	614	—	256	256	—
濒管办天津办事处	7049	140	1355	—	5553	—	80	80	—
濒管办石家庄办事处	27	—	—	—	27	—	44	44	—
濒管办呼和浩特办事处	—	—	—	—	—	—	54	54	—
濒管办沈阳办事处	1225	—	1131	—	57	36	247	225	—
濒管办哈尔滨办事处	95	—	95	—	—	—	16	—	—
濒管办上海办事处	2044	1488	3	—	526	28	25901	24917	—
濒管办杭州办事处	159	19	24	—	116	—	9	9	—
濒管办福州办事处	1767	942	—	—	825	—	124573	124238	—
濒管办济南办事处	251	122	—	—	129	—	5	5	—
濒管办郑州办事处	33	—	33	—	—	—	—	—	—
濒管办广州办事处	3729	835	1867	—	1027	—	7849	2372	—
濒管办南宁办事处	—	—	—	—	—	—	—	—	—
濒管办海口办事处	—	—	—	—	—	—	—	—	—
濒管办成都办事处	47396	913	24253	—	22230	—	—	—	—
濒管办昆明办事处	26793	411	25170	—	1212	—	—	—	—
濒管办拉萨办事处	33	—	33	—	—	—	—	—	—
濒管办西安办事处	382	—	118	—	264	—	—	—	—
濒管办乌鲁木齐办事处	—	—	—	—	—	—	—	—	—

进出口情况(三)

贸易额(万元)										
贸易额										
再出口										
动物					植物					
实验类	毛皮类	食用类	药用或中成药类	其他	计	观赏类	食用类	用材类	药用或中成药类	其他
—	**3182**	**148453**	**291**	**275**	**6834**	**—**	**1352**	**16**	**5465**	**—**
—	256	—	—	—	—	—	—	—	—	—
—	—	—	80	—	—	—	—	—	—	—
—	—	—	—	44	—	—	—	—	—	—
—	54	—	—	—	—	—	—	—	—	—
—	14	—	211	—	21	—	—	—	21	—
—	—	—	—	—	16	—	—	16	—	—
—	471	24444	—	2	983	—	983	—	—	—
—	9	—	—	—	—	—	—	—	—	—
—	—	124009	—	228	335	—	—	—	335	—
—	5	—	—	—	—	—	—	—	—	—
—	—	—	—	—	—	—	—	—	—	—
—	2372	—	—	—	5478	—	369	—	5109	—
—	—	—	—	—	—	—	—	—	—	—
—	—	—	—	—	—	—	—	—	—	—
—	—	—	—	—	—	—	—	—	—	—
—	—	—	—	—	—	—	—	—	—	—
—	—	—	—	—	—	—	—	—	—	—
—	—	—	—	—	—	—	—	—	—	—
—	—	—	—	—	—	—	—	—	—	—

各办事处野生动植物进出口情况(四)

单位	进出口贸易额(万元)						
	物种证明贸易额						
	合计	进口			出口		
		小计	动物	植物	小计	动物	植物
总计	**14868400**	**13259061**	**98576**	**13160485**	**1609339**	**72852**	**1536487**
濒管办北京办事处	704536	704057	5498	698560	478	1	478
濒管办天津办事处	32334	32065	179	31887	268	267	2
濒管办石家庄办事处	8806	8469	310	8159	337	337	—
濒管办呼和浩特办事处	191237	191236	—	191236	1	1	—
濒管办沈阳办事处	231606	46925	12076	34849	184681	15883	168798
濒管办哈尔滨办事处	3942534	2647822	3181	2644641	1294712	—	1294712
濒管办上海办事处	1572561	1552185	31840	1520344	20377	7055	13322
濒管办杭州办事处	168473	158741	7010	151731	9732	2840	6892
濒管办福州办事处	1031801	1025498	1195	1024303	6303	1202	5101
濒管办济南办事处	579	289	66	223	290	87	202
濒管办郑州办事处	206167	206167	—	206167	—	—	—
濒管办广州办事处	6040140	6024702	36754	5987948	15438	3967	11471
濒管办南宁办事处	—	—	—	—	—	—	—
濒管办海口办事处	29885	15863	129	15734	14022	14022	—
濒管办成都办事处	58050	22321	242	22079	35729	333	35396
濒管办昆明办事处	428286	401398	8	401390	26888	26825	63
濒管办拉萨办事处	206167	206167	—	206167	—	—	—
濒管办西安办事处	66	—	—	—	66	32	34
濒管办乌鲁木齐办事处	15172	15154	87	15067	18	—	18

附录八

世界主要国家林业情况

ANNEX Ⅷ

2010 年世界主要国家森林面积及变化

国家(地区)	土地面积（千公顷）	2010 年森林面积			2000～2010 年森林覆盖率变化		2010 年活立木生物量中的碳储量	
		森林面积（千公顷）	占国土面积的百分比(%)	人均面积（公顷/千人）	年变化量（千公顷）	年变化率（%）	活立木生物量中的碳储量(百万吨)	单位面积碳储量(吨/公顷)
世界合计	**13009550**	**4033060**	**31**	**597**	**-5211**	**-0.1**	—	—
非洲合计	**2964388**	**674419**	**23**	**683**	**-3414**	**-0.5**	—	—
中非共和国	62298	22605	36	5210	-30	-0.1	2861	127
刚果民主共和国	226705	154135	68	2399	-311	-0.2	19639	127
加蓬	25767	22000	85	15193	—	—	2710	123
苏丹	237600	69949	29	1692	-54	-0.1	1393	20
亚洲合计	**3093763**	**592512**	**19**	**145**	**2235**	**0.4**	—	—
日本	36450	24979	69	196	10	—	—	—
蒙古	155356	10898	7	4126	-82	-0.7	583	53
大韩民国	9692	6222	63	129	-7	-0.1	268	43
印度尼西亚	181157	94432	52	415	-498	-0.5	13017	138
老挝人民民主共和国	23080	15751	68	2538	-78	-0.5	1074	68
马来西亚	32855	20456	62	757	-114	-0.5	3212	157
缅甸	65352	31773	48	641	-310	-0.9	1654	52
泰国	51089	18972	37	282	-3	—	880	46
越南	31007	13797	44	158	207	1.6	992	72
欧洲合计	**2213507**	**1005001**	**45**	**1373**	**676**	**0.1**	—	—
芬兰	30390	22157	73	4177	-30	-0.1	832	38
法国	54766	15954	29	257	60	0.4	1208	76
德国	34863	11076	32	135	—	—	1405	127
意大利	29414	9149	31	153	78	0.9	558	61
俄罗斯联邦	1637687	809090	49	5722	-18	—	32500	40
西班牙	49911	18173	36	409	119	0.7	422	23
瑞典	41034	28203	69	3064	81	0.3	1255	45
北美洲和中美洲合计	**2132999**	**705393**	**33**	**1315**	**-10**	—	—	—
加拿大	909351	310134	34	9325	—	—	13908	45
墨西哥	194395	64802	33	597	-195	-0.3	2043	32
美利坚合众国	914742	304022	33	975	383	0.1	19308	64
大洋洲合计	**848655**	**191384**	**23**	**5478**	**-700**	**-0.4**	—	—
澳大利亚	768230	149300	19	7085	-562	-0.4	—	—
新西兰	26331	8269	31	1955	—	—	1292	156
巴布亚新几内亚	45286	28726	63	4368	-141	-0.5	2306	80
南美洲合计	**1756239**	**864351**	**49**	**2246**	**-3997**	**-0.5**	—	—
巴西	845942	519522	62	2706	-2642	-0.5	62607	121
智利	74353	16231	22	966	40	0.2	1349	83
哥伦比亚	110950	60499	55	1344	-101	-0.2	6805	112
苏里南	15600	14758	95	28656	-2	—	3165	214
委内瑞拉	88205	46275	52	1646	-288	-0.6	—	—

注:资料来源为联合国粮农组织《世界森林状况 2011》。

2008 年世界主要国家林产品产量、贸易量和消费量(一)

国家(地区)	工业原木(千立方米)				锯　材(千立方米)			
	产　量	进口量	出口量	消费量	产　量	进口量	出口量	消费量
世界总计	**1541971**	**119856**	**117050**	**1544777**	**400246**	**106365**	**116040**	**390570**
非洲合计	**72059**	**754**	**3449**	**69365**	**8412**	**4862**	**1307**	**11967**
刚果民主共和国	4452	5	156	4301	15	17	29	3
加蓬	3400	—	2178	1222	230	—	62	169
乌干达	3489	1	19	3471	117	4	1	121
南非	19867	60	273	19654	2056	488	55	2488
尼日利亚	9418	1	40	9379	2000	2	8	1994
亚洲合计	**244515**	**55212**	**7926**	**291801**	**88202**	**25319**	**5174**	**108347**
日本	17709	6766	49	24426	10884	6522	43	17363
大韩民国	2702	4896	—	7598	4366	564	8	4922
印度	23192	1768	14	24946	14789	48	40	14797
印度尼西亚	35551	120	685	34986	4330	318	73	4575
马来西亚	22744	217	4811	18150	4486	203	2514	2174
泰国	8700	159	—	8859	2868	387	384	2871
越南	5850	203	8	6045	5000	563	129	5433
欧洲合计	**507442**	**57383**	**76723**	**488103**	**136552**	**46939**	**72866**	**110625**
芬兰	45965	13371	710	58626	9881	468	5992	4357
法国	28366	2346	3505	27207	9690	3992	1077	12606
德国	46806	5758	7040	45524	23060	6303	12928	16435
意大利	2994	3478	33	6438	1384	6733	243	7874
波兰	30470	1868	369	31969	3786	918	481	4222
俄罗斯联邦	136700	286	36784	100202	21618	23	15258	6383
瑞典	64900	6781	2349	69332	17601	381	12006	5976
北美洲和中美洲合计	**480192**	**6428**	**13387**	**473233**	**119622**	**28148**	**28182**	**119588**
加拿大	132232	4608	2839	134001	41548	1754	24219	19083
墨西哥	6425	174	9	6590	2814	3468	64	6218
美利坚合众国	336895	1430	10200	328125	72869	22136	3703	91303
大洋洲合计	**52378**	**17**	**11290**	**41104**	**9617**	**711**	**2250**	**8079**
澳大利亚	27083	2	1065	26020	5064	575	377	5262
新西兰	20214	6	6684	13536	4341	42	1794	2589
巴布亚新几内亚	3040	—	2519	521	61	1	40	22
南美洲合计	**185385**	**61**	**4275**	**181171**	**37840**	**386**	**6262**	**31964**
巴西	115390	34	121	115303	24987	103	2102	22988
智利	39878	—	44	39834	7306	20	3335	3991
乌拉圭	7244	6	3818	3432	284	27	109	202

2008 年世界主要国家林产品产量、贸易量和消费量(二)

国家(地区)	人造板(千立方米)				纸　浆(千吨)				纸张和纸板(千吨)			
	产 量	进口量	出口量	消费量	产 量	进口量	出口量	消费量	产 量	进口量	出口量	消费量
世界总计	**268788**	**73257**	**78342**	**263702**	**193146**	**45087**	**47032**	**191201**	**389237**	**114797**	**115319**	**388715**
非洲合计	**2962**	**1019**	**574**	**3407**	**2632**	**515**	**437**	**2710**	**4285**	**3604**	**1153**	**6737**
刚果民主共和国	3	3	1	5	—	—	—	—	3	15	1	17
加蓬	267	1	80	188	—	—	—	—	—	6	—	5
乌干达	24	6	1	29	—	—	—	—	3	67	1	69
南非	973	130	42	1061	1939	85	195	1828	3033	544	974	2604
尼日利亚	95	68	3	161	23	35	1	57	19	357	1	375
亚洲合计	**120935**	**19796**	**24838**	**115893**	**44289**	**17556**	**3102**	**58743**	**153251**	**22555**	**15296**	**160510**
日本	4609	4656	42	9223	10706	1916	176	12447	28360	1544	1624	28280
大韩民国	3689	1825	37	5478	536	2482	—	3018	10642	804	2675	8771
印度	2592	126	65	2653	4048	432	21	4459	7600	1734	373	8961
印度尼西亚	4332	656	3329	1659	5282	813	2622	3473	7777	401	3574	4603
马来西亚	13054	785	6266	7573	124	220	10	334	1105	2016	308	2812
泰国	3788	186	2556	1417	935	398	125	1208	4108	756	1026	3838
越南	564	488	33	1018	626	132	—	758	1324	648	24	1948
欧洲合计	**77484**	**36291**	**36992**	**76783**	**50377**	**18336**	**14598**	**54114**	**112719**	**59126**	**69405**	**102440**
芬兰	1715	411	1287	839	12087	396	2226	10257	13549	497	11852	2195
法国	6168	2271	3065	5373	2220	1972	624	3568	9420	6144	4932	10632
德国	14674	5284	8783	11175	2909	4887	1002	6794	22842	11139	13254	20727
意大利	5136	2570	997	6709	664	3210	45	3828	9467	5048	3389	11125
波兰	8124	1887	2275	7735	1151	648	33	1766	3044	2843	1496	4391
俄罗斯联邦	10665	1594	2220	10039	7003	80	1875	5208	7700	1478	2634	6544
瑞典	875	1099	331	1644	12060	450	3412	9098	12557	985	10580	2962
北美洲和中美洲合计	**48499**	**14464**	**8741**	**54222**	**73012**	**7258**	**16193**	**64077**	**101476**	**22220**	**24537**	**99160**
加拿大	12220	3689	6153	9756	20405	337	9343	11399	15789	2914	12289	6414
墨西哥	398	1079	52	1425	345	1264	20	1589	5141	3956	445	8652
美利坚合众国	35576	9195	2498	42274	52244	5601	6828	51017	80178	13411	11707	81882
大洋洲合计	**3715**	**649**	**1342**	**3022**	**2741**	**384**	**801**	**2324**	**3412**	**2023**	**1292**	**4143**
澳大利亚	1662	545	427	1780	1195	348	10	1533	2541	1490	684	3347
新西兰	1939	73	900	1112	1546	32	791	787	871	472	600	743
巴布亚新几内亚	94	2	10	86	—	—	—	—	—	17	—	17
南美洲合计	**15193**	**1038**	**5856**	**10375**	**20096**	**1038**	**11902**	**9233**	**14093**	**5268**	**3635**	**15726**
巴西	8611	163	2757	6017	12697	330	7057	5971	8977	1268	2592	7654
智利	2657	179	2193	643	4981	13	4061	933	1391	523	586	1328
乌拉圭	176	55	137	94	967	9	603	373	90	83	37	136